Uni-Taschenbücher 1881

UTB FÜR WISSEN SCHAFT

Eine Arbeitsgemeinschaft der Verlage

Wilhelm Fink Verlag München
Gustav Fischer Verlag Jena und Stuttgart
Francke Verlag Tübingen und Basel
Paul Haupt Verlag Bern · Stuttgart · Wien
Hüthig Verlagsgemeinschaft
Decker & Müller GmbH Heidelberg
Leske Verlag + Budrich GmbH Opladen
J.C.B. Mohr (Paul Siebeck) Tübingen
Quelle & Meyer Heidelberg · Wiesbaden
Ernst Reinhardt Verlag München und Basel
Schäffer-Poeschel Verlag · Stuttgart
Ferdinand Schöningh Verlag Paderborn · München · Wien · Zürich
Eugen Ulmer Verlag Stuttgart
Vandenhoeck & Ruprecht in Göttingen und Zürich

Dietrich Schwanitz

Englische Kulturgeschichte

Band 1: Die Frühe Neuzeit 1500–1760

Francke Verlag Tübingen und Basel

Dietrich Schwanitz (geb. 1940) ist ordentlicher Professor für Anglistik an der Universität Hamburg.

Die Deutsche Bibliothek – CIP-Einheitsaufnahme

Schwanitz, Dietrich:
Englische Kulturgeschichte / Dietrich Schwanitz. – Tübingen; Basel: Francke.

Bd. 1. Die frühe Neuzeit: 1500–1760. – 1995
(UTB für Wissenschaft: Uni-Taschenbücher; 1881)
ISBN 3-8252-1881-3 (UTB)
ISBN 3-7720-2243-X (Francke)
NE: UTB für Wissenschaft / Uni-Taschenbücher

Dischingerweg 5 · D-72070 Tübingen
ISBN 3-7720-2243-X

Gedruckt auf chlorfrei gebleichtem und säurefreiem Werkdruckpapier.

Einbandgestaltung: Alfred Krugmann, Stuttgart
Satz: Nagel, Reutlingen
Druck und Bindung: Presse-Druck, Augsburg
Printed in Germany

ISBN 3-8252-1881-3 (UTB-Bestellnummer)

Inhalt

Vorwort

Wer die Kühnheit besitzt, der Bibliothek von Babel ein weiteres dickes Buch – und das noch in zwei Bänden – hinzuzufügen, schuldet es seinen Lesern, daß er seine geistige Visitenkarte überreicht.

Ich bin ein deutscher Anglist mit der landesüblichen Sozialisation: In der behüteten Idylle des New Criticism aufgewachsen, habe ich die Minenfelder des Frankfurter Neomarxismus und der Diskurstheorie durchquert, aus den Quellen des Strukturalismus getrunken, einen Blick in die tiefen Wasser der Psychohistorie und der alternativen Psychiatrie riskiert, den Irrgarten des Dekonstruktionismus durchwandert, die Paßhöhe der Sozialgeschichte erklommen und habe mich dann auf die Almen der historischen Soziologie begeben, von wo man gleichzeitig einen freien Blick auf die schneebedeckten Gipfel der Systemtheorie hat, die man nur über Saumpfade und Steilwände erreicht, und auf die reichen Provinzen der Mentalitätsgeschichte, der Begriffsgeschichte, des New Historicism und der Metahistorie hinunterschaut, in der Geschichte und Erzählung miteinander zur Kulturgeschichte vermittelt werden. Dabei sind mir all die Abenteuer widerfahren, die auch Alice im Wunderland erlebt hat: Man fühlt sich abwechselnd groß und bedeutend und dann wieder ganz klein und lächerlich; man ist mal hilflos verwirrt, mal glaubt man sich im Besitz des Schlüssels zu allen Schatzhäusern der Weisheit; und man begegnet den merkwürdigsten Gestalten vom rasenden Ideologen bis zum ruhigen Weisen von geradezu buddhistischer Gelassenheit. Man trifft auch geistige Riesen, auf deren Schultern man klettert, um mit Hilfe ihrer Siebenmeilenschritte die Abgründe zu überwinden, die zwischen den verschiedenen Paradigmen klaffen. Wenn man die Namen dieser Riesen nennt, werden vielleicht einige Leser schneller entscheiden können, ob sie ihre kostbare Lebenszeit an die Lektüre eines weiteren Buches verschwenden oder sich lieber in Liebe oder Haß ihren lebenden Mitmenschen zuwenden sollen. Die Namen dieser Riesen sind: Philippe Ariès, Hans Blumenberg, Dolf Sternberger, Mario Praz, Barrington Moore jr., Thomas Kuhn, Northrop Frye, Niklas Luhmann, Max Weber, Reinhart Koselleck, Benjamin Nelson,

Stephen Toulmin, Hayden White, Stephen Greenblatt, John Pocock, Charles Taylor, Ernst Kantorowicz, Aby Warburg, Edgar Wind, A.L. Rowse, Christopher Hill, E.J. Hobsbawm, G.M. Young, G.M. Trevelyan, Frances Yates, René Girard, Eric Voegelin, Raymond Williams, Michel Foucault, Peter Gay, Laurence Stone, Jacques le Goff, A.O. Lovejoy, Norbert Elias und Immanuel Wallerstein.

Nach einer solchen Reise ins Wunderland hat man so manche Wunder der Selbstreflexion gesehen, zahlreiche Klippen der Relativierung und Selbstverdächtigung vermieden, viele Stromschnellen der Ideologiekritik überwunden und die Zauberwälder zirkulärer Selbstreferenz durchwandert, in denen man lernt, daß Geschichte ein Realitäts- und ein Reflexionsbegriff ist; wenn man dann auf der anderen Seite ins Freie tritt, hat man das Stadium der zweiten Naivität erreicht und kommt zu der Erkenntnis: es hilft alles nichts – Geschichte muß man erzählen. Und das ist auch nicht so schlimm, wenn man Literaturwissenschaftler ist und mit Hayden White und anderen die spezifisch kohärenzstiftende Funktion der Erzählung und der ihr zugrundeliegenden Zeitgestalt durchschaut; und wenn man ein Faible für den radikalen Konstruktivismus hat und weiß: alle Konstruktionen, seien es Erzählungen oder Theorien oder empirische Tabellen, arbeiten mit selbstgemachten Unterscheidungen. Deshalb ist diese Kulturgeschichte kein Forschungsbericht mit vielen Fußnoten, sondern eine Erzählung. Sie enthält keine Auseinandersetzungen mit anderen Arbeiten, Befunden, Forschungen und Sichtweisen, sondern hat vieles so stillschweigend und osmotisch absorbiert, daß man im Einzelnen nicht mehr den Finger darauf legen kann. Aber um der Klarheit willen sei es wiederholt: ohne den Logenplatz auf den Schultern jener Riesen hätte ich lediglich ihre Schnürsenkel beschreiben können.

Eine Erzählung hat neben vielen anderen zwei Leitgesichtspunkte, die ich hervorheben möchte: in der Regel handelt sie von Subjekten, deren Identität sie durch die Wiedergabe ihrer Geschichte begründet; und weil sie das tut, erhält sie eine Verlaufsfigur und eine Zeitgestalt, die sie für die Aufbewahrung in der kollektiven Erinnerung besonders geeignet machen. Wir alle kennen diese Verlaufsfiguren: Romanze, Tragödie, Märchen, Epos, Komödie etc. Der Gegenstand der vorliegenden Erzählung ist etwas verzwickt: zunächst einmal geht es um Großbritannien;

aber es geht auch um eine Zivilisation, an der wir als deutsches Publikum teilhaben, ohne zu Großbritannien zu gehören. Das Terrain, das durch die sich überschneidenden Grenzen zwischen Identität und Differenz abgesteckt wird, sieht für die englische Kulturgeschichte folgendermaßen aus: Großbritannien wird der Vorreiter im universalen Prozeß der Modernisierung. Deshalb werden im Kontext der englischen Zivilisation die kulturellen und sozialen Erfindungen gemacht, die auch für uns modellbildend sein werden: Parteiendemokratie, Parlamentarismus, parlamentarische Regierungsmaschinerie und die zugehörige Verfassungstheorie; die Zivilreligion der Aufklärung mit den Schwerpunkten der Menschenrechte und des politischen Engagements; die zugehörigen Formen der öffentlichen Kommunikation in Presse, moralischen Wochenschriften und Reformkampagnen; der entscheidende Beitrag zur Grundlegung der empirischen Naturwissenschaften und des Weltbildes, das mit dem Namen von Newton verbunden ist; die modernen Rechnungs- und Finanztechniken in Statistik, Versicherung, Kreditfinanzierung, Buchführung, Kalkulation und Geldpolitik; die Ausbildung einer bürgerlich akzentuierten Gefühlskultur im Roman, die auf intime Kommunikation, Authentizität des Ausdrucks, moralische Bewährung im Alltag und die weiblich geprägte Sphäre der Häuslichkeit bezogen ist; die industrielle Produktionstechnik und ihre Reaktionsformen in Wirtschaftstheorie und Arbeiterorganisation von der Gewerkschaft über den Streik zur Genossenschaftsbewegung. Alles das sind so durch und durch englische Erfindungen wie die Dampfmaschine, der Zylinder und der Sandwich, und wir haben sie kopiert, ohne uns daran zu erinnern. Das mag im Fall des Zylinders gleichgültig sein, bei politischen Institutionen aber besteht die Gefahr, daß wir sie gar nicht verstehen, wenn wir ihren Entstehungskontext nicht kennen. Insofern ist die englische Kulturgeschichte auch eine Geschichte der Zivilisation, die wir geerbt haben und aus der heraus wir uns heute selbst verstehen. Damit ist aber zugleich eine komplizierte Erinnerung an die deutsche Kulturgeschichte als Kontrafaktur der englischen verbunden: während die Modernisierung in Deutschland die Gestalt einer finsteren Tragödie annahm, ist die englische Kulturgeschichte bei allen Kosten und Krisen im Vergleich zur deutschen eine Glücksgeschichte – und das heißt eine Commedia Anglicana. An dieser Gattungszuweisung zur Komödie halten wir auch gegen Proteste aus dem Lager jener Deutschen fest, die ohne Affinität zu gelungenen Formen der Zivilisation anklagend auf das Arbeiterelend der Industrialisierung und die imperialen Sünden Großbritanniens weisen: auch die Divina Commedia unterschlägt nicht die Sünden, im Gegenteil. Außerdem ist die Komödie in Gestalt der Whig Interpretation of History die Form, in der England sich seine eigene Geschichte vergegenwärtigt hat. Zu den humansten Verständigungsformen der englischen Zivilisation gehört der Humor, der als Wellenbrecher für Puritaner, Fanatiker, Sektierer, Ideologen und Moralvirtuosen erfunden wurde. In keinem anderen Land hat die Tradition der Komödie so sehr im Zentrum der nationalen Selbstverständigung gestanden wie in England. Nur eine durchgängige Imprägnierung mit dieser ununterbrochenen Tradition vom *Sommernachtstraum* über *Alice im Wunderland* bis *Monty Python* läßt im Nicht-Briten das Verständnis für jenes historische Zauberland reifen, in dem der Schlüssel zum Herzen Englands verborgen liegt. Wer also bezweifelt, daß die englische Kulturgeschichte eine Komödie ist – dem bleibt als letztes Mittel nur noch die Lektüre dieses Buches. Mit diesem Bekenntnis ist eingestanden: für diejenigen, die ihren deutschen Verfassungspatriotismus nur aus dem Bezug zur deutschen Unglücksgeschichte im Sinne des guten Willens zur Vermeidung des Bösen ableiten, ist die englische Kulturgeschichte als Therapie gedacht. Sie soll von der Illusion kurieren, daß die neurotische Fixierung auf die eigenen Sünden schon den Reichtum des Positiven erschlösse: eine Kultur ist mehr als das Ensemble guter Absichten, auf die sich der deutsche politische Diskurs verengt hat.

Hinzu kommt ein weiteres Erkenntnisinteresse: mit dem Zusammenbruch des real existierenden Sozialismus hat die akademische Linke die alten politisch-ökonomischen Kategorien wie Klasse, Produktionsmittel, Produktionsverhältnisse, Waren, Kapital etc. aufgegeben und durch eine Kulturkritik ersetzt, die Geschlecht, ethnische Herkunft und sexuelles Verhaltensmuster in den Mittelpunkt stellt und unter dem Banner des "Multikulturalismus" in den Kampf gegen die dominante Kultur des "Eurozentrismus" zieht. Das Ergebnis ist die Bewegung, die unter dem Begriff "Political Correctness" bekannt geworden ist. Sie steht unter dem Einfluß von Foucault, der kulturelle Diskurse mit repressiven Agenturen der Macht identifiziert, und von Derrida, der die westliche Kultur als "logozentrisch" und "phallokratisch" – also als zugleich rational und männlich geprägt – entlarvt. Unter ihrem Diktat hat sich die Neigung entwickelt, die Kulturen von Drittweltländern zu romantisieren und die Kultur des Westens als sexistisch, machistisch und autoritär zu denunzieren. In dieser Optik wird souverän darüber hinweggesehen, daß allein in der Kultur des Westens die universalistischen Werte der Aufklärung, der Demokratie und der Menschenrechte entwikkelt wurden, während die kulturellen Ressourcen vieler nicht-europäischer Zivilisationen häufig dazu mißbraucht werden, die krassesten Formen der Intoleranz, der Unterdrückung und des Terrors zu rechtfertigen.

In den USA selbst provoziert diese Form der kulturalistischen Schwarmgeisterei ihre eigenen Gegenreaktionen; in Deutschland aber kann sie an latente Traditionen des Anti-Amerikanismus und der anti-westliche Ressentiments anknüpfen, die ehemals auf der politischen Rechten beheimatet waren, kulturkritisch begründet wurden – deutsche Kultur versus westliche Zivilisation – und in ihrem Zuschnitt anti-demokratisch, autoritär und borniert waren. Aus diesem Grunde gleicht die "Political Correctness" dem Rückfall, den ein reformierter Alkoholiker durch einen Zug aus der Flasche bei sich auslöst: sie ist ein Indiz dafür, daß die kulturellen Grundlagen der importierten Demokratie gar nicht verstanden oder nicht akzeptiert werden. Dieser Gefahr will die *Englische Kulturgeschichte* entgegenwirken.

Von da aus beantwortet sich auch die Frage, warum die Erzählung nicht über 1914 hinaus geführt wurde: Mit dem Ersten Weltkrieg mündet die englische Kulturgeschichte in die von Deutschland bestimmte Katastrophengeschichte des 20. Jahrhunderts. Damit hört sie auf, die weitgehend englisch geprägte Vorgeschichte der Modernisierung zu sein, und tritt unter Einbeziehung Amerikas in das Stadium ihrer Globalisierung. Sie hört zugleich auf, sich dem Grand Récit der Whig Interpretation of History zu fügen. Nach dem Zwischenstadium des High Modernism und der klassischen Moderne kommt es zu einer evolutionären Veränderung der soziokulturellen Prämissen: Kulturindustrie, Massen- und Gegenkultur, Jugendkultur und Alternativkultur und vor allem die Wirkung der elektronischen Verbreitungsmedien führen zu einem so radikalen Bruch mit der durch Schriftlichkeit geprägten Hochkultur, daß die Zustände danach in eine neue Erzählung gehören. Insofern bildet die Zeit vom Beginn des Humanismus bis zum Ende der Buchkultur eine kulturgeschichtliche Einheit. Es ist die Epoche des Übergangs von einer ständisch geprägten Gesellschaft zu einer modernen, funktional differenzierten Gesellschaft. Und der Kulturalismus der Political Correctness mit seinem Protest gegen die Dominanz der "Western culture" ist selbst ein Symptom der Tatsache, daß dieser Übergang ins Stadium seiner Vollendung getreten ist.

Seit der Rezeption der Annales-Schule ist die Vorstellung zum Allgemeingut geworden, daß die Geschichte aus einer Vielzahl von gleichzeitigen Zeiten mit unterschiedlicher Geschwindigkeit besteht, die sich gegenseitig überlagern wie die Tiefenschichten des Meeres. Nach diesem von Fernand Braudel in Umlauf gesetzten Bild geht es um die stillen Grundseen der Geographie und Anthropologie, die Meeresströmungen der Sozial- und Mentalitätsgeschichte und die aufgewühlte See der politischen Ereignisgeschichte bis hin zu den biographischen Kräuselungen auf der Oberfläche der Dünung. Unsere Kulturgeschichte ignoriert die bewegungslosen Grundseen, konzentriert sich auf die Meeresströmungen der Mentalitäts- und Kulturgeschichte und nutzt die Ereignisgeschichte zur mnemotechnischen Einteilung der Erzählung. Dabei habe ich ein weiteres durchgängiges Kriterium für die Auswahl benutzt: unabhängig von allen methodologischen Überlegungen habe ich all das erzählt, was zur kollektiven Erinnerung der englischsprechenden Völker gehört und damit eine quasimythologische identitätsstiftende Funktion angenommen hat – mit anderen Worten, das, was an der englischen Kulturgeschichte kanonisch geworden ist und was demzufolge jeder gebildete Brite kennt. Dazu gehören auch die großen britischen Kulturheroen. Infolgedessen wird der Leser – eingebettet in den Grundtext – eine Menge biographischer Portraits von Thomas Morus bis Lady Hamilton, von Isaac Newton bis Beatrice Potter finden.

Wenn die Annales-Schule von Meeresströmungen und Wellen spricht, so habe ich mit Hilfe der Neuen Historik noch den Wind zugefügt, der die Wellen aufwühlt: gemeint ist mit diesem flüchtigen Bild ein schwer zu fassendes Phänomen, nämlich die Zeit. Auch die Formen, in denen eine Kultur Zeit wahrnimmt und erlebt, unterliegen dem kulturellen Wandel: ob man die Zukunft als Bereich des Möglichen und Unsicheren von der Vergangenheit trennt und damit die Gegenwart dramatisiert oder ob man die

Welt in diesseitige Vergänglichkeit und ein jenseitiges Begleitpräsens der Dauer einteilt, von dem aus ständige Eingriffe ins Diesseits möglich sind, hat entscheidende kulturelle Konsequenzen. Solche Vorentscheidungen in den kulturellen Tiefenschichten der Erlebnisverarbeitung prägen Hoffnungen, Erwartungen, Ängste, Projekte, Pläne, Geschichten, Erzählungen, Möglichkeiten, Unsicherheiten, kurzum, alles, was temporal ist – und was ist nicht temporal? In der Kulturgeschichte der Zeit sehe ich einen der entscheidenden Grundtexte der Modernisierung, und deshalb habe ich sie mit der Kulturgeschichte Großbritanniens verflochten.

Der Rest dessen, was in einem Vorwort zu sagen wäre, muß an der Stelle in der Erzählung nachgeholt werden, an der sie selbst die Verständnisvoraussetzungen dafür geschaffen hat. Bevor ich dazu komme, bleibt mir nur die angenehme Pflicht, meine Dankesschulden abzustatten: an erster Stelle gebührt mein Dank Carola Baluch. Sie hat nicht nur das Manuskript geschrieben und dabei mehrere unverständliche Computerprogramme überlistet, sondern auch an der Textfassung kritisch mitgearbeitet. Dann möchte ich Dr. Stefan Mussil von der Universität Potsdam danken: er hat den Zöllner in Brechts Gedicht von der Entstehung des Tao-Te-King gespielt und mir bei der Überquerung der ehemaligen innerdeutschen Grenze auf dem Wege zwischen Hamburg und Potsdam die Kulturgeschichte als Konterbande abverlangt. Ohne seine stetige Ermahnung hätte es sie nicht gegeben. Danken möchte ich auch meiner Frau, Gesine Schwanitz: sie hat mich trotz der üblichen Opfer, die Frauen für die Bücher ihrer Männer bringen, zur Abfassung ermutigt und angestachelt. Ein weit gestreuter Dank gilt meinen Hamburger Mitarbeitern, die neben ihrer eigenen Arbeit die Enstehung des Manuskripts überwacht und den Text kontrolliert haben: Dominic Farnsworth, Christoph Hamann, Martina Hütter und Dr. Helga Schwalm. Durch sie habe ich erfahren, was intelligente Leser von einem Buch dieses Zuschnitts erwarten. Die persönlichen Anregungen, die ich aufgegriffen und verarbeitet habe, sind zu zahlreich, als daß ich ihre Urheber alle nennen könnte. Aber in einem Fall muß ich wegen der Größe der Dankesschuld eine Ausnahme machen: sie betrifft Niklas Luhmann, dessen geistiges Magnetfeld die gesellschaftstheoretischen Grundlinien dieser Erzählung organisiert hat. Von ihm gilt: sine quo non.

Eine Kulturgeschichte entwirft ein Erinnerungssystem und steht unter der Herrschaft der Ars Memoriae. Für einen Hamburger Anglisten ist das ein Anlaß, seines Vorgängers zu gedenken: 1951 berufen, verkörperte Ludwig Borinski den personalen und programmatischen Neubeginn nach dem Krieg. Bei Levin Schükking promoviert, mußte Borinski als Sohn eines jüdischen Vaters nach der Machtübernahme nach England emigrieren. Er übersetzte nach dem Krieg die geheimen Kriegstagebücher von Generalstabschef Halder für das Pentagon und arbeitete bei der Drucklegung des Index der Nürnberger Prozesse mit. Auch in der Lehre und Forschung bot Borinski einen Neuanfang: mit seinen großen Arbeiten zur englischen Renaissance, zum 18. Jahrhundert und zur Geschichte des englischen Romans begründete er die sozialgeschichtliche Forschungstradition am Englischen Seminar und nahm damit vorweg, was später eine allgemeine Tendenz werden sollte. Er lehrte uns sehen, daß gerade in England Literatur zum Modell gesellschaftlicher Selbstverständigung wurde, erschloß das 18. Jahrhundert als Inkubationszeit der modernen Dualität von Öffentlichkeit und Privatsphäre und half der Anglistik, sich aus der Einschnürung durch das Korsett des New Criticism zu befreien. Mit ihrer Verbindung von sozialhistorischer Optik und aufklärerischem Engagement wendet sich diese Form der Literaturwissenschaft von der spezifisch deutschen Bildungstradition ab und wird Teil der Tradition des Civic Humanism, die von ihrer florentinischen Wiege bei Guicciardini und Leonardo Bruni über die Gründungsväter der englischen Aufklärung bis zu ihren modernen Historiographen Hans Baron und John Pocock führt. In diese Tradition stellt sich auch die vorliegende Kulturgeschichte. Sie ist deshalb meinem Vorgänger Ludwig Borinski in Respekt und Dankbarkeit zu seinem 85. Geburtstag gewidmet.

Vorspiel auf dem Theater

Im Lexikon findet man unter der Eintragung "Lollards" die Erklärung: "Anhänger Wycliffes, abgeleitet von holländisch 'lollen' = Gebete murmeln". Lollarden sind also Murmler. Wycliffe aber war ein Oxforder Reformtheologe, der unter Edward III. in den 1370er Jahren den politischen Einfluß des Klerus beklagte, gegen die Heiligen- und Reliquienverehrung und den Priesterzölibat auftrat und die Bibel ins Englische übersetzte. Zu seinen Verbündeten zählten Figuren, die wir aus Shakespeares *Richard II.* und *Heinrich IV.* kennen: John of Gaunt und Percy of Northumberland. Aber unter Heinrich IV. kam es zu einer Säuberung aller Anhänger Wycliffes in Oxford, der auch das historische Vorbild von Falstaff, Sir John Oldcastle, zum Opfer fiel. Von seinen intellektuellen Wurzeln abgeschnitten und verfolgt, verbreitete sich der Wycliffesche Antiklerikalismus im Volk und bereitete den Boden für die Reformation.

Richard II. regierte bis zur Schwelle des 15. Jahrhunderts. Er tat es nicht viel schlechter als andere. Dann starb seine Frau Anna von Böhmen und löste in ihm eine Art Persönlichkeitsänderung aus. Er begann ein Regiment der Willkür, konfiszierte wahllos Güter und schaffte es, daß Freund und Feind sich gegen ihn verbündeten. Unter der Führung von Heinrich von Lancaster wurde er 1399 abgesetzt und wenig später auf bestialische Weise ermordet: Um keine äußeren Wunden zu hinterlassen, steckten die Mörder ihm ein glühendes Eisen durch den Anus und brannten ihn von innen aus. Nicht dieser Mord, aber die Absetzung schaffte einen Präzedenzfall, der traditionsbildend werden sollte: Die Magnaten und das Parlament bestimmten, wer König sein sollte und wer nicht. Das sollte sich im Laufe der englischen Geschichte noch mehrfach wiederholen und stärkte jedesmal das Parlament.

Für Shakespeare aber ist diese Absetzung der Auslöser eines tragischen Zusammenhangs von Schuld, Sühne und Erlösung, die er in seiner Doppeltetralogie von acht Königsdramen als Geschichte des 15. Jahrhunderts entfaltet. Heinrich IV. wird für die Absetzung Richards II. durch zahlreiche Rebellionen und den Ungehorsam seines Sohnes bestraft. Am Ende aber bekehrt sich der Prinz nach dem Muster des verlorenen Sohnes, weist seinen Versucher Falstaff von sich und wird in *Heinrich V.* als idealer König dargestellt. Doch ist seine glorreiche Regierung nur die Atempause vor dem Gemetzel der sogenannten Rosenkriege in *Heinrich VI.*: Lancaster trägt eine rote und York eine weiße Rose im Wappen. Das Blutbad kulminiert im Triumph des veritablen Antichrist, des teuflischen Richard III. Daß Shakespeare für dieses Drama eine Biographie Richards von Thomas Morus ausbeutete und damit den Charakter Richards wohl stärker angeschwärzt hat, als es der historischen Wahrheit entspricht, dürfte ihn nicht gestört haben: galt es doch, den Gegner und Nachfolger Richards, Heinrich VII., als strahlenden Erlöser hinzustellen. Denn er war der Begründer des Hauses Tudor, Vater Heinrichs VIII. und Großvater Elisabeths. Seine Mutter war eine Lancaster und seine Frau eine York. Indem er die Ansprüche beider Häuser vereinte, versöhnte er die weiße und die rote Rose. Und mit den Tudors, so möchte Shakespeare seinem Publikum vor Augen führen, beginnt die Zeit des inneren Friedens, des Wohlstands und der Glorie Englands. Wie viele seiner Zeitgenossen arbeitet Shakespeare am sogenannten "Tudor Myth", zu dem er in unseren Augen inzwischen selbst gehört.

Als Heinrich VIII. 1509 die Nachfolge seines Vaters antrat, fand er den Weg zur absoluten Macht im doppelten Sinne geebnet: Der alte Adel hatte sich in den Rosenkriegen selbst fast vollständig ausgerottet und war zum Frondieren zu schwach. Und der verbreitete Antiklerikalismus lähmte jeden Widerstand, als der König sich zum Oberhaupt der von Rom gelösten Kirche ernennen ließ und die Kirchengüter einzog. Beides verband Heinrich zu seinen Gunsten, indem er die Kirchengüter an seine Helfer weitergab und auf diese Weise einen neuen königstreuen Adel schuf.

Doch damit all das geschah, mußten sehr voraussetzungsvolle und unwahrscheinliche Umstände eintreten.

Humanismus

Das Zeitalter des Humanismus wird in Nordeuropa von einer Medienrevolution begleitet: der Verbreitung des 1444 von Gutenberg erfundenen Buchdrucks. In England wurde diese revolutionäre Neuerung durch den Kaufmann William Caxton eingeführt. Der Anlaß war eher zufällig: Caxton hielt sich geschäftlich längere Zeit in Brügge auf. Aus Langeweile begann er, französische Romane zu übersetzen. Das regte eine so lebhafte Nachfrage an, daß er es selbst unternahm, mehrere Abschriften anzufertigen, bis seine Hand erlahmte. Darauf griff er zur Buchpresse, die er im Rheinland kennengelernt hatte. Als er nach London zurückkehrte, richtete er in Westminster die erste Druckerei Englands ein und druckte bis zu seinem Tod 1491 fast 100 Bücher. Dazu gehörte auch die Geschichte eines Ritters, der die Frau eines gewissen Hugh Smyth zweimal vergewaltigt und zwei Einbrüche in ein Zisterzienserkloster verübt hatte. Diese und andere Verbrechen brachten ihn ins Gefängnis und verschafften ihm die Muße, die französischen Legenden um den König Arthur für das englische Publikum neu zu erzählen. Das Ergebnis war *Le morte d'Arthur*, und der Autor war Sir Thomas Malory.

Um dieselbe Zeit, in der Caxton seine Bücherpresse aufbaute, brachten Willliam Tilley und seine Schüler Thomas Linacre und William Grocyn von ihren Studienaufenthalten in Italien die Begeisterung für die Antike mit nach Hause und lösten so die Oxforder Bewegung für klassische Sprachen und Literatur aus. Binnen kurzer Zeit wurde die Strahlkraft Oxfords so intensiv, daß sich sogar der Erbe eines Londoner Großkaufmanns namens John Colet von der ihm vorgezeichneten Lebensbahn ablenken ließ, um sich anstelle von seinen Geschäften Plato und Plotin und schließlich dem Italien Savonarolas und Alexanders VI. zuzuwenden. Nach seiner Rückkehr erstaunte er ganz England damit, daß er als Laie über die Römerbriefe des Apostel Paulus las – denn das war bisher nur Theologen vorbehalten gewesen. Aber Colet sprach nicht mehr als Scholastiker, sondern als Humanist und Reformer der Kirche. Schließlich wurde er zum Hofprediger und Dekan der St. Paul's-Kathedrale in London ernannt. Linacre aber avancierte zum Leibarzt Heinrichs VIII. Das sind Zeichen, daß die Gelehrsamkeit weniger klerikal wurde und näher an das Bürgertum und den Hof heranrückte. Sein ganzes Vermögen verwendete Colet dann für die Gründung der Schule von St. Paul's. Als Lehrer stellte er nur Laien ein, die klassische Literatur und Ethik lehrten. So wurde St. Paul's zur ersten weltlichen Schule Europas.

Auch der größte Humanist Englands, Thomas More, ließ sich in Oxford von der klassischen Literatur faszinieren, bis ihn sein Vater in die Rechtsschule von London schickte. Aber da hatte More schon Freundschaft mit Erasmus von Rotterdam geschlossen und sich den Idealen des Humanismus verschrieben. In einem Brief an Hutten vom 23. Juli 1517 beschrieb ihn Erasmus: Er sei mittelgroß und dunkelblond, schlicht in Kleidung und Auftreten, mäßig im Essen und Trinken, dabei heiter, witzig und immer zu Späßen bereit. Er halte sich eine Menagerie, einen Affen und einen Spaßmacher. Er sei ein guter Redner, ein treuer Gatte und angebeteter Vater, ein idealer Ratgeber und großer Wohltäter, kurz, die Krone der Schöpfung.

In der Neigung zu Scherzen werden sich die beiden getroffen haben, und einige ihrer Schriften lassen ahnen, daß zu ihrem Entstehungskontext geistreiches Geplänkel gehört hat: Erasmus' *Morias Encomion*, das Lob der Torheit, enthält ein Wortspiel auf morus/moros = Tor: die Weisheit des Menschen ist Torheit vor Gott. Und mit dieser Weisheit, die nichts als Torheit ist, meinen die beiden die scholastische Philosophie. Die Torheit, gegen alle Vernunft zu hoffen, ist dagegen die wahre Weisheit.

1516 reiste Thomas More als Gesandter Heinrichs VIII. nach Brügge und von da aus weiter nach Antwerpen zu Peter Gilles, seines Zeichens Stadtschreiber daselbst. Peter Gilles, so schreibt Morus in der Einleitung zu einem der folgenreichsten Bücher der Weltliteratur, habe ihn dort mit einem portugiesischen Abenteurer namens Raffael Hythlodeus bekannt gemacht, der sich mit dem Taufpaten Amerikas, Amerigo Vespucci, in der Neuen Welt herumgetrieben habe. Dort hätten sie, so habe Hythlodeus behauptet, eine Insel mit dem Namen Nusquama gefunden, deren Bewohner alle sozialen Probleme gelöst hätten, die den Engländern auf den Nägeln brannten. Und dann beschreibt uns Morus die Einrichtungen der glücklichen Insel, so wie sie von Hythlodeus geschildert wurden.

Der Drucker dieser Schrift kam auf den Einfall, den Namen Nusquama ins Griechische zu übersetzen und gab ihr den Titel

Utopia. In der Löwener Ausgabe wurde ein Bild der Insel und eine Sprachprobe des "Utopischen" abgedruckt, um die Glaubwürdigkeit zu erhöhen. Es soll tatsächlich Reisende gegeben haben, die dorthin aufbrechen wollten, und dieser Versuch ist seither immer wieder unternommen worden.

Wie sieht Utopia aus? Auf einer sichelförmigen Insel von der Größe Englands liegen im Abstand jeweils eines Tagesmarsches 54 Städte, die alle die gleiche quadratische Grundfläche haben. Die Gesellschaft ist in Großfamilien organisiert, die jeweils unter der Leitung eines Hausvaters und einer Hausmutter stehen. Diese Großfamilien bilden wiederum größere Gruppen von ungefähr dreißig Personen unter der Führung eines Gruppenführers oder Philarchen. Zehn von diesen Philarchen wählen wiederum für ein Jahr einen amtierenden Tranibor, und 200 Traniboren wählen das Staatsoberhaupt, und zwar auf Lebenszeit. Zusammen mit dem Senat aus Traniboren führt das Staatsoberhaupt die Staatsgeschäfte unter öffentlicher Kontrolle. In Utopia herrscht Arbeitszwang. Alle Männer und Frauen müssen arbeiten, doch das ermöglicht eine Arbeitsverteilung, die die tägliche Dienstzeit auf sechs Stunden begrenzt. Die Freizeit wird der geistigen Fortbildung in öffentlichen Vorlesungen und der sportlichen und gesundheitlichen Ertüchtigung gewidmet. Auch Landarbeit ist obligatorisch, und deshalb müssen Stadtbewohner wie in der chinesischen Kulturrevolution periodisch aufs Land geschickt werden und umgekehrt. Das sichert den geistigen Austausch zwischen beiden Bereichen. Alle Menschen tragen Uniformen, wobei Männer und Frauen kaum unterscheidbar sind. Das soziale Leben spielt sich in Gemeinschaftshäusern ab. Für die Kleinsten gibt es öffentliche Kindergärten. In der Darstellung des Bildungswesens entwickelt More nun sein Programm des Reformhumanismus, der auf Wissenschaftsgläubigkeit und Bildungsoptimismus gründet. Dabei werden die wissenschaftliche und die berufliche Ausbildung gleichermaßen gefördert, Aberglaube, Astrologie und Schwarzkunst dagegen bekämpft. Die Lebensführung ist spartanisch und sittenstreng. Die Geschlechtermoral und die Ehegesetze sind äußerst strikt. Utopia ist noch keine feministische Utopie: Die Gesellschaft ist patriarchalisch. Promiskuität ist verboten. Vor der Hochzeit werden die Verlobten einander nackt gezeigt, um etwaige Ehehindernisse rechtzeitig zu entdecken. Aber Ehescheidung ist bei beiderseitigem Einverständnis oder bei

Ehebruch eines der Partner möglich. Die Zahl der Gesetze ist gering, und die wenigen, die es gibt, sind so klar, daß jeder sie versteht, so daß Juristen unnötig sind. Die wenigen Verbrechen, die dennoch geschehen, werden mit Zwangsarbeit bestraft. Privateigentum kennen die Utopier nicht. Es herrscht Gemeineigentum und eine kostenlose, zentral gelenkte Versorgung mit allen wichtigen Gebrauchsgütern. Geld ist deshalb unbekannt. Großer Wert wird auf die öffentliche Gesundheitsfürsorge gelegt. Die Philarchen überwachen die Trinkwasserversorgung, die Krankenhäuser und die öffentliche Hygiene. In Fällen unheilbarer Krankheit ist Selbstmord erlaubt. Zwar verabscheuen die Utopier den Krieg, aber sie verfolgen eine aggressive Politik zur Auslagerung des Bevölkerungsüberschusses, um auf dem benachbarten Festland Kolonien zu gründen, wobei die Eingeborenen, wenn sie Widerstand leisten, mit Waffengewalt zum Nachgeben gezwungen werden. Die Religion steht in hohem Ansehen, aber es herrscht Toleranz gegenüber allen Varianten. Das gemeinsame Fundament beschränkt sich auf deistische Kernsätze wie die Idee des Schöpfergottes, der Unsterblichkeit der Seele, des göttlichen Weltplans und des himmlischen Ausgleichs für irdische Leiden. Im übrigen mag man Sonne und Mond verehren. Priester werden vom Volk gewählt, auch Frauen sind zugelassen. Religiosität stellt man in Utopia ebenso sehr durch die verehrende Erforschung der Natur unter Beweis wie durch Werke tätiger Nächstenliebe.

Das ist das zweite Buch von Utopia. Das erste enthält vor allen Dingen eine Kritik der englischen Sozialverhältnisse. Diese geht allerdings über die üblichen Gemeinplätze der sozialkritischen Literatur weit hinaus. Bemerkenswert ist, daß für die moralischen Übertretungen bereits soziale Zustände verantwortlich gemacht werden. Sittenverderbnis wird z.B. auf Teuerung, Arbeitslosigkeit und Ausbeutung durch die herrschenden Klassen zurückgeführt. Als eigentliches Hindernis für die Sozialordnung wird das Privateigentum hingestellt. Wo andere Autoren eine moralisierende Aufrechnung betreiben, überrascht Thomas More mit Sozialanalyse von erstaunlicher Tiefenschärfe; etwa wenn er die Inflation auf den Luxuskonsum der herrschenden Klassen zurückführt. Erst 1551 wurde die Utopia unter dem Titel *A Fruitful and Pleasant Work of the Best State of the Public Weal and of the New Isle Called Utopia* ins Englische übersetzt. Sie hat allen anderen späteren Utopien ihren Namen gegeben. Aber sie ist natürlich nicht selbst ohne Vorbilder. Sie lehnt sich stark an die platonischen Dialoge an und greift das von Platon entwickelte mythische Bild von Atlantis im *Kritias* und das Bild von Athen in der *Politeia* auf. Diese Idee eines idealen Staatsgebildes wurde dann von Augustin eschatologisch gewendet und zur Vorstellung der civitas dei weiterentwickelt. Thematisch geht es More um das Verhältnis von Moral und Politik. Daß seine *Utopia* fast gleichzeitig mit Machiavellis *Il Principe* und seines Freundes Erasmus' *Institutio Principis Christiani* erscheint, deutet darauf hin, daß das Bewußtsein von der Eigengesetzlichkeit der Politik jenseits von Religion und Moral Raum gewinnt. Außerdem ist die Utopia unmittelbar vor Luthers Thesenanschlag von Wittenberg erschienen. Diese Simultaneität symbolisiert die Zwillingsnatur von Reformation und Humanismus. Beide zusammen signalisieren eine völlig neue Kartographierung des semantischen Geländes. Nicht nur die Welt wird neu vermessen – die Entdeckung Amerikas liegt erst 24 Jahre zurück –, sondern auch das Terrain der Kultur.

In traditionellen Gesellschaften sind Kommunikation und Menschheit nicht kongruent. Die ganze Natur ist soziomorph. Und so gehören zur Gesellschaft auch Bäume, Totemtiere, Verstorbene und Geister. Zu diesem Typ gehört auch die Gesellschaft des Mittelalters. In ihr leben die Menschen in Gemeinschaft mit Dämonen, Heiligen, Engeln, Teufeln, Quellen, Reliquien und natürlich mit Gott. Der Protestantismus markiert nun hier eine kulturrevolutionäre Schwelle. Sein eifersüchtiger Gott absorbiert all diese Beziehungen, monopolisiert sie und dirigiert die soziomorphen Begriffe der Kommunikation wie Liebe, Strafe, Wort, Vater, Schuld, Sünde, Erlösung etc. alle auf sich selbst. Damit entsozialisiert er die Welt, zerstört den Primat der Sozialdimension im Erleben und bereitet die Freigabe der Sachdimension und der Dimension der Zeit vor. Gesellschaft wird nun mit Menschheit gleichgesetzt. Alle andere Kommunikation wird zum Götzendienst und Aberglauben degradiert. Mit einer einzigen Ausnahme: das ist die Kommunikation mit Gott. Menschheit und Gott stehen sich dann gegenüber wie Humanimus und Protestantismus. Das bedeutet zugleich die Konzentration des Blicks auf die Eigengesetzlichkeit des Sozialen und die Freisetzung der ehemals religiös gefesselten Dämonen: das Zeitalter ist zugleich anfällig für Paniken und Konspirationstheorien, für Judenverfolgungen und Hexenprozesse. Zugleich wird die Welt entzaubert. Wenn nur noch Menschen kommunizieren und nicht mehr Bäche, Bäume, Tiere und Geister, muß eine Sonderform für Rückverzauberung gefunden werden. Das ist dann die Literatur bzw. die Kunst. Sie emanzipiert sich aus den Diensten der Religion und wird eine Spezialistin für die Verzauberung aus eigenem Recht. Dazu greift sie auf die klassischen Vorbilder und die klassische Mythologie zurück. So sehen wir zugleich die Entzauberung unter der strengen Zuchtrute des Protestantismus und die Wiederverzauberung durch die Kunst der Renaissance. Es ist, als ob das Wirken des Paulus in Ephesus wieder eingesetzt hätte. Sein Monotheismus, der den Bildhauern der Götterstatuen das Brot entzieht, wird quittiert durch den Protestschrei "Groß ist die Diana von Ephesus!". Und diese Wiederverzauberung tritt in den Dienst einer neuen Funktion: der Legitimation und Inszenierung jener anderen Erbin der Religion, der aboluten Monarchie und des höfischen Adels. Die Entdeckung der Politik bei Machiavelli und Thomas More entspricht der humanistischen Konvergenz von Sozialem und Menschlichem. Die Motive des menschlichen Verhaltens zu untersuchen und die Regeln der menschlichen Kommunikation wird erst dann sinnvoll, wenn nicht ständig Gespenster, Tiere und Tote dazwischenreden. Erst später wird Shakespeare zeigen, was passiert, wenn sie es doch tun.

"Ecclesia Anglicana"

Die Regierungszeit Heinrichs VIII. sollte nun das Schauspiel bieten, in dem die Beerbung der Religion durch die Politik ihre historisch konkrete Gestalt gewann. Die Form, in der die englischen Könige von John Lackland und Richard II. bis zu Heinrich VII. im kollektiven Gedächtnis der englisch sprechenden Völker weiterleben, verdanken sie Shakespeare. Heinrich VIII. ist der erste, der sich selbst dem Gedächtnis eingeprägt hat. Er hat dies so nachhaltig getan, daß er fast zu einer Gestalt der Folklore geworden ist. Und in der Tat hat selten ein Monarch so entscheidend das Schicksal seines Volkes geprägt wie er. Als der junge Prinz 1509 die Nachfolge seines Vaters antrat, trat er zugleich in die Fußstapfen seines verstorbenen Bruders Arthur, der eigentlich als Thronfolger vorgesehen war. Damit übernahm er auch dessen Braut, Katharina von Aragon. Sie war, was weltgeschichtliche Folgen haben sollte, die Tante von Karl V. Der junge König orientierte sich in seinem Verhalten am Ideal des allseitig gebildeten Menschen der Renaissance. Er war gelehrt und ein Kenner der Künste. Er spielte mehrere Musikinstrumente und komponierte selbst. Er glänzte im Tennisspiel, war athletisch, spannte die Armbrust und siegte im Ringkampf. Er verstand sich auf den Festungsbau und die Geschütztechnik und wußte die Theologen mit Bibelzitaten zu verblüffen. 1521 verfaßte er sogar eine Streitschrift gegen Martin Luther (*Assertion of the Seven Sacraments Against Martin Luther*), für die er sich von Leo X. mit dem Titel "defensor fidei" belohnen ließ. Zunächst widmete sich Heinrich aber den spielerischen Seiten des Hoflebens, den Festen und Vergnügungen, und überließ die Regierung seinem machthungrigen Kanzler Kardinal Wolsey. Anfangs erfolgreich, verwickelte der Kardinal aber England in einen aussichtslosen Krieg gegen Karl V.

Wie sah nun die Verfassung und die Regierungsmaschinerie aus, mit der England verwaltet wurde? Neben der Monarchie war die wichtigste Institution das Parlament. Seine Entstehung hängt mit den Finanznöten der Könige zusammen. Während des Hundertjährigen Krieges und der späteren Feldzüge in Wales und Schottland wurde es dem König zunehmend unmöglich, von den Krongütern, Gerichtshöfen und feudalen Abgaben, die ihm zustanden, zu leben. Es war deswegen für alle Beteiligten praktisch, daß der König bei der Erhebung von außerordentlichen Steuern nicht mit einzelnen Individuen oder Kaufleuten, Städten oder Grafschaften verhandelte, sondern ihre Sprecher und Gewährsleute in einem dauernden nationalen Parlament vereinigte. In den 130 Jahren zwischen dem Regierungsantritt Edwards III. 1330 und der Absetzung Heinrichs VI. im Jahre 1461 hatte es die Zwei-Kammer-Form angenommen, die es bis heute bewahrt hat. Dabei vereinigte das House of Commons drei Funktionen: Mitwirkung bei der Gesetzgebung, die Genehmigung von Steuern und die Jurisdiktion. Zunächst besaß es noch keine unabhängige Macht; seine Bedeutung stieg nur in dem Grade, in dem es sich als Werkzeug rivalisierender Adelsfraktionen zur Verfügung stellte. Bevor das Parlament seine eigentliche Macht entfalten konnte, mußte zunächst die Macht der Krone gestärkt werden. Zugleich gab es einen Machtzuwachs durch schiere Gravitation und Dauer. Zunehmend wurden nämlich Juristen zu Abgeordneten gewählt, die für die Prozeduren des Parlaments den Formalismus und die Privilegien von Gerichtshöfen in Anspruch nahmen. Dadurch wurden die Petitionen des Parlaments, die dem König vorgelegt wurden, mehr und mehr zu wohlformulierten Gesetzestexten. Das House of Commons erhielt auf diese Weise graduell mehr Kontrolle über die Gesetze und auch ein gewisses Recht auf Gesetzesinitiative. In einer Zeit, als in Europa in der Vorgeschichte des Absolutismus die mittelalterlichen Ständeparlamente an Macht einbüßten und schließlich abgeschafft wurden, benutzte das englische Königtum gerade dieses Parlament zur Fundamentierung seiner Macht. Entsprechend vertrat das Parlament auch nicht primär lokale Interessen, sondern wurde zu einer nationalen und zentralen Institution.

Die oberste Exekutivbehörde war The King's Council. Zunächst war sie während der Zeit der Rosenkriege ein Schlachtfeld für die verschiedenen aristokratischen Fraktionen. Aber Heinrich VII. ließ keine Aristokraten mehr zum King's Council zu, es sei denn, es handelte sich um seine Vertrauten. Statt dessen nahmen die Tudor-Könige zunehmend nur noch solche Männer auf, die aus der Mittelklasse aufgestiegen waren. Auch dies waren in der Regel Juristen. Nach der Reformation ersetzten die Juristen weitgehend die Kleriker. Dabei handelte es sich um Leute, die den Ehrgeiz hatten, Gentlemen zu werden, aber von ihrer Herkunft her mit der City in Verbindung standen. Während der Tudor-Zeit entstanden reguläre Dynastien von solchen hohen Beamten wie die Cecils, die Walsinghams, die Bacons etc. Diese Männer waren in der Regel an den Universitäten erzogen worden und hatten sich durch Reisen auf dem Kontinent, durch juristische Studien und diplomatische Dienste für die Politik vorbereitet. Die Councils entfalteten nun eine starke legislative Tätigkeit, entweder durch Verordnungen und Proklamationen, die vom Parlament akzeptiert wurden, oder z.T. durch Gesetze, die von den Räten dem Parlament selbst vorgelegt wurden. Die Reformbeschlüsse im Zuge der Reformation brachten dann einen weiteren Zuwachs für die Bedeutung des Parlaments.

Der King's Council wurde auch Privy Council genannt. Die Privy Councillors, also die Geheimen Räte, hatten Sitz und Stimme im Unterhaus und führten ihre Verhandlungen in ähnlicher Weise wie heute die Minister im House of Commons. Eine bezahlte Bürokratie, die die Gesetze auf dem Lande und in den Provinzen durchführte, gab es nicht. Die exekutive Funktion konzentrierte sich vielmehr in der Institution der Friedensrichter, der Justices of the Peace. Das waren unabhängige Country Gentlemen, die einen königlichen Auftrag erhielten. Zu ihren Aufgaben gehörte es, kleinere Straftaten zu ahnden, die Brücken und Straßen instand zu halten, die Gefängnisse zu beaufsichtigen und die Verbrecher zu arretieren. Sie waren die staatlichen Repräsentanten für die Kontrolle des Wirtschaftslebens, regulierten Löhne und Preise und die Beziehung zwischen Meister und Lehrling. Sie wendeten die Armengesetze an und führten später auch die religiöse Politik der Regierung aus.

Ein Unterkommittee des Privy Council war die berüchtigte Star Chamber, die sogenannte "Sternenkammer". Hier hatten nur die mächtigsten Männer des Privy Council Sitz und Stimme. Die Star Chamber war der oberste Gerichtshof des Königreichs und auch oberstes Appellationsgericht. Seine Funktion war es zudem, die Unabhängigkeit der ordentlichen Gerichtshöfe in den Provinzen gegen die lokalen Adligen zu schützen. Zugleich sorgte es für die Durchführung des königlichen Gewaltmonopols, indem es die Gewohnheit der mächtigen Aristokraten unterdrückte, eigene Gefolgsleute und bewaffnete Haufen zu unterhalten.

Nun war die Dynastie der Tudors noch nicht alt. Erst der Vater Heinrichs VIII. hatte sie begründet. Deshalb war es von entscheidender Bedeutung, ihr Fortbestehen durch einen legitimen Nachfolger zu sichern. Aber eben in dieser Hinsicht waren die Aussichten getrübt. Katharina von Aragon war als junges Mädchen mit dem damals 15jährigen Arthur vermählt worden, und sie hatten pflichtgemäß die Brautnacht verbracht. Als Arthur starb, vermählte Heinrich VII. sie mit dem neuen Thronfolger, obwohl sie etwas älter war. Nun heißt es aber in II. Moses, 20, Vers 21: "Wenn jemand seines Bruders Weib nimmt, das ist eine schändliche Tat. Sie sollen ohne Kinder sein." Wie im *Hamlet* stellte sich die Frage, ob die Eheschließung mit der Witwe des Bruders Inzest sei oder nicht. Um sicherzugehen, ersuchte Heinrich VII. um einen päpstlichen Dispens für die Eheschließung. Julius II. erteilte ihm diesen Dispens auch, und sechs Wochen nach der Thronbesteigung 1509 wurde die Hochzeit Heinrichs VIII. mit Katharina von Aragon festlich vollzogen. Schon sieben Monate danach schenkte ihm Katharina ihr erstes Kind, das aber bei der Geburt starb. Die nächsten drei Söhne starben ebenfalls. Nur die Tochter Maria, die spätere Königin, überlebte. Da man nun Maria mit einem französischen Thronfolger verlobt hatte, wurde die Aussicht immer bedrohlicher, daß England eines Tages von Frankreich aus regiert würde, denn Katharina selbst war unfruchtbar geworden, und es waren keine Kinder mehr zu erwarten. In dieser Lage begann Heinrich um 1518 seine erste Liaison mit Elisabeth Blount, die abgesehen von dem Herzog von Richmond und Somerset folgenlos blieb. 1524 nahm er sich als neue Geliebte Mary Boleyn. Sie hatte eine Schwester Anne, die zur Erziehung nach Paris geschickt wurde, wo sie Hofdame der Königin Claude und später von Margarethe von Navarra war. Als sie nach England zurückkam, machte Katharina sie zu ihrer Hofdame. Für sie galt, was Shakespeare später über die dark lady der Sonette sagte: "My mistress' eyes are nothing like the sun." Sie war im konventionellen Sinne nicht hübsch, ihr Teint war zu dunkel und ihr Mund zu breit. Aber sie nahm alle Herzen im Sturm durch ihre Lebhaftigkeit und ihren Witz. Zu ihren glühenden Verehrern gehörte der Dichter Thomas Wyatt, der 1527 in Italien die Dichtung Petrarkas kennengelernt hatte und mit seinen Übersetzungen das Sonett in die englische Dichtung einführte. 1527 war es auch, als der König auf Anne Boleyn aufmerksam wurde. Jedenfalls stammte der erste der erhaltenen Liebesbriefe aus dieser Zeit. Die Romanze mit Anne traf mit dem Wunsch nach einem Sohn als einem unanfechtbaren Thronfolger zusammen. Derart beflügelt, leitete Heinrich erste Schritte zu einer Ungültigkeitserklärung seiner Ehe ein. In dieser Sache konnte er sich der Zustimmung ganz Englands sicher sein. Auch Kardinal Wolsey unterstützte ihn. Er tat dies aber mit einem anderen Ziel. Ihm schwebte vor, daß Heinrich nicht Anne Boleyn, sondern Renée von Frankreich heiraten sollte. Eine Allianz zwischen Frankreich und England aber konnte Karl V. nicht erlauben. Und dieser verfügte über die Macht, den Papst unter Druck zu setzen. Die Ungültigkeitserklärung des Papstes ließ auf sich warten, Wolseys Intrigen und Bestechungen richteten nichts aus, und mittlerweile sannen Anne Boleyn und ihre Verwandten auf seinen Sturz. Tatsächlich war Wolseys Außenpolitik gescheitert. Im Lande hatte er sich nur Feinde gemacht, und so mußte er 1529 von seinen Ämtern zurücktreten. Sein Nachfolger als Lord Chancellor wurde der Duke of Norfolk, und sein Nachfolger als Chancellor of the Exchequer wurde Thomas More. In Wirklichkeit aber nahm Heinrich das Regiment in die eigene Hand. Und damit begann die Loslösung der englischen Kirche von Rom.

Es ist schwer, sich ein Bild vom Parteienstreit und von der konfessionellen Situation am Vorabend der Reformation in England zu machen. Jedenfalls gab es nicht zwei durch ihre Doktrin getrennte und definierte Parteien wie die späteren Katholiken und Protestanten. Die Menschen schwankten in ihren Haltungen, und die Meinungen waren erst dabei, artikuliert zu werden. Kaum irgend jemand glaubte an eine in sich konsistente Lehre, die spätere Protestanten oder Katholiken befriedigt hätte. Der beißende Kritiker der kirchlichen Mißstände, Sir Thomas More, wurde zum Märtyrer für die päpstliche Suprematie. Die Bischöfe Gardiner und Bonner verteidigten Heinrichs Bruch mit der katholischen Kirche und wurden doch unter der blutigen Maria zu eifrigen Verfolgern von Protestanten. Im großen und ganzen läßt sich sagen, daß die weniger entwickelten Gebiete Englands im Norden und Westen zum Katholizismus neigten, während der entwickelte Süden und Osten, vor allen Dingen aber London und Umgebung, für das neue Denken empfänglich waren. Die meisten Historiker sind sich darin einig, daß die dominierende Partei zur Zeit Heinrichs VIII. die Partei der Antiklerikalen war. Der Widerwille und die Verachtung gegenüber dem Klerus waren weit verbreitet. Man empfand es zunehmend als widersprüchlich, daß der Klerus das Recht haben sollte, in den verschiedensten Bereichen der Lebensführung den Menschen moralische Vorschriften zu machen, selbst aber ein Beispiel für den moralischen und sittlichen Verfall zu geben. Und wie in Deutschland verwendeten die Geistlichen den größten Teil ihrer Energie und ihres Erfindungsreichtums darauf, aus den Laien Geld herauszupressen. Sämtliche kirchlichen Gnadenhandlungen wurden zu überhöhten Preisen verkauft. Schenkungen an die Kirche wurden durch Streikandrohungen erpreßt. Wer z.B. in seinem Testament kein Legat für die Kirche vorsah, konnte nicht sicher sein, ein christliches Begräbnis zu erhalten. Simonie, Wucher, Unterschlagung, Pfründenschacher – all das war an der Tagesordnung. Ca. ein Fünftel des gesamten Grundbesitzes Englands war in den Händen der Kirche. Die Höhe der kirchlichen Steuern kontrastierte auf dramatische Weise mit der Prachtentfaltung der Kirchenfürsten.

Die Unpopularität des Klerus war der Boden, auf dem natürlich auch die neue Ketzerei Martin Luthers gedeihen konnte. Sie ging verschiedene Verbindungen mit dem einheimischen Lollardentum ein. Überall traten inspirierte Prediger auf, die ketzerische Behauptungen verbreiteten wie z.B., daß die Priester keine Gewalt hätten, Sünden zu vergeben; daß die Hostie sich nicht in den Leib und das Blut Christi verwandele; daß nur die Bibel die Richtschnur für den Glauben sein könne, und nicht die Autorität der Kirche; daß Ablässe und Seelenmessen wertlos seien; daß Gott den Ehestand für alle Menschen, auch für Nonnen und Priester, vorgesehen habe. In London verbreitete eine christliche Bruderschaft lutherische Traktate. In Wittenberg hielt sich 1524 ein junger Engländer namens Tyndale auf und schrieb unter Luthers Anleitung eine Bibelübersetzung, der er, nicht wie Wycliffe die lateinische Vulgata, sondern die hebräischen Originaltexte und die von Erasmus herausgegebenen griechischen Texte des Neuen Testaments zugrunde legte. Von dieser Übersetzung ließ er in Worms 6.000 Exemplare drucken und nach London schmuggeln. Das war nötig, denn schon die Wycliffesche Bibelübersetzung hatte das Verbot der volkssprachlichen Bibeln provoziert. Deshalb ließ Bischof Tunstall von London alle Tyndale-Bibeln aufkaufen und vor der St. Paul's Kathedrale öffentlich verbrennen. Da vom Kontinent aber immer weiterer Nachschub kam, finanzierte der Bischof nach Morus' ironischem Kommentar Tyndales Druckerpresse. Inzwischen begab sich

Tyndale selbst nach Marburg und übersetzte unter dem Schutz des Landgrafen Philip von Hessen den größten Teil des Alten Testaments ins Englische. In einem unbedachten Moment ließ er sich dann von kaiserlichen Häschern fangen und wurde 1536 als Ketzer verbrannt. Aber weder Feuer noch Verbote vermochten etwas gegen das neue Medium auszurichten: den Buchdruck.

Inzwischen hatte sich 1521 in Cambridge eine Gruppe von Studenten zusammengefunden, die die neuen Lehren aus Deutschland intensiv studierten. Viele von ihnen sollten sich in der späteren Reformation einen Namen machen. Einige bereisten den Kontinent, trafen dort andere Reformatoren und kehrten mit neuen Ideen im Kopf nach England zurück. Zu ihnen gehören Miles Coverdale, Hugh Latimer, Thomas Bilney, Edward Fox und Thomas Cranmer, der spätere Erzbischof. Wenn in der Konkurrenz der beiden Universitäten Oxford die Humanisten hervorgebracht hatte, brachte Cambridge die Protestanten hervor.

Die antiklerikale Agitation, der Sturz Wolseys und Heinrichs vergebliche Versuche, bei einem vom Kaiser abhängigen Papst seine Ehe annullieren zu lassen, bildeten den Hintergrund, als am 3. November 1529 zu Westminster das Parlament zusammentrat. Nun war nach englischem Recht die Landessynode des Klerus befugt, gegen jede Gesetzgebung, die die Kirche betraf, ihr Veto einzulegen. Mit einem sogenannten "Act of Accusation", einer langen Liste schwerer Angriffe gegen den Klerus, setzte das Parlament diese Synode auf die Anklagebank. Die Akte enthielt die üblichen Vorwürfe des Pfründenschachers, der Sittenlosigkeit, der Verkauf der Sakramente, der Käuflichkeit der geistlichen Gerichte etc. Diese Anklage benutzte der König, um zunächst einmal Geld aus dem Klerus herauszupressen; und dann forderte er, als Beschützer und einziges Haupt der englischen Kirche anerkannt zu werden. Das heißt, er forderte die Loslösung der englischen Kirche von Rom. Als die Synode in tödlichem Schweigen verharrte, legte Heinrich das als Zustimmung aus, und das Parlament erklärte die Formel zum Gesetz. Bis 1532 hatten sich die Bischöfe von ihrem Schock erholt, und die Synode erklärte sich mit der Loslösung von Rom einverstanden. Daraufhin trat Thomas More als Lord Chancellor zurück. Als Erzbischof Warham noch im gleichen Jahre starb, wurde sein Nachfolger der protestantische Thomas Cranmer. Das neu zusammengetretene Parlament betrat jetzt die Straße der antiklerikalen Gesetzgebung: Herabsetzung der kurialen Gebühren, Aussetzung der Bezahlung des ersten Jahreseinkommens neu ernannter Kirchenfürsten, Übernahme aller päpstlichen Einkünfte durch die Krone und Verhandlung aller an Rom überwiesenen Rechtsstreitigkeiten an englischen Gerichten. Und schließlich erhielt Heinrich von der Synode der Bischöfe sein begehrtes Scheidungsdekret. Erzbischof Cranmer proklamierte am 23. Mai Heinrichs Ehe mit Katharina von Aragon für ungesetzlich und nichtig. Wenige Tage später erklärte er Anne Boleyn zur rechtmäßigen Gemahlin Heinrichs VIII. Geheiratet hatten sie schon am 15. Januar, denn Anne war schwanger – mit Elisabeth. Papst Clemens erklärte die neue Ehe für nichtig, exkommunizierte Heinrich und erklärte den potentiellen Nachkommen aus dieser Verbindung zu einem Bastard. Am 7. September 1533 wurde Elisabeth geboren.

Während dieser Zeit erwuchs dem König in dem als Kaufmann und Geldverleiher reich gewordenen Thomas Cromwell ein williges Werkzeug für seine Politik. Er hatte schon Wolsey loyal gedient, und nach dessen Sturz wurde er zum persönlichen Sekretär des Königs ernannt. Er widmete sich mit machiavellistischem Geschick der Politik, die absolute Macht des Königs auszubauen und mit dem Kirchenvermögen zu finanzieren. Im Mai 1534 verabschiedete das Parlament ein Thronfolgegesetz, das Elisabeth zur Thronerbin, Heinrichs Ehe mit Katharina für ungültig und damit Maria zum Bastard erklärte. Die ganze erwachsene Bevölkerung Englands hatte darauf dem König den Treueid zu leisten. Als Thomas More sich weigerte, wurde er verhaftet und in den Tower gebracht. Schließlich übertrug das vom Parlament erlassene "Statute of Supremacy" alle bisherigen Rechte der römischen Kirche auf den König. Die nunmehr unabhängige Nationalkirche wurde "Ecclesia Anglicana" getauft. Die Bischöfe hatten einen Treueid auf die unumschränkte Autorität des Königs auch in geistlichen Dingen zu leisten, und der Widerstand einiger weniger Ordensgeistlicher wurde mit furchterregenden Strafen und drakonischen Maßnahmen gebrochen. Der Terror erreichte seinen Höhepunkt im Prozeß gegen Thomas More. Weil er sich weigerte, die königliche Souveränität über die englische Kirche anzuerkennen, wurde er 1535 des Hochverrats schuldig gesprochen. Als man ihn vom Gericht in den Tower zurückbrachte, durchbrach seine Frau Margaret die Absperrung, wurde von ihm umarmt und empfing seinen Segen. Am Tage vor der Hinrichtung schickte er ihr die Botschaft: "Lebe wohl, geliebtes Kind, bete für mich, und ich will für dich und alle deine Freunde beten, auf daß wir uns bald fröhlich im Himmel wiedertreffen." Auf dem Schafott gewährte er dem Scharfrichter Verzeihung, betete für die Erleuchtung des Königs, sprach den 51. Psalm, legte den Kopf auf den Richtblock und entfernte seinen langen weißen Bart von der Hackfläche mit den Worten, es wäre schade, wenn er durchgeschnitten würde, denn er habe keinen Hochverrat begangen.

Das geistige Europa war von der Hinrichtung schockiert. Karl V. bemerkte, er hätte lieber die schönste Stadt seines Reiches verloren als solch einen Ratgeber. Papst Paul III. schloß Heinrich aus der Christenheit aus, entband die englischen Untertanen vom Treueid gegen ihn und belegte das Land mit einem Interdikt. Am 7. Juli 1935, als sich Thomas Mores Todestag zum 400. Mal jährte, sprach die katholische Kirche ihn heilig. Wenige Monate nach Mores Tod starb auch Katharina von Aragon. Am Tage ihres Todes wurde Anne Boleyn von einem toten Kind entbunden. Der enttäuschte Heinrich begann erneut über eine Scheidung nachzudenken, zumal er einen gewissen Überdruß angesichts von Annes Launen verspürte. Er begann sich einzureden, Anzeichen von Untreue zu entdecken, und da er zugleich ein Auge auf eine ihrer Hofdamen, Jane Seymour, geworfen hatte, ließ er ihr den Prozeß machen. Das Schwurgericht von Middlesex sprach sie schuldig, mit fünf Männern Ehebruch begangen zu haben. Die Männer wurden alle hingerichtet, und am 19. Mai 1536 legte auch Anne ihren schlanken Hals auf den Richtblock. Am nächsten Tag verlobte sich Heinrich mit Jane Seymour. Kurz danach wurde die Hochzeit vollzogen und Jane zur Königin proklamiert. Nachdem Heinrichs Tochter Maria unter königlichem Druck sich dazu bereitgefunden hatte, die Ehe ihrer Eltern für blutschänderisch zu erklären und Heinrich als Oberhaupt der anglikanischen Kirche anzuerkennen, wurde sie in Gnaden bei Hofe wieder aufgenommen. Am 12. Oktober 1537 gebar Jane ihm endlich den ersehnten Thronfolger, starb aber selbst zwölf Tage später. Kurz vorher hatte das Parlament in einem neuen Thronfolgegesetz Maria und Elisabeth zu Bastarden erklärt.

Konfiskation der Klöster und Schaffung eines neuen Adels

1535 hatte Heinrich sein Werkzeug Cromwell zum Stellvertreter des Königs in kirchlichen Angelegenheiten ernannt. Damit hatte er alle Fäden in der Hand. Er leitete den King's Council, die Außenpolitik, die Star Chamber und nun auch die Kirche. Sein Geheimdienst meldete ihm alle kritischen Regungen unter den Untertanen. Die Zensur wurde rigoros gehandhabt. Und Cromwell war so gefürchtet wie später Fouché.

Trotz der Zentralisierung der Macht gab es ein entscheidendes Problem: Der König war bankrott. Zugleich hatte er vor, die Flotte auszubauen. Die neuen Schiffe wurden nach einem verbesserten Modell gebaut. Sie waren an Ozeanbedingungen angepaßt und manövrierfähiger als die Schiffe der alten Handelsmarine. Außerdem wurden sie nun mit Kanonen bestückt. Damit wurde es unnötig, Seeschlachten so zu schlagen, daß die Schiffe einander rammten und die Soldaten das feindliche Schiff enterten. Der Ausbau dieser Marine war Heinrichs persönliche Leistung. Zugleich war es der Ausdruck des politischen Willens, jede Kontinentalpolitik aufzugeben und statt dessen in der Fortsetzung der Tradition Wolseys Gleichgewichtspolitik zu betreiben. Aber Häfen auszubauen und Arsenale anzulegen kostete Geld, und die Steuern waren schon hoch genug. Da richtete sich Heinrichs Blick mit Cromwells Hilfe auf eine Institution, die sowieso verdächtig war: die Klöster. Sie schienen wie ein Fremdkörper, hatten ihre Funktion als Bildungsstätten weitgehend verloren, und ihre Treue gegenüber dem König schien zweifelhaft. Und vor allem war die Wirksamkeit der von den Klöstern verwahrten Reliquien als Heilsquelle unglaubwürdig geworden: In der mittelalterlichen Gesellschaft Europas war die Behandlung der Heilsgüter nicht individuell, sondern korporativ erfolgt; d.h., die Kirche war eine Art Bank, in die die Religionsvirtuosen – also die Asketen, Mönche und Heiligen – mit ihrem außergewöhnlich heiligen Leben Heilsgüter einzahlten, die der Klerus verwaltete. Gegen Gebühren konnten dann die zu dieser Gemeinschaft gehörenden Sünder Heilsgüter abheben. Das Ganze funktionierte nach dem Prinzip einer Versicherung, nur umgekehrt: wenige zahlten viel auf das gemeinsame Heilskonto, und viele hoben kleine Beträge der Sündenvergebung ab. Dieses Prinzip eignete sich deshalb für das Verfahren der Monetarisierung. Das gleiche galt für das Fegefeuer. Mit ihm wurde die harte Alternative zwischen Seligkeit und Verdammnis durch Temporalisierung gedämpft, weil der Sünder das Schuldkonto seiner Genußsünden wieder durch zeitlich gestreckte Leidensrückzahlungen abtragen konnte, um der Verdammung zu entgehen. Der Protestantismus aber schafft das Fegefeuer als einen der Buße gewidmeten Warteraum zur ewigen Seligkeit ab. Damit werden auch die Seelenmessen sinnlos. Schuld wird jetzt individuell zugerechnet. Das stellt die vorpurgatorische Alternative zwischen Verdamnis und Errettung wieder her. Das am Ende der Zeiten wartende jüngste Gericht wird zum immerwährenden inneren Tribunal des Gewissens. Mit anderen Worten, Schuld wird jetzt weiter individualisiert. Handeln wird jetzt individuell zurechenbar. Das setzt die Unterstellung von Freiheiten voraus. Erst vor dem Hintergrund größerer Möglichkeitsspielräume interessiert man sich für Motive, die man mit der Individualität des Charakters erklärt. Die damit zusammenhängenden Verschiebungen in der kulturellen Semantik und in den Formen der Erlebnisverarbeitung ließen die Klöster zunehmend obsolet erscheinen. Hinzu kam, daß der in den Rosenkriegen verarmte Adel schon lange sein gieriges Auge auf den Reichtum der Klöster geworfen hatte.

Cromwell ließ unter den 600 Klöstern Englands ab 1535 Visitationen durchführen. Natürlich fand man die Mißstände, die man gesucht hatte. Das Parlament legte 1536 daraufhin ein Schwarzbuch vor mit der Empfehlung, alle kleineren Klöster zu schließen. Zum Einzug ihres Vermögens und dessen Verwaltung wurde ein "Court of Augmentations" geschaffen. Auf diese Weise wurden 376 Klöster in Staatseigentum überführt. Daraufhin mußte man zwei Rebellionen in Lincolnshire und Yorkshire unterdrücken. Dabei zeigte Heinrich seine ganze machiavellistische Gerissenheit und Brutalität. Schließlich wurden bis 1540 die restlichen Klöster Englands geschlossen und deren Vermögen eingezogen. Man schätzt Heinrichs Beute auf 1,5 Millionen £. Ein Teil des Raubes wurde für den Bau der Flotte und die Hafenanlagen verwendet. Ein weiterer Teil floß in die königlichen Bauten von Westminster, Chelsea und Hampton Court. Der größte Teil aber gelangte in den Besitz von Großbürgern und Adligen, die Heinrich für ihre Unterstützung seiner Politik belohnte. Damit schuf er praktisch eine neue Aristokratie, die er durch ihre Beteiligung an der Beute an das Haus Tudor band. Es waren Leute, die durch den Kauf von billigen Klostergütern reich geworden waren. Sie würden sich von jetzt an jeder Restauration zugunsten der katholischen Kirche mit eisernem Willen widersetzen. Der alte, durch die Rosenkriege dezimierte Adel wurde also aufgefüllt durch eine neue, unbedingt monarchistisch und protestantisch gesonnene Aristokratie. Es ist deren Ideologie, die Shakespeare in seinen Dramen glamourisiert und die dann den Hofadel von Elisabeths glänzendem Hof stellen wird; und es ist diese Entwicklung, die die Reformation in England irreversibel machen sollte und den sogenannten Tudor-Absolutismus begründete.

Darüber hinaus wurde die soziale Dynamik des neuen Adels durch eine Besonderheit des englischen Adelserbrechts befördert: das ist die absolute Geltung der Primogenitur im Verein mit der Erlaubnis für jüngere Söhne, ein Gewerbe auszuüben. Das heißt, nur der älteste Sohn erbte Landgut und Titel, die jüngeren Söhne mußten sich nach reichen Erbinnen umsehen oder – was ihnen auf dem Kontinent verboten gewesen wäre – sich einem Beruf zuwenden. Auf diese Weise kam es zu einem konstanten Konnubium zwischen Großbürgertum und Adel. Adlige Mentalitäten verbreiteten sich in den Milieus des großen Geldes, und der unternehmerische Geist des Bürgertums fand Eingang in die Aristokratie. Langfristig sollte das ein sozio-struktureller Vorteil Englands gegenüber seinen kontinentalen Rivalen sein.

Mit der Umwandlung der Kirche in eine nationale Staatskirche, mit der Konfiskation der Kirchengüter, mit der Schöpfung eines protestantischen, monarchistisch gesonnenen Adels und mit dem Bau einer tüchtigen Marine hatte Heinrich VIII. also die Fundamente für Englands Unabhängigkeit, die Säulen der absoluten Macht des Königs und den Rahmen für Englands künftige Entwicklung geschaffen. Das Unterhaus hatte seine Selbständigkeit verloren und bewilligte ihm weitere Rechte. Dazu gehörte vor allen Dingen das Recht zu definieren, was als Ketzerei zu gelten habe. In der Doktrin wurde Heinrich unter dem Einfluß des Bischofs von Winchester, Stephen Gardiner, immer katholischer. Synode, Parlament und König bekräftigten einen Großteil der katholischen Lehren im "Act of the Six Articles". So konnte es vorkommen, daß sich Protestanten und Katholiken gemeinsam auf dem Scheiterhaufen wiederfanden; die Katholiken, weil sie den geistlichen Supremat Heinrichs nicht anerkannten, und die Protestanten, weil sie die katholischen Glaubenssätze leugneten. Die Bauern seufzten unter der hohen Besteuerung, die Kranken und Obdachlosen litten wegen der Auflösung der klösterlichen Krankenhäuser, und die Tuchweber vergossen ihren Schweiß für niedrig gehaltene Löhne, die die Profite der Webereiunternehmer erhöhten. Die Textilherstellung sollte wegen der leichten Mechanisierbarkeit Englands entscheidende Industrie werden. Statt Ackerbau zu treiben, war es profitabler, das Land von Schafen beweiden zu lassen, die die Wolle lieferten. Dies wiederum führte zu den sogenannten "Enclosures", den Einfriedungen von Allmende-Land und dessen Verwandlung in Schafweide. Damit wurden die Ärmeren vom Land in die Stadt getrieben, wo sie proletarisierten und zum Heer der von der Textilindustrie benötigten Arbeiterschaft stießen. "Sheep eat men", hieß die Formel. Die Löhne blieben niedrig, aber die Preise stiegen schnell. Das benachteiligte den alten Feudaladel, die Bauern und die Arbeiter. Die einzigen, die davon profitierten, waren die Unternehmer und die Handelsherren.

Inzwischen entschloß sich Heinrich nach zweijähriger Ehelosigkeit, wieder zu heiraten. Cromwell empfahl ihm Anna von Kleve, die Schwester des dortigen Herzogs und Schwägerin des Kurfürsten von Sachsen. Davon versprach er sich die Anbahnung eines Bündnisses aller protestantischen Länder. Heinrich schickte Holbein auf den Kontinent, um ein Portrait von Anna zu malen. Das entsprach noch den Vorstellungen der "l'amour lointain". Man liebte aufgrund von Hörensagen oder mit Hilfe von Bildern. Es genügte, die Schönheit einer Dame zu sehen und von ihren Vorzügen zu hören, um sie lieben zu können. Wie im *Kaufmann von Venedig* löste der Ruf einer Dame die Reiselust in den Herzen potentieller Freier in fernen Ländern aus. Als Holbeins Bild von Anna von Kleve eintraf, fand der König sie jedenfalls akzeptabel. Als sie selber eintraf, erlitt er eine Enttäuschung und verzieh Cromwell nie. Er heiratete Anna trotzdem, verhaftete aber Cromwell und ließ ihn eine Erklärung unterschreiben, nach der die Ehe ungültig war. Anna akzeptierte die Annullierung der Ehe und zog sich mit einer Leibrente ins Privatleben zurück. Wenig später schloß Heinrich mit Karl V. Frieden und ließ Cromwell enthaupten. Am gleichen Tage heiratete er die katholische Catherine Howard. Sie gilt als die hübscheste seiner Ehefrauen. Als aber Erzbischof Cranmer ihm Beweise vorlegte, daß Catherine vor ihm andere Liebhaber gehabt hatte, fürchtete er, den Verstand zu verlieren. Er glaubte, daß Gott seine Ehen alle verflucht habe, weil er gegen das Verbot verstoßen hatte, die Witwe seines Bruders zu heiraten. Als er Anzeichen für einen aktuellen Ehebruch Catherines zu entdecken meinte, ließ er sie von einem Gericht von Peers schuldig sprechen. Am 13. Februar 1542 wurde sie enthauptet. Auf Drängen des King's Council heiratete er zum sechsten Mal, die dritte Katharina. Catherine Parr hatte ihrerseits schon mehrere Ehemänner überlebt und sollte auch Heinrich überleben. Aus dem schönen Jüngling war inzwischen ein gewaltiger Fettwanst geworden. Sein wildes Leben hatte tiefe Spuren hinterlassen. Er kränkelte, litt an einer nicht ausgeheilten Syphilis, ein aufgedunsenes Gesicht verbarg fast die kleinen Augen, und seine Grausamkeit und Hemmungslosigkeit hatten seine Züge entstellt. Bevor er im Alter von 55 Jahren am 28. Januar 1547 starb, ließ er noch den Cousin von Catherine Howard, den Earl of Surrey, hinrichten, der mit seiner Aeneis-Übersetzung den shakespeareschen Blankvers ins Englische eingeführt hatte.

Es ist vor allen Dingen diese blaubarthafte Geschwindigkeit, mit der er seine Frauen heiratete und wieder fallenließ, die Heinrich VIII. zu einer Figur der Folklore gemacht hat. Aus der rückblickenden Distanz einer von Heinrich in Gang gesetzten nationalen Erfolgsgeschichte wurden seine Laster und seine Bösartigkeit zur historisch entschuldigten Vitalität verklärt. Diese Vitalität scheint am Anfang des Ausbruchs nationaler Kreativität unter Elisabeth zu stehen. In der historischen Verklärung verschmilzt sie mit dem Selbstgefühl der englischen Nation. Damit wird sie zum Bestandteil einer Gründungslegende des Staates. Wie bei dem Mord von Romulus an Remus sind solche Gründungslegenden immer mit Verbrechen verbunden. Diese Verbrechen verleihen der Gründung eine initiierende Kraft. In diesem Sinne sind auch Heinrichs Frauenmorde in den Gründungsmythos eingeschmolzen geworden. Die Absolutheit seines Königtums gewann Gestalt im Bild einer Art nationalen Virilität. So wurde Heinrich VIII. mit seinen vielen Frauen zum Vater der englischen Nation. Bis heute lernen englische Schulkinder die Schicksalssequenz seiner Frauen mit folgenden Merkvers:

> Divorced, beheaded, died,
> Divorced, beheaded, survived.

Dahinter verbirgt sich das Schicksal von Katharina von Aragon, Anne Boleyn, Jane Seymour, Anna von Kleve, Catherine Howard und Catherine Parr. Zwei von ihnen wurden geschieden, zwei von ihnen geköpft, und zwei von ihnen starben eines natürlichen Todes.

Protestantisch-katholisches Zwischenspiel

Zwischen 1547 und 1558 kommt es unter Edward VI. und Maria der Katholischen zu einem protestantisch-katholischen Zwischenspiel. Das Thronfolgegesetz hatte vorgesehen, daß zunächst Edward regieren sollte, nach ihm Maria und dann Elisabeth, und in dieser Reihenfolge haben die Geschwister auch regiert. Edward war bei Regierungsantritt zehn Jahre alt, und zum Lord Protector wurde sein Onkel Edward Seymour, der Herzog von Somerset, bestellt. Unter seiner Regentschaft kam es zur Aufhebung der anti-protestantischen Gesetzgebung, so daß die auf den Kontinent geflohenen Protestanten nach Hause zurückkehrten. Seelenmessen zu lesen wurde verboten, die Lehre vom Fegefeuer aufgehoben und Englisch zur Sprache des Gottesdienstes gemacht. Erzbischof Cranmer aß öffentlich Fleisch während der Fastenzeit, das Parlament erließ ein Gesetz, nach dem sämtliche Heiligendarstellungen aus den Kirchen entfernt werden mußten, und in den großen Städten und London stürmten ikonoklastische Horden in die Kirchen und zerstörten Statuen, Bilder und Kruzifixe. Erzbischof Cranmer ersetzte das Brevier der katholischen Kirche durch das von ihm selbst verfaßte *First Book of Common Prayer*. Das Parlament erklärte das Buch zum Gesetz und verbot die Messe.

Die Interessenvertretung der Grundbesitzer im Parlament führte zusammen mit den Folgen der Klosterauflösung zur Verschärfung der sozialen Not unter den kleinen Bauern, den Pächtern und den ländlichen Armen. 1549 breitete sich deshalb wie ein Flächenbrand ein Bauernaufstand aus. Er wurde unter Führung von Somersets Rivalen Warwick niedergeschlagen. Eine der Folgen war Somersets Sturz. An seiner Stelle wurde Warwick zum Lord Protector. Eine andere Folge war, daß die Enclosures, die viele Kleinbauern ruinierten, nun legalisiert wurden. Zugleich wurde die Steuer auf Wolle wieder aufgehoben, die zwischenzeitlich die Einzäunung von Schafweiden etwas weniger lukraktiv gemacht hatte. Die verbreitete Armut heizte das religiöse Klima zur Hysterie an. Schwärmer, Enthusiasten, Wiedertäufer und selbsternannte Heilige durchstreiften das Land und predigten die bizarrsten Lehren. Die Bilderstürmerei in den Kirchen ging auch unter Warwick weiter; viele Kunstschätze wurden zerstört und die silbernen Meßgeräte zugunsten der Staatskasse eingezogen. Katholische Geistliche wurden in den Tower geworfen. Gegen Ende glich seine Regentschaft immer mehr der Tyrannei von Shakespeares *Richard III.* Er ließ seinen Vorgänger Somerset mit Hilfe gefälschter Beweise und meineidiger Zeugen hinrichten. Edward seinerseits siechte an einer unklaren Krankheit dahin, die man auf die Nachhilfe Warwicks zurückführte, der inzwischen zum Herzog von Northumberland ernannt worden war. Aus Angst vor der Rache von Edwards Schwester, der katholischen Maria, versuchte er, den sterbenden König zu überreden, seine Schwiegertochter Lady Jane Grey, eine Enkelin der Schwester Heinrichs VIII., zur Nachfolgerin zu machen. Nach dem Tod des erst 15jährigen Edward am 6. Juli 1553 erzwang der Herzog im King's Council die Proklamation Jane Greys zur Königin. Gleichzeitig gelang es Maria, sich den Häschern des Herzogs rechtzeitig zu entziehen, und sie ließ sich in Übereinstimmung mit Heinrichs VIII. Thronfolgegesetz zur Königin ausrufen. Darin hatte sie die Unterstützung ganz Englands. Der King's Council wechselte die Seiten, Northumberland gab auf und bettelte um Gnade. Der Bürgerkrieg war abgewendet, und die Nation feierte die Wiederkehr einer katholischen Königin mit Freudenfesten und Glockenläuten.

Bei ihrem Einzug in London war Maria 37 Jahre alt und hatte ein Leben voll Demütigungen und Erniedrigungen hinter sich. Sie litt an der Wassersucht, an Kopfschmerzen und Schwächen des Nervensystems, hatte vorzeitig ergrautes Haar, sprach mit einer Baßstimme und war wenig attraktiv. Charakterfest in Fragen des Glaubens, war sie im übrigen gutmütig, mitfühlend und politisch naiv. In ihrer Weltfremdheit ist sie geradezu ein Beispiel für die Paradoxie, daß in der Politik die guten Absichten üble Folgen haben können: Ihre Toleranz führte nur zur Verschärfung der konfessionellen Streitereien; das Verbot der Bestechlichkeit führte zur Verheimlichung der Bestechungen; die Reduktion der Steuern führte lediglich zum Staatsdefizit, und die Hilfe für die Armen schädigte nur den Handel. Eine weitere Paradoxie bestand darin, daß sie als Katholikin ablehnen mußte, was sie als Königin war, nämlich das Haupt der anglikanischen Kirche. Ihr neues Parlament widerrief zwar die Religionsgesetze Edwards, dachte aber gar nicht an die Wiederherstellung der päpstlichen Autorität, weil das die Rückgabe der Kirchengüter bedeutet hätte. So blieb ihr nur das unkatholische Amt als kirchliches Oberhaupt, die protestantischen Bischöfe wieder durch katholische zu ersetzen, den Zölibat wiederherzustellen, die Messe wieder einzuführen und schließlich die protestantischen Irrlehren und den neumodischen Gottesdienst zu verbieten.

Von all diesen Maßnahmen ging weit weniger Beunruhigung aus als von ihren Heiratsplänen. Auch sie wurden wieder durch den unvermeidlichen Karl V. bestimmt. Aus politischen Gründen schlug er ihr als Gemahl seinen Sohn Philipp vor, der im Begriffe stand, alle Habsburger Territorien außer den österreichischen Stammlanden zu erben. Daraufhin kam es zu einem Komplott und einem Aufstandsversuch protestantischer Magnaten. Dieser Aufstand verwandelte die gutmütige Maria unter Mithilfe kaiserlicher Ratgeber in die "Bloody Mary" der Geschichtsbücher. Zahlreiche Rebellen einschließlich der unschuldigen Lady Jane Grey endeten auf dem Schafott. Der Sonett-Dichter Wyatt beschuldigte die Prinzessin Elisabeth der Mitwisserschaft, und ein paar Wochen stand ihr Schickal auf des Messers Schneide. Hundert weitere Verschwörer wurden gehängt.

Allerdings wurde der Winter des Mißvergnügens noch ein Jahr aufgehalten durch die Sonne Spaniens, Philipp. Die Eheschließung mit Maria fand per procurationem statt, dann kam er selbst und blieb ein Jahr. Sie wähnte sich guter Hoffnung, Kardinal Pole kam aus Rom, segnete die Ehe und verbreitete allgemeine Freude durch die päpstliche Botschaft, daß bei der Wiederherstellung des Katholizismus die Kirchengüter nicht zurückgegeben werden müßten. Er wurde von nun an zu Marias einflußreichstem Berater. Doch dann stellte sich der Fluch des Hauses Tudor wieder ein und zeigte seine Macht. Marias Schwangerschaft entpuppte sich als Wassersucht. Enttäuscht reiste Philipp wieder ab, und zum Ausgleich suchte Maria Trost in der Wiederherstellung der alten Kirche. Die Bischöfe Gardiner und Bonner begannen ein Terrorregiment der Protestantenverfolgung. Man holte die Cambridger Erzprotestanten der ersten Stunde, Latimer, Bilney und den Erzbischof Cranmer, aus dem Tower und machte ihnen den Prozeß. Sie alle hatten sich an der henricianischen Säkularisation beteiligt, Anne Boleyn als Königin bestätigt und Maria zur Bastardin erklärt. In begreiflicher Todesangst widerrief Cranmer seine protestantischen Überzeugungen, aber als

Maria das Todesurteil nicht in lebenslange Kerkerhaft verwandelte, widerrief er den Widerruf und ließ die Hand abbrennen, die ihn unterschrieben hatte, bevor er den Märtyrertod in den Flammen fand.

Gegen Ende ihrer Regierungszeit verdüsterte sich Marias Gemüt. Philipp war ein zweites Mal nach England gekommen, um sie zu einem sinnlosen Krieg gegen Frankreich zu drängen, in dem die Engländer Calais verloren. Wieder fühlte sie sich guter Hoffnung, wieder täuschte sie sich, wieder reiste Philipp enttäuscht ab. Während sie trostlos durch die Korridore ihres Palastes geisterte und langsam den Verstand verlor, instruierte Philipp seine Vertrauten, wegen einer eventuellen Ehe bei Elisabeth zu sondieren. Am 17. November 1558 starb Maria an einer Fieber-Epidemie, die über England hinweggerollt war. Die Geschichte hat ihr mit der Verleihung des Beinamens "die Blutige" Unrecht getan. Ihre Umgebung war blutiger als sie. In ihrer Wirkung aber setzte sie mit Hilfe des Kardinals Pole und der Ketzerverfolger Latimer und Bonner das Werk ihres Vaters fort: Sie gab dem Willen, sich von Rom zu lösen, neuen Auftrieb im Volk.

Die große Königin

Wäre es nicht zu schematisch, könnte man angesichts der drei Kinder von Heinrich VIII. an Dialektik glauben. Edward verkörperte die protestantische These, Maria die katholische Antithese, und Elisabeth war es vorbehalten, die anglikanische Synthese zu bilden. Dem kam ihr skeptischer Verstand entgegen, der von ihrem Lehrer Roger Ascham im Geiste des Humanismus ausgebildet worden war. Sie sprach fließend Französisch und Italienisch, sehr gut Latein und auch etwas Griechisch. Unter Edward war sie protestantisch und unter Maria katholisch. Viel stärker vom Geist der Renaissance durchdrungen als ihre Geschwister, war ihr jeder religiöse Fanatismus ein politischer Greuel: Wie nach ihr Hobbes wußte sie, daß er nur in den Bürgerkrieg führen konnte. In ihren eigenen Grundüberzeugungen war sie wohl moderat protestantisch. Also stellte sie die anglikanische Kirche ihres Vaters wieder her, und das hieß, eine katholische Kirche mit ihr selbst als protestantischer Päpstin. 1559 wurde erneut die königliche Suprematie über die Kirche beschlossen. Das *Book of Common Prayer* wurde wieder eingeführt, und eine Synode der Bischöfe legte 1563 – ein Jahr vor Shakespeares Geburt – in 39 Artikeln fest, was man als englischer Christ zu glauben hatte. Die religiösen Streitigkeiten erhitzten weiter die Gemüter, aber die Paradoxie eines anglo-katholischen Protestantismus verbreitete unter ihnen die Illusion, man meine eigentlich dasselbe, und sorgte mit einer fingierten Konsensunterstellung für einen prekären inneren Frieden. Diesen Frieden in einer Zeit der Glaubensspaltung hergestellt und bewahrt zu haben, ist das eigentliche Ruhmesblatt der großen Königin. Dadurch schaffte sie die Rahmenbedingungen für eine beispiellose Explosion kultureller Energien. Nach einer Generation ihrer friedlichen Regentschaft trat eine Schar von Dichtern auf den Plan, wie sie die Welt seit den Zeiten des Perikles nicht mehr gesehen hatte, und verwandelte die Königin in die mythologische Fairy Queen Diana, die bona dea und Jungfrau Vergils, deren Erscheinen das Goldene Zeitalter ankündigt. Nie wieder – vielleicht mit Ausnahme des Sonnenkönigs – hat ein Monarch eine so erfolgreiche Schar von Panegyrikern – oder sollten wir sagen, von Imageverkäufern? – gefunden wie Elisabeth. Und sie waren so gut, weil sie es ernst meinten. Sie liebten ihre Königin, weil sie wußten, was sie ihr verdankten: Ordnung, Frieden, Eintracht und nationalen Glanz. Das Gefühl gedieh auf dem Hintergrund der Erinnerungen an die finsteren Zeiten des Terrors und des Bürgerkriegs. Und es verblaßte auch mit diesen Erinnerungen. Deshalb war es die Funktion von Shakespeares Königsdramen, durch die Auffrischung dieser Erinnerungen dem Glanz der eigenen Friedenszeit wieder mehr Leuchtkraft zu verleihen: Der Genuß des Sommers wurde erhöht durch die Erinnerung an den Winter des Mißvergnügens. Entsprechend muß man Shakespeares Königsdramen als elisabethanisches Memoria-System verstehen.

Persönlich brachte die Königin die besten Voraussetzungen dafür mit, den Frieden durch eine Form entschlossener Äquilibristik zu erhalten. Zunächst einmal war sie robust und gesund. Äußerlich glich sie ihrem Vater. Rothaarig wie er, war sie athletisch und von majestätischer Figur. Ihre gute Gesundheit befähigte sie, sich gleichermaßen der Mühe der Regierungsgeschäfte und dem anstrengenden Zeremoniell des königlichen Amtes zu widmen. In beidem übertraf sie alle anderen zeitgenössischen Herrscher. Sie verfügte über ein außerordentliches Gedächtnis, entfaltete großen Fleiß bei der Erledigung der Staatsgeschäfte, mischte sich in die Buchführung ein und mäkelte am Latein ihrer Kanzlisten herum. Sie sparte, wo sie konnte, hielt den öffentlichen Haushalt in Ordnung, zahlte ihre Schulden rechtzeitig zurück und brachte es fertig, die Kronschätze dreier Länder – von Schottland, Portugal und Burgund – zu kassieren und zu behalten. Noch als alte Frau unterwarf sie sich dem Ritual der anstrengenden königlichen Rundreise – des sogenannten "progress" – und trat selbst zum Tanzen an. Dem entsprach ihre Neigung zur persönlichen Prachtentfaltung. Geistliche, die von der Kanzel herab gegen ihre Prunksucht wetterten, mußten um ihr Leben fürchten. Die Maßlosigkeit ihrer Eitelkeit wurde nur noch übertroffen vom Umfang ihrer Garderobe und der Zahl ihrer Schmuckstücke, mit denen sie jede freie Stelle ihres Körpers bedeckte. Im Alter verbarg sie ihr ergrauendes Haar unter einer monströsen Perücke und die Falten ihres Gesichts unter mehreren Lagen dicker weißer Schminke. Was sie nicht verbergen, sondern lediglich leugnen konnte, war der immer stärker hervortretende Höcker ihrer Nase und die faulenden Zähne. Zu Shakespeares

Zeit glich sie mehr und mehr einer alternden Diva, deren Vitalität und Willenskraft ihre Umgebung dazu zwangen, sie wie eine knospende Schönheit zu behandeln. Dabei vervollständigte sie die Freiheiten, die sich eine Monarchin herausnehmen konnte, durch diejenigen, die man einer Frau gestattete: Sie bewarf ihre Höflinge mit Pantoffeln und kitzelte ihre Räte am Hals. Sie gestattete sich endlose Launen und ließ ihrer scharfen Zunge gegenüber ihren Untergebenen freien Lauf. Dem kam entgegen, daß Schamgrenzen in einer ständischen Gesellschaft sozial gestaffelt sind: Man geniert sich nur vor Gleichrangigen. Noch Madame Pompadour enblößte sich vor ihren Lakaien genauso ungeniert wie vor ihrem Kater: Sie zählten nicht. Entsprechend hemmungslos führte sich auch Elisabeth auf: Sie lachte laut und schrill, fluchte so vulgär wie ein Bierkutscher, spuckte genauso rücksichtslos aus und ließ alle Anwesenden in den Genuß des Schauspiels kommen, wie sie umständlich in den Zähnen nach Fleischresten suchte.

Zu ihrer Wankelmütigkeit und ihrer Technik, Entscheidungen hinauszuzögern, paßte ein Hang zu dem, was man heute vielleicht als "flirtatiousness" bezeichnen würde. Weil sie unverheiratet blieb, erlosch er eigentlich nie und wurde zum Bezugspunkt jenes Frauenkultes, in der der gemäßigte Absolutismus Elisabeths kulturellen Ausdruck fand. Vielleicht liegt im Motivationshintergrund für diese "flirtatiousness" einer der Gründe für Elisabeths entschiedene Unentschiedenheit. Wie von jeder Monarchin wurde von ihr erwartet, daß sie heiratete und dem Land einen Erben bescherte. Nun hatte sie bei ihrem Regierungsantritt eine Affaire mit Robert Dudley, dem späteren Earl of Leicester. Er war der Sohn des Königsmachers unter Maria, des Herzogs von Northumberland und Schwager von Lady Jane Grey. Die Nähe zu ihm hatte Elisabeth ja dem Verdacht augesetzt, Mitwisserin bei der Verschwörung gegen Maria gewesen zu sein. Als Elisabeth Königin wurde, durfte Leicester sich größere Hoffnungen machen. Aber er war verheiratet. Da geschah es, daß seine Frau zum richtigen Zeitpunkt die Treppe hinunterfiel und sich den Hals brach. Für die Höflinge lag die Vorstellung nicht fern, daß hier jemand nachgeholfen hatte, und Elisabeth lernte vielleicht daraus, daß sie sich nie jemandem ausliefern durfte, den sie nicht kontrollieren konnte. Von da ab wurde ihre Jungfräulichkeit eine Art diplomatischer Köder. Sie hielt die Fürsten Europas mit Hoffnungen auf ihre Hand hin. In einer Zeit, da dynastische

Ehen Bündnisse bedeuteten, bedeutete das die Aussicht auf politische Allianzen. Damit hielt sie die Heiratskandidaten davon ab, sich gegen sie zu verbünden. Es ging zu wie bei der Brautwerbung im *Kaufmann von Venedig*. Philipp II. bot ihr die Hand an, die Könige von Schweden und Dänemark schickten ihre Brautwerber, der Erzherzog von Österreich und Karl IX. von Frankreich buhlten um die Gunst ihrer Hand, und eine lang hingezogene, immer wieder verzögerte und wieder ermutigte Werbung von d'Alençon, Herzog von Anjou und Sohn Heinrichs II. von Frankreich, hielt diesen davon ab, die Infantin von Spanien zu heiraten und damit die beiden katholischen Mächte gegen sie zu vereinen. Und nach und nach wurde diese hochpolitische Ehelosigkeit zum Bestandteil eines Kultes der "Virgin Queen", in der die elisabethanischen Höflinge sie zum Schein als Frau umwarben und ihr damit als Königin Verehrung zollten. So flossen höfischer Frauenkult und politischer Absolutismus zum permanenten Staatsschauspiel des elisabethanischen Hoftheaters zusammen.

An dem Problem ihrer immer wieder in Aussicht gestellten und nie vollzogenen Eheschließung lernte Elisabeth die Kunst, zu verzögern, hinzuhalten, Hoffnungen zu wecken und Erwartungen zu manipulieren. Dies war wohl die wichtigste Eigenschaft eines Politikers in einer Zeit, in der Probleme wegen der unversöhnlichen religiösen Gegensätze nicht gelöst, sondern nur durch Abwarten ausgetrocknet werden konnten. Zugleich war diese Hinhaltetechnik kein Symptom der Schwäche. Im Gegenteil, Elisabeth hatte von ihrem Vater die Willenskraft und die Fähigkeit, sich durchzusetzen, geerbt. Das mag mit dazu beigetragen haben, daß sie über sich keinen Herrn ertragen konnte. Sie verzögerte Entscheidungen aus Vorsicht, um Zeit zu gewinnen. Wie alle guten Politiker hatte sie einen Sinn für Timing, für das, was in der zeitgenössischen Politikreflexion "opportunity" genannt wurde. Ihre eigene Biographie und die Wechselhaftigkeit der Schicksale in ihrer Umgebung vermittelten ihr die Evidenz von jener elisabethanischen Grundvorstellung des Schicksals, die im Bild vom Rad der Fortuna – dem "wheel of fortune" – zum Ausdruck kam: es rollte, und mal war man unten, mal war man oben. Deshalb mußten gerade die Fürsten die Fähigkeit entwickeln, sich nicht davon beeindrucken zu lassen. Es war diese Fähigkeit, die Machiavelli als "virtù", als Standhaftigkeit und Festigkeit, gepriesen hat. Zugleich vermittelte das ein Gefühl für die Relativität des Schicksals und die Unberechenbarkeit aller menschlichen Beziehungen. Wer jetzt unten war, konnte bald wieder oben sein. Dieses Lebensgefühl war bei Elisabeth stark entwickelt. Deshalb konnte sie sich in die Rolle anderer Menschen hineinversetzen. Das wiederum begründete die größte aller ihrer Herrschertugenden: sich gute Ratgeber auszusuchen und auf sie zu hören.

Der politische Manager des gemäßigten Absolutismus der elisabethanischen Zeit wurde William Cecil, ein Mitglied der "lesser gentry". Er begann als niederer Hofbeamter und stieg nacheinander zum Ersten Sekretär, Master of the Wards und schließlich zum Lord Chancellor auf. Als solcher lenkte er die Innenpolitik, die Finanzen, die Landesverteidigung und die auswärtigen Angelegenheiten. 1571 machte Elisabeth ihn zum Lord Burghley. Er repräsentiert die "new aristocracy", die von der Reformation und der Säkularisation der Kirchengüter profitiert hatte und deshalb den Absolutismus der Krone mit Klauen und Zähnen verteidigte. Das schien auch möglich angesichts einer sozialen Machtbalance, die man als "Königsmechanismus" bezeichnet hat. Damit ist ein annäherndes Gleichgewicht zwischen der Macht der Aristokratie und der Finanzkraft der Kaufmannschaft und des Stadtbürgertums gemeint. Dabei bildete der Monarch das Zünglein an der Waage und konnte als Schiedsrichter zwischen beiden Kräften seine absolute Macht ausbauen.

William Cecil wurde in seiner unermüdlichen Arbeit für seine Monarchin von anderen hohen Beamten vergleichbaren Kalibers mit ähnlichen Anschauungen und gleichem sozialen Hintergrund unterstützt: dem Großsiegelbewahrer Sir Nicholas Bacon, dem Vater von Francis; dem Schatzmeister Sir Francis Knollys; dem Botschafter Sir Nicholas Throckmorton und dem ergebenen Sir Francis Walsingham, der aus Empörung über die Mordanschläge gegen die Königin den besten Geheimdienst Europas aufbaute, in dem sich schließlich auch Maria Stuart verfing. Elisabeths Kirchenpolitik wurde geleitet von dem moderaten Matthew Parker, den sie zum Erzbischof von Canterbury machte. Er sorgte für Mäßigung unter den religiösen Fanatikern, verabscheute den calvinistischen Fanatismus, der von Genf aus seine Wirkung entfaltete, und zog die humanistischen Studien den theologischen Streitigkeiten vor. All diese Helfer ertrugen willig Elisabeths Launen, ihren scharfen Spott und ihre Knauserigkeit. Sie bedienten ihre Gier nach Komplimenten und hörten sich ihre verlogenen Beteuerungen an, sie sei des Herrschens müde und würde lieber als Nonne ihr Leben der Anbetung und dem Glauben weihen. Insgeheim bewunderten sie ihre Vitalität, ihre Verschwiegenheit und ihre Fähigkeit zur diplomatischen Heuchelei. Sie wußten aus täglicher Anschauung, daß Elisabeth bei all ihren halb inszenierten Schwankungen widerstandsfähig, stark und äußerst stabil war. Trotz ihrer Eitelkeit konnte sie demütig sein. Trotz ihrer Rachsucht war sie großherzig. Zwar war sie abergläubisch, aber sie litt nicht an ideologischen Vorurteilen. Mit Ausnahme ihrer Putzsucht war sie fähig zur Selbstkritik. Und sie wußten, daß die Königin die Liebe ihrer Untertanen gewonnen hatte. Auf den jährlichen Rundreisen konnten sie sich davon überzeugen.

Maria Stuart, die Armada und die Puritaner

Maria Stuart war die Tochter von James V. von Schottland und die Enkelin von Margaret Tudor, einer Tochter Heinrichs VII. Solange Elisabeth keine leiblichen Erben hatte, war Maria ihre prospektive Nachfolgerin. Ein erfolgreicher Mordanschlag auf Elisabeth hätte sie also auf den englischen Thron gebracht. Angesichts der Tatsache, daß sie als Braut von Franz II. von Frankreich zur Katholikin erzogen worden war, mußte das für die protestantischen Magnaten Englands eine beunruhigende Aussicht darstellen. Wegen ihres Katholizismus geriet Maria auch in Schottland gleich in Schwierigkeiten, als sie nach dem Tode ihres königlichen Gemahls 1561 die Herrschaft antrat. Dort hatten die protestantischen Lairds 1557 ein Glaubensbündnis – den sogenannten "Covenant" – gegen den katholischen Glauben geschlossen. 1560 trat ein Reformparlament zusammen, schaffte die Autorität des Papstes ab, verbot die Messe und hob die Klöster auf. Während der Adel die Klostergüter vereinnahmte, reorganisierte der Reformator John Knox die schottische Kirche nach Genfer Muster als presbyterianische Nationalkirche Schottlands – eine Kirche ohne Bischöfe, in der die Gemeinden die Ältesten, die sie leiteten, als sogenannte "Presbyter" selbst wählten. In dieser Situation beging Maria die Torheit, mit Henry Stuart Lord Darnley einen anmaßenden katholischen Adligen zu heiraten, offen die Wiedereinführung des Katholizimus zu betreiben und all dem die Krone aufzusetzen, indem sie sich in Konspirationen zur Ermordung ihres Mannes einließ. Ihre Beteiligung an dem Gattenmord wurde durch die sogenannten "Kassettenbriefe" belegt, von denen bis heute nicht klar ist, ob sie echt sind oder nicht. Aber damals wie heute gab es genug Leute, die an ihre Echtheit glaubten. Als sie dann wie Gertrud im *Hamlet* sogar den Mörder heiratete, löste sie einen Aufstand aus, nach dessen Erfolg sie zur Abdankung zugunsten ihres protestantischen Sohnes James – des späteren Nachfolgers Elisabeths – gezwungen wurde und 1568 nach England unter den Schutz Elisabeths floh. Diese ließ von einer gerichtlichen Kommission die Echtheit der Kassettenbriefe prüfen und setzte Maria dann in Haft. Von nun an wurde Maria zum Zentrum aller katholischen Intrigen, die von den katholischen Adligen Englands, Philipp von Spanien, dem Papst oder Alba in den Niederlanden angezettelt wurden.

Das geschah vor dem Hintergrund einer anti-katholischen Gesetzgebung, die sich allmählich verschärfte. Die "Thirty-nine Articles" von 1563 kombinierten zwar die lutherische Lehre von der Rechtfertigung durch den Glauben mit der zwinglianischen Lehre vom Abendmahl als symbolischer Handlung und der calvinistischen Prädestinations-Doktrin und stellten darin ein Extrakt des Protestantismus dar; aber das Zeremoniell der anglikanischen Kirche war relativ katholisch geblieben. Von ihren Untertanen erwartete Elisabeth vor allem äußere Konformität und die Anerkennung der Suprematsakte. Deshalb wurde die offizielle Verteidigung der päpstlichen Autorität unter Strafe gestellt. Es wurde verboten, katholische Schriften zu besitzen und zu vertreiben und öffentliche Messen abzuhalten. Daß sie dann privat abgehalten wurden, wurde meistens übersehen. Auch darin war Elisabeth politisch, daß sie das private Gewissen schonte und die öffentliche Heuchelei erlaubte. Aber die innere Befriedung wurde durch außenpolitische Störmanöver konterkariert. 1570 exkommunizierte Papst Pius X. die Königin und entband ihre Untertanen vom Treueid. Daraufhin verbot die Regierung die Einfuhr päpstlicher Bullen und jede katholische Mission. In Douai und später in Reims entstand ein englisches Exil-Seminar der Jesuiten, die Untergrundmissionare für die Arbeit in England ausbildeten und Theorien für den politischen Mord entwickelten. Gregor XIII. entwarf den Plan einer Invasion Englands durch die katholischen Mächte, den sogenannten "disegno per impressa d'Inghilterra". Die Jesuiten sickerten nach England ein, bekehrten Abtrünnige, rekrutierten Guerilleros, zelebrierten Messen und eröffneten eine heimliche Druckerei in London. Einige von ihnen wurden gefangen und nannten unter der Folter die Namen von Mitverschörern. Daraufhin verfügte das Parlament, daß die Bekehrung zum Katholizismus als Hochverrat zu gelten habe. Die Weigerung, am anglikanischen Gottesdienst teilzunehemen, wurde mit 20 £ bestraft. 1584 wurde der Privy Council durch die Nachricht geschockt, daß man Wilhelm von Oranien ermordet hatte. Daraufhin setzte er einen Vertrag auf, in dem sich die Regierungsbeamten, Parlamentarier und die Magnaten des Reiches verpflichteten, niemanden als Nachfolger Elisabeths anzuerkennen, zu dessen Gunsten ein Mordanschlag auf sie verübt worden war.

Um diese Zeit spitzte sich die Lage immer mehr zu. Elisabeth gewann den Eindruck, daß Philipp von Spanien mit Maria Stuart konspirierte, um sie zu ermorden. Sie begann deshalb offen, die aufständischen Niederlande zu unterstützen. 1585 brach Drake zu einem Raubzug gegen Spanien und Westindien auf und plünderte eine erstaunliche Menge von Küstensiedlungen. Bis dahin war Elisabeths Verhältnis zu Spanien von heimlich unterstützter und öffentlich geleugneter Piraterie geprägt worden. Die Seehelden Hawkins und Drake bereicherten sich durch lukrative Kaperfahrten, bei denen sie spanische Kolonien plünderten und die spanische Silberflotte ausraubten. In der Regel war Elisabeth am Profit heimlich beteiligt. Von seiner Weltumseglung brachte Drake eine Beute im Wert von über 600.000 £ zurück, von denen die Königin die Hälfte erhielt und ihn dafür zum Ritter schlug. Aber gegenüber dem spanischen Gesandten leugnete sie jede Unterstützung. Das änderte sich 1585. Wenig später überredete ein Priester einen katholischen Aristokraten namens Anthony Babbington, Elisabeth zu ermorden. Babbington weihte Maria in seinen Plan ein und stieß offenbar auf die Billigung seines Vorhabens. Natürlich verfing er sich in den Maschen von Walsinghams Geheimdienst und legte ein Geständnis ab. Daraufhin ließ sich Elisabeth von den Cecils dazu drängen, Maria hinzurichten. Am 8. Februar 1587 wurde Maria im Schloßhof von Fotheringhay enthauptet, und Schiller hat uns diese Szene in dramatischer Verschönerung verewigt. Das protestantische England aber atmete auf, weil die Bedrohung einer katholischen Erbfolge damit abgewendet war. Statt dessen drohte als Reaktion auf die Hinrichtung eine katholische Invasion.

Inzwischen zog Philipp in Lissabon die größte Kriegsflotte aller Zeiten zusammen. Allerdings wurde sie, während das geschah, schon vor dem Auslaufen von Drake wieder dezimiert. Die Armada von 130 Kriegs- und 30 Transportschiffen nahm in den Niederlanden 30.000 Soldaten und eine große Zahl von Mönchen an Bord, die unter der Leitung eines Generalvikars der Inquisition den rechten Glauben in England wiederherstellen sollten. Gleichzeitig wurden die Katholiken Englands aufgerufen, sich gegen ihre Monarchin zu erheben. Offiziell war zwar ganz England protestantisch, aber man schätzte die Zahl der "malcontents" und "recusants" auf einen sehr hohen Prozentsatz der Bevölkerung. Doch anstatt sich gegen ihre Königin zu erheben, eilten alle, die es konnten, zu den Waffen, um die Invasion abzuwehren. Bei den Katholiken jedenfalls waren die nationalen Gefühle stärker als die konfessionellen. Die City rüstete mehr Schiffe aus, als gefordert; die Seeräuber hatten Gelegenheit, ihren Patriotismus unter Beweis zu stellen, und unter dem Kommando von Charles Howard of Effingham begann Ende Juli 1588 die Schlacht, in der die Engländer sich der üblichen Taktik des Enterns entzogen und die Spanier durch Kanonenbeschuß demoralisierten. Als sie sich in die Straße von Calais zurückzogen, trieb Drake sie wieder aus der Verankerung, indem er eigene kleine Schiffe in Brand steckte und sie unter die Spanier treiben ließ. Das zwang die spanische Flotte wieder auf die See, wo sie von den Engländern dezimiert wurde. Am Abend des 29. Juli waren 8.000 Spanier tot oder verwundet. Ihr Admiral Medina Sidonia floh daraufhin mit dem Rest seiner Schiffe in die Nordsee, so daß er gezwungen war, um England und Irland herumzusegeln. Dabei wurde seine Flotte von ausschließlich protestantischen Stürmen weiterhin so dezimiert, daß allein in Sligo in Irland über 1.000 ertrunkene Spanier angeschwemmt wurden. Am Ende hatte er 72 Schiffe und 10.000 Mann verloren. Elisabeth aber ließ eine Medaille prägen mit der Inschrift: "Afflavit Deus et dissipati sunt" – Der Herr hat geblasen, und sie sind zerstreut worden.

Die Katastrophe der Armada war ein weltgeschichtliches Ereignis und begründete zugleich einen nationalen Mythos. Sie markiert die Grenze gegenüber der Ausdehnung der ersten kontinentaleuropäischen Macht, die versuchte, ganz Europa in einem Imperium zu einigen: das spanische Habsburgerreich. Jedesmal, wenn dieser Versuch wiederholt wurde – sei es unter Louis XIV., Napoleon oder Hitler –, konnte England für die Mobilisierung seiner Widerstandskräfte auf diesen Mythos vom Sieg der Armada zurückgreifen. Durch die Wiederholung dieser Erfahrung wurde das englische Nationalgefühl geradezu mit der Vorstellung verschmolzen, die Führung in der Abwehr gegen hegemoniale Ansprüche kontinentaleuropäischer Imperien übernehmen zu müssen. Daß das mit den nationalen Interessen übereinstimmte, wird nur den überraschen, der glaubt, daß Gefühle nur dann echt sind, wenn sie gegen die eigenen Interessen verstoßen.

Unmittelbar verhinderte dieser Sieg, daß England von den katholischen Mächten erobert wurde. Damit entschied er aber auch über die Unabhängigkeit der Niederlande und letztlich über das Schicksal des Protestantismus. Zugleich verhinderte er just zu der Zeit, als sich mit der Einbeziehung Ost- und Westindiens die Entstehung eines Weltwirtschaftssystems abzeichnete, daß dieses mit einem einzigen Imperium zusammenfiel. Und gerade in der Differenzierung von politischer Diversifikation, kultureller Einheit und wirtschaftlicher Kooperation sehen viele Zivilisationstheoretiker den eigentlichen Entwicklungsvorsprung des neuzeitlichen Europas gegenüber den großen Imperien der Geschichte: wirtschaftliche Ressourcen, die an einer Stelle akkumuliert werden, werden dann nicht aufgrund politischer Entscheidungen an anderen Stellen verwandt, – etwa die Handelsprofite Portugals zur Verteidigung Wiens gegen die Türken – sondern an Ort und Stelle wieder in die Handelsflotte investiert. Andererseits werden aber alle kulturellen Ressourcen überall gleichzeitig genutzt. Nach der These von Paul Kennedys *The Rise and Fall of the Great Powers* scheitern Imperien an over-extension. Die Niederlage der Armada markierte die erste Grenze dieser over-extension für das spanische Imperium.

Es war der Weitsicht beim Aufbau der Marine durch Heinrich VIII., der Klugheit der politischen Ratgeber Elisabeths und der Kühnheit der Seehelden wie Hawkins und Drake zu danken, daß dieser welthistorische Sieg errungen werden konnte. Aber es war die große Königin Elisabeth, die ihn für ihre Untertanen verkörperte und damit die Glorie ihrer Regentschaft vermehrte.

Symmetrisch zur Auseinandersetzung mit dem Katholizismus von rechts verschärfte sich die Auseinandersetzung mit dem Puritanismus von links. Auch sie erreichte in der Zeit um 1588 einen Höhepunkt. 1564, im Geburtsjahr Shakespeares, kam der Name "Puritaner" in allgemeinen Gebrauch. Er bezeichnete die Anhänger eines Gottesdienstes, der von allem römischen Zeremoniell gereinigt worden war. Zum eigentlichen Streitpunkt aber wurde die Frage der Kirchenorganisation. Auch hier ging der Anstoß wieder einmal von Cambridge aus. Als der Cambridger Theologe Cartwright den Unterschied zwischen presbyterianischer und anglikanischer Kirchenverfassung behandelte, wurde er denunziert, wanderte nach Genf aus, hörte dort die Lehren Calvins und verband sich nach seiner Rückkehr mit einigen Gleichgesinnten, um eine puritanische Kirchenverfassung auszuarbeiten. Danach hatte Christus seine geistliche Autorität den Pfarrern und Ältesten übertragen, die von der Gemeinde selbst gewählt werden sollten. Sie sollten Konsistorien bilden, die Glaubensbekenntnis, Ritual und Moral in Übereinstimmung mit der Heiligen Schrift festzulegen und in einer Art theokratischer Aufsicht über ihre Einhaltung zu wachen hatten. 1572 wurde in London die erste nach diesen Prinzipien organisierte Gemeinde gegründet. Wegen des steten Zuflusses von Hugenotten, calvinistischen Flüchtlingen und protestantischen Zuwanderern wuchsen sie schnell, und bald war der Puritanismus, zumal in der Londoner City, zu einer Macht geworden, mit der man rechnen mußte. Elisabeth aber verabscheute die Puritaner ebenso wie das die von ihnen geschmähten Dramatiker und Dichter taten. Sie ahnte, daß der gegen die Bischofskirche gerichtete Demokratismus der Puritaner sich auch gegen das Königtum selbst richten konnte – wenn sie auch noch nicht voraussah, daß er schon den zweiten Nachfolger auf ihrem Thron den Kopf kosten sollte. Aber sie war erbittert über die grobianischen Schmähungen, die die Puritaner über das von ihr geliebte Zeremoniell des anglikanischen Gottesdienstes ausgossen, und sie fühlte sich persönlich abgestoßen von dem moralischen Rigorismus, mit dem die heiligen Männer wie weiland Savonarola gegen Luxus, Prunk, Putz, Eitelkeit und Prachtentfaltung wetterten. Als im Zuge der verschärften antikatholischen Gesetzgebung Erzbischof Whitgift auch die Puritaner zur Ablegung des Eides auf die Suprematsakte zwang, sagten sich einige prinzipienfeste Männer von der anglikanischen Kirche los und gründeten die erste unabhängige Gemeinde. Sie wurden Independents, Separatists oder Congregationalists genannt. Von da ab entfalteten sie in den 80er Jahren eine lebhafte Propagandatätigkeit. Im Parlament brachten sie Petitionen zur Kirchenreform und Gesetzesvorlagen für die Abschaffung der Episkopalkirche und die Umorganisation der Gemeindeverfassung ein. Als Elisabeth daraufhin die Diskussion im Parlament verbot, warf der Abgeordnete Wentworth die Frage nach der Redefreiheit auf. Zwar steckte Elisabeth ihn in den Tower, aber hier hatte sich zum ersten Mal die Stimme erhoben, vor der eine Generation später Könige erzittern sollten. Die Puritaner antworteten mit einer Flut von Pamphleten, die alle mit dem Pseudonym "Martin Marprelate" unterschrieben waren. Sie erschienen in der Zeit zwischen 1588 und 1590 und enthielten einige der besten zeitgenössischen Satiren auf die Autorität und Personen der Bischöfe. Die Regierung beauftragte daraufhin die Dichter Nashe und

Greene, für gepfefferte Antworten zu sorgen, und so ging der ganze Pamphletenkrieg unter dem Namen "Marprelate Controversy" in die Geschichtsbücher ein. Er endete damit, daß der Drucker aufgespürt und hingerichtet wurde. Zugleich provozierte die Kontroverse aber auch Richard Hooker dazu, die elisabethanische Kirchenpolitik in seinem einflußreichen Buch *Of the Laws of Ecclesiastical Polity* zu rechtfertigen. In ihm wurden erstmals Grundsätze artikuliert, die erst im nächsten Jahrhundert das politische Denken beherrschen sollten: das Prinzip der Volkssouveränität, der Gesellschaftsvertrag, das Lob des Parlaments, die soziale Funktion der Religion als Disziplinierungsinstanz für die Gesellschaft und die daraus abgeleitete Verpflichtung des Staates, die religiöse Ordnung seiner Untertanen zu regeln.

Mit der Zeit von 1588 bis 1590 haben wir den Punkt erreicht, an dem aus dem Unterholz der Geschichte plötzlich das Wunder des Zeitalters auf die Lichtung des Seins trat: der Dramatiker aller Dramatiker, der nächst Gott am meisten auf der Welt geschaffen hat, William Shakespeare. Seine Welt ist eine Welt aus Figuren und Worten, aus semantischen Mustern und sozialen Regeln, aus Formen der Erlebnisverarbeitung und psychischen Stürmen. Es ist eine Welt, die uns zugleich historisch fern und emotional nah erscheint. Eine Welt, die er für uns so lebendig gemacht hat, daß wir immer dann in sie hineinblicken, wenn wir unsere eigenen dunkleren Seiten verstehen wollen. Wir schulden es ihm, daß wir auch nach seinen kulturellen Voraussetzungen fragen.

Der Prozeß der Verhöfischung

Nie wieder hat eine Gesellschaft einen so vollständigen Ausdruck im Theater gefunden wie die elisabethanische. Das hat damit zu tun, daß das Leben an der Spitze der Gesellschaft selbst zum Theaterspiel wurde, und die Bühne dafür war der Hof.

Monopolisierung der Gewalt durch den Monarchen und Entfaltung des höfischen Lebens im Frühabsolutismus gehören zusammen: Der Zusammenhang von Herrschaft und Hauswirtschaft wird aufgelöst und die Macht im Zentrum und an der Spitze, also beim Monarchen, konzentriert. Wollten die Adligen dann immer noch an der Macht teilhaben, mußten sie ihre Burgen und Schlösser in den Provinzen verlassen, ihre Gefolge von bewaffneten Haufen und Privatarmeen aufgeben und zu Hofe gehen. Nur dort gab es die Chance, durch den Einfluß auf die zentralen Institutionen und die Person des Monarchen selbst sich weiterhin am Spiel der Macht zu beteiligen. Dabei winkten sowohl Prestige als auch finanzieller Gewinn: Für besondere Verdienste vergab der Monarch lukrative wirtschaftliche Monopole wie die Salzsteuer oder die Weineinfuhr. In England vollzog sich diese Verhöfischung des Adels in einem Tempo, das durch drei Faktoren beschleunigt wurde: die Schwächung des alten Adels, die Konkurrenz des aufstrebenden Handelsbürgertums vor allem in London und das Legitimationsbedürfnis des neuen Adels, der erst durch die Krone vor wenigen Generationen geschaffen worden war.

Wer zu Hause auf seiner Burg saß und in seinem Umkreis unumschränkt herrschte, durfte sich den Wonnen der Hemmungslosigkeit hingeben und sich benehmen, wie er wollte. Es gab niemanden, auf den er Rücksicht zu nehmen hatte. Im Gegenteil: zu dem durch Krieg geprägten Lebensstil paßte der ungehemmte Freilauf der Affekte. Man überließ sich distanzlos den eigenen Impulsen, während die Abhängigen diesem Verhalten ziemlich schutzlos ausgeliefert waren. In dieser Welt wurden Rollenwechsel meist rituell abgesichert, und ein Bewußtsein von der Trennung zwischen persönlichem Ich und sozialer Rolle konnte da nicht entstehen. Was zählte, waren Mut und die Fähigkeit, die eigenen Affekte vollständig für den Kampf zu mobilisieren. Wer dagegen zu Hofe ging, traf dort immer auf Personen von höherem Rang als er selbst, und sei es die Familie des Monarchen. Er mußte ihnen mit Respekt begegnen und sich deshalb gesteuert verhalten. Er mußte lernen, sich zu benehmen. Wer sich benimmt, unterwirft sein Verhalten einer mitlaufenden Kontrolle und muß sich selbst dabei so beobachten, wie er von seinem Gegenüber beobachtet wird. Damit wird er zugleich in die Lage versetzt, die Rolle des anderen einzunehmen.

Nach Norbert Elias, der die psycho-historischen Begleitumstände dieses Verhöfischungsprozesses beschrieben hat, führt das beim höfischen Adel zu einem Wandel des Triebhaushalts, der durch habituelle Selbstkontrolle und automatische Verhaltensregulierung geprägt ist. Zugleich verlieren die kriegerischen Eigenschaften an Gewicht. Wenn auch auf die Demonstration von Mut nicht verzichtet werden kann, ist der Hof im Prinzip eine befriedete Gesellschaft. Zum ersten Mal bildet sich eine soziale Sphäre, die von körperlicher Gewalt weitgehend frei ist. Allerdings wird weiterhin um die Partizipation an der Macht konkurriert. Dafür braucht man nun aber andere Eigenschaften als die Schnelligkeit des Degens. Jetzt geht es um Kämpfe, die mit Worten ausgefochten werden. Statt des Fechtkampfes gibt es verbale Duelle. In den Shakespeareschen Dramen wird diese Parallele immer wieder bewußt durchgespielt. Darüber hinaus geht es um die Manipulation des Gegenüber. Das verlangt vorausschauende Überlegung, psychologische Raffinesse und die Fähigkeit zur eigenen Täuschung und Verstellung. Man muß Situationen beurteilen, das Verhalten der Menschen auch unter anderen Prämissen als den aktuellen voraussehen und längere Handlungsketten mit mehreren Akteuren planen können. Kurzum, man braucht nun die Eigenschaften des Dramatikers, Regisseurs und des Schauspielers.

In diesem mit dem Mittel der Intrige ausgeführten Konkurrenzkampf können nun auch Frauen eine Rolle spielen. Hatte man auf den heimischen Burgen nur mit Frauen des gleichen oder niederen Standes zu tun, denen gegenüber man sich keine Hemmungen auferlegte, trifft man bei Hofe auch auf Damen, denen man den Respekt zu zollen hat, der ihrem höheren Stand gebührt. Statt über sie herzufallen, muß man sich rücksichtsvoll und zartfühlend verhalten. Das trägt weiter zur generellen Zivilisierung des Benehmens bei. Der Umgang mit den Damen bei Hofe wird daher zur Schule der Affekte. Ihr Bezugsfeld wird markiert von Frauenkult und höfischer Liebe.

Psycho-historisch führt die Verhöfischung also in kurzer Zeit zu einem dramatischen Zivilisierungsschub, zu einer plötzlichen Internalisierung von Affektkontrolle, die Elias am Wandel der Tischsitten und des Sexualverhaltens europäischer Oberschichten nachgewiesen hat. Das Ergebnis ist eine generelle Dämpfung der Affekte. Das ist naturgemäß mit einer ganz anders organisierten Selbst- und Fremdwahrnehmung verbunden. Selbstkontrolle bedeutet Trennung des Verhaltens von den eigenen Impulsen. Ich und Rolle werden zunehmend als verschieden wahrgenommen. Dem Gegenüber wird dasselbe unterstellt. Dadurch tritt zum ersten Mal die Eigengesetzlichkeit von Interaktion ins Bewußtsein.

In archaischen Gesellschaften ohne Schrift- und Stadtkultur fällt alle Kommunikation noch mit der direkten Interaktion von Angesicht zu Angesicht zusammen. Gesellschaft besteht aus Interaktion. Deshalb kann man die Interaktion selbst noch nicht in ihrer Eigengesetzlichkeit wahrnehmen. Das wird erst möglich, wenn mit der Schrift und vollends mit dem Buchdruck eine andere Form der Kommunikation erfunden wird; und wenn durch die Versammlung großer Mengen verschiedener, einander fremder Menschen in Städten und Höfen physische Nähe und soziale Distanz aufeinanderstoßen: dann wird klar, daß auch Interaktion eigenen, und zwar sozialen Regeln folgt. Man erfährt diese Regeln als Interaktionsgrenzen. Sie legen fest, wer an einer Interaktion teilnehmen darf. Das ist nicht jeder Anwesende: der Lakai beim Festschmaus darf es nicht. Sie regeln weiterhin, wie die Situation definiert wird, wie die Beiträge sequenziert werden, welche Themen behandelt werden, wie die Stillage der Kommunikation sein soll – formell oder spontan, feierlich oder locker –, ob es feststehende Formeln gibt – Begrüßungen, Huldigungen oder Witze –, wer wen anreden darf, wie die Rollenverteilung vorgesehen wird, und wann die Interaktion anfängt und aufhört. Interaktionsregeln strukturieren also Erwartungen. Sie legen Verhaltensprogramme fest; sie markieren unsichtbare Rahmungen, die erst dann sichtbar werden, wenn man aus ihnen fällt, d.h. wenn man die Etikette verletzt und alle anderen durch schlechtes Benehmen schockiert. Mit diesen Regeln entdeckt man die Sphäre des Sozialen. Es dämmert, daß sie eigenen Gesetzen folgt, die jenseits von Religion und Moral liegen. Das eröffnet die Sphäre der Politik als eigene Dimension. Wie im Drama bringt man auch in der Politik das Verhalten des Menschen unter eine eher technische Perspektive. Man kalkuliert ein Verhalten unter Gesichtspunkten des Eindrucks, der Dramaturgie und des Timing. Jeder Höfling gehört zu einem Verkehrskreis, einer Clique; er geht Bündnisse mit anderen ein, beobachtet seine Konkurrenten und versucht, seinen Kurswert einzuschätzen, den er am eigenen Bündniswert und am Respekt seiner Gegner abliest. Das alles verlangt genaue Kenntnis der Etikette und Beherrschung der Manieren. Man muß wissen, zu welchem Zeitpunkt welches Verhaltensprogramm abläuft. Zugleich muß die Anstrengung hinter der eigenen Selbstkontrolle verborgen bleiben. Die Demonstration der Mühseligkeit bei der eigenen Selbststeuerung würde ihre Wirkung ruinieren. Alles muß natürlich erscheinen. Kurzum, es ging um das, was Erving Goffman "Eindrucksmanipulation" genannt hat.

Im Zuge der Verhöfischung breitete sich an den europäischen Fürstenhöfen die burgundische Hofetikette aus. Sie wurde in Frankreich imitiert, kam mit der Heirat zwischen Kaiser Maximilian und Maria von Burgund an die deutschen und spanischen Höfe und strahlte von da aus auf England aus. Zugleich hatten die Etikettebücher, die sogenannten courtesy books, Konjunktur, in denen man erfahren konnte, wie ein Hofmann sich zu benehmen hat. Das wohl einflußreichste dieser Bücher war Baldassare Castigliones *Il libro del cortegiano* von 1528. In ihm erörtern geistreiche Damen und Herren am Hof von Urbino in eleganten Gesprächen das Idealbild von Hofmann und Hofdame und ihr Verhältnis zum Fürsten. 1561 wurde das Buch von Sir Thomas Hoby ins Englische übersetzt. Im Mittelpunkt steht das Stilideal der "sprezzatura", das Hoby mit "recklessness" übersetzt. Damit ist die Kunst gemeint, alles, was getan wird, so erscheinen zu lassen, als ob es ohne Anstrengung und Absicht geschähe. Es ist die Kunst, die Künstlichkeit zu verbergen und allem den Anstrich des Natürlichen zu geben. Das ist fast schon die Definition von Kunst selbst. Entsprechend wird das Verhalten ästhetisiert. Aus diesem Grunde bedeutet "maniera" oder "manner" auch beides: Stil und Manieren.

Die Teilnahme an der höfischen Gesellschaft wird also durch einen neuen Regulationsmechanismus bestimmt: hochadlige

Herkunft oder Zugehörigkeit zur entsprechenden Schicht verliert als Zugangsbedingung ihr Monopol oder genügt nicht mehr. Auch der niedriger Geborene kann nun teilnehmen, wenn er die Etikette kennt und sich angenehm zu verhalten weiß; oder wenn er sich in dem schwer durchschaubaren Geflecht von Gunstbezeugungen, Machtkartellen, Hofcliquen und königlichen Launen aufgrund von genauer Beobachtungsgabe, psychologischer Raffinesse und kluger Berechnung zu behaupten versteht. Das aber ist schwer, denn die Kurswerte schwanken wie die Gezeiten. "My lord of Sussex goeth with the tide and helpeth to back others; but his own credit is sober, considering the estate ... my lord of Oxford is lately grown into great credit; for the Queen's Majesty delighteth more on his personage and his dancing and valiantness than any other. I think, Sussex doth back him all he can; if it were not for his fickle head, he would surely pass any of them shortly ... Now is their devices, chiefly by Leicester (as I suppose), and not without Burghley's knowledge, how to make Mister Edward Dyer as great as ever was Hatton; for now, in the time of Hatton's sickness, the time is convenient", (schreibt Gilbert Talbot an seinen Vater, den Earl of Shrewsbury, am 11. Mai 1573).

Als der perfekteste Hofmann des elisabethanischen Zeitalters galt Sir Philip Sidney. Seine mütterliche Familie ist uns inzwischen bestens bekannt: seine Mutter war die Tochter des finsteren Königsmachers unter Edward, des Duke of Northumberland, und die Schwester von Elisabeths erstem Favorit, des Earl of Leicester. Sein Pate war Philipp II. von Spanien, und sein Vater war ein Freund Lord Burghleys. Er studierte in Oxford die klassischen Autoren, bereiste den Kontinent, lernte in Padua die Sonette Petrarkas kennen, ließ sich von Paolo Veronese portraitieren und kehrte dann, weltläufig und gebildet, an den englischen Hof zurück. Er verkörperte zudem wie kein anderer die Tatsache, daß der englische Adel jetzt mäzenatisch geworden ist. Auch darin zeigt sich: Schichtzugehörigkeit und gute Herkunft genügen jetzt nicht mehr. Die traditionellen Schichteigenschaften – die sogenannten "qualities" – die man bisher der Herkunft zuschrieb – Adel, Reichtum, Schönheit –, werden jetzt zu Tugenden generalisiert – Noblesse, Ritterlichkeit, Courtoisie, Manieren, Grazie – und an persönliches Verhalten gebunden. Als Tugenden werden sie kontingent, d.h. man kann sie dann haben oder nicht haben, und deshalb muß man sie auch beweisen. Das führt zu einer tiefgreifenden Theatralisierung des Verhaltens. Der Adel wird jetzt ostentativ. Er inszeniert seine eigene Glorie. Das ist umso nötiger, als die eigene Legitimität nicht unbestritten ist. Und zu dieser Inszenierung bedarf man der Dichtung. Auch in diesem Punkt ist Sidney vorbildlich. Nicht nur glänzt er durch Beredsamkeit, bezaubert durch seine Verbindlichkeit und beeindruckt durch seine Würde: Er schreibt auch gegen puritanische Angriffe eine *Defense of Poesie*, in der er das Hohelied der schöpferischen Vorstellungskraft singt. Allerdings haben zur Zeit, als er diese Verteidigung verfaßte, die großen Dichter der elisabethanischen Epoche ihre Werke noch nicht geschrieben, so daß er sich mit einem Lob von Chaucers Erzählungen, Surreys Lyrik und Spensers *The Shepherd's Calendar* zufriedengeben muß. Aber diesem Mangel hilft er selbst dadurch ab, daß er nach dem Vorbild von Montemayors *Diana* für seine viel umschmeichelte Schwester *The Countess of Pembroke's Arcadia* schreibt, in der er die Gattungen des Schäfer- und Ritterromans überblendet: Es geht zu wie im Böhmen von Shakespeares *The Winter's Tale*, wo sich Prinzen und Prinzessinnen als Schäfer und Schäferinnen verkleiden und dabei zeigen, wie zwar die Liebe, aber nicht die Politik nach Arkadien paßt. Der Schwester des Earl of Essex, Penelope Devereux, widmet er eine Folge von Sonetten mit dem Titel *Astrophel and Stella*, in der er nach der Manier Petrarkas auch dann noch seiner unerwiderten Liebe Ausdruck verleiht, als er selbst Frances Walsingham geheiratet hatte. Mit dieser Sequenz schuf er eine Mode der Sonettdichtung, der auch Shakespeare mit seinem Sonettzyklus Tribut zollen sollte.

Sidney dichtet aber nicht nur selbst, sondern protegiert eine Reihe von Literaten wie Nashe, Harvey und Daniel. Der bedeutendste seiner Schützlinge ist Edmund Spenser. Er steht im Dienste des Earl of Leicester, als ihm dort Sidney begegnet. Mit *The Shepherd's Calendar* widmet er diesem eine an Theokrit angelehnte Dichtung, die nach der Manier eines Volkskalenders die Aufgaben eines Hirten während der verschiedenen Jahreszeiten poetisch beschreibt, wobei das Ganze durch die Geschichte der unerwiderten Liebe des Schäfers Colin Clout zu der hartherzigen Rosalinda zusammengehalten wird. Als Spenser aber sein Hauptwerk, *The Faerie Queene*, schreibt, ist Sidney schon tot: auch er ein Opfer jener außenpolitischen Verschärfung der Feindseligkeiten zwischen England und Spanien in den 80er Jahren. 1585 schickt Elisabeth ihn zusammen mit seinem Onkel Leicester zur Unterstützung der aufständischen Niederländer nach Holland. Er wird Gouverneur von Flushing und wird 1586 in der Schlacht von Zutphen so schwer verwundet, daß er an Wundfieber stirbt, erst 31 Jahre alt. Der elisabethanische Hof aber trauert um seinen perfektesten Hofmann. Spenser schreibt seine Elegie *Astrophel*, und sein Biograph Fulke Greville mythologisiert seinen Tod durch die Legende, nach der der sterbende Sidney seine Wasserflasche einem verwundeten Soldaten gegeben haben soll mit den Worten: "Thy necessity is greater than mine".

Aber mit Sidney und nach ihm treten andere Mäzene auf den Plan. Wir kennen sie aus dem Umkreis von Shakespeare und seinen Zeitgenossen: der Earl of Essex, der Earl of Southampton, der Earl of Pembroke, Lord Burghley, der Earl of Leicester etc.

Die Renaissance, die Literatur und das Drama

Begleitet vom Mäzenatentum des prestigesüchtigen Adels rezipiert England um dieselbe Zeit ein klassisches Erbe. Das bedeutet zunächst einmal die Übersetzung klassischer und zeitgenössischer Werke und ihre massenhafte Verbreitung durch den Buchdruck. Buchhandel, Verlag und Druck der Bücher liegen noch in der Hand derselben Personen: Sie sind in der Buchhändlergilde zusammengeschlossen, und alle gedruckten Werke müssen ins Stationer's Register eingetragen werden, um eine Drucklizenz und das copy right zu erhalten.

Aus dem Griechischen werden vor allem Historiker übersetzt: Herodot, Polybius, Josephus und Appian, und an philosophischen Werken die Ethik und Politik des Aristoteles. Von den Dichtern sind es die Lateiner: Vergil, Ovid, Horaz, Lucan und Martial, dazu die Tragödien des Seneca und die Komödien des Terenz. Sie werden normbildend für das elisabethanische Drama. Denn zur Verfolgung des humanistischen Ziels, Lateinisch nicht nur schreiben, sondern auch fließend sprechen zu können, übt man das mündliche Latein durch die Inzenierung von Seneca und Terenz an den Schulen. So entsteht das humanistische Schuldrama. Um die Jahrhundertmitte trifft es auf die einheimische Tradition des Mystery Play – der Dramatisierung biblischer Episoden – und des Morality Play, der allegorischen Darstellung von Tugenden und Lastern im Kampf um die Seele des Menschen, – der sogenannten Psychomachia – , die durch Unterlegung humanistischer Diskussionen über Prinzenerziehung bald zum Interlude mutiert. Aus der Verschmelzung dieser Traditionen sollte unter Beimischung einer kräftigen Dosis folkloristischer Festbräuche im letzten Viertel des 16. Jahrhunderts das elisabethanische Drama entstehen.

Übersetzt werden aber auch Texte aus der zeitgenössischen Literatur Italiens, Spaniens und Frankreichs. Schulbildend sind die Sonette Petrarkas an Laura, dazu kommen das *Gerusalemme Liberata* von Tasso, Ariosts *Orlando Furioso* und die historischen Schriften von Guicciardini und Machiavelli. Machiavellis

Il Principe sollte dann über die Vermittlung von Gentillet die faszinierende Schurkenfigur inspirieren, die das elisabethanische Theater in solchen Inkarnationen wie Richard III. oder Jago beherrschen sollte. Ebenfalls für das Drama entscheidend ist die Übersetzung der italienischen Novellen von Boccaccio, Bandello, Cinthio u.a., die in William Painters Anthologie *The Palace of Pleasure* gesammelt werden. Sie werden zur Fundgrube für Dramenplots.

Im Jahr 1553 wird die erste englische Komödie in klassischer Form von Nicholas Udall mit dem Titel *Ralph Roister-Doister* verfaßt. 1561 bringen die Rechtsgelehrten des Inner Temple die erste englische Tragödie mit dem Titel *Gorboduc* heraus. Im Jahre 1576 baut der Unternehmer James Burbage das erste feste Theater Englands. Weil es das einzige ist, nennt er es schlicht "The Theatre". Es erweist sich sofort als Erfolg, und bald darauf entstehen weitere Theater: The Curtain 1577, The Black Friar's 1596 und The Fortune 1599. Im Jahre 1599 brechen die Söhne von James Burbage, Richard und Cuthbert, das alte Theater ab und bauen es auf dem Südufer der Themse in Southwark wieder auf. Dies ist das berühmte Globe Theatre, in dem Shakespeares Truppe auftrat. Der Anlage nach waren diese Bauten Amphitheater, hatten umlaufende Galerien, eine vorspringende Bühne, die sogenannte "apron stage", und einen unteren Raum für Stehplätze, die "pit", wo die sogenannten "groundlings" standen. Die soziale Schichtung der Zuschauer entsprach der Einteilung. Auf den Rängen der Galerien saßen die Besseren, und im Hof stand das Volk. Unten kostete der Stehplatz einen Penny, der Preis für einen Sitzplatz betrug das Dreifache und mehr. Auch auf der Bühne konnte man Platz nehmen, die Ränge faßten ungefähr 2.000, die Pit nochmal etwa 1.000 Zuschauer. Trotz des Mordiogeschreis der Puritaner und der Ermahnungen der Geistlichkeit kamen auch viele Frauen ins Theater, waren aber in der Regel maskiert. Es gab noch kein Bühnenbild und keine Kulissen. Deshalb muß im Shakespeare-Theater der Schauplatz immer durch die sogenannte "Wortkulisse" atmosphärisch beschworen werden. Den Dramen selbst tat das nur gut. Allerdings gab es eine gewisse Bühnenmaschinerie und Requisiten wie abgeschlagene Köpfe, Phiolen voll Blut, Särge, Schwerter, Sonne und Mond.

Die Schauspieler waren in Gesellschaften organisiert und erfreuten sich der Protektion einflußreicher Magnaten wie Leicester, Sussex, Oxford, Essex, Southampton oder Lord Strange. Nach den Titeln dieser Magnaten nannten sie sich The Lord Chamberlain's Men, The Lord Admiral's Men und gaben damit zu erkennen, daß sie zum Haushalt dieser Lords gehörten. Die Einkünfte setzten sich aus den Zuwendungen der Mäzene und aus dem Einspielgewinn vor freiem Publikum zusammen. Der Gewinn wurde sehr ungleich aufgeteilt: am meisten erhielten der Bühnenleiter und der Hauptdarsteller. Schauspielerinnen gab es nicht. Frauenrollen wurden von Knaben gespielt. Das führt im elisabethanischen Drama zur Konvention des sogenannten cross-dressing. Dabei verwandelt sich eine weibliche Figur im Stück in den Knaben zurück, von dem sie auch in Wirklichkeit gespielt wird. Die Konvention wird als sogenannter "breeches part", als Hosenrolle, bekannt. Nachwuchs kommt aus den Public Schools, wo die Schauspielerei zum Teil der Ausbildung gehört. Deshalb entstehen an den Schulen immer wieder Kindertruppen, die den erwachsenen Companies Konkurrenz machen. Im Dialog zwischen Hamlet und dem Ersten Schauspieler wird über eine solche Konkurrenz geredet.

Um die Zeit der Entstehung der Theater im letzten Viertel des 16. Jahrhunderts ist London mit 300.000 Einwohnern zur größten Stadt Nordeuropas avanciert. Hier formiert sich also neben dem Hof der Markt für ein städtisches Publikum. Die Topographie Londons bildet das Spannungsfeld zwischen Mäzenatentum, Hof und städtischen Publikum gewissermaßen ab. Im Zentrum um den Kirchplatz von St. Paul's gruppieren sich die Geschäfte der Buchhändler. Auf der Gegenseite, unmittelbar gegenüber auf dem südlichen Themse-Ufer, stehen die Theaterbauten. Nach Westen zu über die Fleet Street und den Strand verläuft die Straße nach Whitehall und Westminster, an der sich die großen Adelshäuser aufreihen: Drury House, Burghley House, Leicester House, Essex House, Rutland House etc. Während ihres Aufenthalts in London hielt die Königin in Whitehall Palace Hof, und hier in "The Great Hall", ist dann auch der Schauplatz großer dramatischer Aufführungen. Ein weiterer Brennpunkt aber verweist auf das Milieu und die Autoren, die für den kreativen Ausbruch der elisabethanischen Dichtung sorgen. Das sind die Gebäude der Juristen-Innungen, der sogenannten "Inns of Court". Sie umfassen die vier Rechtsschulen, die Inns of Chancery, die Gray's Inn, den Middle Temple und den Inner Temple. Es sind diese Juristenschulen, die den Schmelztiegel für die kulturell kreative, für England so typische Melange aus Aristokratie und Bürgertum bilden. Hier treffen die jüngeren Söhne der Gentry auf die ehrgeizigen Sprößlinge der wohlhabenden Kaufmannschaft. Zusammen formieren sie die wohl gescheiteste Gesellschaft, die England bis dahin gesehen hat. Sie haben den *Gorboduc* herausgebracht, hier sollten die Dramatiker Marston und Francis Beaumont, der Lyriker John Donne und Sir Walter Raleigh ausgebildet werden. Und die Autoren, die nicht aus den Juristenschulen stammten, kommen aus Cambridge. Zumindestens gilt das für die sogenannten "University Wits" John Lyly, Robert Greene, Thomas Nashe, Gabriel Harvey und Christopher Marlowe. An ihnen kann man beobachten, wie sich im Spannungsfeld von Mäzenatentum, Hof und städtischem Markt bereits so etwas wie die Konturen einer literarischen Bohème abzeichnen. In ihrer Unbekümmertheit und Freigeistigkeit zeigen sie schon jene beiden typischen Merkmale der Bohème: eine Verbindung zur Subkultur und zur Unterwelt auf der einen Seite und eine Neigung zu literarischen Pamphletenkriegen auf der anderen. Als Gabriel Harvey den Versuch unternimmt, die quantitativ organisierte klassische Metrik auf den englischen Vers zu übertragen, macht Nashe in einer beißenden Parodie die Hexameter Harveys unmöglich und löst damit eine gewaltige literarische Schlacht aus. Thomas Nashe geht seinerseits dadurch in die Literaturgeschichte ein, daß er den ersten englischen Schelmenroman schreibt: *The Unfortunate Traveller Or the Life of Jack Wilton*. Er berichtet von den Abenteuern eines Pagen im Dienst eines anderen Dichters, nämlich des Earl of Surrey, dessen Aeneis-Übersetzung den Blankvers in die englische Dichtung eingeführt hatte. Bei dieser pikaresken Abenteuergeschichte handelt es sich um einen der ersten realistischen Romane in englischer Sprache, in dem der Leser so interessante historische Figuren wie Erasmus, Thomas Morus, Luther und Aretin trifft und das Italien der Renaissance kennenlernt.

Christopher Marlowe kennen wir als Vorläufer Shakespeares im Drama. Allerdings hat er sich diesen Ruhm mit demselben Mann zu teilen, mit dem er auch sein Zimmer teilt, nämlich Thomas Kyd. Beide verleihen im selben Jahr, 1587, der dramatischen Kunst neue Impulse: Kyd schreibt seine *Spanish Tragedy*, und Marlowe seinen *Tamburlaine the Great*. *The Spanish Tragedy* wird modellbildend für das elisabethanische Rachedrama. Das

Vorbild ist Seneca; aber was dort dem Botenbericht oder der Mauerschau überlassen bleibt – die schaurigen Verbrechen, die wilde Handlung, der emotionale Exzeß – wird jetzt auf der Bühne gezeigt. Im übrigen enthält es dieselben Elemente wie *Hamlet*: einen Schurken, einen Aufruf zur Rache und einen Geist, mit dem Unterschied, daß nicht ein Sohn seinen Vater, sondern ein Vater seinen Sohn zu rächen hat. Das Stück war so populär, daß es 50 Jahre auf dem Spielplan blieb, – und dies in einer Zeit, in der andere Stücke schon nach wenigen Jahren umgeschrieben wurden, um sie dem veränderten Geschmack anzupassen!

Marlowe seinerseits schafft in seinen Dramen die unwiderstehliche Verbindung von titanischer Figur und bombastischem Blankvers. Dabei ist das Titanenhafte seiner Helden mit der Ausdifferenzierung neuer Wertsphären verbunden, die moderne Semantiken begründen und dabei alle auf Distanz zur traditionellen Religion und Moral gehen: er zeigt die Machtpolitik in *Tamburlaine the Great*, den Handel und das Geld in *The Jew of Malta*, die Wissenschaft in *Dr. Faustus* und die homoerotisch eingefärbte Liebe in *Edward II.*. Schon in Cambridge ist Marlowe offenbar in den Geheimdienst von Sir Thomas Walsingham eingetreten. Dabei spielte er den Konvertiten, der die Pläne papistischer Verschwörer auszuspionieren hatte. Mit dieser relativierenden Optik mögen ihm vielleicht Zweifel an der Wahrheit der Religion überhaupt gekommen sein. Jedenfalls teilte er mit seinen Helden eine Neigung zur machiavellistischen Moral, zum Atheismus und zur Päderastie. Als Mitglied der berühmten "School of Night" um Sir Walter Raleigh traf er so berühmte Nekromantiker wie Thomas Herriot, die in ihm den Hang zu gefährlichen Gedanken noch befördert haben mögen. Selbst die offizielle Protektion schützte ihn nicht vor der Anklage des Atheismus. Unter der Folter beschuldigte ihn Kyd schwer, aber bevor es zu einem Prozeß kommen konnte, wurde Marlowe in einer Messerstecherei ermordet.

Im engsten Kontakt zur Londoner Unterwelt stand der vierte der University Wits, Robert Greene. Mit seinen roten Haaren und seinem roten Spitzbart wurde er eine stadtbekannte Figur. Nachdem er mit seiner Geliebten das Vermögen seiner Frau verpraßt und aus eigener Anschauung die Tricks der Londoner Gauner kennengelernt hatte, verriet er deren Geschäftsgeheimnisse in einer Schrift mit dem Titel *A Notable Discovery of Cozenage*. Als man daraufhin versuchte, ihn zu ermorden, legte er sich eine Leibwache zu, schrieb etliche Romane im Stil des Euphues von Lyly, imitierte Sidneys *Arcadia* mit *Menaphon*, lieferte mit *Pandosto – The Triumph of Time* die Vorlage für Shakespeares *A Winter's Tale*, inspirierte mit der Komödie *Friar Bacon and Friar Bungay* Marlowes *Dr. Faustus*, nahm an der "Marprelate Controversy" teil und lieferte vielleicht den Rohentwurf für Shakespeares *Henry VI.*. Gegen Ende seines kurzen Lebens bereute er seine Sünden und dokumentierte diese bemerkenswerte Wandlung in der Schrift *Greene's Farewell To Folly* und *Greene's Groatsworth of Wit Bought With A Million of Repentance*. Diese letzte Schrift enthält die erste Erwähnung von Shakespeares Auftauchen in London. In ihr warnt Greene seine Dramatiker-Kollegen vor den Schauspielern, die sich zu Autoren aufwürfen und den University Wits Konkurrenz machten. Die Anspielung auf Shakespeare ist dabei überdeutlich: "Yet trust them not, for there is an upstart crow beautified with our feathers, that with his tiger's heart wrapt in a player's hide" (ein verballhorntes Zitat aus *Heinrich VI.*) "supposes he is as well able to bombast out a blankverse as the best of you. And being an absolute Johannes Factotum is in his own conceit the only Shakescene in the country." Der Herausgeber des Pamphlets, ein gewisser Henry Chettle, hat sich später bei Shakespeare entschuldigt. Greene aber war so sehr zur Folklore-Figur geworden, daß anonyme Autoren auch nach seinem Tod Texte verbreiteten, die angebliche Berichte Greenes aus dem Jenseits enthielten.

In den 80er Jahren explodierte also die englische Literatur in einer Fülle und Reichhaltigkeit, die von der realistischen Darstellung der Unterwelt à la Greene und Nashe zur arkadischen Romanze von Sidney und von der Rachetragödie Kyds zu Spensers lyrischen Liebessonetten reicht. Kurz vorher hatte ein weiterer University Wit, John Lyly, in seinem Roman *Euphues, the Anatomy of Wit* das Thema der Konkurrenz zwischen Freundschaft und Liebe in die Literatur eingeführt, das Shakespeare des öfteren in seinen Komödien behandeln sollte, und eine Generation von Imitatoren durch einen Prosastil angeregt, der durch ingeniöse Vergleiche, Alliterationen, elaborierte Antithesen und ausgesuchte Exempla die Zeitgenossen entzückte und die Literaturwissenschaft durch den Begriff "Euphuistik" bereicherte. Aber als die Krone der Dichtung galt Spensers allegorisches Epos *The*

Faerie Queene. Schon allein die umfangreiche Vorrede, in der der gesamte mäzenatische Adel aufgeführt und gepriesen wird, weist sie als offizielle Staatsdichtung aus. Entsprechend zahlte Elisabeth dem Autor für das Poem eine Rente von 50 £. Das Werk ist als Fürstenspiegel, als Erziehungsbuch für eine Prinzessin oder einen Prinzen, angelegt, wobei jedes Buch die Allegorie einer bestimmten Tugend wie Heiligkeit, Mäßigung, Keuschheit, Freundschaft, Gerechtigkeit und Höflichkeit enthält. Von den 12 geplanten Cantos wurden aber nur 6 Bücher fertig. Mit der Titelfigur der Faerie Queene wird Königin Elisabeth angesprochen. Im Stile der Ritterromanzen hat Prinz Arthur von ihr eine Vision und beschließt, sie zu suchen. Neben den abstrakten Tugenden und Lastern enthält das Epos auch direkte politische Verweise. Der Tyrann Grantorto ist Philipp von Spanien, die falsche Duessa ist Maria Stuart, die von Königin Mercilla zu Recht dafür exekutiert wird, daß sie versucht hat, Mercillas Thron zu usurpieren. Ebenso werden Irena (Irland) und Belge (die Niederlande) vom Tyrannen Grantorto (Philipp II.) befreit. Das ganze Opus ist im Ton der heroischen Tugendlehre gehalten. In ihm zeigt sich, wie die ständischen Eigenschaften moralische Zweitfassungen als Tugenden erhalten. Diese Tugenden wirken wie das, was man mit einem modernen Wort als Image bezeichnet. Sie dienen der Selbstinszenierung. In diesem Sinne ist die *Faerie Queene*, die zwischen 1590 und 1596 entstand, das Gegenstück zum Ballet de Cour, das um diese Zeit in Gebrauch kam. Dabei handelt es sich um einen choreographierten Tanz, der als sittliche Übung und politische Demonstration zum Höhepunkt der gleichzeitig entstehenden Court Masques wird. Als Formen der Selbstdarstellung sind sie Bestandteil fürstlicher Politik. Sie zielt auf Machtausübung durch Schönheit im Staatsschauspiel.

An der *Faerie Queene* kann man sehen, wie es in der Transformation der mittelalterlichen Feste in die Staatsspektakel der Renaissance zu kulturellen Reprisen kommt: Zumal das mittelalterliche Turnier wiederbelebt und dabei zu einer Form ausgestaltet wird, die die Unterwerfung der Aristokratie unter den Fürsten zum Ausdruck bringt. Die Turniere finden nun im Palast statt und werden zu tournois à thème, d.h. sie werden einer thematisch zentrierten Symbolik unterworfen, die die Magnifizenz des Fürsten unterstreicht. Sie folgen dabei einer Dramaturgie, die von Hofpoeten nach symbolischen und allegorischen Regeln entworfen wird. Im England Elisabeths wird die semantische Politik der Hoffeste um den Kult der jungfräulichen Königin, stilisiert als keusche Mondgöttin Diana oder als Faerie Queene, ausgerichtet. Shakespeares *Sommernachtstraum* enthält eine Anspielung auf solch ein Hoffest. Für die Inszenierung bedient man sich dabei aus einem Arsenal allegorischer Bildersprache, die in weit verbreiteten ikonographischen Lexika mit Titeln wie *Emblemata* oder *Hieroglyphica* und Enzyklopädien der Mythologie systematisiert wurde. Die zentrale Einheit dieser Sprache war das "imprese", eine Kombination aus Bild und Motto, das seine Bedeutung aus seiner mythologischen Überhöhung, seiner hermetisch neuplatonischen Ausdeutungsfähigkeit und Prophetie und seinem dynastischen Bezug erhielt. Die ganze Prachtentfaltung aus Triumphzügen, Turnieren, Ballets de Cour, Court Masques und Theaterspielen diente der Glorifikation der Fürstin und der Mythologisierung des Hofes zum sozialen Kosmos. Als Herrscherin über diesen Komos, zu dem nun auch die Kirche gehörte, wurde Elisabeth zur "gerechten Jungfrau" stilisiert, die das Reich erneuert. Als Diana oder Astraea besungen, wird sie mit der Jungfrau in Vergils prophetischem Hirtengedicht identifiziert, deren Ankunft das Goldene Zeitalter ankündigt. Sie ist die Gloriana der Faerie Queene. Am 23. April, dem St. Georgs-Tag und wichtigsten Festtag des elisabethanischen Rittertums, wird ihr regelmäßig in einem großen Hoffest gehuldigt. Dabei geht es nicht so sehr um ästhetischen Genuß oder um Erlebnisintensität als um die Magie der Macht, um ihre Legitimation durch Tugend, Herkunft und Kraft. Das Staatsschauspiel ist weniger mimetischer Schein als Emanation, Ausstrahlung von fürstlicher Magnifizenz. Im Spektakel bringt sich Macht zur Erscheinung, und deshalb gipfelt das Hoffest im Auftritt der Herrscherin selbst. Das ist die Verweltlichung der Epiphanie. Wie die Sonne aufgeht erscheinen nun die Könige oder, im Falle Elisabeths, so wie der Mond in der Sommernacht.

So sieht also die Weltbühne aus, die der Dramatiker aller Dramatiker, William Shakespeare, in der Zeit zwischen dem Untergang der Armada und seiner Beschimpfung durch Greene im Jahre 1592 betritt. Hat es ihn tatsächlich gegeben? Und hat er seine eigenen Werke geschrieben? Die Legenden sind unausrottbar, daß er jemand anders war, daß also jemand anders seine Stücke unter Shakespeares Namen verfaßte. Sie sind Teil des

Mythos, dem er selbst zugehört: des Mythos der Maske, des Rollenspiels, der Unsichtbarkeit des schöpferischen Geistes. Er nährt sich von der neuen Gotteserfahrung, aus der die Vorstellung vom Genie als Weltenschöpfer gewonnen wird. Bis zur Renaissance war der theologische Diskurs ein Gehorsamsdiskurs gegen Gott. Von den drei Personen war es der Sohn, mit dem man sich identifizierte. In der Renaissance aber wird Gott selbst als Weltenschöpfer zur Bezugsperson. Man schafft eigene Welten in der Kunst. Dazu bedarf es dann der dritten Person des Heiligen Geistes als Quelle der Inspiration. Durch Ausgießung des Geistes hat man Teil an Gott. Die Neuplatoniker in Florenz, Ficino und Giordano Bruno, verkünden die Botschaft von der Inspiration, durch die man an der göttlichen Liebe teilhat. Mit den Dichtern beginnt der achte Schöpfungstag.

Noch heute können wir uns jederzeit in diese Schöpfung hineinbegeben. Wir brauchen nur ins Theater zu gehen. Versuchen wir, diese Welt in den Kategorien zu beschreiben, die uns Shakespeares Drama liefert.

Das Welttheater Shakespeares

Wir befinden uns im Palast zu Elsinore und im Labyrinth von Shakespeares Drama *Hamlet*. Im Labyrinth wohnt das Monster, halb Tier, halb Mensch, das Ungeheuer, das Menschenopfer fordert. Das Monströse an ihm, das Tierische und Wilde ist ein Skandalon, das versteckt werden muß. Dazu dient das Labyrinth, in das es eingemauert ist. Es ist dazu da, unseren Blick abzulenken und uns zu verwirren. Zugleich verhext es aber auch das Monster, das im Labyrinth gefangen ist: Es findet nicht mehr aus seiner Verwirrung heraus und bleibt auf sein Geheimnis fixiert. Im Machtlabyrinth von Dänemark ist Hamlet als neuer Theseus angetreten, dem Geheimnis auf den Grund zu gehen. Da es im Inneren eines Dramas haust, nimmt Hamlet dazu ein Drama. Denn gerade ist eine Schauspieltruppe aus der Hauptstadt eingetroffen – Shakespeare zeigt uns dabei ein Portrait des Theaters, das mit seiner eigenen Truppe rivalisiert – und bietet Hamlet ihre Dienste an. König Claudius, der Mörder von Hamlets Vater, ist begeistert, daß Hamlet sich von seiner beunruhigenden Melancholie ablenken läßt. Und so kommt es dazu, daß das Königspaar in Dänemark sich das Stück *The Murder of Gonzago* anschaut. Und wir sind die Zuschauer, die das Stück und seine Zuschauer beobachten.

Wir beobachten also die Figuren auf der Bühne, und doch ist nicht klar, was wir sehen. Denn um die Szene zu verstehen, müssen wir auch beobachten, was die Figuren beobachten. Wir beobachten also Beobachtungen. "Beobachte meinen Onkel", bittet Hamlet Horatio, bevor der Hofstaat sich zur Aufführung eines Dramas versammelt. In dieses Stück wurde eine von Hamlet verfaßte Textpassage eingefügt, die die Umstände wiedergibt, unter denen laut Auskunft des Geistes sein Onkel Claudius seinen Vater ermordet hat. Damit wird die Aufführung zu einer Experimentalanordnung: Der Zuschauer weiß, worauf er zu achten hat. Nun tritt der Hofstaat auf und nimmt unter doppelbödigem Wortgeplänkel mit Hamlet Platz. "Komm her, mein lieber Hamlet" sagt Gertrud. "Setzt dich zu mir". Das aber will Hamlet nicht. Warum nicht? Nun, er will sich gegenüber postieren, wo er den König besser beobachten kann. Deshalb setzt er sich zu Ophelia. "Nein, gute Mutter, dieses Metall ist magnetischer".

Das aber beobachtet wiederum Polonius, und der deutet es als Bestätigung seiner Theorie, Hamlets Zerrüttung sei eine Folge seiner frustrierten Liebe zu Ophelia. “Oho, merkt Ihr was?” sagt er zum König. Auch Hamlet wird also beobachtet. Das weiß er, weil er vorher belauscht hat, wie Ophelia als Lockvogel gegen ihn eingesetzt werden soll. Die Beobachtung wird reflexiv. Sie wird selbst Gegenstand der Beobachtung. “Denn seht, wie fröhlich meine Mutter aussieht,” sagt Hamlet zu Ophelia. Ophelia blickt auf und sieht, daß alle sie ansehen: Man will wissen, wie der Lockvogel wirkt. Und dann beginnt das Stück. Zu Hamlets Entsetzen wird es von einer Pantomime eingeleitet. Sie droht die Pointe vorwegzunehmen, denn sie enthält bereits die Szene mit der Vergiftung des Königs durch das Ohr. Die Kritik hat sich deshalb mit dem Problem herumgeschlagen, warum der König Claudius nicht schon hier aufspringt und den Saal verläßt. Der wirkliche Grund ist nicht im Text zu finden, sondern nur auf der Bühne zu sehen: Claudius beobachtet gar nicht das Stück, sondern Hamlet. Er will sehen, ob Polonius Recht hat mit seiner Theorie von der Liebesmelancholie. Derweil hören wir die langatmigen Versicherungen der “Player Queen” gegenüber dem “Player King”, sie würde als Witwe nie wieder heiraten. Das erregt langsam die Aufmerksamkeit der königlichen Zuschauer. Ihnen wird unbehaglich zumute. “Wie gefällt Euch das Stück?” fragt Hamlet seine Mutter. “Die Dame beteuert zu viel, scheint mir,” sagt sie gepreßt. Und der König wird unruhig. “Kennt Ihr den Inhalt des Stücks?” fragt er Hamlet, “What do you call the play?”, wie heißt das Stück überhaupt? “The Mousetrap” sagt Hamlet und wird nun massiv ironisch. “Marry how? Tropically” mit einem Wortspiel auf “trope” = Bild und “trap” = Falle. “The trope is the trap”. Das Stück handelt von Verbrechen, doch was geht das uns an? “Eure Majestät und wir, die wir reine Seelen haben, uns berührt es nicht.” Und nun kommt der Höhepunkt: Lucianus, der Mörder, tritt auf. Aber statt seinen Text, Hamlets Text, zu sprechen, tut der Schauspieler das, was ihm Hamlet in der Anweisung an die Schauspieler vorher verboten hat: Er grimassiert und chargiert und mimt den Schmierenkomödianten. Dadurch droht das Überraschungsmoment verloren zu gehen. Hamlet hält es nicht mehr aus. “Fang an, Mörder,” ruft er, “laß das Fratzenschneiden und fang an!”. Und endlich hören wir Hamlets Text. Hamlet spricht also durch den Mund eines Schauspielers – er selbst ist unsichtbar – einen Text über Unsichtbarkeit: “Das Gift bereit, die Zeit ein Verbündeter und niemand sieht zu,” – das ist die Situation, in der der Mörder nun das Gift in das Ohr des schlafenden Königs gießt.

Aber der Mörder, das ist Claudius. Hamlets Text ist Claudius' Text. Wenn Claudius den Schauspieler beobachtet, beobachtet er plötzlich sich selbst. Hamlet, der aus dem Schauspieler spricht, ist ein Spiegel geworden. Wie ein Spiegel ist er selbst unsichtbar und zeigt nur das Bild des Beobachters. Es ist diese Unsichtbarkeit, die sichtbar macht, die die Elisabethaner am Spiegel fasziniert. Wir haben vorher in der Anweisung an den Schauspieler das elisabethanische Kunstprogramm gehört: “To hold the mirror up to nature”, “der Natur den Spiegel vorhalten.” Das ist weiße Magie: so sieht sich Claudius plötzlich im Spiegel. Der Anblick überwältigt ihn. Er springt auf, ruft “Licht, Licht” und stürzt aus dem Saal. Warum stellen sich nun die Mitglieder des Hofstaates nicht auf Hamlets Seite? Nun, sie haben etwas anderes gesehen als Claudius. In *The Murder of Gonzago*, das von jenem Wiener Kapitalverbrechen handelt, ist der Mörder nicht der Bruder des Opfers wie Claudius, sondern der Neffe. Die Höflinge sehen also ein Stück, in dem der in der Thronfolge übergangene Neffe seinen königlichen Onkel ermordet. Für sie ist der Schauspieler Lucianus nicht Claudius, sondern Hamlet, und Claudius ist das Opfer. Täter und Opfer wechseln also hier die Positionen. Einmal ist das Opfer der alte Hamlet, in der anderen Optik ist es Claudius; auch darin wird Claudius also der Nachfolger seines Bruders. Entsprechend sieht der Hofstaat Claudius' Aufbruch nicht als Ausdruck seiner Schuld, sondern als Symptom seiner gerechtfertigten Empörung über eine unverhüllte Drohung. Der Schauspieler des Lucianus ist also ein Spiegel, der zwei verschiedene Figuren zeigt. Welche man sieht, hängt davon ab, wo man steht.

Damit führt das Drama die Wirkung des Dramas vor Augen. Die Figuren auf der Bühne beobachten sich dabei, wie sie sich wechselseitig beobachten, während sie alle zusammen ein Stück beobachten. Das ist der Spiegel für den Zuschauer: denn auch wir als Zuschauer beobachten ein Stück. Und was sehen wir? Wir sehen, daß alle Figuren etwas Verschiedenes beobachten. Zugleich sehen wir auch, daß sie das nicht mehr beobachten können, weil sich eine Beobachtung nicht selbst beobachten kann. So können wir sehen, was Claudius nicht sehen kann: nämlich daß das, was er auf der Bühne sieht, also wie ein schlafender König durch das Ohr vergiftet wird, im selben Moment auch ihm passiert. Lucianus' Text, Hamlets Text und sein Text ist Gift für sein Ohr. Der Text mordet den Schlaf des Königs, so wie er einen schlafenden König ermordet hat. Damit wird ihm die Wirkung einer Beobachtung vor Augen geführt, und wir können erkennen, daß er sie nicht mehr erkennen kann. Wenn wir das sehen, sehen wir die Wirkung des Theaters. Sie entspricht der Wirkung des Spiegels: Sie besteht aus der Doppelung von Sichtbarkeit und Unsichtbarkeit. Den Spiegel selbst können wir nicht sehen, sondern nur das, was in ihm erscheint. Und zugleich können wir sehen, daß das vom Standpunkt abhängt. Shakespeares Drama entfaltet also eine neue kulturelle Erfahrung. Die Erfahrung besteht darin, daß im Theater Beobachtungen beobachtbar werden. Man beobachtet andere Figuren dabei, wie sie sich wechselseitig beobachten. Man sieht dabei etwas ganz neues: Das Sein zeigt sich nicht mehr von selbst in göttlicher Überzeugungskraft, sondern was die Figuren sehen, hängt davon ab, wo sie stehen und was sie für Interessen haben. Die Folgerung lautet: Wer andere Beobachtungen beobachtet, beobachtet immer, daß diese Beobachtungen standortgebunden und oft völlig illusionär sind. Man beobachtet Illusionen. Dann beobachtet man die Paradoxie, daß Illusionen, denen doch nichts entspricht, für wahr gehalten werden und weitreichende Konsequenzen haben. Und man beobachtet, daß die beobachteten Beobachter das, was man selbst sieht, nicht sehen können: das sind sie selbst. Zugleich bedeutet das den Aufbruch in die Moderne. Die Ontologie der unmittelbaren Evidenz weicht einer standortgebundenen Optik. Das ist der Grund für die Faszination durch die Zentralperspektive in der Malerei.

Das Modell hierfür ist der Spiegel: Es ist auch das Modell für die menschliche Seele; denn auch sie ist selbst unsichtbar und vermag anderes sichtbar zu machen. Die erkenntnistheoretische Leistung dieses Modells besteht darin, daß der Spiegel eine zentrale Paradoxie des Wahrnehmungsvermögens plausibilisiert, nämlich daß die Seele sich immer selbst gleichbleibt und doch in der Lage ist, die wechselnden Erscheinungen zu registrieren. Dabei wird ihre Unsichtbarkeit mit Konstanz identifiziert und der Wechsel mit den Erscheinungen. Die Seele ist wie das Spiegelglas so unsichtbar wie die Himmelssphären, und die bestehen ja ebenfalls aus Kristall. Da auch das Theater als Spiegel gedacht wird, ergibt sich eine Parallele zwischen menschlicher Seele und Theater. Der Geist wird zum "theatrum internum", besichtigt von "the mind's eye". Deswegen kann Hamlet in einem Monolog den Kopf – "this distracted globe" – mit dem Erdenrund und zugleich mit dem Globe Theatre gleichsetzen.

Wahrnehmung und Verdoppelung der Wahrnehmung in der Kunst werden also im selben Modell des Spiegels gedacht. Das entsprach einem Paradigmawechsel in der Optik in der Frührenaissance. Das Mittelalter dachte noch in den Begriffen der klassischen Optik von Euklid und Aristoteles. Ihr Modell war der Sehstrahl, der in Analogie zum Tasten das Objekt dort befühlte, wo es war. Es unterschied nicht zwischen Objekt und Abbild. Über neuplatonische Vorstellungen wurde dieses Modell im 14. und 15. Jahrhundert revidiert. Objekt und Bild wurden unterschieden, und visuelle Wahrnehmung wurde begriffen als die Kopie, die das vom Objekt reflektierte Licht im Auge des Betrachters entwarf. Der Spiegel machte dieses Modell sichtbar, indem er im Spiegelbild die Wahrnehmung selber wahrnehmbar macht. Das wird auf dem Theater nachgemacht. Wenn das Publikum die Beobachtung der Figuren beobachtet, beobachtet es zugleich mit, daß die Beobachtungen begrenzt sind. Es relativiert diese Begrenzung auf die Standortgebundenheit der Figuren. Es sieht also Perspektivik. Es sieht immer zugleich, was die Figur sieht und was sie nicht sieht. Deshalb ist das paradigmatische Schema für die Doppelbödigkeit des Dramas die Intrige. In der Intrige sieht man zwei Figuren-Ensembles mit verschiedener Optik: das eine sind die Betrüger und das andere die Betrogenen. Wenn man ihre Wirklichkeit sieht, partizipiert man an zwei diskrepanten Wirklichkeiten. Die Erfahrung eines Theaterstücks ist also die Simultanpartizipation an diskrepanten Optiken. Die Optik des Zuschauers wird stereoskopisch. Er sieht, was die Figuren sehen und was sie nicht sehen. Auch darin kann das Theater zum Weltmodell werden. Die Schauspieler auf der Bühne, die Menschen mit ihren Schicksalen, können sich selbst nicht sehen. Sie wissen aber, daß sie von jemand außerhalb der Bühne, von einem göttlichen Zuschauer oder Spielleiter, gesehen werden. Diese Optik versichert sie des Gefühls, daß die ganze Veranstaltung einen Sinn hat, der sich möglicherweise nur aus dieser Perspektive erschließt. Gerade der Gedanke, daß der beobachtete Schauspieler den Zuschauer nicht bemerkt, legt für diesen den Gedanken nahe, daß er selbst von einem Gott beobachtet wird – der unsichtbar ist. Das Unsichtbare ist das Reale und das Sichtbare nur Schein – wie das Spiegelbild oder das Theater.

Die Welt organisiert sich als eine Serie von Beobachtungsstafetten, die schließlich im letzten Blick Gottes zur Ruhe kommt. Gott wird zum Zuschauer. Der Zuschauer wird Gott. Dieser hat allerdings auch einen Beobachter: das ist der Teufel. Dieser sieht, daß Gott auch anders könnte. Der Teufel aber verhext die Beobachtung. Jede Beobachtung einer anderen Beobachtung demaskiert diese als Illusion. Die Paradoxie des Theaters ist es, daß es das zeigen kann, aber selbst wieder mit Illusionen arbeitet. Deshalb ist es auch die Krankheit, deren Therapie es zu sein behauptet. Entsprechend kreisen die Verteidigungen des Theaters und die Angriffe gegen es um das Problem "Therapie oder Krankheit?" Die Puritaner sagen, es ist die Krankheit; die Dichter selbst sagen, es ist die Therapie. Auf jeden Fall ist es die Anstalt, in der Beobachter andere Beobachter beim Beobachten beobachten und daran unterscheiden lernen, was diese sehen und was sie nicht sehen können. Die Bühne macht beides: indem sie etwas verdeckt, macht sie anderes besonders sichtbar. Die Schauspieler maskieren sich, um sich umso stärker an die Beobachtung zu adressieren. Verstellung und erhöhte Sichtbarkeit gehören zusammen. Darin gleichen die Schauspieler wirklich dem Spiegel, der sichtbar und unsichtbar zugleich ist. Diese Paradoxie stellt die Mouse-trap-Scene nach. Der von Hamlet in das Stück eingebaute Text ist ebenfalls ein Spiegel. In ihm macht sich Hamlet unsichtbar, um Claudius darin sichtbar werden zu lassen. Darin ist er das, was Ophelia über ihn sagt: "the observed of all observers." Er wird von allen Beobachtern beobachtet, aber sie sehen ihn nicht; er hat sich verstellt und maskiert wie ein Spiegel. Er hat sich als Spiegel verstellt. Er ist das, was von dem ursprünglichen Narren gesagt wurde, den er spielt: ein Eulenspiegel. Darin ist die Figur Hamlets selbst ein Modell des Theaters. Das Theater zu beobachten, bedeutet deshalb, das Unsichtbare zu beobachten: eine Paradoxie. Denn was sieht man, wenn man in den Spiegel blickt? Einen Beobachter, von dem man nicht weiß, ob er in den Spiegel hinein oder aus ihm heraus blickt.

Indem er Einheit und Dualität verbindet, wirkt der Spiegel wie die Veranschaulichung eines paradoxen Rätsels. Das macht seine metaphorische Attraktivität aus. Und das ist der Grund für die Ästhetik der Verdoppelung, die wir bei Shakespeare so häufig finden. Er schwelgt geradezu in Spiegelbildern. Jede Welt hat ihre gespiegelte Gegenwelt. Die himmlische Hierarchie spiegelt sich in der höllischen Hierarchie der Dämonen, die geistige Welt in der materiellen und die ewige in der irdischen. Das Reich der Tiere ist ein Spiegel der Gesellschaft, der menschliche Körper ein Spiegel des Staates etc. Die Grenzen all dieser Spiegelungen kreuzen sich im Menschen. Er ist der Mikrokosmos dieses Makrokosmos. Der Spiegel wird so zum Weltmodell; mit ihm kann man je nach Bedarf die Einheit der Dualität oder die Gespaltenheit des einen betonen, die Analogie der Seinsstufen oder die illusionäre Wesenlosigkeit des Spiegelbildes. Dieses Weltmodell war sozusagen theateraffin. Das Theater setzte die Verdoppelungen der Welt fort. Die Schauspieler auf der Bühne werden zu unseren Zwillingen. Deshalb kann das Theater seine Grenze zur Welt in sich nochmal reproduzieren. Das Spiel im Spiel zeigt deshalb erst, was das Theater ist: in der internen Selbstverdoppelung des Theaters betreibt das Theater Kunstreflexion. Und Reflexion ist ja selbst eine Spiegelung. Von da aus eröffnet sich der Abgrund unendlicher Reflexion als Spiegelung des menschlichen Inneren. Das ist dann das, was die Romantik an Shakespeare interessiert. Im Spiegel erscheint die Kopie dem Original so ähnlich, daß es sich selbst als Kopie der Kopie vorkommen mag. Damit sieht es sich plötzlich selbst dem Sog der internen unendlichen Reflexion ausgesetzt. Jeder Mensch trägt mit sich ein Bild seiner selbst herum. Er spiegelt sich in sich selbst. Sein Problem ist dann, sich mit dem Bild seiner selbst zusammenzuschließen. Da das nicht gelingt, wird der Spiegel ebenfalls zum Bild der Entfremdung. Die Figur, die uns aus dem Spiegel anblickt, ist selbst ein Betrachter, der uns, das Subjekt, zum Objekt macht. Wir sind es und wir sind es nicht. Der Spiegel ist deshalb gleichzeitig mit seiner Doppelung von Sichtbarkeit und Unsichtbarkeit ein paradoxes Rätsel. Das Rätsel besteht letzten Endes darin, daß eine Beobachtung sich selbst nicht beobachten kann. Denn sonst könnte sie sehen, was sie nicht sehen kann. Deshalb ist Beobachtung von Beobachtung nur als Beobachtung fremder Beobachtungen möglich. Und dieses Rätsel wird im Theater vorgeführt. Es gibt wohl kaum eine Szene des Welttheaters, in der das auf komplexere Weise geschieht als in der Mouse-trap-Scene des *Hamlet*.

Der unsichtbare Dichter

Dieser Paradoxie von Sichtbarkeit und Unsichtbarkeit unterwarf sich auch der Dramatiker Shakespeare selbst. Nächst Gott hat er von der Welt am meisten geschaffen, aber wie Gott hat er selbst sich unsichtbar gemacht. Er ist der Geist, den wir nicht sehen, wie Hamlets Vater, den er als Schauspieler nachweislich gespielt hat. Diese Neigung zur Unsichtbarkeit hat zahlreichen Legenden zum Leben verholfen. Shakespeares Werke seien in Wirklichkeit von Bacon, Königin Elisabeth, Anne Hathaway, Christopher Marlowe und einem Komitee von fünfzig weiteren Autoren geschrieben worden. Spitzenkandidaten sind William Stanley, 6. Earl of Derby, Roger Manners, 5. Earl of Rutland und Edward de Vere, 17. Earl of Oxford. Sigmund Freud favorisierte den Earl of Oxford und paßte seine psychoanalytischen Interpretationen einiger Shakespeare-Stücke den Lebensdaten Oxfords an. Seitdem gibt es die Parteien der Oxfordianer und der Stratfordianer. Die Oxfordianer erhielten unlängst gewaltigen Auftrieb, als in der Folger-Library Edward de Veres Bibel gefunden wurde. Sie enthält eine Menge Textmarkierungen, von denen sich viele als verdeckte Zitate in Shakespeares Werk wiederfinden. Nun hat Edward de Vere tatsächlich gute Komödien geschrieben und sich von dem Ovid-Übersetzer Arthur Golding, der sein Onkel war, beeindrucken lassen. Aber was die Oxfordianer nicht zu stören scheint: Oxford starb bereits 1604. Von wem stammen dann *King Lear, Macbeth, Antony and Cleopatra, Coriolanus, The Winter's Tale* und *The Tempest*? Sollte Oxford auf Vorrat produziert haben und Shakespeare als sein Strohmann Jahr um Jahr weitere Oxford-Dramen aus der Schublade gezogen haben? Oder muß man die Datierung ändern? Aber der *Tempest* bezieht sich z.B. auf die Strandung des Flaggschiffs der Virginia-Flotte auf den Bermudas 1610, und da ruhte der Earl of Oxford schon 6 Jahre bei seinen Vätern. Die Frage nach der Identität Shakespeares ist eine Nebelwand, in die sich vor allem Mythomanen und Enthusiasten von Konspirationstheorien stürzen. Er selbst bleibt ein Spiegel der Welt – unsichtbar. Aber trotzdem ist er ganz real. Wir kennen seine Eltern, seine Geschwister und seine acht Jahre ältere Frau Anne Hathaway, der er sein zweitbestes

Bett vermachte. Wir kennen seine Töchter Judith und Susanna und seinen einzigen Sohn Hamnet Shakespeare, der starb, damit sein Namensvetter Hamlet, Prinz von Dänemark, ewig lebe. Dieser William Shakespeare hat seine eigenhändige Unterschrift unter zahlreiche Dokumente gesetzt, und er selbst wird in verschiedenen anderen Dokumenten vom Preisgedicht bis zur königlichen Hauhaltsliste erwähnt. Greene beschimpft ihn als emporgekommene Krähe, die sich mit fremden Federn schmückt und sich für den einzigen Szenenerschütterer des Landes hält. Aber nachdem er anerkannt ist, macht man ihm Komplimente, nennt ihn "sweet Shakespeare" und beteuert, daß er angenehm im Umgang sei. Er schreibt ungeheuer schnell, manchmal allzu sorglos, und hin und wieder muß man ihn einschließen, damit er ein Drama zu Ende schreibt. Aber er ist ein Schauspieler, den man nicht sieht; der sich als Darsteller von Hamlets Vaters Geist in einer Rüstung verbirgt, jedoch sein Visier offen trägt, und vor allem – er ist ein Dichter, ein Daedalus, der sich als Erbauer des Labyrinths Flügel baut und als Vermittler zwischen Himmel und Erde in die Lüfte erhebt und dabei seinen Sohn verliert. Dichter haben ihre Werke als Kinder.

Zu dieser poetischen Unsichtbarkeit Shakespeares hat beigetragen, daß wir ihn für Jahre aus den Augen verlieren. Abgesehen von sporadischen Abstechern, die von der Geburt seiner Kinder bezeugt werden, verschwindet er nach seiner Heirat aus Stratford und taucht erst zehn Jahre später in London wieder auf. Wo verbringt er seine Lehr- und Wanderjahre? Dank der Forschungen E.A.J. Honigmanns wissen wir es: Shakespeare macht sich unsichtbar in seinem Namen. Das hatte schon sein Vater getan. Der Vater von Williams Vater John hatte nämlich nicht "Shakespeare" geheißen, sondern "Shakeshafte". Das klang nicht besonders vornehm und verbreitete eher ländliche Assoziationen. Dem gegenüber klang "Speer" wesentlich ritterlicher. Und als die Familie später nach dem Erfolg des Dichters ein Wappen beantragte und auch erhielt, wurde der Speer zum Emblem des Shakespeare-Wappens.

Aber warum sollte sich Shakespeare selbst noch einmal unsichtbar machen? Im England vor der Armada gab es häufig nur einen Grund, in den Untergrund abzutauchen: daß man katholisch war. Als der Streit mit Spanien in seine entscheidende Phase trat, als Maria Stuart gefangensaß und immer mehr katholische

Verschwörungen und Anschläge auf Elisabeth entdeckt wurden, traf die Verschärfung der anti-katholischen Gesetzgebung auch die Familie Shakespeare. John Shakespeare, der Vater, war Ratsherr und hätte sich an der Katholikenjagd beteiligen müssen. Aber er bleibt den Ratsversammlungen fern, wird dafür getadelt und zieht sich ganz aus der Öffentlichkeit zurück. Seinem Sohn ist deswegen die Universitätskarriere versperrt. Gerade deswegen bezeichnen ihn die späteren University Wits als Emporkömmling. In Stratford gibt es nun einen katholischen Gelehrten, der die Grammar School leitet, die William besucht. Dieser John Cotton stammt aus Lancashire, wo noch viele andere katholische Magnaten wohnen. Zu ihnen gehören die Houghtons. Sie lassen, wie alle Magnaten, ihre Kinder zunächst von Hauslehrern erziehen. Dabei müssen sie sicher sein, nicht von anti-katholischen Spionen ausgeforscht zu werden. Auf Empfehlung des Grammar School-Lehrers nehmen sie William Shakespeare auf. Um sich nochmal unsichtbar zu machen, nimmt dieser wieder den Namen seines Großvaters an und nennt sich "William Shakeshafte". Als Houghton stirbt, vermacht er in seinem Testament seinem Freund, Sir Thomas Hesketh, seine Musikinstrumente und Kostüme und bittet ihn, William Shakeshafte in seinen Dienst zu nehmen und einem guten Herrn zuzuführen. Das fällt Sir Thomas nicht allzu schwer, denn er ist befreundet mit Lord Strange, dem 4. Earl of Derby, bei dem er laut Haushaltsbuch der Derbys häufig zu Gast ist. Der 5. Earl of Derby ist Ferdinando Lord Strange, und er unterhält eine große Schauspieltruppe. Mit ihr ist Shakespeare nach London gekommen. Da legt er dann sein katholisches Inkognito ab, klappt sein Visier wieder auf und nennt sich "William Shakespeare". Die Zeit der Unsichtbarkeit ist vorbei. Nun wird er sichtbar als Spiegel des Zeitalters, in dessen Glanz wir nicht ihn, sondern uns sehen und dabei sehen, daß er uns sieht.

An der Mouse-trap-Scene haben wir gesehen: der Blick des Zuschauers wird geteilt. Er nimmt zwei verschiedene Wirklichkeiten wahr. Erst dieser stereoskopische Blick macht es möglich, daß man das Drama als zweite Realität wahrnehmen kann, ohne zu vergessen, daß man selbst in der ersten steckt. Deshalb organisiert sich das Drama über die Selbstreferenz der Interaktion, weil es die lebensweltlichen Rahmungen sowohl für seinen internen Aufbau als auch für seine Abgrenzung nach außen nutzt. Mit anderen Worten, die Form, in der das Drama in die Wirklichkeit eingebettet ist, benutzt es nochmal für seine Binnendifferenzierung. Es ist deshalb immer selbstbezüglich. Deshalb macht das Theater mit der Abschließung der Aufführung gegenüber den Zuschauern die Grenzziehung der Interaktion gegen andere Interaktionen bewußt. Es entspricht damit einem Stand soziokultureller Evolution, bei dem die Differenz zwischen Interaktion und Gesellschaft zunächst als Eigengesetzlichkeit der Interaktion wahrgenommen wird. Das Bewußtsein dieser Eigengesetzlichkeit stellt sich ein mit der Generalisierung eines Interaktionsethos in der Reflexion auf Manieren und Standards zivilisierten Verhaltens. Mit anderen Worten, die Befähigung zur lebensweltlichen Schauspielerei, zur Höflichkeit, zur Intrige, zur Affektkontrolle, zum Machiavellismus und zum Betrug entstehen gleichzeitig mit dem Drama und liefern ihm seine Themen. Die Form des Dramas ist deshalb unmittelbar mit der Theatralisierung des Verhaltens in der Lebenswelt verknüpft. Und sie ist verbunden mit der Erfahrung der Beobachtung der Beobachtung. Im Shakespeare-Drama artikuliert sich entsprechend ein obsessives Interesse am Zusammenfall von Wahrnehmung und Illusion. Anders ausgedrückt: Shakespeare steht am Beginn jener Erfahrung, die mit dem säkularen Prozeß der Desillusionierung und Entzauberung zu tun hat.

Religiöser Exorzismus und tragische Katharsis

Auch diese Entzauberung wird bei Shakespeare direkt vorgeführt. Als Beleg dient uns diesmal *King Lear* und darin die Nebenhandlung um den Duke of Gloucester und seinen Sohn Edgar. Beide sind verfolgt und Gloucester ist geblendet. Edgar führt nun seinen blinden Vater. Dabei hat er sich eine Rolle zugelegt, in der er eine besondere Form eines Wahnsinnigen spielt. Als solcher fühlt er sich von Teufeln verfolgt. Auch der blinde Vater ist besessen: Er ist besessen vom Dämon der Verzweiflung. Deshalb läßt er sich von seinem Sohn an die Spitze des Doverfelsens führen. Von diesem will er sich herabstürzen. Edgar führt den blinden Gloucester zum Schein dorthin. Dabei redet er ihm ein, daß der Weg steil nach oben führt, während er in Wirklichkeit flach und eben ist, wie wir auf der Bühne sehen können. Er suggeriert ihm, daß er die See hört; er redet also dem alten blinden Mann eine Welt ein, die er nicht mehr spürt. Und was er schildert, ist ein Abgrund: der Abgrund vor dem Doverfelsen. Der Blick in diesen Abgrund erregt Schwindel. Es ist der Abgrund des Todes, und es ist zugleich der Abgrund, der sich im Inneren der Seele auftut: Der Blick nach innen findet keinen Halt und ist selbst abgründig. Er eröffnet einen infiniten Regreß: Die Reflexivität ist endlos. Deshalb die Kombination von Grübeln, Melancholie, Schwindel und Todesverfallenheit. Bei diesem Blick in den Abgrund des Doverfelsens fühlen wir uns an den Abgrund am Felsen von Elsinore erinnert. Auch Hamlet wird von seinen Gefährten davor gewarnt, dem Geist zu folgen, weil er ihn an den Abgrund führen könnte. Und schon der Blick hinein würde die Sucht erregen, sich hinunterzustürzen. Im *König Lear* ersetzt die Beschreibung des Abgrunds durch Edgar den Blick, den Gloucester nicht mehr hinuntertun kann. “Die Krähen und Dohlen, die auf halber Höhe fliegen,” sagt er, “sind kaum so groß wie Käfer. Auf halbem Wege nach unten hängt jemand am Felsen, der die Pflanze Fenchel sammelt, und der scheint kaum größer als der eigene Kopf. Die Fischer, die unten auf dem Strand herumlaufen, sind wie Mäuse, und das Schiff, das dort unten ankert, sieht aus wie sein eigenes Beiboot, das Beiboot wie eine Boje, fast zu klein, um gesehen zu werden. Ich schaue nicht mehr hin," sagt Edgar, "damit mein Hirn sich nicht dreht und ich, wenn der Blick mich im Stich läßt, kopfüber hinunterfalle." Damit läßt er in einer beredten Darstellung des Abgrunds den alten Mann sehen, was er nicht sehen kann. Der Sohn wird zum "mind's eye" seines Vaters. Szenisch hat das eine ungemein starke Wirkung. Gloucester will jetzt genau da stehen, wo Edgar stand, als er den Abgrund beschrieb. Derweil sehen die Zuschauer, daß es eine groteske Irreführung ist. Edgar führt Gloucester jetzt zu einer bestimmten Stelle auf der Bühne. "Give me your hand. You are now within a foot of the extreme verge," sagt er. Gloucester vollzieht den Abschied. "Laß meine Hand los; hier hast Du einen Geldbeutel." Es ist die letzte Gabe des Vaters an seinen Sohn vor seinem vermeintlichen Tod. Und dann bereitet er sich zum Sprung. "Go thou further off, bid me farewell and let me hear thee going." Edgar spielt es vor und ruft, wie von weit, "Now fare you well, good Sir." Und dann sagt er, warum er das grausame Spiel treibt: "It is done to cure him." Er tut es in therapeutischer Absicht. Die Therapie ist ein Exorzismus. Er will seinen Vater durch einen Exorzismus vom Dämon Verzweiflung heilen.

Nun kniet Gloucester nieder und betet zu den mächtigen Göttern. Die Szene lebt von der Doppelung dessen, was vermeintlich geschieht und was wir auf der Bühne sehen. Der Widerspruch macht das Bühnengeschehen zu einem grotesken Bild eines Selbstmordes. Mühselig erhebt sich Gloucester, es ensteht eine Pause, die Zuschauer warten, daß Edgar einschreitet, er tut es nicht, und plötzlich stürzt sich Gloucester von der imaginären Klippe von Dover. In Wirklichkeit fällt er nur auf die Bühne. Der Selbstmord wird ihm zu einer Illusion. Jan Kott hat in *Shakespeare heute* diese Szene zu einer Ikone des absurden Theaters erklärt. Es ist eine Antizipation von Beckett: Die Groteskerie als Bühnentod. Es ist natürlich auch eine selbstbezügliche Aussage über die Bühne: Alle Tode auf der Bühne sind solche imaginären Scheintode. Der Tod wird gleichzeitig lächerlich und dadurch schaurig. Zugleich sehen wir, daß Gloucester subjektiv sich wirklich umbringt: Er war entschlossen, sich zu töten. Die Wahl für diesen Tod war echt. Es ist ein ungemein dramatischer Moment in diesem Stück; Gloucester liegt betäubt auf der Bühne, Edgar weiß nicht: Ist er wirklich tot? Ein eingebildeter Tod, sagt er, mag tatsächlich jemanden umbringen, der bereit ist, zu sterben. Wäre er jetzt da, wo er sich einbildet zu sein, käme alle Einbildung zu spät.

Interessant ist aber, was jetzt geschieht. Edgar nimmt eine neue Rolle an, die Rolle von jemandem, der unten am Fuße des Felsens den Sturz mitangesehen hat. "Wer seid Ihr, Sir?" fragt er ihn. Gloucester glaubt, er sei unten aufgeschlagen. "Geht weg und laßt mich sterben," sagt er. Und nun kehrt Edgar in der Beschreibung die Perspektive um. Er tut so, als ob er von unten mitangesehen hat, wie Gloucester vom Felsen herabschwebte, denn er kann nicht gestürzt sein, sonst wäre er tot. "Wärst du irgendetwas anderes außer Spinnweben, Federn, Luft und wärst so viele Faden tief gestürzt, müßtest du jetzt glibbern wie ein zermatschtes Ei. Aber du atmest, bist von solider Substanz, blutest nicht, sprichst, bist gesund, zehn Masten messen nicht die Höhe aus, die du herabgefallen bist, dein Leben ist ein Wunder." Gloucester kann es nicht glauben: "Bin ich wirklich gefallen?" Edgar bestätigt, "Schau doch nach oben! Schau doch selbst!" Aber Gloucester zeigt auf seine leeren Augen; er kann es nicht sehen. Und dann kommentiert Edgar das Wunder, das er selbst bewirkt hat. "Oben auf der Spitze des Felsens," fragt er, "was war das für ein Ding, das sich von dir getrennt hat?" Natürlich war er das selbst in der Rolle des Besessenen. Edgar selbst stilisiert sich nun als der Dämon, von dem er Gloucester durch den falschen Selbstmord befreit hat. Er schildert den Dämon, wie er angeblich ausgesehen hat: Von unten sahen seine Augen aus wie zwei Vollmonde, er hatte tausend Nasen, gedrehte und gewundene Hörner wie eine aufgewühlte See; es war irgendein Dämon. Diese Erzählung von Tom und seinen Dämonen durch jemand, der angeblich nichts davon wissen kann, überzeugt Gloucester, daß er tatsächlich gefallen und auf wunderbare Weise gerettet worden ist. Er glaubt jetzt auch, daß ein Dämon, ein Teufel ihn zum Abgrund seines Selbstmordes geführt hat. Und dann kann der Entschluß zum Selbstmord nicht gut gewesen sein. Diese Szene ist also ein Exorzismus. Zunächst wurde Edgar in der Rolle des "Poor Tom" und mit ihm Gloucester von einem Dämon verfolgt, der ihn zum Abgrund des Doverfelsens führte, aber der Sprung vom Felsen als ein scheinbarer, als geschauspielerter, als rein symbolischer Selbstmord brachte die Katharsis vom Selbstmordgedanken mit sich. Getötet wurde nicht Gloucester, sondern nur sein Dämon. Von nun an ist Gloucester kuriert. Er wird nun nicht mehr den Tod suchen, sondern sich ihm erst ergeben, wenn er kommt. Sein Weg nach Dover, sein Sturz von der Klippe, sein symbolischer Selbstmord war eine Therapie.

Wir wissen nun, daß Shakespeare für die Ausgestaltung dieser ganzen Episode und für die Ausmalung der Besessenheit von Edgar auf ein Traktat der Zeit zurückgegriffen hat, in dem die Praktik der Teufelsaustreibung beschrieben wird. Wir kennen das Traktat: es ist Samuel Harsnetts *A Declaration of Egregious Popish Impostures To Withdraw the Hearts of Her Majesty's Subjects from Their Allegiance, From the Truth of Christian Religion, Professed in England Under the Pretence of Casting Out Devils* (London 1603). Harsnett beschreibt darin, wie zwischen Frühling 1585 und Sommer 1586 eine Gruppe von englischen Jesuiten eine Serie von spektakulären Teufelsaustreibungen durchführten, und zwar in dem Haus eines rückfällig gewordenen Katholiken namens Sir George Peckham of Denham. In dieser Beschreibung geht es dem Verfasser des Pamphlets darum, die Autorität der katholischen Priester zu diskreditieren, denn die Teufelsaustreibungen werden von ihnen zu Propagandazwecken betrieben. Bei dieser Diskreditierungskampagne bezieht er sich auf die späteren Bekenntnisse der Komplizen der Exorzisten, die zugaben, die Besessenheit nur gespielt zu haben. Es gelang ihm dabei zu erreichen, daß in den neuen Kirchenbestimmungen von 1604 verfügt wurde, daß kein Geistlicher mehr ohne höhere Erlaubnis Teufel austreiben durfte. In seiner Argumentation bedient sich Harsnett nun einer ambivalenten Strategie. Einerseits muß er die Exorzisten diskreditieren, indem er die Vorführungen der Besessenen als "make believe", als gespielt hinstellt. Andererseits aber darf er den Teufel nicht leugnen, denn die Leugnung des Teufels würde allzu schnell zur Leugnung Gottes führen. Deswegen arbeitet Harsnett mit einer Umattribution. Die Teufel sind nach ihm nicht mehr in den Besessenen, sondern sie bewirken in den Zuschauern die Illusion, ihn zu sehen. Dafür braucht er ein Erklärungsmodell, eine Metapher, ein analytisches Werkzeug, das diese Form der Erklärung plausibilisiert. Und Harsnett findet dieses Modell im Theater. Für ihn sind Teufelsaustreibungen Theaterstücke; Exorzismen wirken wie "stage plays". Diese Art Demaskierung steht an der Wiege der Ideologiekritik. Sie fängt an mit der Priestertrugstheorie. Harsnett versucht also, seinem Publikum eine neue Optik nahezubringen. Sie sollen die Besessenen als Komödianten sehen lernen. Irrsinn, Theatralik, Komödiantentum und dämonische Besessenheit treten in eine Form von schwankender Verbindung. Damit beerbt das Theater die durch Entzauberung freiwerdende Erbmasse der Religion. Weil Harsnett nachweist, daß die Teufelsaustreibungen nichts als Komödie sind, kann sich umgekehrt das Theater der Teufelsaustreibung bemächtigen. Das tut Shakespeare an verschiedenen Stellen. Schon in *The Comedy of Errors* wird Verrücktheit mit Besessenheit erklärt, und ein Exorzist wird gerufen, der den Verrückten heilen soll. Auch *Twelfth Night* enthält ein "mock exorcism", das an Malvolio vorgenommen wird. Feste, der Narr, der den Exorzisten spielt, sagt: "Ich wollte, ich wäre der erste, der in einer solchen Verkleidung Komödie spielt". Das ist eine direkte Anspielung auf einen gerade verurteilten Exorzisten.

Dämonen sind nun eine Form von Charisma. Sie repräsentieren die Präsenz des Schrecklichen, und seine Vertreibung ist deswegen eine Art von Katharsis. Der Protestantismus bekämpfte diese Praktik. Das Schreckliche, die Gewalt, der Terror wird jetzt durch den Staat repräsentiert, den neuen Leviathan. Er ist es nun, der die Gewalt kaserniert. Er erhebt den Monopolanspruch auf Gewalt, um den ganzen Rest der Gesellschaft zu befrieden. Deshalb ist der Exorzismus für den Frühabsolutismus und die anglikanische Kirche, die ihn stützt, eine Konkurrenz. Er muß diskreditiert werden. Die Diskreditierung erfolgt darin, daß der Exorzismus als Theater entlarvt wird. So stützen sich Theater und Staat gegenseitig. Der Staat gibt den Exorzismus frei, indem er behauptet, es sei bloßes Theater und reine Fiktion. Deswegen kann sich jetzt das Theater des Exorzismus' bemächtigen; es inkorporiert ihn und zahlt dadurch zurück, daß es die Fiktionalität des Exorzismus bestätigt. Die Funktion der Katharsis wird von der Tragödie übernommen. Die Tragödie beerbt den Exorzismus und bestätigt damit seine Diskreditierung, aber zugleich bestätigt sie auch seine Funktion. Eben deshalb entsteht die Tragödie zweimal aus dem Ritus: das erste Mal im attischen Griechenland aus dem Dionysos-Mythos und das zweite Mal in der elisabethanischen Renaissance. Beide Male markiert sie die Ablösung der Religion durch den Staat.

Mimetischer Wunsch und Theater der Macht

Das Eigenartige aber ist nun, daß die Form, in der die Entlarvung und die Eingemeindung des Exorzismus ins Theater erfolgt, der Intention der Diskreditierung zugleich entgegenarbeitet. Derjenige nämlich, der sich des Exorzismus bedient, Edgar, ist in der Semantik des Stückes der Legitime; er ist der zu Unrecht Verfolgte. Als Ausgestoßener, Verfolgter, als Flüchtling und Exilant gleicht er auf merkwürdige Weise den zeitgenössischen Katholiken, die sich verkleideten und versteckten und aller Techniken der Guerilla-Taktik bedienten, um nicht entlarvt zu werden. Sie sind die loyalen Anhänger einer alten, aber diskreditierten Autorität. Nach allem, was wir wissen, wurde *King Lear* offenbar heimlich in einem Haushalt eines katholischen Magnaten aufgeführt. Wenn das stimmt, hat man ihn so interpretiert, als ob in ihm Sympathien zu Katholiken bekundet würden. Natürlich ist das keine Parteinahme; denn Harsnetts Diskreditierung des Exorzismus' wird ja bestätigt. Gleichzeitig beerbt das Theater durch Umbuchung der katholischen Praktik als Fiktion den Exorzismus und wird damit zur Tragödie. Nach einer auf diesem Bezug aufgebauten Interpretation von Stephen Greenblatt gewinnt *King Lear* seine Wirkung gerade daraus, daß dem Exorzismus nichts Wirkliches mehr entspricht. Die Götter, die Dämonen, die Kräfte, die angerufen werden, antworten nicht mehr. Der Götterhimmel ist leer. Gerade daß dem Exorzismus nichts mehr entspricht, wird als tragisch erlebt. Der Schrecken verliert damit seinen Ort, er flottiert frei herum, und die Gewalt wird innergesellschaftlich. Der Mensch muß sich damit abfinden, daß er selbst der Dämon ist, der zu beschwören ist. Der Bezugspunkt für die Bannung des Schreckens ist jetzt das Gewaltmonopol des Staates. Aber gerade den Staat löst König Lear auf. Damit setzt er alle im Staat gebannten Furien der Gewalt frei, und das ist der Krieg aller gegen alle. Daran sieht man, welche Furien das Gewaltmonopol des Staates zähmt.

Wir haben den Zusammenhang, den *König Lear* zeigt, über den Bezug zwischen Kommunikation und Menschheit beschrieben: In traditionellen Gesellschaften sind Kommunikation und Menschheit nicht deckungsgleich. Die ganze Welt ist soziomorph,

Gesellschaft umfaßt auch Tiere, Heilige, Ahnen und Dämonen. Der absolutistische Gott des Protestantismus monopolisiert all diese Beziehungen und entsozialisiert die Welt. Gesellschaft wird nun mit Menschheit gleichgesetzt und – so hatten wir gesagt – Menschheit und Gott stehen sich gegenüber wie Humanismus und Protestantismus. Der Gott der Protestanten läßt die Menschheit alleine zurück. Damit wird – wie Max Weber gezeigt hat – die Welt entzaubert. Die Erbschaft der Religion teilen sich der Staat und das Theater. Das Charisma, der Schrecken und die Furien der Gewalt werden im absolutistischen Staat gebannt und gezähmt. Er ist der weltliche Gott, das Ungeheuer Leviathan. Zerbricht er, wie in *King Lear*, werden alle Furien des Bürgerkriegs losgelassen. Der Schrecken wird dann innergesellschaftlich. Die Wiederverzauberung der Welt aber wird der Kunst überlassen. Das Theater tritt in den Dienst des Hofes und verzaubert nun die Macht. Es darf dabei die Verzauberung sogar noch steigern, weil es ihr als Fiktion eine neue Grundlage und Rechtfertigung gibt und sich selber zurechnet. Mit der kathartischen Wirkung beerbt die Tragödie die Dämonenaustreibung. Die Kondition für diese Aneignung ist, daß sie sich als fiktional zu erkennen gibt. Wer jetzt noch Realität und Theater verwechselt, hat das Problem des Don Quixote: Er fällt auf Täuschungen herein und ist wahnsinnig. Deshalb ist das Theater gezwungen, von Beginn an seinen Selbstbezug von seinem Weltbezug zu unterscheiden. Es grenzt sich durch Selbstbezüglichkeit von der Welt ab und thematisiert dabei zugleich seine eigene Wirkung. Edgar ist ein Regisseur eines Theaterstücks und ein Schauspieler. Und Gloucester wird zu einem Zuschauer, der die Doppelung des Zuschauers in seiner Optik repräsentiert: Weil er blind ist gegenüber der Realität, wird er empfänglich für die Wirkung des Theaters. Aber gerade darum ist er auch empfänglich für die Wirkung der Katharsis in der Tragödie.

Die Tragödie repräsentiert nun den Zusammenhang von gesellschaftlichen Krisen und Verfolgung eines Sündenbocks. Dieser Zusammenhang wird stets hergestellt durch Verbrechen, die die in der Gesellschaft gültigen Tabus verletzen: Vergewaltigung, Inzest, Bestialität und Gewalt gegen den König als Symbol der höchsten Autorität. Es sind immer Verbrechen, die die Grundlagen der kulturellen Ordnung tangieren. Sie beschädigen das Prinzip gesellschaftlicher Organisation: die Hierarchie. In der großen Rede des Ulysses in *Troilus und Cressida* hat Shakespeare uns die tödliche Wirkung dargestellt. Sie besteht in einer Verwischung der Unterschiede, in einer Entdifferenzierung und Auflösung der Ordnung, die in eine Phantasie der Amorphheit und des Verfließens mündet. Deshalb wuchern bei Shakespeare die Bilder von Korruption, Verwesung, Krankheit, Verschlammung, Unkraut, Verwilderung etc. Die überwältigende Wirkung von Shakespeares Dramatik hat damit zu tun, daß er uns die universalen Auswirkungen individueller Taten vor Augen führt. Mit der Suggestivität seiner Rhetorik gelingt es ihm, eine Verbindung herzustellen zwischen der Unbedeutendheit eines einzelnen Menschen und der Grandiosität der Gesellschaft. Dem kommt die Vorstellung von der Gesellschaft als Körper entgegen. Die Grundfigur jeden Verbrechens ist bei Shakespeare deshalb die Vergiftung. Damit ein einzelner Verbrecher eine ganze Gemeinschaft zerstören kann, muß er Kettenreaktionen auslösen. Kleine Anfänge müssen eine gewaltige Wirkung entfachen. Das Gift muß so hochprozentig sein, daß man mit wenigen Tropfen Hekatomben ermorden kann. Die Renaissance ist ein Zeitalter der Alchemie. Zugleich ist sie anfällig für Paniken, Judenmassaker, Sündenbockrituale und Hexenverfolgungen. Die Misogynie in den Shakespeare-Tragödien enthält ein Echo davon. Die Lear-Töchter werden mit Hexen verglichen, die Hexen in *Macbeth* bedienen das Interesse von James I., und der Sexualekel Hamlets gegenüber seiner Mutter hat einen finsteren Beigeschmack: Er stilisiert Onkel Claudius als einen Teufel und überläßt sich Phantasien der Kohabitation zwischen dem Teufel und seiner Mutter.

Mit der Phantasie der Vergiftung ist offenbar die Vorstellung verbunden, daß ein Einzelner die ganze Gesellschaft verderben kann. Die Einzeltat löst eine Epidemie aus. Der zugehörige Affekt ist die Angst vor Ansteckung. Hinter diesen Visionen von Pest, Ansteckung, Krankheit und Gift steckt ihre Analogie mit der Kommunikation. Auch Kommunikation ist unaufhaltbar, verbreitet sich mit exponentiell wachsender Geschwindigkeit und wird übertragen durch Ansteckung. Die Mouse-trap-Scene in *Hamlet* hat es uns vor Augen geführt: Der alte König wird durch das Ohr vergiftet. Aber als man Claudius diese Szene vorführt, wird er durch Kommunikation vergiftet. Es ist nur ein Wort in *Othello*, das Jago spricht – "I like not that" – und Othello kann nie wieder schlafen: Sein Geist ist vergiftet.

In seiner Theorie des "mimetischen Wunsches" gibt uns René Girard einen Hinweis darauf, wie gerade mit der Kasernierung der Gewalt im Absolutismus der Mechanismus der Rivalität forciert wird. Konzentration der Macht bedeutet, daß sie ein knappes Gut wird. Das verschärft den Mechanismus des mimetischen Wunsches. Dabei dreht Girard die normale Vorstellung der Abfolge im Wünschen um. Nach dieser normalen Vorstellung gibt es erst das Objekt und dann die Wünsche, die sich übereinstimmend darauf richten, und schließlich die Gewalt, die aus der Rivalität der konfligierenden Wünsche entsteht. Aber, so argumentiert Girard, sind die Primärbedürfnisse des Menschen erst einmal gestillt, ist der Mensch von Wünschen beseelt, die ihr Objekt noch suchen. Er begehrt etwas, aber er weiß noch nicht, was. Nur an der Perfektion der anderen geht ihm sein eigener Mangel auf. Unter ihnen sucht er sich ein Modell. Dieses Modell zeigt ihm durch seinen eigenen Wunsch ein begehrenswertes Objekt. Damit wird der andere zum Rivalen. Die Rivalität ist aber nicht das Ergebnis einer Übereinstimmung beider Wünsche, vielmehr begehrt das Subjekt den wünschenswerten Gegenstand, weil der Rivale es auch begehrt. Durch seinen Wunsch zeigt der Rivale dem Subjekt, was überhaupt begehrenswert ist. Auf der Ebene des Wunsches wird er zu seinem Modell. An ihm sieht er, was ihm zu seiner Vollkommenheit noch fehlt. Deshalb ist das Wünschen von Grund auf mimetisch. Im Wünschen imitiert man den anderen. Aber zwei Wünsche, die auf das gleiche Objekt zielen, landen im Konflikt. Das ist der tiefe Grund für die Ähnlichkeit von Gegnern. Für diese Parallele sind die Beteiligten dann blind. Die Monopolisierung der Gewalt durch den absoluten Fürsten verleiht dieser mimetischen Rivalität eine enorme Konzentration. Die Engführung der Macht durch ihre Zentralisierung macht die Rivalität selbst zum Prinzip der Politik. Die darin enthaltene Explosivität sollte erst zwei Generationen nach Shakespeare entschärft werden, als mit der Entwicklung der beiden Parteien der Konflikt zugleich auf Dauer gestellt und domestiziert wurde: Dann konnte die Opposition durch Aussicht auf künftige Regierungsübernahme befriedet werden.

Shakespeares Dramen aber sind beherrscht von dieser mimetischen Rivalität. Und auch sie ist ansteckend. So macht der alte Vater Hamlet seinen Sohn zum Stellvertreter in der Rivalität mit seinem Bruder Claudius. Hamlet übernimmt die Doppelgängerschaft in dieser Rivalität. Sie ist eine Art von Familienfluch. Auch zwischen Eltern und Kindern besteht das Verhältnis des mimetischen Wunsches. In diesem Sinne imitiert Hamlet seinen Vater. Damit ist er zugleich dazu verdammt, den Rivalen Claudius zu imitieren. Auch Hamlet wird ein Mörder und deswegen zum Adressaten der Rache von anderen. Seine Rache mündet darin, daß sich andere an ihm rächen müssen. Dies ist von innerhalb des tragischen Schemas nicht zu sehen. Gegner sehen aneinander immer nur ihre Differenz. Aufgabe der Tragödie ist, diesen Zusammenhang durch die Vorführung ästhetisch zu entgiften. Sie zeigt, wie der mimetische Wunsch durch seine Träger wandert. Dadurch werden sie zu Besessenen. Besessenheit ist aber nichts anderes als die eigene Selbstentfremdung im Wunsch des anderen. Sie zeigt sich als innere Spaltung. Der Wunsch ergreift als Dämon vom Inneren Besitz, und das provoziert die Notwendigkeit der Katharsis. In der gemeinsamen Ablösung der Religion gehören Politik und Tragödie zusammen.

Die Temporalisierung der Erlebnisverarbeitung

Shakespeares Tragödien gehören zu den Grundtexten unserer Zivilisation, weil sie an der Schwelle neuzeitlicher Staatenbildung archaische und moderne Erfahrungen miteinander vermitteln. Sie zeigen dabei eine bestimmte Logik von Abläufen, die auf der Erfahrung von der inneren Widersprüchlichkeit, der eingebauten Paradoxalität bestimmter Geschehensprogramme beruhte. Dazu gehörte die Vorstellung, daß alle Zustände die Bedingungen ihrer Stabilität selbst untergraben. Im Glück z.B. ist man so sorglos, daß man für seine Fortsetzung zu sorgen vergißt. Diese Regel trifft auch auf die drei politischen Verfassungen zu: Monarchie, Aristokratie und Demokratie. Sie untergraben sich selbst. Sie sind dazu verdammt, zu ihren Verfallsformen Tyrannis, Oligarchie und Ochlokratie, also der Herrschaft des Mobs, zu degenerieren. Daraus wird später erst die Konsequenz gezogen, daß man sie mischen müsse, was dann zu der spezifisch englischen Tradition der "mixed constitution of checks and balances" führt. Zu Shakespeares Zeit aber dominiert noch die Vorstellung von der corruption, dem Altern der Welt. Diese corruption aber nimmt schon die moderne Form des Selbstverbrauchs, der Selbstvernichtung und der Selbstzerstörung an. Überall brennt das Feuer, das verzehrt, wovon es sich ernährt. Bei Shakespeare wuchern deshalb die Bilder der zerstörerischen Selbstbezüglichkeit und der Selbstreferenz. Das inspiriert den Dynamismus seiner Bilderwelt. Sie wird durchzogen von zirkulierenden Wirbeln, Stürmen und Strudeln. Ihr verborgenes Prinzip ist die dynamische Selbstorganisation der Formen.

Kulturell entspricht dem eine zunehmende Temporalisierung der Erlebnisverarbeitung. Um das zu verstehen, muß man sich von modernen Zeitvorstellungen freimachen und sich vor Augen führen, daß in traditionellen Gesellschaften die Zeit nicht zu einer unabhängigen abstrakten Dimension verselbständigt ist, die man von den Verläufen in ihr unterscheidet. Vielmehr ist Zeit in archaischen Gesellschaften an die Präsenz und den Bestand der Dinge gekoppelt. Soweit sie darin Veränderungen markiert, lagert sie bestimmten privilegierten Verlaufsformen mit ihren Anfangs- und Endpunkten auf. Entsprechend ist Zeit nicht Maß aller Veränderungen, mit dem alle Verläufe miteinander synchronisiert und verglichen werden, sondern diese Veränderungen selbst. Aus ihnen sucht die Gesellschaft sich privilegierte Verläufe heraus, die sie zum Maß der Zeit macht. Das sind dann die organischen Kreisläufe und Zyklen des Jahreslaufs und des Lebensalters, also Geburt, Jugend, Alter und Tod oder Saat, Wachstum, Reife, Ernte etc. Sie sind nicht in der Zeit, sondern drücken die Zeit selber aus. Da sie zyklisch sind, kann über den Zyklus die Doppelung von Veränderung und Stabilität gedacht werden. Die Wiederholung dieser typischen Abläufe garantiert Stabilität. Das erklärt das ungemeine Interesse am Kosmos, also an den zyklischen Abläufen der Sterne und der Revolutionen. Weil die Zyklen sich wiederholen, kann man darüber die Konstanz der Formen denken. Innerhalb dieser sich wiederholenden Abläufe hat jedes Ding seine Zeit in einem festen Programm. Wie es in George Sandys' Übersetzung des Prediger Salomonis heißt: "Lo, all things have their time by God decreed in nature's changes: ... a time, when to be born, a time to die etc."

In der elisabethanischen Epoche war also Zeit noch nicht auf die Differenz von irreversibler Vergangenheit und offener Zukunft abgestellt. Mit einer gewissen Übertreibung läßt sich sagen, daß Irreversibilität und Reversibilität noch ziemlich gleichmäßig auf Vergangenheit und Zukunft verteilt waren: die vergangene Untat ließ sich durch Reue ungeschehen machen, und die Zukunft lag im Fatum fest.

Dabei konnte die Zyklik geteilt und die Teile des Zyklus gegenläufig zugeordnet werden: Es gab einen aufsteigenden und einen absteigenden Verlaufsbogen, es gab Alter und Tod, und es gab Wiedergeburt und Jugend. Dem entsprachen die Jahreszyklen ebenso wie die Differenzierung in Komödie und Tragödie. Die Zeit heilt alle Wunden, aber sie frißt auch, wie Saturn, ihre Kinder. Der Topos vom tempus edax rerum, dem Kinder verschlingenden Chronos, wird in den Shakespeareschen Dramen dann der Tyrann, der Kinder mordet, zugeordnet.

Für die zunehmende Temporalisierung der Erlebnisverarbeitung standen also noch keine Begriffe zur Verfügung. Es gab keine Vorstellung für kontinuierlichen Wechsel. Zeit bedeutete nicht die Kontinuität des Wechsels, sondern den Wechsel zwischen Kontinuität und Ereigniseinbrüchen, zwischen Ruhe und Tempo. Sie wurde also nicht als gerade Strecke vorgestellt, die von der Vergangenheit in die Zukunft lief und damit das Wirkliche und Mögliche temporal relationierte. Vielmehr wurde sie im Hinblick auf Veränderlichkeit und Ewigkeit gedoppelt. Das Nichterwartete oder Schreckliche waren dann nicht Dinge, die die Zukunft bereitgehalten hatte, sondern sie brachen aus dem mitlaufenden Präsens der Ewigkeit plötzlich ins Diesseits ein. Es gab also eine permanent mögliche Interaktion zwischen Diesseits und Jenseits. Entsprechend wurden die Toten nicht in eine sich entfernende Vergangenheit abgestoßen, sie lebten vielmehr kopräsentisch im Jenseits weiter mit, von wo sie als Geister wieder zurückkehren konnten. Gerade wegen dieser präsentischen Koppelung zwischen Jenseits und Diesseits wurden diesseitige Ereignissequenzen nicht zu temporal homogenen Kausalketten gereiht. Kausalität war deswegen noch nicht so eine zwingende Vorstellung. Man brauchte sie nicht, um Ereignisse zu erklären, sie hatten ja schon einen zureichenden Grund im mitlaufenden Jenseits: Es war Gottes Wille, seine Allmacht und seine Fürsorge, die dafür sorgten, daß die Dinge weiterexistierten, nicht etwa Gründe, die in der Vergangenheit lagen. Diese mangelnde kausale Geschlossenheit des Diesseits machten auch ständige Eingriffe aus dem Jenseits in Form von Zeichen und Wundern möglich. Mit anderen Worten, die Temporalität der Elisabethaner war noch durch den Bezug von Immanenz und Transzendenz organisiert. Kontingenz wurde deswegen nicht so verteilt, als ob nur Zukünfte Möglichkeiten bereithielten und die Vergangenheit sie alle vernichtet hätte. Vielmehr wurden Möglichkeiten auf Immanenz und Transzendenz verteilt. Zugleich gab es aber die Wahrnehmung zunehmender gesellschaftlicher Entwicklungsgeschwindigkeit. Eben das bedeutete eine innerweltliche Temporalisierung. Man lernte, zwischen Vergangenheit und Gegenwart stärker zu unterscheiden. Die Umwälzung der Verhältnisse, der Wechsel der Generationen wurde intensiver wahrgenommen. Entsprechend temporalisierte sich die Immanenz. Damit wurden Vergangenheiten und Zukünfte stärker voneinander getrennt. Vergangenheiten waren Erfahrungen, die für die Zukunft nicht mehr galten, und Erwartungen ließen sich aus der Vergangenheit nicht unbedingt hochrechnen. Dieses Auseinandertreten von Vergangenheit und Zukunft dramatisierte den Umschlagpunkt zwischen beiden. Das erhöhte die Differenzwahrnehmung von Irreversibilität und Möglichkeitsspielraum. Der Augenblick ist nun der Punkt, im Hinblick auf den Zeit als tempus und aeternitas gedoppelt wird. Im Fluß seiner inkohärenten Veränderung, in der das Jetzt keine Schlüsse auf den nächsten Moment erlaubt, scheint der Augenblick das einzig Sichere zu sein. Die Doppelung von Zeit und Ewigkeit wird zunehmend innertemporal. Das heißt, der Augenblick wird in die Flüchtigkeit des Moments und die Dauer des Wechsels gedoppelt. Die auf den Augenblick zentrierte Differenz von Vergangenheit und Zukunft steht dann in der Form einer permanenten Relation dem Verschwinden des Moments gegenüber. Das läßt sich an einer Einstellungsänderung gegenüber dem Tod belegen. Entsprechend der Vorstellung, daß Zeit mit den Verläufen in ihr identisch ist und jedes Ding seine Zeit hat, wurden Zeitstrecken ursprünglich nur über ihre Anfangs- und Endmarkierungen gedacht. Sie hatten deshalb privilegierten Charakter. Demgemäß maß man im Mittelalter der Todesstunde, der "hora mortis", eine besondere Bedeutung für das Seelenheil zu. Das führte zu einer reichhaltigen Erziehungsliteratur über die ars moriendi. In der Renaissance kam es dem gegenüber zu einer deutlichen Abwertung der Todesstunde, die mit der Ermahnung einherging, das ganze Leben als Vorbereitung auf den Tod zu betrachten. Das hatte damit zu tun, daß sich der Augenblick als Umschlagpunkt zwischen Vergangenheit und Zukunft aus seiner Gebundenheit in die festen Programme löste und temporal generalisierbar und mobil wurde. Jeder Moment eröffnete damit eine neue Zukunft. Die Gegenwart schob eine Bugwelle von Kontingenz vor sich her. Das machte es vorstellbar, daß in jedem Moment alles passieren konnte, auch das Schlimmste. Deshalb mußte man immer auf den Tod vorbereitet sein. Dies bedeutet einen Schritt in Richtung auf die Abstraktion der Zeit zu. Abstraktion heißt Differenzierung der Zeit gegen alle Verläufe in ihr. Da man aber für eine homogene abstrakte Zeit noch kein Konzept hatte, kam es zur Ausbildung von Hilfsvorstellungen. Die Generalisierung und Mobilisierung des Moments macht ihn zunächst weniger anschlußfähig an den nächsten Augenblick. Er wird also abstützbedürftig durch die Ewigkeit. Das dürfte einer der Hauptgründe für die besonders akzentuierte Verbindung von Tod und Liebe sein. Beides waren Formen temporaler Verdichtung zu einem Augenblick höchster Bedeutung und Intensität. Und beide waren nach allen Richtungen hin anschließbar: in der Horizontalen in Richtung Temporalität und vertikal in Richtung Ewigkeit. Tod und Liebe konnten beide als ewigkeitsnahe Momente gedacht werden. Darüber ließ sich die Absolutheit, die Irreversibilität und zugleich die Endlichkeit des Erlebens ausdrücken. Intensität und Dauer werden sozusagen als Summenkonstanz behandelt. Je intensiver, desto kürzer. Das plausibilisiert das Bild des Feuers, das sich umso schneller verzehrt, je intensiver es brennt. Da Zeit eben noch keine abstrakte Dimension war, sondern mit den Zuständen in ihr identifiziert wurde, konnte man sich vorstellen, daß sie selbst schneller verging. Sie ließ sich kondensieren und dehnen. So ließen sich Welten zusammenziehen und die auf ein Leben verteilte Zeit zu Stunden verdichten. Deshalb ließen sich Elisabethaner von Vorgängen mit hohem Tempo und momenthafter Intensität faszinieren. Das ist nicht als bloß subjektiv mißzuverstehen. Die Vorstellung einer subjektiven Zeit stand noch nicht zur Verfügung. Die Vorstellung von der subjektiven Reflexion als der dauernden Beobachtung des Wechsels wird erst bei Hobbes und Locke entwickelt.

Die zunehmende Generalisierung des Augenblicks als Umschlag zwischen Vergangenheit und Zukunft geht mit der Radikalisierung der Trennungs- und Plötzlichkeitserfahrung einher. Sie wird durch die Projektion der Temporalität auf die Differenz von Immanenz und Transzendenz präsent gehalten. An ihr werden dann Persönlichkeitsänderungen als Grenzüberschreitungen zwischen verschiedenen Welten artikuliert. Das begründet die Parallelisierung von Liebe und Tod. Liebe begründet eine Sonderwelt der Intimität gegenüber der anonymen Welt der Gesellschaftlichkeit. Eine einzige lieben heißt dann für alle anderen sterben. Und sterben heißt, von einem Gott geliebt zu werden. Daran wird der neuplatonische Gedanke angeschlossen, daß die durch die Körper getrennten Seelen im Tod verschmelzen. Weil das Konzept des Subjekts noch nicht zur Verfügung steht, können die Möglichkeiten dieser Welt nicht über den Durchlauf verschiedener Perspektiven akkumuliert und dann in der Synthesis der Erfahrung zusammengeschlossen werden. Statt dessen wird der Versuch unternommen, sich in *einem* Moment im Durchgriff auf die Ewigkeit der Fülle der Möglichkeiten zu versichern. Das Subjekt wird nicht als Relation, sondern als Substanz gedacht. Eben deswegen ist es auch von der eigenen Veränderlichkeit im besonderen Maße irritiert. Von der Diskontinuität der Zustände wird auf die Diskontinuität der Existenz geschlossen. Das Subjekt wird durch seine eigene Zustände zerteilt. Dafür bietet dann die Plötzlichkeit der Liebe ein ebenso gutes Anschauungsobjekt wie die Plötzlichkeit der Eifersucht.

Die Diskontinuierlichkeit des Subjekts und der Zeit führen zu Belastungen, die zunächst einmal durch die Erhöhung der Allmacht Gottes aufgefangen werden. Es genügt dann nicht mehr, sich vorzustellen, daß Gott eine Welt geschaffen hat, deren eigene Ordnung Stabilität garantiert; im Gegenteil: Wenn die Welt in jedem Moment zerfällt, muß sie in jedem Moment neu geschaffen werden. Die "conservatio dei" verwandelt sich in "creatio continua". Das verschärft den Providenzgedanken. Unsicherheit und Vertrauensbedürfnis steigern sich aneinander. Mit den Zweifeln wachsen die Sicherheitsbedürfnisse. Die werden dann schon nach Maßgabe der Zurechnung auf die Welt oder auf das Subjekt differenziert. Das Subjekt findet seine Sicherheit in der subjektiven Heilsgewißheit des Glaubens, das Verhältnis zur Welt wird auf die Sicherheit wissenschaftlicher Beweiskraft umgestellt. Galilei ist ein Zeitgenosse Shakespeares. Langfristig gesehen wird sich der Zusammenhang der Zeit im gleichen Zug herstellen wie die Kontinuität eines sich gegenüber der Mannigfaltigkeit der Erfahrung durchhaltenden Subjekts. Der Ort, an dem diese Erfahrung versammelt wird, ist die Reflexion. Aber zu Shakespeares Zeit ist dieses Paradigma noch nicht ausgebildet. Hier wird noch aus der Momenthaftigkeit der Gegenwart auf die Unterbrechung der Existenz geschlossen. In seiner Isolation wird der Moment paradox. Er ist zugleich das einzig Sichere und die Kondensation der Flüchtigkeit. Durch seine doppelte Verweisung auf Vergangenheit und Zukunft wird er zum Widerspruch. Er ist das Ende eines vorherigen Zustands und der Anfang eines ganz anderen, zugleich der Anfang von etwas Gutem und das Ende von etwas Bösem. Das begründet die Grundfigur der elisabethanischen Semantik als coincidentia oppositorum. Nur ein Geringes trennt ein Ding, einen Zustand, eine Qualität von seinem Gegenteil. Wie bei der Vergiftung Othellos durch Jagos Einflüsterung ist die ganze Welt in einem Moment unwiderruflich verändert. Im Grunde ist damit der Übergang von der Vergangenheit in die Zukunft, von der Sicherheit in die Unsicherheit, gemeint. Für diese Unsicherheit steht der Zweifel, und der Zweifel wird dramatisiert im Zweifel an der Treue der Frauen. Das begründet die bei Shakespeare allgegenwärtige, autokatalytisch ausbrechende Eifersucht. Othellos Verlangen nach Beweisen – “give me the ocular proof, make me to see it” – entspricht schon dem gesteigerten Sicherheitsbedürfnis der Wissenschaft. Wie wir seit Descartes wissen, geht sie aus vom Zweifel. In der wissenschaftlichen Optik gilt erst das als wahr, bei dem geprüft wurde, ob es nicht vielleicht unwahr ist. Das erhöhte den Wahrheitsausweis. Seitdem trägt die Wahrheit die Beweislast der Widerlegung des Zweifels. Der Zweifel reagiert dabei auf die Vieldeutigkeit und die Paradoxalität der Welt.

Ehre und Liebe: zur Theatralisierung des Verhaltens

Unter den Folgen des Verhöfischungsprozesses hatten wir die Verwandlung ständischer Eigenschaften als einen der Gründe für die verbreitete Theatralisierung des Verhaltens identifiziert: Wenn Herkunft nicht mehr ausreichte, mußte man Noblesse durch sein Verhalten beweisen. Auch hier stiegen mit dem Zweifel die Beweislasten. Das lieferte dem Theater zwei seiner vornehmsten Themen: Ehre und Liebe. Deshalb ist es bezeichnend, daß sie zur gleichen Zeit wie das Theater selbst endemisch werden: In den 90er Jahren des 16. Jahrhunderts verbreiten sich die Theater, die Duellmode und die Mode der Sonettdichtung. Sie sind eng miteinander verknüpft, denn die Komödien sind vielfach preziöse Liebesgeschichten und die Tragödien Rachedramen mit Zweikämpfen als dramatischen Höhepunkten. Den unmittelbarsten Zugang zum Verständnis dieses Zusammenhangs eröffnet die plötzliche Ausbreitung der Duellmode. 1543 wird von dem Juristen Andrea Alciato die erste Kompilation von Duellregeln herausgegeben, und der 1554 veröffentlichte Traktat *Il duello* von Girolamo Muzio wird dann das Standardwerk. Was sich in diesen Regeln niederschlägt, ist die Privatisierung des Ehrenhandels im Duell. Bis zum Tridentinum, in dem er dann verboten wurde, hatte es noch den sozial überwachten Zweikampf gegeben, der an eine schwerfällige Maschinerie mit öffentlicher Herausforderung, deren Publikation, der Bereitstellung von vorgeschriebenen Waffen und der Versammlung des Publikums gebunden war. Das neue Duell war dagegen ein Konflikt zwischen nur zwei Männern, der aus jedem Anlaß ausbrechen und schnell und unmittelbar meist an einem geheimen Ort ausgefochten werden konnte.

Darin drückt sich aus, daß Standeszugehörigkeit eine moralische Zweitfassung in der Codierung der Ehre erhält, die regelt, unter welchen Bedingungen eine ständisch orientierte Moralgemeinschaft Achtung entziehen oder zuteilen kann. Im Duell kann dann der Einzelne beweisen, daß ihm die Achtung seiner Peers als Bestandteil seiner Selbstachtung soviel wert ist wie das

Leben. Die Todesbereitschaft ist dann in der Alternative Ehre oder Tod der oppositionelle Wert, der – wie falsch in der Wissenschaft oder Unrecht im Rechtssystem – erst bestimmt, unter welchen Bedingungen das Weiterleben in Ehre möglich ist. Damit wird das Duell zu einer Prüfung. So wie in der Wissenschaft eine Aussage erst dann wahr ist, wenn die Möglichkeit geprüft wird, ob sie nicht unwahr ist, ist jemand erst wirklich ehrenhaft, wenn man ihm unterstellen kann oder wenn er bewiesen hat, daß er lieber tot ist als ehrlos. Das Duell bindet also Weiterleben an die Kondition der Todesbereitschaft. Sie bringt auch zum Ausdruck, daß es dem Beteiligten um seine ganze Person, also um alles geht. Dem entspricht die Emphatisierung des Konzepts der Integrität. Ehre ist so verletzungsempfindlich wie ein Kunstwerk, das durch eine noch so geringfügige Beeinträchtigung schon zum Torso wird. Wie Schwangerschaft verträgt sie keine Gradierungen. Die zugehörige Metaphorik drückt das aus: die Ehre ist ein Kleid, das durch den geringsten Schmutzfleck in toto verdorben wird. "Rightly to be great", weiß Hamlet, "is not to stir without great argument, / But greatly to find quarrel in a straw / When honour's at the stake." Da es jedem Beteiligten in seinem Selbstbezug um die Kombination aus der Achtung der anderen mit seiner Selbstachtung geht, muß in seiner als Moralgemeinschaft stilisierten Peer group dies auch jedem anderen unterstellt werden. Die gegenseitigen Unterstellungen schließen sich zu einem Regelkreis sich wechselseitig bestätigender Erwartungen und Erwartungserwartungen. Eine Geste der Mißachtung enthält deshalb für den Beteiligten die Unterstellung, daß er seinen Selbstbezug gar nicht moralisch begründet. Da nimmt man jemanden als Adresse nicht mehr ernst. Infolge dessen geht es im Code der Ehre nicht mehr um das Zu- und Absprechen von Eigenschaften, sondern um die Anerkennung des anderen Selbst als moralisch organisierte Selbstreferenz. Das impliziert vorbehaltlose Souveränitätskonzession. Der Selbstbezug des Gegenüber muß das Kriterium dafür sein, wie er zu adressieren und zu behandeln ist. Da dabei immer die ganze Person auf dem Spiel steht, ist eine kleine Beeinträchtigung "a difference that makes a difference". So wird die Zirkularität der Kommunikation selbst zum Generator für Duellanlässe. Weil beide wissen, daß sie wissen, daß Gesten der Mißachtung zu Duellforderungen führen, enthält eine Beleidigung, die dennoch geschieht, immer die Unterstellung der

Feigheit. Eben deshalb muß diese Implikation vom Beleidigten sofort zurückgewiesen werden, indem er den Beleidiger zum Duell fordert. Deswegen wird im neuen Duell auch nicht mehr über Rechtspositionen wie im Mittelalter entschieden. Statt dessen gewähren sich beide Kontrahenten Satisfaktion und erkennen sich damit als moralisch gleichberechtigte Personen wieder an, denen es in ihrem Zweikampf auf Leben und Tod um die Souveränität ihrer Selbstreferenz im Anerkennungsspiel zwischen freien waffenfähigen Männern geht.

In der Tragödie Shakespeares wird das Duell sowohl direkt vorgeführt – etwa in *Romeo and Juliet, Hamlet, Twelfth Night, Othello* etc. – als auch als Wortkulisse für die Dramatisierung des Todes benutzt. Der Tod wird dann als Duellgegner vorgestellt. Sich ihm im agon mortis, im Todeskampf zu stellen, ist Ehrensache. Entsprechend muß auch Hamlets großer Monolog als Reflexion über die Ehre in einem Duell mit dem Schicksal gelesen werden.

> "To be or not to be – that is the question;
> Whether 'tis nobler in the mind to suffer
> The slings and arrows of outrageous fortune,
> Or to take arms against a sea of troubles,
> And by opposing, end them" (III, 1, 55–59)

Das Schicksal, als Fortuna personifiziert, fügt dem Helden solche unerträglichen Beleidigungen zu, daß er sich fragt, ob es eher mit seiner Ehre zu vereinbaren ist – whether 'tis nobler in the mind – sie hinzunehmen oder unter Einsatz seines Lebens zu vergelten. Etwas später im Monolog werden diese Beleidigungen aufgezählt:

> "the whips and scorns of time,
> Th'oppressor's wrong, the proud man's contumely,
> The pangs of despis'd love, the law's delay,
> The insolence of office and the spurns
> That patient merit of th'unworthy takes," (69–73)

Außer der Liebe sind es samt und sonders Beleidigungen und Erniedrigungen, die mit der Ehre unvereinbar sind: whips and scorns (Schläge und Verhöhnungen), contumely (Beschimpfungen), insolence (Unverschämtheit), spurns (Tritte, Zurückweisungen) sind sämtlich Duell-Gründe. Und just zur Zeit der Abfassung des *Hamlet* greift das Duell als Ersatz für "the law's delay" und "the insolence of office" um sich. Doch der hamletsche

Weltekel findet die Erniedrigung des Lebens durch den Tod – sinnfällig gemacht durch die Auflösung des Fleisches in Krankheit und Verwesung – schon an sich eine Beleidigung, die mit der Ehre des Menschen nicht zu vereinbaren ist.

Die Dramaturgie der Ehrenhändel kann sich in enger Tuchfühlung mit der Dramaturgie der Liebe entfalten, in der es um eine ähnliche selbstselektive Zeitorganisation geht: zufälliger Anfang aus nichtigem Anlaß – schicksalhafte Eskalation – Isolation der Beteiligten von der Gesellschaft – Konfrontation – Höhepunkt – Ende. Dem liegt die strukturelle Analogie des Konflikts mit der Liebe zugrunde. Auch im Konflikt gibt es eine Reduktion auf nur zwei Parteien, die ihrer Beziehung alles andere unterordnen; die sich damit von der Welt isolieren und eine Sonderwelt schaffen, die sie nur miteinander und mit niemand sonst teilen; die sich ständig und genau beobachten, um – statt nach Liebesbeweisen – nach weiteren Beweisen für Unverschämtheit zu spähen; und die sich wechselseitig für den Konflikt verantwortlich machen, womit der Konflikt schnell selbstreferentiell und maßlos wird. Dies wird in der Dramaturgie des Duells ritualisiert, bei dem man sich wie in der Liebe heimlich verabredet und heimlich trifft. Diese Strukturanalogie drückt die Kriegsmetaphorik der Liebe aus: Pfeile werden geschossen, Festungen belagert, Strategien entworfen, Stellungen bezogen, Taktiken überlegt, Angriffe geplant, Verhandlungen anberaumt, Übergabebedingungen verabredet und Rückzüge eingeleitet.

Es ist deshalb nicht verwunderlich, daß die Personalisierung ständischer Eigenschaften nicht nur in der Ehre, sondern auch in der Liebe sichtbar wird. In der petrarkistischen Stilisierung wird die Liebe durch die idealen Eigenschaften der Geliebten ausgelöst: Tugend, Reichtum, Schönheit. Aber sowohl in den Sonetten als auch in den Dramen dient der Petrarkismus nur noch als Folie, vor deren Hintergrund sich die Umstellung von der Idealisierung auf Paradoxierung vollzieht. Statt durch ideale Eigenschaften wird Liebe zunehmend durch wechselseitige Selbstentzündung ausgelöst. Man liebt den anderen nicht mehr wegen dessen Qualitäten, sondern weil er liebt. Man liebt ihn als Liebenden. Damit wird Liebe autonom. Nur Liebe löst Liebe aus. Sie wird pure soziale Reflexivität. Die Begegnung zwischen Romeo und Julia Hand an Hand, Lippe an Lippe, Auge in Auge, drückt das aus. Die Grundlage hierfür ist eine Attributionsparadoxie der

Kommunikation: hektische Liebesaktivität wird als Leiden getarnt oder, um den korrekten Terminus zu gebrauchen, als Passion. Damit wird Liebeskommunikation zur reinen Oszillation. Sie wird opakisiert, so daß unklar bleibt, wer handelt und wer leidet. Deshalb muß ständig neu geklärt werden, wer auf wen reagiert, wer was verschuldet hat, wer zu was verpflichtet ist, was von alledem absichtlich und unabsichtlich ist etc. Diese Opakisierung der Kommunikation hält jede Zuschreibung unentschieden. Für alles findet man Gründe beim anderen und bei sich selbst. Damit wird Liebeskommunikation zu ihrem eigenen Thema. Das zwingt sie auf die Bahn der Autonomie. Allein Liebe entscheidet über den Beginn, die Fortsetzung und das Ende der Liebe. Von da aus begründet sich die Affinität der Liebe zur Literatur. Liebe gibt es nur als Geschichte. In ihr enthält alles einen Verweis ins Temporale. Alles erhält seine Bedeutung über seinen Zeitstellenwert als Aufschub, Versprechen, Verzögerung, Hoffnung, Erinnerung, Antizipation etc. In jeder neuen Kommunikation steht alles wieder neu auf dem Spiel.

All dies zieht weitere Paradoxien nach sich. Autonomie setzt Freiheit voraus. In der sozialen Reflexivität wird die Freiheit beider dann wieder als Zwang paradoxiert. Liebe wird deshalb als willkommene Gefangenschaft, als freiwillige Knechtschaft, als süße Sklaverei stilisiert. Und diese Paradoxierung zwischen Freiheit und Zwang, zwischen Aktivität und Passivität ist wieder besonders gut an das Sehen anschließbar. Denn auch das Sehen kann zwischen der Aktivität des Beobachtens und der Passivität des Beeindrucktwerdens unentschieden gehalten werden. Die Augensprache der Liebe ist deshalb rekonstruierbar als reine soziale Reflexivität. Sie sieht ihn an und sieht dabei, daß er sie sieht und dabei nur sieht, daß sie ihn ansieht. Ob man sieht oder gesehen wird, läßt sich dann nicht mehr unterscheiden. Deshalb blendet die Liebe und macht zugleich hellsichtig. Wie ein Spiegel paradoxiert sie Sichtbarkeit und Unsichtbarkeit. Auch hier wird also die Optik stereoskopisch. Und das bezieht sich auf die Eigenschaften der Geliebten. Man kann nun auch die schlechten Eigenschaften sehen, aber die machen nun keinen Eindruck mehr. Man übersieht, was man sieht. Liebe macht blind. Deshalb verbinden die großen Shakespeareschen Liebhaber mit ihren idealen Eigenschaften immer auch eine aufdringlich negative Eigenschaft, die sie als Liebhaber ungeeignet macht: Die unbekannte Dame der

Sonette ist schwarzhaarig und alles andere als tugendhaft; der von Olivia geliebte Cesario in *Twelfth Night* ist leider eine Frau; Romeo gehört bedauerlicherweise zur verhaßten Sippe der Montague; und Othello ist ein Mohr. Diese Nachteile werden bewußt eingeführt, um zu zeigen, daß die Liebe sie überwindet. Sie ist nicht mehr von den ständischen Eigenschaften abhängig. Desdemona sieht zwar, daß Othello schwarz ist, aber sie ist dafür blind.

So wie die Theatralisierung des Verhaltens in der Ehre mit der Schauspielerei korrespondiert, so korrespondiert die Veränderung der Optik in der Liebe mit dem illusionären Blick des Zuschauers. Der Dramatiker, Künstler und Dichter hat einen Mäzen, und ihm huldigt er wie einer Geliebten. Darin ähnelt die Dichtung selbst der Liebe. Um den Grund des Sichtbaren zu sehen, muß der Dichter wie der Liebende auch das Unsichtbare sehen. Das macht sie beide verrückt. "The lunatic, the lover and the poet are of imagination all compact," heißt es im *Sommernachtstraum*. Sie vereint, was wenige Zeilen später "a fine frenzy" genannt wird, der Enthusiasmus, den im Neuplatonismus von Giordano Brunos *Eroici furori* die Dichtung mit der Liebe teilt. Denn mit dem Dramatiker hat der Liebende die Eigentümlichkeit gemeinsam, die Realität zu doppeln. Sie alle verbindet dieselbe stereoskopische Optik, die letztlich als Beobachtung von Beobachtung zu fassen ist. Man weiß, was man an die Beobachtung der anderen zu adressieren hat, und inszeniert es; und man weiß, was man selbst übersehen sollte, und ignoriert es. Die Beobachtung des Gegenüber zu beobachten heißt aber immer auch, zu beobachten, was er nicht sieht; und daß das, was er sieht, nicht real ist. Gerade hierfür ist das Theater der paradigmatische Ort. In ihm beobachten die Zuschauer die Gestalten auf der Bühne, wie sie sich wechselseitig beobachten und dabei alle eine andere Welt wahrnehmen. Ein Theatererlebnis ist die Simultanpartizipation an diskrepanten Optiken.

Zugleich bleibt die Shakespearezeit an ein ontologisches Modell gebunden; d.h., daß die Beobachtungsgrenzen noch nicht der Beobachtung selbst, sondern dem Sein zugerechnet werden. Das alternativenlose Bezugsmodell sozialer Ordnung für Shakespeare ist dabei die Hierarchie, also das Grundschema der ständischen Gesellschaft. Ihre Struktur wird als ideal beschrieben, vor ihrer Störung wird gewarnt. Das Schema der Hierarchie bezieht seine

Evidenz aus der internen Iteration in jeder Schicht: Die Kommune bildet ebenso die Gesamtgesellschaft nochmal ab wie die Hierarchie der Zünfte, die Familie oder der Aufbau des menschlichen Körpers. Nicht umsonst wird von ihm die Metaphorik für die Beschreibung der Gesellschaft als "body politic" bezogen. Das gilt ebenso für den Stufenaufbau des Kosmos, von der sublunaren Hierarchie des Mineral-, Pflanzen- und Tierreichs über den Menschen zur planetarischen Hierarchie der Geistwesen und Himmelssphären. Auch hier wiederholt der interne Aufbau jeder Stufe das Prinzip des Ganzen. Diese Entsprechung wird im zeitgenössischen Neoplatonismus als Parallelismus von Mikro- und Makrokosmos gefaßt. Die Beziehung zwischen Kunst und Realität wird nun in das Prinzip der Iteration mit aufgenommen. Das zeigt: Die iterative Struktur wirkt nicht nur als Evidenzverstärker, sondern untergräbt auch das Modell. Ist das Modell der Schichtung asymmetrisch und endlich – es gibt eine oberste und eine unterste Schicht –, steckt hinter der Vorstellung der Iteration die Figur der unendlichen Spiegelung und der Zirkularität. Diese Spannung zwischen den beiden Grundfiguren ist der Shakespearesprache überall anzumerken. In der folgenden Passage wird sie semantisch faßbar:

> "... But man, proud man,
> Dress'd in a little brief authority,
> Most ignorant of what he's most assured,
> (His glassy essence), like an angry ape,
> Plays such phantastic tricks before high heaven
> As makes the angels weep; who, with our spleens,
> Would all themselves laugh mortal."
> (*Measure for Measure* II, 2, 117ff.)

> ("Aber der Mensch, der stolze Mensch,
> Gekleidet in ein wenig kurze Amtsgewalt,
> in höchster Unkenntnis über das, dessen er gar sehr versichert ist,
> – sein spiegelgleiches Wesen – spielt wie ein zorniger Affe
> Solche tolle Possen vor dem hohen Himmel,
> Daß es die Engel zum Weinen bringt, die, hätten sie unsere Milz,
> Sich alle sterblich lachen würden.")

Hier wird die Hierarchie zugleich zirkulär: Der Mensch, der sich das Mäntelchen der Autorität umhängt, ist wie ein Affe, der schauspielert, ein Mensch zu sein. So wie ein Affe vor dem Spiegel Grimassen schneidet, spielt der Mensch vor den kristallinen

Himmelssphären des Auditoriums der Engel. Die Engel weinen über diese groteske Vorstellung (so wie der Himmel regnet), aber das Weinen der Engel ist unser Lachen, das dem Grimassieren der Affen ähnelt. Der Mensch steht in der Mitte zwischen Affen und Engel, und er hat teil an beiden. Wenn er nur den Affen imitiert, der ihn imitiert, verkennt er das Engelhafte an sich, und das ist das kristalline Wesen seiner Seele. Denn wie der Himmel ist die Seele ein Spiegel. Sie ist selbst unsichtbar und vermag anderes sichtbar zu machen. Aber darin ist sie auch wie das Theater, das der Mensch gerade dann verkennt, wenn er an ihm partizipiert: Denn einen Spiegel erkennt man gerade dann nicht, wenn man in ihn hineinblickt etc. Die hier beschriebene Hierarchie löst sich in einer zirkulären mise-en-abîme, in einem Abgrund von Vexierbildstaffetten auf und vermittelt zugleich das Gefühl einer komplexen Spannung.

'Dissociation of Sensibility': Lyrik und Wissenschaft

Shakespeares Produktion konzentriert sich auf die 20 Jahre des Doppeljahrzehnts vor und nach der Wende vom 16. zum 17. Jahrhundert. Um die Jahrhundertwende schreibt er *Hamlet*. Dabei steht er möglicherweise unter dem Eindruck der Katastrophe, die das Haupt der Clique trifft, der er selber angehört: den Earl of Essex. Mit der alternden Königin verbindet diesen eine Geschichte von emotionalen Wechselbädern: Mal ist er geliebter Favorit, der ihr schmeichelt, mal ohrfeigt sie ihn und er faßt zum Degen. Er ist ruhmessüchtig und versucht, sich immer wieder auszuzeichnen und Reklame für sich zu machen. Auf Drängen der Königin erhält er den Auftrag, die irische Rebellion zu unterdrücken. Als er es nicht schafft, verläßt er ohne Erlaubnis seine Truppen und kehrt nach London zurück. Darauf erfolgt eine Anklage wegen unerlaubter Rückkehr. Die Ironie des Schicksals will es, daß die Anklage von Francis Bacon vorgetragen wird, der selbst Essex viel zu verdanken hat. Als Essex unter Hausarrest gestellt wird, kommt es zu einer Serie von Intrigen. Er schreibt an den Gouverneur von Irland und bittet ihn, ihm eine Armee zu leihen, um sich der Regierung zu bemächtigen. Andere Briefe machen zweideutige Angebote an James von Schottland, der sich schon bereit macht, die Nachfolge Elisabeths anzutreten. Die Königin läßt Essex die Aufforderung zukommen, dem Privy Council beizuwohnen. Er aber wittert Verrat und bereitet den Aufstand vor. Einer seiner Mittelsleute bezahlt die Shakespeare-Truppe dafür, *Richard II.* aufzuführen, in dem ein König abgesetzt wird. Bewaffnete Haufen in Essex' Sold ziehen durch London in der Hoffnung, daß die Regierungstruppen sich ihnen anschließen. Statt dessen bleiben sie loyal und verhaften Essex. In dem nun folgenden Prozeß wegen Hochverrats ist Essex' Günstling Bacon gezwungen, dem Kronanwalt Coke bei seiner Anklage zu helfen. Er ist dabei so erfolgreich, daß Essex zum Tode verurteilt wird. Am 25. Februar 1601 wird er enthauptet. Unter der Anklage der Konspiration mit Essex wird auch Shakespeares eigentlicher Gönner, der Earl of Southampton, in den Tower gesperrt. Es beginnt Shakespeares sogenannte "dark period". In diese Zeit der Düsternis fällt dann auch der Tod von Königin Elisabeth selbst. Sie stirbt am 24. März 1603.

Obwohl lange erwartet, wird der Tod der großen Königin von den Zeitgenossen als tiefer Bewußtseinseinschnitt erlebt. Die 43 Jahre ihrer Regentschaft umfassen mehr als eine Generation. Als Shakespeare geboren wird, regiert sie schon über fünf Jahre. Auffällig ist, daß er nicht unter denen ist, die sie aus Anlaß ihres Todes besingen. Vielleicht hat das damit zu tun, daß er zu jenem Kreis gehört, dessen zentrale Figur gerade geköpft wurde, und Southampton nach wie vor im Gefängnis sitzt. Als Maria Stuarts Sohn als James I. Elisabeths Nachfolge antritt, kommt es allerdings zu einem Revirement in der Stellung der jeweiligen Hofcliquen. Hatten Raleigh und die Cecils die Essex-Clique bekämpft, so wurde nun der Essex-Aufstand als Versuch gewertet, für James in die Schranken zu treten. Auf diese Weise kam Southampton aus dem Gefängnis heraus und Raleigh hinein. Southampton erbte das Wein-Monopol, das Essex besessen hatte, und rückte zu einem der ersten Höflinge auf. Der protestantische James hatte seine Mutter Maria nie gemocht und diese Abneigung zu einer Abneigung gegen alle Frauen ausgebaut. Seiner dänischen Gemahlin zog er junge Männer vor. Mit dieser Misogynie hat man auch James' Vorliebe für Hexenverfolgungen in Zusammenhang gebracht. Er schrieb selbst eine Dämonologie, in der er die Existenz von Hexen gegen den Skeptiker Reginald Scott verteidigte, und er neigte dazu, beim peinlichen Verhör von Hexen selbst mitzuwirken. Deshalb ist offenbar *Macbeth* mit seinen Hexen und der Genealogie, die in James I. selber endet, direkt auf den Geschmack des Königs bezogen. Vielleicht hat es mit Southamptons Neigung zur Homosexualität zu tun, daß er nun zu einem der Favoriten bei Hofe wird. Die günstige Konjunktur bestimmt auch das Schicksal von Shakespeares Theatertruppe. Sie erhalten eine königliche Lizenz, frei zu spielen, dürfen sich "The King's Men" nennen und genießen damit königliche Protektion.

Bei Hofe ziehen nun lockere Sitten ein, Ausschweifungen und Trinkgelage werden beliebter, die Günstlingswirtschaft hält ihren Einzug, man konkurriert stärker um Geschenke, Privilegien, Monopole und Ämter. James selbst überläßt die Regierungsgeschäfte weitgehend dem King's Council, der aus sechs Engländern und sechs Schotten besteht. Sein Vorsitzender ist William

Cecils Sohn Robert, der von seinem Vater den politischen Scharfsinn geerbt hat und für die Kontinuität der Verwaltung sorgt. Die symbolische Selbstrepräsentation des Hofes findet einen neuen Höhepunkt in der jetzt in Mode kommenden "court masque", für die Inigo Jones bezaubernde Szenerien und Kulissen und Shakespeares Freud und Dichterrivale Ben Jonson die Texte entwirft. In diesen "court masques" spielt der Hof selbst mit. Die Vorführung gipfelt im Ballet de Cour, in dem die Seinsanalogien von Makro- und Mikrokosmos im Gesamtkunstwerk des Tanzes durch das Zusammenspiel von Bildsymbol, Allegorie, Musik und Bewegung zum Ausdruck gebracht werden. Wie durchdacht dabei die semantische Politik ist, macht Jonson selbst in einer Erläuterung zu einer court masque mit dem Titel *Hymenaei* klar: Mittelpunkt einer Serie von Vereinigungsbildern, die auch die Union von England und Schottland unter James umfaßt, ist die Analogie von Mikro- und Makrokosmos. Dazu wird ein Globus auf die Bühne gefahren, der den Menschen darstellt. Als man ihn umdreht, bricht eine Horde von acht tobenden Gestalten aus seinem Inneren, die die Körpersäfte und die Temperamente darstellen. Daraufhin steigt eine Dame vom Globus herab, deren blaues Gewand mit Sternen, Zahlen und geometrischen Figuren übersät ist. Sie verkörpert den Himmel, die Vernunft und die pythagoräisch-neuplatonische Überzeugung von der einigenden Kraft der göttlichen Liebe. Das Ganze gipfelt in einem Tanz, bei dem eine von Jupiter über Juno und die Göttin der Vernunft laufende Kette alle Tänzer verbindet, die sich zu einem Kreis formieren, der sich als Bild der Ordnung, der Ewigkeit, des Göttlichen, der Ehe und schließlich als Gürtel der Venus und damit als anima mundi zu erkennen gibt.

Zu Beginn der Regierungszeit von James sind es zwei Ereignisse, die in unterschiedlicher Weise ihre Spuren im kollektiven Gedächtnis hinterlassen. Zu Hause hat der König Erfahrungen mit der presbyterianischen Nationalkirche gesammelt, die ihre Gemeindepfarrer durch die Kirchenältesten selbst wählen ließ. Die Monarchen aber neigten zu einer bischöflichen Kirchenverfassung, weil sie die Bischöfe selber ernennen wollten. In Schottland war es in den 90er Jahren unter diesen Prämissen zu einem Kompromiß gekommen, bei dem der König den Presbyterianern ihre Kirchenverfassung zugestand, diese aber das Recht des Königs auf Zustimmung zur Anstellung der Pfarrer in den

Städten akzeptierten. Theologisch gebildet und von nicht unbeträchtlichem Ehrgeiz beseelt, versuchte James deshalb auch in England die Einheit der Kirche durch Versöhnung von Anglikanern und Puritanern wiederherzustellen. Dazu lud er zu einer theologischen Konferenz nach Hampton Court. Wie ein zweiter Konstantin wollte er einem Einheitskonzil präsidieren und imponierte den Teilnehmern mit seinen theologischen Kenntnissen. Wie üblich brachte eine solche Konferenz nichts zustande außer dem Beschluß, die Bibel zu übersetzen. Nach 7 Jahren Arbeit wurde die Übertragung im Jahre 1611 fertiggestellt. Diese "authorized version" verewigte den Namen des Königs als sogenannte "King James Bible". Für die anglikanischen Christen für verbindlich erklärt, wird ihr Einfluß auf die Entwicklung der englischen Prosa nachhaltig und entscheidend. Sie übernimmt einen großen Teil der Vorgaben von Tyndales Übersetzung und überzeugt durch bündige, klare und würdige Sprache. Damit prägt sie die Kanzelrhetorik und vermittelt zwischen schriftlicher und mündlicher Kommunikation. Über ihre Sakralisierung bei den Puritanern leistet sie einer beispiellosen Textgläubigkeit und Schriftheiligkeit Vorschub. Ihre universale Verbreitung in allen Schichten des Volkes vereinheitlicht so, wie die Luther-Bibel das in Deutschland tut, das englische Stilempfinden und vermittelt allen Teilnehmern an der Kultur einen gemeinsamen Schatz von Gemeinplätzen, sprachlichen Formeln, Bildern und Redewendungen. Über die Aneignung durch die puritanischen Milieus wirkt sie auf die Entstehung eines englischen Prosastils zurück, der sich in der Pamphletenliteratur, aber auch den puritanischen Formen der Selbstthematisierung – den Briefen, den Tagebüchern, den Seelenprotokollen und der Bekenntnisliteratur – niederschlägt. Über diese Linie gewinnt er Einfluß auf die Entstehung des Romans. All das sollte auch dazu beitragen, daß die manirierte Prosa des Euphues bald abgelöst werden wird.

Auch der katholische Terror fand unter James seine Fortsetzung. Der Papst und die Jesuiten wurden in den Plan eines gewissen Robert Catesby eingeweiht, den Westminster-Palast just um die Zeit in die Luft zu jagen, in der der König, seine Familie, die Lords und das Unterhaus dort versammelt waren. Wie unter Elisabeth erfuhr auch diesmal der Geheimdienst durch die Ausbreitung der Mitwisserschaft von der Verschwörung, und am Vorabend des Terroranschlags fanden die Agenten des Königs im Keller des

Palastes dreißig Fässer Pulver und einen gewissen Guy Fawkes. Er gestand, für den nächsten Tag, den 5. November 1605, geplant zu haben, das Parlament in die Luft zu sprengen. Seitdem lernen englische Kinder: "Remember, remember / The fifth of November!" und feiern an diesem Tag den "Guy Fawkes Day". Das Ergebnis war eine allgemeine Verschärfung der antikatholischen Gesetzgebung: Für katholische Mediziner und Richter wurde ein allgemeines Berufsverbot verhängt, Katholiken durften weder als Vormund noch als Testamentsvollstrecker wirken und sich nicht weiter als fünf Meilen von ihrem Wohnsitz entfernen.

Was das Drama betraf, begann sich die elisabethanische Geschmacksgemeinschaft zwischen City und Court allmählich in zwei Stränge aufzulösen: in eine satirisch-realistische und eine romantisch-eskapistische Richtung. In der Einteilung des Jacobean Drama hat man deshalb drei Gruppen unterschieden: die satirische um Ben Jonson, die romantische um Beaumont und Fletcher und eine eher mit Shakespeare parallelisierbare Gruppe, die zwischen beiden vermittelte. Zu ihr rechnet man neben Thomas Dekker und Thomas Heywood auch den brutalsten aller Dramatiker, dessen Qualität als typisch Jacobean gilt: John Webster. Er benutzt den Seneca-Apparat mit Geistern und dumb shows, bietet haarsträubende Bühnentode, verschärft die Brutalität seiner Verbrechen und präsentiert das Leben als eine labyrinthische Reise durch eine Welt, die gewalttätig, rätselhaft und verrückt ist. Die Stimmung seiner Stücke wie *The Duchess of Malfi* oder *The White Devil*, das die spektakulären Verbrechen und den Prozeß der Vittoria Corombona behandelt, gleicht am ehesten der in *King Lear*.

Haupt und Kopf der satirischen Gruppe von Dramatikern, Rivale und Freund Shakespeares ist Ben Jonson. In Armut geboren, wird er von einem Freund der Familie unterstützt und kann die Westminster-Schule besuchen. Hier und in Cambridge, wo er für kurze Zeit studiert, wird der Grundstein für seine klassische Bildung gelegt, an der er sich in seiner Dramatik orientiert. Nach einem abenteuerlichen Leben als Soldat wird er 1587, ein Jahr vor der Armada, Schauspieler. 1597 tritt er Shakespeares Truppe bei und schreibt ein Jahr später seine erste bedeutende Komödie, *Every Man in His Humour*. Der Titel der Komödie bezieht sich auf die gängige Humoralpsychologie, die in den Körpersäften – Blut, Schleim, schwarze und gelbe Galle – die Voraussetzung für die Ausprägung eines besonders individuellen Temperaments sieht: Bei harmonischer Mischung ist das Temperament ausgeglichen, überwiegt ein Körpersaft, ist man Melancholiker (schwarze Galle), Choleriker (gelbe Galle), Sanguiniker (Blut) oder Phlegmatiker (Schleim). Daran sieht man, daß die Psychologie der Zeit in Wirklichkeit Medizin ist. Durch ein System von Korrespondenzen, die durch die Kreuztabellierung der Differenzen trocken und feucht und kalt und warm zustande kommen, wird diese Humoralpathologie mit dem Kosmos und der Elementenlehre verschränkt. Der schwarzen Galle entspricht dabei die trockene und kalte Erde, dem Phlegma das kalte und feuchte Wasser, der gelben Galle das heiße und trockene Feuer und dem Blut die feuchte und warme Luft. Entsprechend ist dann ein Sanguiniker ein Luftikus, ein Phlegmatiker ein schleimiger Wasserbold, ein Choleriker ein heißer Feuerteufel und ein Melancholiker ein kalter Erdkloß. Auf diese Weise gerät die Psychologie des Menschen in einen Resonanzbezug mit den Elementen des Kosmos.

Resonanz fand das Stück auch beim Publikum. Jonson hat Erfolg, gibt den Schauspielerberuf auf und kann davon leben, daß er im Auftrag des Hofes Court Masques schreibt. Er selbst leidet aber an einem dominanten "humour", nämlich der Cholerik: In einem Duell bringt er einen anderen Schauspieler um und wird wegen Mordes verhaftet. Als er nach relativ günstigem Prozeßverlauf wieder freikommt, wird er mit dem Brandzeichen "T" stigmatisiert: es bedeutete Tyburn, die Stelle, an der der Galgen stand. Damit ist er als Vorbestrafter gekennzeichnet. In einem von ihm angezettelten Theaterkrieg, auf den in Shakespeares *Hamlet* angespielt wird, wird er deswegen von seinen Konkurrenten als blatternarbiger Mörder verspottet. Im Jahr 1605 schreibt er dann sein satirisch-realistisches Meisterwerk, die Komödie *Volpone or The Fox*. In Anspielung auf die Tierfabel führt Jonson die Menschheit als eine Gesellschaft von Raubtieren vor, die sich gegenseitig in ihrer Geldgier übertreffen. Die Komödie ist völlig logisch gebaut, ungemein geschickt angelegt und in sich geschlossen. Zwischendurch finden wir ihren Verfasser immer wieder vor Gericht. Entweder, weil er mit Catesby, dem Haupt des "Gunpowder Plot" gespeist hat, in einem Stück die schottische Majestät beleidigt oder sich weigert, am anglikanischen Gottesdienst teilzunehmen. Zugleich schreibt er mit *The Alchemist* und der low class comedy *Bartholomew Fair* weitere satirisch-realistische Meisterwerke. Er wird zum Haupt einer Clique von Dichtern, die sich selbst den

Namen "Apollo Club" gibt und in The Mermaid Tavern und nach 1624 in The Devil Tavern unter Jonsons Vorsitz regelmäßig tagt. Nach dem verlorenen Stamme Benjamin werden die Mitglieder dieses Stammtisches auch "The Tribe of Ben" genannt. Zu ihnen hat sich der Überlieferung nach auch Shakespeare gesellt. Zwar hat er 1611 seine Anteile am Globe Theatre verkauft, aber 1613 finden wir ihn wieder in London, wo ihn die bevorstehende Hochzeit der Prinzessin Elisabeth mit dem Kurfürsten von der Pfalz beschäftigt. Aus Anlaß dieses Ereignisses werden in Whitehall acht seiner Stükke aufgeführt. Im gleichen Jahr brennt während einer Vorstellung von *Heinrich VIII.* das Globe Theatre ab, um später umso prächtiger wiederaufgebaut zu werden. Shakespeare selbst bietet uns mit *The Tempest* von 1611 seinen Schwanengesang. Die berühmte Passage, in dem der Held Prospero auf seine magische Kraft verzichtet, wurde als verschlüsselte Darstellung von Shakespeares Verzicht auf seine dichterische Magie gelesen. In Wirklichkeit handelt es sich dabei um eine Passage aus Arthur Goldings Übersetzung von Ovids *Metamorphosen.* Von nun an hören wir vor allen Dingen in Stratford von ihm. Wie der Pfarrer John Ward vermerkt, kommen im Frühjahr 1616 die Dichterkollegen Drayton und Ben Jonson nach Stratford, um sich mit Shakespeare zu einem fröhlichen Zechgelage zu treffen. Dabei müssen sie sich so sehr übernommen haben, daß Shakespeare sich ein Fieber zuzog und am 23. April – dem Tag, an dem er auch geboren worden war – starb. Er wurde in der Pfarrkirche in Stratford am 25. April beigesetzt. Noch heute kann man dort sein Grab besichtigen, auf dem die Warnung an den habgierigen Totengräber eingemeißelt ist, daß es ihm verboten sei, die Gebeine ins Beinhaus zu werfen, um für neue Tote Platz zu schaffen. So starb der größte Dramatiker der Weltliteratur an seinem eigenen Geburtsort hochgeachtet, wohlangesehen, zu Geld und Ansehen gekommen inmitten seiner Familie und Freunde an seinem eigenen Geburtstag. His life had come full circle. Wie sehr auch diese Übereinstimmung zur mythopoetischen Überhöhung von Shakespeare beiträgt, illustriert Umberto Eco in einer kleinen Geschichte, in der er von seinem Besuch im Planetarium von La Coruña erzählt:

> Als es ganz dunkel geworden war, erklang auf einmal ein wunderschönes Wiegenlied von de Falla, und langsam ... begann der Himmel über mir zu kreisen. Es war genau der Himmel, wie er in der Nacht vom 5. zum 6. Januar 1932 über meiner Geburtsstadt

> Alessandria erschienen war. Ich erlebte mit beinah hyper-realistischer Evidenz die erste Nacht meines Lebens. ... Sie werden mir verzeihen, wenn ich während jener fünfzehn Minuten das Gefühl hatte, der einzige Mensch auf Erden zu sein, der je seit Anbruch der Zeiten das Privileg gehabt hatte, sich mit seinem eigenen Anfang zu vereinen. Ich war so glücklich, daß ich das Gefühl hatte, ja fast den Wunsch, in jenem Augenblick könnte, müßte ich eigentlich sterben – jedenfalls würden andere Momente sehr viel zufälliger und unpassender sein. Ich hätte sterben können, denn ich hatte die schönste Geschichte erlebt, die ich jemals gelesen hatte. Ich hatte vielleicht die Geschichte gefunden, die wir alle auf den Seiten zahlloser Bücher oder den Leinwänden ungezählter Kinos suchen, und es war eine Geschichte, deren Protagonisten keine anderen waren als ich und die Sterne.

1616 ist auch das entscheidende Jahr für Jonsons Karriere. Seine Werke werden in einer Folio-Ausgabe gedruckt. Er erhält eine königliche Pension von 100 Mark und wird der erste, wenn auch inoffizielle Poeta Laureatus. 1623 wurden die dramatischen Werke Shakespeares im sogenannten "First Folio" herausgegeben, dem Jonson das Widmungsgedicht voranstellt:

> He was not of an age, but for all time!
> And all the Muses still were in their prime,
> When like Apollo he came forth to warm
> Our ears, or like a Mercury to charm!

Der 1608 geborene Thomas Fuller beschrieb in seiner Schrift *Worthies of England*, die er verfaßte, als einige von Shakespeares Zeitgenossen noch lebten und sich an ihn erinnern konnten, wie Shakespeare und Jonson in der Mermaid Tavern miteinander debattierten:

> Many were the wit-combates betwixt him and Ben Johnson, which two I behold like a Spanish great Gallion and an English man of War; Master Johnson (like the former) was built far higher in Learning; Solid, but Slow in his performances. Shakespear, with the English-man of War, lesser in bulk, but lighter in sailing, could turn with all tides, tack about and take advantage of all winds, by the quickness of his Wit and Invention.

Eigentlicher Nachfolger Shakespeares am Globe Theatre wird der romantische John Fletcher. Bis zu Shakespeares Tod hatte er mit Francis Beaumont zusammengearbeitet, der mit *The Knight of the Burning Pestle* eine der originellsten Theaterburlesken der

Literatur geschrieben hat. Danach belieferte er die weltmüden Jacobeans mit Escape-Literatur, wobei er sich auf orientalische, märchenhafte und phantastische Extravaganzen spezialisierte.

Das zeitgenössische Drama stützte sich noch auf die traditionelle ptolomäische Kosmologie, der eine kräftige Dosis neuplatonischer Vorstellungen aus Florenz beigemischt war. Es war dies eine Welt aus Schichten und Seinsstufen, aus Parallelen und Analogien, Spiegeln und Reflexen, Strahlungen und Emanationen, die sich gerade aufgrund ihres Bauprinzips so gut an das "wilde Denken" der Dichter anschloß. Mit anderen Worten, es war eine poetische Kosmologie, die sich mit ihren Vorstellungen von astralen Einflüssen nicht umsonst über alle wissenschaftliche Aufklärung hinweg bis heute in den Köpfen von Esoterikern gehalten hat.

Unter dem Einfluß der Entdeckungen von Kopernikus, Galilei und Kepler begann diese harmonische Ordnung des Universums allerdings, Risse zu zeigen. Der eigentliche Riß, der sich abzeichnete, betraf aber die Spaltung zwischen subjektiver Erfahrung und objektiver Wissenschaft. Ihre zunehmende Verselbständigung wird zugleich mit ihrer komplexen Beziehung durch zwei Männer personifiziert, deren Wirken sich in der Regierungszeit von James I. entfaltete: John Donne und Francis Bacon.

Donne ist das Haupt und der größte Vertreter der Gruppe von Lyrikern, die von dem späteren Kritikerpapst Samuel Johnson die Schule der "Metaphysical Poets" genannt wurde. Damit will Johnson ihre manieristische Neigung zum Theologisieren und Theoretisieren kennzeichnen. Unter dem Einfluß von Gongora, Lyly und den Dichtern der Pléiade enwickeln sie einen Hang zu ausgefeilten Vergleichen und elaborierten Analogien, den sogenannten "conceits"; damit sind Konzepte, Erfindungen, "concetti" gemeint. Diese Dichter arbeiten mit harten Kontrasten, mit der Gegenüberstellung von "colloquialisms" und natürlicher Sprache auf der einen Seite und theologisch-philosophischen Spekulationen auf der anderen. Zur Metaphysical School zählt man neben Donne Richard Crashaw, Abraham Cowley, George Herbert und Andrew Marvell. Von ihnen ist John Donne der bedeutendste. Er war intellektuell versippt: Seine Mutter, Elisabeth, war die Tochter des Dramatikers Heywood und die Nichte von Sir Thomas More; deshalb war Donne naturgemäß katholisch, und sein Bruder starb im Gefängnis, weil er einen Priester versteckt hatte. Wegen seiner heimlichen Heirat mit der Tochter seines Wohltäters verscherzte er sich die Aussichten auf eine politische Karriere und trat deshalb zum Anglikanismus über, um 1616, im Todesjahr Shakespeares, Hofprediger und 1621 Dean der St. Paul's Cathedral zu werden.

Bevor das geschieht, gibt er sich allerdings den Freuden der Skepsis hin und besingt die Liebe in Versen, die durch verblüffende Vergleiche, intellektuelle Kapriolen und semantische Schocks auf sich aufmerksam machen. So treibt er die Lyrik über die Konventionen der höfischen Liebespoesie hinaus und verwandelt sie in ein Instrument, mit dem sich intensive persönliche Spannungen ausdrücken lassen. Dabei integriert er die Erfahrungsräume des Alltäglichen und des Wissenschaftlichen, der metaphysischen Spekulation und des Alltags in eine Formensprache, die irregulär und dramatisch wird. Die mit der Sonettmode verbundene traditionelle Geziertheit läßt er weit hinter sich; sein Vers wirkt dissonant und enthält Schocks und Überraschungen. Darin wirkt er merkwürdig modern. Und so kann er zum Ausgangspunkt einer Umwertung der Tradition durch T.S. Eliot und eine Schule weiterer Kritiker in der Moderne werden: zu ihr gehören I.A. Richards, William Empson, Alan Tate, John Crowe Ransom und Cleanth Brooks, d.h. die großen Repräsentanten des sogenannten "New Criticism". Sie haben die Metaphysical Poets und dabei vor allen Dingen Donne in den Mittelpunkt der Kritik und der Literaturgeschichte gerückt. Ihr von Eliot vorgetragenes Hauptargument lautet, daß John Donne die Spannung zwischen subjektiver und objektiver Aussage noch nicht zugunsten einer Subjektivierung der Lyrik aufgelöst habe. Deshalb stünden die Metaphysicals an der Schwelle einer "dissociation of sensibility", nach der sich die Dichtung ins bloß Subjektive verabschiedet und damit den Weg des Zerfalls eingeschlagen habe. Die Literaten der Avantgarde um Eliot versuchen deshalb, zu einem Paradigma vor der Spaltung zwischen Denken und Fühlen zurückzufinden. Hierin wird ihnen Donne zum Modell. So wird also die Reprise der Metaphysical Poets im 20. Jahrhundert zum Ausgangspunkt für die Dichtung der Avantgarde. Darin zeigt sich tatsächlich ihre Modernität. Sie korrespondiert auf unterirdische Weise mit der Modernität jener polar entgegengesetzten Wertsphäre, die von Bacon repräsentiert wird: der modernen Wissenschaft.

1616, im Todesjahr Shakespeares, hat Bacon schon eine Karriere als Jurist hinter sich – wir erinnern uns an seine Rolle im

Essex-Prozeß – und wird Mitglied des Privy Council. Als er in den darauf folgenden Jahren Lord Siegelbewahrer und Kanzler wird, gerät er zwischen die Fronten in dem sich abzeichnenden Konflikt zwischen Monarchie und Parlament: Im Auftrag des Königs vergibt und verteidigt er die Monopole und zieht sich die Feindschaft des zunehmend freihändlerischen Parlaments zu. Dieses setzt eine Kommission zur Untersuchung seiner korrupten Amtsführung ein, und der König läßt ihn fallen. Nach seinem Sturz zieht Bacon, inzwischen zum Baron von Verulam ernannt, sich ins Privatleben zurück. Der Fall war zwar tief, aber heilsam in mehrfachem Sinne: Er reduziert die Korruption in der öffentlichen Amtsführung, schafft einen Präzedenzfall für die Ministerverantwortlichkeit gegenüber dem Parlament und führt Bacon seinen revolutionären wissenschaftlichen Studien zu.

Schon kurz vor seinem Fall hat er seinen Plan zur Neugestaltung der wissenschaftlichen Methodik unter dem Titel *Instauratio Magna* herausgebracht. Das Titelbild ist bereits ein Programm: Es zeigt die Säulen des Herkules und ein zwischen ihnen hindurchfahrendes Schiff, das in den Atlantischen Ozean hinaussegelt. Das Mittelalter hatte hier immer das warnende Motto angebracht: "Ne plus ultra" – hier geht es nicht weiter! Bacon ersetzt es durch das Motto: "Multi pertransibunt et augiebitur scientia" – viele werden hindurchfahren und die Erkenntnis wird wachsen. Sein Plan enthält sechs Teile: 1. Eine vollständige Klassifikation aller wissenschaftlichen Disziplinen und ihrer Forschungsgebiete. 2. Die Revision der alten aristotelischen Logik und das Programm einer neuen empirischen Wissenschaft als Novum Organum. 3. Eine Naturgeschichte der Tatsachen, die in Astronomie, Physik und Biologie untersucht werden. 4. Eine "Scala Intellectus", in der Beispiele zur Anleitung für weitere Forschungen gegeben werden. 5. In sogenannten "Prodromi" beschreibt er eigene Hypothesen und Spekulationen in Vorwegnahme späterer Lösungen. Im 6. Teil, der ungeschrieben bleibt, soll das gesamte Programm der entsprechenden Philosophie entwickelt werden. In dem in diese Schrift eingearbeiteten *Advancement of Learning* erhebt Bacon weitreichende Forderungen hinsichtlich der Wissenschaftsorganisation. So fordert er die Erweiterung von Bibliotheken, Sammlungen, Laboratorien, Museen und Botanischen Gärten. In seinem Bildungsoptimismus ist er der Meinung, den Gelehrten gebühre ein höherer gesellschaftlicher Rang, und so verlangt er für sie auch eine bessere Bezahlung. Er verabschiedet die gesamte spekulative und philosophische Tradition und dekretiert, daß wissenschaftliche Erkenntnisse nur noch auf Experimente gegründet sein sollen. Im neuen Organum ersetzt er die aristotelische Logik und die in ihr vorherrschende Figur der Deduktion durch Induktion und Studium der Natur in Erfahrung und Experiment. Da man Erfahrung nur unvoreingenommen machen kann, nimmt er Descartes' radikalen Zweifel vorweg. Die mittelalterliche Autorität wird für ihn zum sogenannten "Idol", zum Vorurteil. Daraus entwickelt er seine Idolenlehre in Vorwegnahme der späteren Ideologiekritik.

In seinem entschiedenen Empirismus beschreibt Bacon das Verfahren, nach dem heute die Wissenschaft tatsächlich weitgehend verfährt: Eine antizipatorische Hypothese gibt die Richtung vor, in der die Experimente sich einen Weg durch die Wildnis der Unkenntnis bahnen, um daraus neue Schlüsse zu ziehen, die wieder zu neuen Experimenten führen. Mit dieser zirkulären Struktur aus Experimenten und Hypothesen konzipiert er das Verifikationsverfahren der Wissenschaft als Grundlage für ihre Autonomisierung. Entsprechend weist er auch die Gesetzgeberfunktion von Moral und Theologie gegenüber der Wissenschaft zurück. In seiner Utopie *The New Atlantis* schildert er dann die imaginäre Reise zur Insel Bensalem. Bemerkenswert ist das Domus Salomonis auf dieser Insel: Es kombiniert die Vorstellung von einem Südseeparadies mit der von einem Max-Planck-Institut. Die Wissenschaftler von Bensalem verfügen bereits über Unterseeboote, Autos, Flugzeuge, automatische Uhren, Mikroskope etc. Die Gründung der Royal Society wurde direkt vom Domus Salomonis angeregt. Bacon hat den Bruch zwischen dem Denken seiner Zeit und dem Mittelalter genauer beschrieben als irgendjemand vor ihm. Sein Einfluß auf Locke, Leibniz, Huygens und Robert Boyle ist nachgewiesen. Die französische Enzyklopädie von 1751 wurde ihm gewidmet. Der Konvent der Französischen Revolution beschloß, seine Werke auf Staatskosten neu zu veröffentlichen. Seine Prophezeiung sollte eintreffen: den Weg, den er durch die Säulen des Herkules gewiesen hatte, sollten noch viele nach ihm gehen. Und ihm wurde sogar die Ehre zuteil, für den Verfasser der Werke Shakespeares gehalten zu werden: Die Legende wurde von Herbert Lawrence in seinem Buch *The Life and Adventures of Common Sense* von 1769 begründet.

Der Prolog zur großen Revolution

Das Jahr 1616 ist das Todesjahr Shakespeares. 1649 wird König Charles I., der unglückliche Sohn von James I. und Enkel von Maria Stuart, auf Geheiß des englischen Parlaments zum Tode verurteilt und enthauptet. Die Zeit dazwischen, die fast genau mit der Dauer des Dreißigjährigen Krieges in Deutschland zusammenfällt, enthält den Prolog zur großen englischen Revolution. Hatten die Tudor-Monarchen – Heinrich VII., Heinrich VIII. und Elisabeth – den Instinkt besessen, in Übereinstimmung mit den großen Entwicklungstendenzen ihrer Zeit und der Gemütslage ihres Volkes zu regieren, gilt für die unglücklichen Stuarts das Gegenteil. Die Regentschaft ihres Hauses, die das 17. Jahrhundert von 1603 bis 1714 umfaßt, ist vom Kampf zwischen Parlament und König geprägt und wird deshalb von Revolutionen und Rebellionen interpunktiert. Von den vier aufeinanderfolgenden Stuarts – James I. (1603–24) und Charles I. (1624–49) vor dem Commonwealth (1649–60) und Charles II. (1660–85) und James II. (1685–88) nach der Restauration – machen Charles I. und James II. den vergeblichen Versuch, den königlichen Absolutismus gegen die im Parlament vertretene protestantische Gentry und Kaufmannschaft durchzusetzen: Charles I. wird 1649 geköpft, und James II. in der sogenannten "Glorious Revolution" verjagt. Mit dem "Revolutionary Settlement" von 1688 hat das Parlament diesen Kampf endgültig gewonnen: Es setzt nun selbst die Könige ein. 1688 ist das der holländische Schwiegersohn von James, Wilhelm III. von Oranien mit seiner Frau Mary. An der strittigen Frage, ob die beiden als legitime Könige regierten oder bloß als Regenten für den verjagten Vater, kristallisierten sich die beiden Parteien der Whigs und der Tories heraus. Und so ist die Zeit von 1688 bis zum Regierungsantritt des Hauses Hannover 1714 und darüber hinaus die Epoche, in der sich die Verfassung herausbildet und England in einem sich beschleunigenden Prozeß all die kulturellen Erfindungen macht, die für die Moderne konstitutiv sind: in der Politik die allmähliche Durchsetzung der Menschen- und Freiheitsrechte, die Gewaltenteilung sowie die zugehörigen Verfassungsorgane und die Regierungsmaschinerie; in der Finanztechnik die Aktiengesellschaft, das Papiergeld, die Nationalbank, die Versicherung und das moderne Kreditsystem; in Philosophie und Wissenschaft ist es der Umbau und die Konsolidierung des Weltbildes, das mit dem Namen Newtons verbunden ist; und in der gesellschaftlichen Kultur sind es die Formen öffentlicher Kommunikation in Presse, moralischen Wochenschriften, Satire, Romanliteratur und Coffee Houses, die erst eine gesamtgesellschaftliche Verständigung ermöglichen. 1716, hundert Jahre nach Shakespeares Tod, ist die Kultur Englands schon in vielem näher an der unseren als an der elisabethanischen: Man glaubte eher an Gravitation als an Wunder, verstand sich auf die Statistik und die Kalkulation der Zukunft, hielt Kometen nicht mehr für die Prologe von Desastern und erwartete das Glück weniger vom Einfluß der Sterne als von rational kontrollierten "improvements". Vor allen Dingen hatte man es in aufgeklärten Milieus aufgegeben, konfessionelle Gegensätze besonders ernst zu nehmen. Aber um so weit zu kommen, mußte England erst noch den Hexenkessel einer sozialen Krise durchqueren: den Bürgerkrieg und die Große Revolution.

Für die Tudor-Zeit spricht man vom großen Kompromiß der sozialen Kräfte: Die absolute Monarchie bezog ihre Macht aus ihrer Schiedsrichterfunktion gegenüber einer Konföderation verschiedener Interessen, die im Parlament repräsentiert wurden. Die entscheidende soziale Gruppe war dabei die Gentry: Sie war die Klasse, die durch die Aneignung der Klosterländereien an die protestantische Monarchie gebunden war; sie bestimmte die politische Richtung im Parlament; sie stellte die meisten Regierungsbeamten und die Justices of the Peace, die auf dem Lande für Ordnung sorgten; und in den Provinzen spielte sie gegenüber den Pfarrern dieselbe Rolle wie der König gegenüber der Kirche insgesamt: Der Country Squire kontrollierte die ländliche Pfarreien und damit auch den kirchlichen Zehnten. Im 18. Jahrhundert sollte das dazu führen, daß die jüngeren Söhne der Gentry häufig mit Pfarrstellen versorgt wurden. Die Interessen des Besitzes stimmten also auf wunderbare Weise mit den protestantischen Überzeugungen überein und verliehen diesen eine nationalistische Einfärbung: Protestantismus und englischer Nationalimus verschmolzen. Es war diese Interessenverbindung, die vom House of Commons repräsentiert wurde. Die Geschichte des 16. Jahrhunderts hatte dabei gezeigt, daß das Parlament selbst den Königen Widerstand leistete, wenn sie vom Pfade dieser Interessenkonvergenz abwichen: Es wehrte sich gegen die Steuerpolitik Heinrichs VIII., widersetzte sich der Enclosure-Politik Edwards VI., verhinderte den Versuch Marias, die Klostergüter zu restituieren, und ließ die Politik der Monopole von James scheitern.

Die Interessenkoalition, die im Parlament vertreten wurde, umfaßte auch die Kaufmannschaft der City. Häufig investierten Parlamentsabgeordnete der Gentry in die "Joint Stock Companies" der City, so daß Teile der Gentry mit der Kaufmannschaft zu einer Gruppe mit denselben Kapitalinteressen verschmolzen. In der englischen Sozialstruktur bilden also Gentry und Großkaufleute eine eigene Schicht, von der man die Hocharistokratie auf der einen Seite und die Middle Class auf der anderen unterscheiden muß: zur letzteren zählen die meisten anderen Kaufleute, die reichen Handwerker, die Schicht der wohlhabenden Bauern, die man als "Yeomanry" bezeichnet (von "young man"), und die größeren Pächter. Von der Gentry unterscheidet sie sich durch ihren Lebensstil und ihren Mangel an Privilegien, von der großen Masse der Unterschicht durch ihre wirtschaftliche Unabhängigkeit. Es ist diese Schicht, die nun stärker in den Vordergrund tritt. Aus ihr rekrutierten die Puritaner ihre Anhänger, und hier wuchsen die Soldaten von Cromwells Armeen heran. Die anti-monarchistische Koalition der Gentry und Kaufmannschaft mit dieser Schicht sollte zum Bürgerkrieg führen. Der Bürgerkrieg brachte neben dem Parlament eine radikale neue Institution hervor: die revolutionäre Armee. Die Radikalisierung des Bürgerkriegs sollte zur Sprengung dieser Koalition, zur Opposition zwischen Parlament und Armee und zur diktatorischen Machtübernahme des Puritanismus unter der Führung Cromwells führen.

Ausgelöst und befördert wurde diese Entwicklung durch das ungeschickte Agieren der Stuarts. Die Sprengung der alten Interessenkoalition zwischen Monarchie und Hocharistokratie auf der einen und der Gentry und Kaufmannschaft auf der anderen Seite zeigte sich am deutlichsten in der Außenpolitik: Das Parlament befürwortete eine expansionistische anti-spanische Kriegspolitik, der Monarch favorisierte eine pro-spanische Friedenspolitik, die nichts kostete und ihn von Steuerbewilligungen durch das Parlament unabhängig machte. James I. schwankte zwischen beiden Möglichkeiten. Diesen Schwankungen fiel zunächst ein weiterer

Heros der Shakespearezeit zum Opfer: Sir Walter Raleigh. Um seiner erzwungenen Muße im Tower zu entgehen, entbot er sich, die brachliegenden Staatsfinanzen durch eine Handelsfahrt nach Spanisch-Amerika aufzufüllen. James ließ ihn ziehen, nicht ohne ihm zu verbieten, spanische Siedlungen zu plündern. Raleigh übertrat das Verbot und wurde auf Betreiben des spanischen Gesandten hingerichtet, ein Märtyrer der protestantischen Politik und deshalb ein britischer Nationalheiliger. Die von der Spanienpolitik ausgelöste Kollision mit dem Parlament provozierte dieses zur Publikation einer Protestnote, die wie das ferne Donnergrollen der sich anbahnenden Revolution klingt. In ihr bekräftigte das Parlament seine Privilegien, Rechtssatzungen und Freiheiten als Geburtsrechte eines jeden englischen Untertanen und meldete den Anspruch an, in seinen Debatten alle Themen frei zu beraten, die die Regierung, den Staat und die Sicherheit des Reiches betrafen. Der König ließ zwar die Autoren der Protestnote verhaften, aber ihre Namen werden wir in der großen Rebellion wieder hören: Coke, Selden, Hampden und Pym. Inzwischen verfolgte der König, der unter den Einfluß des Günstlings Buckingham geraten war, den unpopulären Plan, den Thronfolger Charles mit der spanischen Infantin zu verheiraten. Der Ehevertrag wurde aufgesetzt, Velazquez malte den Prinzen, Lope de Vega verfaßte ein Stück zu seinen Ehren, aber das Projekt scheiterte schließlich an James' Forderung, die Spanier sollten für seinen Schwiegersohn Friedrich, den Winterkönig von Böhmen, die Pfalz zurückerobern. Die ganze Affaire wurde von dem Dramatiker Middleton in einem Stück *A Game at Chess* in die Form eines Schachspiels gebracht, in dem die englische und die spanische Partei sich als weiße und schwarze Figuren gegenüberstehen. Buckingham ist der weiße Turm und der spanische Premierminister Olivares der schwarze. Der weiße Springer ist Charles und der schwarze Graf Gondomar etc. Das diplomatische Schachspiel endet mit einem Triumph der weißen Seite, woraufhin die gegnerischen Figuren in den Sack gesteckt werden. Dem Stück wurde der übliche Erfolg des politischen Theaters zuteil: Nach mehreren bejubelten Aufführungen führten die Proteste des spanischen Botschafters zum Verbot des Stückes und zur Bestrafung Middletons.

Als Charles I. beim Tode seines Vaters 1625 die Thronfolge antrat, hatte er von diesem auch seine hohe Auffassung vom Gottesgnadentum des Königs geerbt. Er galt als fromm, als ernsthaft bis zum Grüblerischen und als ungewöhnlich treuer Gatte. Sein Bild ist allerdings durch sein dramatisches Ende unter dem Beil des Henkers mitgeprägt: Als er 1649 hingerichtet wurde, machte eine merkwürdige Schrift mit dem Titel *Eikon Basilike* die Runde, die sich als geistliche Autobiographie Charles I. ausgab. Sie enthielt seine Meditationen, Gebete und Ratschläge an seinen Sohn. Der anonyme Autor – wahrscheinlich John Gauden, späterer Bischof von Worcester – wollte dadurch das Bild des geköpften Monarchen so aufhellen, daß seine Hinrichtung als gotteslästerliche Ungerechtigkeit erscheinen mußte. Tatsächlich wurde das Buch so populär, daß das revolutionäre Parlament John Milton den Auftrag erteilte, eine offizielle Erwiderung zu verfassen. Das wurde dann *Ikonoklastes*, und so schwankt im Streite der Parteien Charles' Bild in der Geschichte.

Auf jeden Fall stand sein Leben unter einem unglücklichen Stern. Schon dessen Beginn war wenig vielversprechend. Charles hatte Mühe mit den Eigenschaften, die den Menschen zum Menschen machen: der Sprache und dem aufrechten Gang. Bis zu seinem siebten Lebensjahr beherrschte er beide nur unvollkommen. Und auch der Beginn seiner Regierung war sofort durch Verfassungskonflikte mit dem Parlament geprägt. Charles hatte nämlich von seinem Vater auch den Günstling Buckingham geerbt, der sich durch die geplatzte spanische Heirat düpiert fühlte und deshalb James noch zu einem Krieg mit Spanien überredet hatte. Dafür brauchte Charles aber Geld. Im neuen Parlament von 1625 hatte sich die Zahl der puritanischen Abgeordneten gewaltig vemehrt. Statt die nötigen Gelder für die Finanzierung des Krieges zu bewilligen, forderten sie jährliche Sitzungen, die Begrenzung der Laufzeit der vom Monarchen festgesetzten Ex- und Importabgaben – der sogenannten Tonnen- und Pfundgelder – auf ein Jahr und jährliche Überprüfung der Steuern. Charles nahm den Ausbruch der Pest zum Anlaß, das Parlament aufzulösen; das nächste Parlament wurde noch radikaler, Charles löste auch dies wieder auf und ging zur Erhebung unbewilligter Zwangssteuern über. Als das alles ohne Erfolg blieb und 1628 sein drittes Parlament zusammentrat, hören wir zum ersten Mal von einem Abgeordneten namens Oliver Cromwell. Dazu paßt, daß das Parlament die Bewilligung von Steuern davon abhängig machte, daß Charles einer "Petition of Rights" zustimmte, die zum Markstein der englischen Verfassungsentwicklung wurde.

Sie enthielt neben Bekundungen zur Habeas Corpus-Akte und zum Schwurgerichtsverfahren jenes zentrale Prinzip, unter dessen Banner noch die amerikanische Revolution antreten sollte: "No taxation without representation!" Als Charles nach vielen Winkelzügen endlich zustimmte, läuteten in London alle Kirchenglocken. Dann ging das Parlament sogar so weit, die Verurteilung Buckinghams wegen Hochverrats zu fordern. Das Schicksal erfüllte diese Forderung aber auf andere Weise: Ein puritanischer Kriegsinvalide namens John Felton wurde durch die Nichterfüllung seiner Pensionsansprüche dermaßen verbittert, daß er Buckingham erdolchte. Die handelnden Personen sind uns in literarischer Verkleidung aus Alexandre Dumas' *Die drei Musketiere* bekannt. Dort ist Buckingham der Geliebte der französischen Königin und als solcher der Feind der teuflischen Mylady, die im Dienste Richelieus ihre Intrigen spinnt. Auf den Spuren d'Artagnans nach England gekommen, wird sie verhaftet, umgarnt ihren Wärter, den puritanisch verklemmten John Felton, und lenkt die entfesselten Triebe des Willenlosen zum Mord an Buckingham. In der real existierenden Wirklichkeit hat Charles seine Trauer über den Tod seines Günstlings in die Härte umgesetzt, mit der er das Parlament auseinandertreibt und führende Abgeordnete verhaftet. Von 1629 bis 1640 regiert er als absoluter Monarch ohne Parlament: Er erhebt Steuern ohne parlamentarische Zustimmung, suspendiert die Habeas Corpus-Akte und nimmt willkürlich Verhaftungen vor. Wie so oft führt die Stärkung der Zentralgewalt zu einer restriktiven Wirtschaftspolitik, die den Ärmsten zugute kommt. In der wirtschaftlichen Entwicklung Englands haben sich nämlich die Tendenzen des 16. Jahrhunderts fortgesetzt: Die Eroberung des europäischen Markts für Massenprodukte der Textilindustrie stimuliert die Enclosures – die Einzäunung von Ackerland und seine Verwandlung in Schafweide. Das vertreibt die Armen in die Städte und regt zu rationellen Anbaumethoden auf dem verbleibenden Ackerland an, mit denen man die steigenden Preise für landwirtschaftliche Produkte ausnutzen kann, für die in den Städten eine wachsende Nachfrage entsteht. Textilindustrie, Enclosures, sheep farming, rationelle Landwirtschaft, Auflösung des mittelalterlichen Sozialsystems, Mobilisierung der Menschen und Verflechtung von agrarischen und kaufmännischen Kapitalinteressen bilden einen Zusammenhang. Charles' Politik griff hier lindernd und regulierend ein: Er erhöhte die Löhne, verschärfte die Preiskontrollen, verhinderte Enclosures und setzte Kommissionen ein, die die Armenfürsorge organisierten und Mindestlöhne festsetzten.

Zwei Männer halfen Charles bei der Errichtung seines autokratischen Regiments: Thomas Wentworth, später zum Earl of Strafford ernannt, und William Laud, den Charles zum Erzbischof von Canterbury machte. Straffords Politik lief darauf hinaus, England eine ebenso effiziente Verwaltung zu verschaffen, wie Richelieu das zur gleichen Zeit für Frankreich tat. Erzbischof Laud war der Gründer der High-Church-Bewegung und repräsentierte die Tendenzen, die man unter dem Begriff des Arminianismus zusammenfaßte: die Betonung der apostolischen Nachfolge der Bischöfe, die symbolische Trennung von Priestern und Gemeinde durch Verlegung des Altars hinter das Chorgeländer, die Rekatholisierung des Rituals, die Wiedereinführung von Kruzifixen, Chorhemden, Statuen etc. und – was den größten Anstoß erregte – die Ausdehnung der kirchlichen Jurisdiktion auf weltliche Belange. Der Papst war so erfreut, daß er Laud einen Kardinalshut anbot. Die französische Gattin von Charles war sowieso katholisch, und so bekannten sich immer mehr Magnaten wieder zum alten Glauben. Lord Baltimore war einer von ihnen, und ihm verlieh Charles einen Freibrief, in Amerika eine katholische Kolonie zu gründen: sie erhielt den programmatischen Namen "Maryland".

Während die Katholiken geschont wurden, verfolgte Laud die Puritaner. Das hatte Folgen von geradezu weltgeschichtlichen Dimensionen. Jetzt setzte die Auswanderung nach Amerika in großem Stil ein. Etwa 25.000 Pilgrim Fathers verließen ihre Heimat und siedelten sich in New England an. Ihre Institutionen, ihre Religion und ihre Einstellungen sollten die Entwicklung der großen Gesellschaft prägen, die dort entstand.

Es ist nicht ganz leicht, einen Überblick über das protestantische Spektrum links vom Anglikanismus zu gewinnen. Zunächst einmal ist es sinnvoll, zwischen Presbyterianern und Puritanern zu unterscheiden. Beide Gruppen waren sich im Prinzip in der Theologie einig, unterschieden sich aber in der Frage der Kirchenverfassung. Den Puritanern galten die Presbyterianer mit ihren Gemeindeältesten und Synoden als zu undemokratisch, und die Ältesten kamen ihnen wie Quasi-Bischöfe vor. Zugleich war der Presbyterianismus die offizielle Staatsreligion in Schottland.

Der Terminus "Puritaner" wiederum war ein Sammelbegriff, der die verschiedensten calvinistisch geprägten Sekten umfaßte. Gemeinsam war ihnen ursprünglich, was der Name ausdrückte: das Bestreben, die anglikanische Kirche von allen papistischen Reminiszenzen zu reinigen und den Gottesdienst auf die Lektüre der Heiligen Schrift und die Verkündigung des Wortes Gottes zu konzentrieren. Diejenigen, die dieses Ziel zugunsten der Gründung eigener, unabhängiger Gemeinden aufgaben, wurden "Independents" genannt. Sie waren in der Regel anti-royalistisch. Im Binnenverhältnis muß man mehrere Gruppen unterscheiden. Da gab es die Quäker, die den Einfluß unmittelbarer göttlicher Erleuchtung noch über die Autorität der Bibel stellten. Die Fifth Monarchy Men erwarteten die unmittelbare Wiederkunft Christi. Die Baptisten teilten sich in die allgemeinen und die besonderen Baptisten, wobei die einen die calvinistische Lehre von der ursprünglichen Gnadenwahl verleugneten und die anderen sie anerkannten. Auf dem linken Flügel gab es dann die Antinomisten, die jede Kirchendisziplin zugunsten der unmittelbaren Gotteserfahrung ablehnten, und die Brownisten, die jede religiöse Überzeugung von äußeren Regeln freihalten wollten. Sie waren die damaligen Anarchisten. An Spontaneität wurden sie nur noch übertroffen von den Seekers und den Ranters, die ihre Gotteserfahrung als orgiastische Anfälle gestalteten. Dann gab es noch die Wiedertäufer mit ihrer Neigung zum Kommunismus und zur Vielweiberei, und die Täufer, von denen die Mennoniten eine Variante bildeten. Im Grunde konnte jeder, der sich inspiriert fühlte, seine eigenen Vorstellungen von der Bedeutung der Heiligen Schrift entfalten und dabei Jünger um sich sammeln. Das mag den Eindruck unübersehbarer Buntscheckigkeit hervorrufen, und das ist auch nicht falsch. Aber für die Mehrzahl der Sekten gab es verschiedene Gemeinsamkeiten. Abgesehen von den Anarchisten am linken Rand traten die meisten von ihnen für strenge persönliche Moral und Gemeindedisziplin ein, für freie Gemeindebildung ohne Überwachung durch Priester, Prälaten und Bischöfe, und für einen unzeremoniellen, von allen katholischen Erinnerungen gereinigten Gottesdienst, in dessen Mittelpunkt die Predigt stand. Mit dem Instinkt alttestamentarischer Propheten witterten die Puritaner im katholischen Zeremoniell ein Überbleibsel heidnischer Zeremonien und Bräuche. Zumal die Marienverehrung und die Anbetung der Heiligen war ihnen nichts als Götzendienst. Sie erinnerte sie an den Tanz ums goldene Kalb und die Verehrung von Baal in Kanaan. Durch den Rückgriff auf die Schrift selbst erfolgte bei ihnen eine starke Identifikation mit dem Volke Israel unter den Propheten: Die Abwehr gegen polytheistische Tendenzen durch die Propheten erinnerte sie an den eigenen Kampf gegen den Papismus. Das führte zu einer starken Judaisierung der Rhetorik und der Kultur. Man taufte seine Kinder mit alttestamentarischen Vornamen und nannte sich "Samuel" und "Habakuk". Im Bürgerkrieg sollte man das Bild des Löwen von Juda auf seine Fahnen heften und sich wie das Volk Israel in seinem Kampf gegen die Philister fühlen.

Das Kernstück der puritanischen Theologie ist die Lehre der Prädestination oder der vorherbestimmten Gnadenwahl: Gott hat in seinem unerforschlichen Ratschluß von Anbeginn der Welt an einige wenige ausgewählt, den größten Teil der Menschheit aber verurteilt und verdammt. Unter der Drohung dieses Richterspruchs sucht dann jeder die Welt und sich selbst nach Zeichen ab, die einen Hinweis darauf enthalten könnten, ob er verdammt oder erwählt sei. Das führt dazu, daß diese fatalistisch klingende Lehre in Wirklichkeit einen merkwürdig motivierenden Effekt hat. Wenn es zum Zeichen der Erwähltheit gehört, daß man ein gottesfürchtiges Leben führt, sparsam ist, die Zeit für nützliche Arbeit aufwendet und nicht an Luxus und Zerstreuung verschwendet, dann wird man dafür sorgen, daß diese Zeichen sich auch einstellen. So funktioniert die Lehre der Prädestination im großen und ganzen als self-fulfilling prophecy – als sich selbst erfüllende Prophezeiung. Die Symptome und Zeichen der Erwähltheit, die man gerne an sich gefunden hätte, wurden auf diese Weise selbst hervorgebracht.

Dem entsprach die Wandlung des protestantischen Gottesbildes. Gott wurde absolutistischer. Er wurde zu einem rächenden, alttestamentarischen Gott von unendlicher Macht, was das Gefühl der eigenen Ohnmacht und Gnadenbedürftigkeit erhöhte. Zugleich polarisierte sich das theologische Szenario auf den Dialog zwischen Gott und Mensch. Eben deswegen haßte man alle Vermittlungen. Aus diesem Grunde mußte im Gottesdienst alles Beiwerk wie Musik, religiöse Bilder und gesalbte Priester als Versuch betrachtet werden, den Menschen von der Zwiesprache mit Gott abzulenken. Diese Unmittelbarkeit des Gotteserlebnisses vollzog sich in der Lektüre der Heiligen Schrift. In ihr sprach Gott direkt zu den Menschen. Die Schrift machte es in ihrer Bilderlosigkeit möglich zu denken, daß der Sinn unmittelbar anwesend war. Das Wort kam ohne Inkarnation, ohne leibliche Vorstellung, ohne Vermittlungsinstanz aus. Es war wie der Geist selbst. In der Schrift verbrauchte sich der Signifikant, machte sich unsichtbar und wurde auf die Bedeutung hin transparent. Das Bilderverbot des alten israelischen Gottes paßte gut zu dem neuen Medium des Buchdrucks. Die Schrift enthielt das Versprechen der unmittelbaren Anwesenheit des Logos. Schrift war das Gegenprogramm zur katholischen Bilderwelt der Symbole und Veranschaulichungen. Diese waren lediglich Entstellungen der bilderlosen Wahrheit Gottes. Die Synästhesie des katholischen Gottesdienstes, das Gesamtkunstwerk aus Farben, Lichteffekten, Gesängen und Predigten wird reduziert auf eine Schrift- und Wortkultur. Das ist der Vollzug einer ungeheuren Konzentration.

Zugleich wirkt die Schriftheiligkeit auf die öffentliche Rhetorik zurück. Der Geist Gottes ist jetzt nicht mehr zeitlich und räumlich kaserniert – also auf Kirche und Festtag beschränkt – er weht jetzt, wo er will. Wo zwei oder drei in seinem Namen zusammenkommen, ist er mitten unter ihnen. Damit wird Gott allgegenwärtig. Er bricht aus dem Fest aus, reißt die Grenze zwischen Festtag und Alltag ein und sakralisiert so den Alltag. Das ist der Grund für die Heiligung der Arbeit. Die Puritaner machen die methodische Lebensführung von Religionsvirtuosen, also Mönchen und Priestern, zur Pflicht eines jeden Christenmenschen. Wenn der Alltag heilig ist, ist aber der Festtag überflüssig. So stürzt die Grenze zwischen Fest- und Alltag ein, und der Festtag wird zugleich der strikten Disziplinierung des Arbeitsalltags unterworfen. Aus dem Festtag der Vergnügungen wurde der Fasttag der religiösen Andacht. Die auf dem Lande üblichen Lustbarkeiten wie Tanz, Sport, Tierhatz, Jagd, Kegeln, Schießen, Jahrmarkt, Fußball etc. wurden nun mißbilligt. Die Benennung des "Sunday" als "Sonnentag" wurde als heidnisch abgelehnt, und der Ruhetag wird zum "Sabbat" umgetauft. Deshalb bedeutete es einen besonderen Affront, daß Erzbischof Laud 1633 ein sogenanntes "Sportmanifest" herausgab, in dem Spiele und Sportveranstaltungen am Sonntag erlaubt waren. Mit der Nivellierung von Fest- und Alltag wird die Zeit weiter homogenisiert. Sie nicht richtig zu nutzen, ist nun Vergeudung und Verschwendung; Muße wird damit zur Sünde. Das unterwirft das Fest dem Verdikt der Tugend. Die Kritik der Puritaner richtet sich gerade gegen das, was festlich in der Kultur ist, den Prunk, den verschwendeten Reichtum, den Luxus, die Eitelkeit, die nutzlose Verausgabung, die Schönheit und den Exzeß.

Max Weber hat die Sakralisierung des Alltags mit dem Begriff der "innerweltlichen Askese" belegt. Damit ist gemeint, daß das ursprünglich auf das Mönchstum eingeschränkte Ideal der asketischen Lebensführung mit der strengen Tageseinteilung von Beten, Fasten und Arbeiten auf die gesamte Gesellschaft ausgedehnt wird. Was früher Religionsvirtuosen wie Heiligen, Mönchen, Asketen und Eremiten vorbehalten war, wird nun verbindlich für alle. Indem die Askese auf ein pflichterfülltes Berufsleben bezogen wird, kommt es zur Moralisierung dessen, was man später "Sekundärtugenden" genannt hat: Fleiß, Pünktlichkeit, professionelle Sorgfalt etc. Zugleich verbietet das Ethos der Askese, die Früchte der Arbeit demonstrativ zu genießen. Der Weg der Umwandlung des Kapitals in symbolisches Kapital ist versperrt. Statt dessen wird es dann reinvestiert. Von da aus wird eine Affinität zwischen Puritanismus und Kapitalismus unterstellt.

Der Allergie gegen die Differenz zwischen Alltag und Fest entspricht ein Mißtrauen gegen die Schönheit per se. Zumal im Zusammenhang mit dem persönlichen Äußeren von Individuen gerät sie in Verdacht, zur Sünde der Eitelkeit beizutragen. Auch hier galten die Maßstäbe der Strenge, der Sachlichkeit, der funktionalen Unpersönlichkeit und der Zurückhaltung. Da auch die Lockenpracht als überflüssig galt, schnitt man sie ab, und so erwarben sich die Puritaner den Spitznamen "Roundheads". Auch in dieser Äußerlichkeit zeigt sich, daß die Puritaner das generalisieren, was früher den Mönchen vorbehalten war: geschorene Köpfe.

Gegen Ende der dreißiger Jahre und gegen Ende seiner autokratischen Herrschaft wurde Charles ein Opfer der verzwickten Unterschiede zwischen Schottland und England mit Bezug auf die Beziehung von Kirche und Staat. In England stimmten Anglikaner und Puritaner darin überein, daß der Staat über die Kirche herrschen müsse; und das Organ ihrer Selbstrepräsentation war staatlich, nämlich das Parlament. In Schottland wünschten die Presbyterianer, daß die Kirche über den Staat herrschen sollte, und das Organ ihrer Selbstrepräsentation war die Kirche. James I. war in Schottland aufgewachsen und glaubte, er könne dem englischen Parlament Befehle erteilen wie in Schottland. Charles war in England groß geworden und glaubte, er könne die schottische Kirche so autokratisch behandeln wie die englische. Vom Erfolg seines autokratischen Regiments in England geblendet, machte er den Fehler, die schottische Kirche im selben Moment dem arminianischen Kirchenregiment von Laud zu unterwerfen, in dem er das englische Parlament abzuschaffen gedachte. Er provozierte also beide Völker, indem er im gleichen Moment ihre geheiligtsten Institutionen antastete. Das sollte ihn den Kopf kosten.

1638 versammelten sich Vertreter der schottischen Geistlichkeit und Laienbruderschaft in Edinburgh und schlossen ein nationales Glaubensbündnis, den sogenannten "National Covenant". Darin wurde das Episkopat abgeschafft und die presbyterianische Kirchenorganisation bekräftigt. In dieser Situation riet der Earl of Strafford seinem König, eine Armee aufzustellen, um die Covenanters zu schlagen. Um solch eine Armee zu finanzieren, bedurfte es aber wieder neuer Steuern, die nur ein Parlament bewilligen konnte. Also rief Charles das Parlament zusammen. Die Funktion des sogenannten "Short Parliament" war es, allen Beteiligten vor Augen zu führen, daß der Nation nach Widerstand zumute war. Statt die Steuern zu bewilligen, nahm der Abgeordnete Pym Verbindung mit den Schotten auf. Als Charles daraufhin das Short Parliament als verräterisch auflöste, brachen in London Aufstände aus. Inzwischen hatten die schottischen Covenanters im Norden ein Heer zusammengezogen. Zwischen den beiden Feuern des aufständischen London und des schottischen Heeres berief Charles in York eine Versammlung von Peers ein. Sie rieten ihm dazu, wieder ein Parlament einzuberufen und sich mit seinen Gegnern zu verständigen. Das Parlament, das daraufhin am 3. November 1640 zuammentrat, trägt in der Geschichte den Namen "Long Parliament". In ihm saßen Abgeordnete, die schon in den vorherigen antiroyalistischen Parlamenten ihre Stimme erhoben hatten: Seldon, Hampden und der Mann, der in der Folgezeit zur wichtigsten Figur werden sollte, Oliver Cromwell. Er war weitläufig mit dem Minister von Heinrich VIII. verwandt. Als Sohn eines wohlhabenden Landbesitzers hatte er die Lateinschule in Cambridge besucht und dort vor allen Dingen Puritaner als Lehrer gehabt. Er hatte ein Konversionserlebnis und neigte zu den üblichen puritanischen Todes- und Angstvisionen.

Im Unterschied zu den noch relativ unerfahrenen Körperschaften der Tudorzeit war das Parlament von 1640 kein Debattierclub, dem die Tagesordnung und die Geschäftsgrundlage vom Privy Council vorgegeben wurden. Im Gegenteil: Es hatte sich in eine moderne Verwaltungsorganisation verwandelt, die mit ihren Komitees und Unterausschüssen ihre eigene Geschäftsgrundlage prozeduralisiert hatte. Auf diese Weise konnten Gesetze und politische Richtungsänderungen initiiert werden. Zugleich hatte das Parlament einen großen Verbündeten in der Stadt London.

Das Parlament beginnt sofort mit einer reformerischen Gesetzgebung. Man beschließt einen regelmäßigen Sitzungskalender, reformiert die Steuererhebung, schafft die Monopole und Schiffsgelder ab, erklärt die Star Chamber und den Obersten Gerichtshof für ungesetzlich und reinigt die Kirchen von Kruzifixen, Statuen und allen abergläubischen Bildern, was eine Woge des Bildersturms auslöst. Mit der Verurteilung und Hinrichtung des Earl of Strafford, des königlichen Ratgebers, geht das Parlament zur Revolution über.

Daran zeigt sich die Funktion, die in der Dramaturgie von Revolutionen gemeinsam begangene "Verbrechen" erfüllen: sie markieren für die handelnden Figuren einen "point of no return", einen Rubikon und eine Scheidelinie, nach deren Überquerung umzukehren gefährlicher wäre als weiterzugehen. Denn würden sie zurückweichen, würden die Beteiligten sich der späteren Rache des jetzt besiegten Gegners, in diesem Falle also des Königs, aussetzen. Das zwingt Revolutionen zu einer Art Selbstbeschleunigung und Radikalisierung im Sinne der Flucht nach vorne. Und häufig wird die einigende Kraft gemeinsam verübter Verbrechen von den Drahtziehern strategisch genutzt.

Dann ging das Parlament dazu über, Charles wie in Shakespeares *Richard II.* eine "Grand Remonstrance" vorzulegen, in der die Sünden des Königs wider das Parlament aufgelistet und die Forderungen erhoben wurden, daß die Räte des Königs das Vertrauen des Parlaments genießen müßten. Als dann das Parlament auch das Kommando über die Armee übernehmen wollte, klagte der Kronanwalt fünf Abgeordnete vor dem House of Lords des Hochverrats an, weil sie versucht hätten, das Heer vom Gehorsam gegen den Monarchen abzubringen. Bevor die Anklage entschieden wurde, erschien der König selbst im House of Commons, um die Angeklagten persönlich zu verhaften. Doch die

Fünf hatten Wind von der Sache bekommen und waren untergetaucht. Daraufhin begab sich das Parlament unter den Schutz der Bürgerschaft. Charles floh in den Norden Englands und überließ London seinen Feinden. Aber die Stadt Hull weigerte sich, ihn aufzunehmen. Das Parlament rief alle Streitkräfte zum Ungehorsam gegen den König auf. Hundert Abgeordnete traten aus dem Parlament aus und schlossen sich Charles an. Im Juni 1642 stellte das Parlament dem König ein Ultimatum, worin es die Kontrolle über die Liturgie, die Verwaltung und das Heer verlangte. Als Charles nicht darauf einging, gründete man wie später in der Französischen Revolution einen Wohlfahrtsausschuß und beschloß, selbst eine Armee aufzustellen. In der Praxis hieß das, daß eine Menge Abgeordnete in ihre Wahlbezirke zurückgingen, um dort Freiwillige anzuwerben. Im August 1642 begann der englische Bürgerkrieg.

Bürgerkrieg und Commonwealth

Zu den ersten Maßnahmen des Long Parliament gehört die Schließung aller Theater in England. Erst 1656 und vollends nach der Restauration werden sie wieder eröffnet. Mit der Schließung der Theater wird die fruchtbarste aller Theaterblüten zum Abschluß gebracht.

Der Bürgerkrieg ist ein Klassenkampf. Aber die Klassen sind gewissermaßen noch regional verteilt. Puritaner, Protestanten und Parlament verfügen über die Herrschaft in London, in den meisten Hafen- und Handelsstädten und im Süden und Osten Englands. Sozial umfassen sie Teile der Gentry und die middle classes. Die agrarischen Gebiete im Norden und Westen werden noch von Aristokratie und Bauern beherrscht und sind deshalb royalistisch. Zum royalistischen Lager gehören auch die Universitätsstädte Oxford und Cambridge. Entscheidend ist, daß die Hauptstadt auf Seiten des Parlaments ist, weil hier der große Reichtum konzentriert ist. Das bedeutet auch, daß die Flotte der Revolution gehört, und damit sind die Royalisten von Subsidien und kontinentalen Hilfstruppen abgeschnitten. Wie oft beim Beginn solcher Aueinandersetzungen finden wir die größere Romantik und die ersten Siege auf Seiten der Aristokraten. Denn sie sind im Waffenhandwerk geübt und kämpfen in einem Kampfstil, der im Laufe des Krieges durch die moderneren Techniken ihrer Gegner obsolet werden und im Rückblick die Aura des Romantischen annehmen wird. Die erste Schlacht bei Edgehill geht unentschieden aus, aber im nächsten Jahr werden die Truppen des Parlaments bei Adwalton Moor und bei Roundway Down geschlagen. In dieser verzweifelten Situation schließt das Parlament mit den Schotten einen Vertrag: Die Schotten kämpfen gegen den König, während das Parlament sich verpflichtet, den Presbyterianismus als Staatsreligion einzuführen. Zur gleichen Zeit bringt der König ehemals aufständische irische Truppen nach England. Damit ist das gesamte spätere Großbritannien in den Bürgerkrieg verwickelt. 1643 tritt in Westminster die Kirchenversammlung zusammen, schafft die anglikanische Kirchenverfassung ab und führt die presbyterianische ein. Die Lenkung der Kirche wird nun Presbytern, Presbyterien, Provinzialsynoden und Generalversammlungen übertragen. Im Jahre 1647 wird die Westminsterversammlung offiziell die calvinistische Lehre von der Prädestination annehmen. Die kirchliche Gesetzgebung des Parlaments ist von der gleichen Intoleranz gekennzeichnet wie vorher die von Laud. Ketzer werden lebenslänglich eingesperrt, und alle, die die Dreieinigkeit, die göttliche Inspiration der Bibel und die Unsterblichkeit der Seele leugnen, mit dem Tode bestraft. 1645 wird auch der greise Erzbischof Laud hingerichtet.

Diese allgemeine Intoleranz gehörte zu den Voraussetzungen dafür, daß Oliver Cromwell zum militärischen Führer aufsteigt, weil er eine Ausnahme bildet. Als er 1643 in Cambridge ein Regiment von Reitern aushebt – die sogenannten "Ironsides" – nimmt er Männer aller Glaubensbekenntnisse mit Ausnahme von Katholiken und High-Church-Anglikanern auf. Er verfügt über keine militärischen Erfahrung, aber seine Willensstärke, seine Führungskraft und seine Fähigkeit, seine Soldaten zu motivieren, setzen ihn dazu instand, aus seinen Regimentern eine unbesiegbare Truppe zu machen. Diese disziplinierte Reiterei wird im Verlauf der Kämpfe praktisch kriegsentscheidend. Ihre Überlegenheit verdankt sie der puritanischen Disziplin, die sich vorteilhaft vom romantischen Individualismus der royalistischen Kavaliere abhebt. Cromwell stellt zunächst seine eigenen Regimenter auf, um dann zum Kommandierenden über das Aufgebot der fünf östlichen Grafschaften zu werden. Seine Reiterei ist mitentscheidend bei dem Sieg bei Naseby; er schlägt die Reiterei des Grafen Ruprecht bei Marston Moor und hat auch den Hauptanteil am Sieg von Newbury über den König. Die anderen Parlamentsgeneräle erleiden Niederlagen, nützen ihre Siege nicht aus und führen den Krieg wesentlich weniger energisch. Daraufhin bringt Cromwell Ende 1644 ein sogenanntes Selbstentäußerungsgesetz ein, nachdem alle Parlamentsmitglieder ihre Armeekommandos niederlegen sollen. Es kommt zur Reorganisation des Oberkommandos. Sir Thomas Fairfax wird zum Oberkommandierenden und Cromwell zum Generalleutnant der Reiterei befördert. Zugleich erteilt das Parlament Cromwell den Auftrag, ein neues Heer aufzustellen und auszubilden. Dies wird die sogenannte "New Model Army". Erst jetzt schafft sich die Revolution ihre eigene Armee. In der Dramaturgie der Revolution nimmt Cromwell die Rolle ein, die nach ihm in unterschiedlicher Akzentuierung Carnot, Napoleon oder Trotzki spielen sollten. Über die

Identifikation mit den puritanischen Gefühlen und über den Appell an die puritanische Ethik schafft er eine Musterarmee, wie sie die Welt wahrscheinlich bisher noch nie gesehen hatte. Anders als es üblich war, terrorisierte sie nicht die Zivilbevölkerung (außer Prälaten und Katholiken); in ihren Zeltlagern hörte man nicht, wie in anderen Armeen, Gotteslästerungen und Flüche, sondern Hymnen, Gebete und Predigten. Mit dieser Armee schlägt Cromwell die Royalisten bei Naseby so gründlich, daß der König neben seiner Infanterie und Kavallerie auch die Artillerie und die gesamte Korrespondenz verliert. Von da an erleiden die Royalisten nur noch Niederlagen. Ein Jahr später, im Mai 1646, ergibt sich der König den Schotten. Er hatte darauf vertraut, daß sie ihn als ihren schottischen König ansehen und gegen die Engländer verteidigen würden. Statt dessen verkaufen ihn die Schotten dem englischen Parlament für 400.000 £. Damit ist die erste Phase der Revolution zum Abschluß gekommen. Die zweite Phase sollte darüber entscheiden, ob die Revolution hier Halt machen oder weitergehen würde.

Die Dramaturgie der Revolution sieht hier vor, daß nach dem ersten Sieg der Revolutionäre die Gegensätze zwischen ihnen selbst ausbrechen. Im vorliegenden Fall werden die verschiedenen Interessen repräsentiert durch zwei Institutionen: das Parlament und die Armee Cromwells. Das Parlament ist presbyterianisch und damit vergleichsweise gemäßigt. In Cromwells Armee aber dominieren die Independents. Hier sind alle puritanischen Glaubensrichtungen vertreten einschließlich der Levellers, die alle Rangunterschiede in Kirche und Staat abschaffen wollen und ein allgemeines Stimmrecht für jeden verlangen. Nach dem Sieg über den König fühlt sich das Parlament von diesem Heer berdroht. Es beschließt daher, die eine Hälfte des Heeres nach Irland zu schikken und die andere Hälfte zu entlassen. Die Soldaten aber fordern ihren ausstehenden Sold und weigern sich, bis dahin auseinanderzugehen. Das führt zum nächsten logischen Schritt des Dramas: Das Parlament nimmt Verhandlungen mit dem Gegner von gestern, dem König, auf. Es bietet ihm seine Unterstützung an und verlangt dafür nur, daß er den Covenant unterstützt. Für das Heer ist das Verrat. Ein Trupp Berittener überfällt die Residenz des Königs, Homeby House, und nimmt ihn gefangen. Cromwell macht sich zum Chef eines Armeerats und marschiert gegen London. Am 6. August 1647 besetzt die Armee London, und von dieser Zeit an stehen Stadt und Parlament unter der Herrschaft des Heeres.

Nun hat Cromwell mit dem Problem der wachsenden Radikalisierung in seinen eigenen Reihen zu kämpfen. Seine Offiziere stellen zunehmend demokratischere Forderungen. Die radikalsten von ihnen wollen die Volkssouveränität proklamieren und ein allgemeines Wahlrecht einführen. Cromwell dagegen glaubt, daß das nicht durchsetzbar ist. Er überredet seine Armeeführer dazu, ihre Forderungen zurückzuschrauben. Einige von ihnen widersetzen sich, und er stellt sie vor ein Kriegsgericht. Die zum Tode Verurteilten läßt er dann miteinander um ihr Leben würfeln und die Verlierer hinrichten. Das ist der Punkt, an dem die Revolution haltmacht.

Die zunehmende Radikalisierung der Independents und Levellers treibt die moderaten Reformer zurück in das Lager des Königs und läßt sie immer revisionistischer werden. Sie lassen den König bewußt entkommen und auf die Isle of Wight entfliehen. Dort machen ihm die Schotten das Angebot, ihn wieder auf den Thron zu setzen, wenn er die presbyterianische Kirchenverfassung für die Staatskirche akzeptiert. Zugleich verlangt das schottische vom englischen Parlament, den Covenant anzuerkennen und das Heer der Independents zu entlassen. Das englische Parlament sieht darin eine Gelegenheit, gleichzeitig die Schotten in ihre Schranken zu weisen und Cromwell mit seinem Heer von Independents aus London loszuwerden. Deshalb erhält er den Auftrag, gegen die Schotten zu marschieren. Bei Preston in Lancashire trifft Cromwells New Model Army auf eine weit überlegene Armee von Schotten und Royalisten. Sie macht mit ihnen kurzen Prozeß. In seiner Not nimmt das Parlament erneut Verhandlungen mit dem König über seine Wiedereinsetzung auf. Um sie zu verhindern, nimmt die Armee ihn kurzerhand erneut gefangen und bringt ihn nach Hurst Castle. Und nun läßt Cromwell die Armee auch gegen das Parlament marschieren. Ein Regiment Soldaten dringt ins Unterhaus ein, verhaftet vierzig Abgeordnete und schließt 140 royalistische und presbyterianische Mitglieder aus. In dem übriggebliebenen sogenannten Rump Parliament sitzen nur noch 56 Abgeordnete. Es proklamiert das Prinzip der Volkssouveränität, ernennt sich selbst zum obersten Souverän und Repräsentanten des Volkes und erklärt es logischerweise zum Hochverrat, wenn der König gegen seine Majestät, das Parlament, Krieg führt. Deshalb ernennt es eine Kommission, die den König des Hochverrats anklagt. Der Prozeß beginnt am 19. Januar 1649. Er findet statt in der großen Westminster Hall. Auf einem erhöhten Podium sitzen die 60 bis 70 Richter, am anderen Ende stehen Soldaten, in der Mitte des großen Saales sitzt Charles, und auf den Galerien drängen sich die Besucher. Als Charles die Kompetenz des Gerichtshofes, ihm den Prozeß zu machen, bestreitet, rufen die Zuschauer auf der Galerie: "Gott schütze den König!" Der Prince of Wales, der spätere Charles II., schickt aus Holland ein von ihm unterschriebenes weißes Papier und erklärt sich mit allen Bedingungen einverstanden, die die Richter über seine Unterschrift schreiben würden, falls sie nur seinen Vater schonen. Vier Edelleute bieten sich an, anstelle des Königs zu sterben. In dem Prozeß zeigt sich Charles als unbeugsam. Er beharrt darauf, als Haupt der Kirche von England sein Veto gegen Parlamentsbeschlüsse einzulegen. Er nennt die Regierung des vom Heer beherrschten Rump Parliament eine schlimmere Tyrannei als die, die man ihm vorwerfe. Eine überwältigende Mehrheit von 59 Richtern unterzeichnet sein Todesurteil. Am 30. Januar wird dem König mit einem einzigen Streich des Henkers das Haupt vor die Füße gelegt. Es ist das erste Mal in der Weltgeschichte, daß ein König als Folge eines revolutionären Programms geköpft wird; es ist das erste Mal, daß dies mit der Proklamation der Volkssouveränität begründet wird. Es ist dies ein Szenario, das noch zweimal, in der Französischen und in der Russischen Revolution, wiederholt werden wird. Die Volksmenge, die bei der Hinrichtung anwesend war, scheint die weltgeschichtliche Dimension dieser Enthauptung geahnt zu haben. Als der Kopf des Königs fiel, hat sie ein so merkwürdig dumpfes Stöhnen hören lassen, daß sich Zeugen bis an ihr Lebensende daran erinnern sollten.

Nach der Exekution von Charles I. schafft das Rumpfparlament das Oberhaus und die Monarchie ab, ernennt als oberste Regierungsbehörde einen Council of State und proklamiert die Republik, die unter dem Namen "The Commonwealth" in die Geschichte eingeht. Sie dauert von 1649 bis zur Restauration der Stuarts 1660. Ihre Lebensspanne ist begrenzt, weil es nicht gelingt, eine zufriedenstellende Verfassung zu finden. Die Auseinandersetzung kreist dabei um zwei Institutionen, das Parlament und die Armee. Darin setzt sich der alte Konflikt zwischen König und Parlament fort, denn im Grunde geht es um die Beziehung zwischen Exekutive und Legislative. Das Parlament ist über ein Besitzwahlrecht gewählt und stößt sich an der Finanzierung einer Armee, durch die es selbst unter Druck gesetzt werden kann. Da die Armee z.T. aus radikalen Sektierern besteht, versucht das Parlament, die Toleranz gegenüber den Radikalen durch Gesetze einzuschränken. Die Armee dagegen hat die Waffen in der Hand und kann das Parlament jederzeit nach Hause schicken. Zwischen beiden hat Cromwell zu vermitteln. Er ist General der Armee und Mitglied des Parlaments. Aber eine institutionelle Lösung findet er nicht. In wachsender Ungeduld über die sich streitenden Fraktionen im Parlament stützt er sich zunehmend auf die Armee. Innerhalb dieses Rahmens finden eine Reihe von sich überstürzenden und verwirrenden Ereignissen statt.

Mit dem Sieg der Revolution ist die anti-royalistische Koalition in die Parteien der Presbyterians und der Independents auseinandergebrochen: die einen wollen eine Art Defensivkrieg gegen den König führen und ihn durch Verhandlungen abschließen, die anderen wollen ihn völlig gewinnen. Diese Independents sind in der Regel von bescheidener sozialer Herkunft und durch eigene Verdienste in die höheren Ränge der Armee aufgestiegen. Deshalb haben sie in der Armee die Mehrheit. Aber auch sie sind das Ergebnis einer bloßen Koalition. Auf dem linken Flügel stehen die sogenannten Levellers, Radikaldemokraten, die das allgemeine Wahlrecht für alle Besitzenden fordern. Da sie sich auch die Forderung nach Zahlung des ausstehenden Soldes zu eigen machen, gewinnen sie unter den einfachen Soldaten eine gigantische Anhängerschaft. Mit dem Prinzip "one man, one vote" nehmen die Levellers gewissermaßen schon die Forderung der Chartisten aus dem 19. Jahrhundert vorweg. Und hinter ihnen taucht bereits die Vision von noch radikaleren Forderungen auf: Auf dem äußersten linken Flügel gibt es eine Gruppe von sogenannten "Diggers", die die gemeinschaftliche Bebauung des Landes von St. George's Hill organisiert haben und von da aus eine Art von kommunistischer Propaganda betreiben – so wie später hinter den Forderungen der Französischen Revolution nach formaler Gleichberechtigung aller Menschen die kommunistischen Anklagen von Blanqui und Babeuf hörbar werden. Einer der Wortführer der Diggers, Gerrard Winstanley, entwirft in seiner Schrift *The Law of Freedom* ein Gemeinwesen, das in vielem der *Utopia* des Thomas Morus gleicht. Wegen der Agitation des Leveller-Führers Lilburne sieht sich die Regierung Cromwell gleich nach dem Umsturz gezwungen, mit der eisernen Faust der Unterdrückung zu regieren. Gleichzeitig rächt sich das Rumpfparlament an den Adligen, die den König unterstützt haben, indem es bis zur Hälfte ihrer Vermögen einzieht. Die aristokratischen Familien der Washington, Madison und Lee verarmen und wandern nach Amerika aus, wo ihre Nachkommen z.T. als Führer der Südstaaten-Armeen im Bürgerkrieg gegen die Nachfahren der Puritaner kämpfen werden – und zum zweiten Mal verlieren.

Eine der unrühmlichsten Errungenschaften der Revolution ist die Niederwerfung des Aufstandes in Irland. Ihr ist ein Erbe des Hasses und der Bitternis entsprungen, an dem Großbritannien bis heute zu tragen hat. Sofort nach der Enthauptung von Charles I. hat sich der Earl of Ormonde mit den Katholiken verbündet und ist auf Seiten des Thronfolgers, des späteren Charles II., gegen die Revolution angetreten. Offenbar mit dem Ziel, alle weiteren Aufständischen abzuschrecken, betreibt Cromwell die Unterdrückung des Aufstands mit unerhörter Grausamkeit. Nach der Erstürmung der Festung Drogheda gibt er Befehl, alle überlebenden Soldaten und alle Priester der Stadt zu ermorden. Doch die Grausamkeit verstärkt eher den Widerstand, und so zieht sich die Bekämpfung der Rebellen noch mehrere Jahre hin. Erst im August 1652 wird die irische Pazifikationsakte erlassen. Sie sah die Enteignung aller Iren vor, die das Commonwealth nicht unterstützt hatten. Auf diese Weise kamen zwei Drittel des gesamten irischen Bodens in englische Hände. Die Counties Dublin, Wicklow, Wexford, Carlow und Kildare wurden zum sogenannten "English Pale" zusammengeschlossen, aus dem alle Iren vertrieben wurden. Der Erfinder der Statistik, Sir William Petty, hat geschätzt, daß in dieser Zeit fast die Hälfte der irischen Bevölkerung durch den Krieg und seine Folgen umgekommen ist. Der Katholizismus wurde verboten, katholischen Familien wurden ihre Kinder weggenommen und nach England zur Erziehung geschickt, die katholischen Priester mußten Irland verlassen, und der Besuch des protestantischen Gottesdienstes wurde zur Pflicht erhoben. Diese drakonischen Maßnahmen sorgten dafür, daß der Katholizismus ein für alle Mal mit dem Geist des Widerstandes und dem irischen Nationalgefühl verschmolz. So wie die blutige

Maria durch ihre Verfolgungen in England den Protestantismus, so hat Cromwell durch seine Unterdrückungspolitik in Irland den Katholizismus auf ewig befestigt.

Auch für die Schotten sind die englischen Revolutionäre zu weit gegangen. Sie haben ihren König hingerichtet, der schließlich ein schottischer Stuart war, und sie haben die Presbyterianer aus dem Rumpfparlament ausgeschlossen. Sie erkennen darin eine Verletzung des Solemn League and Covenant – des Glaubensbündnisses zwischen dem englischen und dem schottischen Parlament zur Unterstützung des Presbyterianismus. Dehalb proklamiert das schottische Parlament sofort nach der Enthauptung von Charles I. seinen Sohn Charles II. zum König von Großbritannien. Auch Charles muß den National Covenant und die Solemn League unterschreiben. Er tut es ohne Begeisterung für den Presbyterianismus und landet in Schottland, wo er sich erst einmal dafür entschuldigen muß, daß sein Vater sich dem Glaubensbündnis widersetzt hatte und seine Mutter eine Katholikin war. Danach erklärt die schottische Geistlichkeit ihn für unbesiegbar. Aber offenbar hat sie nicht mit Cromwell gerechnet. In zwei Schlachten besiegt er die zahlenmäßig weit überlegenen Schotten und zwingt Charles zur Flucht. Der Thronfolger verkleidet sich als Bauernknecht, färbt sich die Haare und flieht zu Fuß von einem Versteck zum anderen, während Cromwells Soldaten nach ihm suchen. Er wird häufig erkannt, aber nie verraten. Und so gelangt er nach sechswöchiger Flucht an die Küste in Sussex, wo ihn ein tollkühner Kapitän ins Exil nach Frankreich bringt. Cromwell aber kehrt im Triumph nach London zurück.

Danach brach die eigentliche Verfassungskrise aus. Cromwell schlug vor, daß das Rumpfparlament sich durch Nachwahlen auf 400 Abgeordnete erweitern sollte, wobei die bisherigen Abgeordneten ihre Sitze behalten konnten. Als das Parlament seine Beratungen über das Wahlrecht in die Länge zog, löste er es kurzerhand an der Spitze einer Handvoll Bewaffneter auf. Das war das schmähliche Ende des Restes jenes Long Parliament, das England seit 1640 stärker umgestaltet hatte als jedes Parlament zuvor. Niemand weinte ihm eine Träne nach. Im Gegenteil: Die Royalisten hofften, Cromwell könne Charles II. zurückholen, die Fifth Monarchy Men erwarteten die Ankunft Christi, und die Independents plädierten für die Errichtung einer gerechten Republik. Cromwell aber berief eine Art von verfassungsgebender

Versammlung, die aus Delegierten der Armee und der Independent Congregations bestand. Er begrüßte sie als "Parliament of Saints", das unter dem Präsidium Jesu Christi eine neue Verfassung erarbeiten sollte. Statt dessen entwickelte sich diese Versammlung zu einer Art von Parlament, das unter dem Einfluß von Fifth Monarchy Men ein so radikales legislatives Programm in Angriff nahm, daß Cromwell es wieder auflöste. Nun ließ er von seinem General John Lambert ein sogenanntes "Instrument of Government" ausarbeiten, in dem er selbst zum Lord Protector of the Commonwealth of England, Scotland and Ireland erklärt wurde. Er wurde unterstützt von einem Council of State. In den Händen dieser beiden Organe lag also die Exekutive. Sie war verantwortlich für die laufende Verwaltung, die Außenpolitik und die Armee. Dafür erhielt sie einen eigenen Haushalt. Für weitere Ausgaben war die Legislative, also das Parlament, zuständig, das mindestens einmal in drei Jahren zusammengerufen werden mußte. Das Wahlrecht war an ein Vermögen von mehr als 200 £ gebunden. Als das Parlament zusammentrat, griff es sofort das Instrument of Government an und wurde wieder aufgelöst. Der schwelende Verfassungskonflikt zwang Cromwell auf die Straße der radikalen Verwaltungsreform. Um das Land stärker unter Kontrolle zu bringen und royalistische Aufstände in den Provinzen zu verhindern, löste er die Counties als Verwaltungseinheiten auf und teilte England in elf militärische Distrikte ein, an deren Spitze sogenannte Major Generals standen. Das sollte eine der Maßnahmen sein, die später die Erinnerung an die Revolution am stärksten prägen sollte: die Gentry hatte nämlich die lokale Selbstverwaltung monopolisiert. Duch die Unterstellung der Militärbezirke unter die Major Generals wurde sie praktisch aus der Verwaltung hinausgedrängt. Das wurde für sie eine traumatische Erfahrung. Die Erinnerung an sie sollte nach der Restauration jeden Gedanken an eine Militärverwaltung oder eine stehende Armee zu einer Horrorvision machen, die die Rückkehr zur radikalen Politik und zum Bürgerkrieg nachhaltig verhinderte.

Die Verfassungskrise endete also in der Militärregierung des Lord Protector, der in den Provinzen mit Hilfe der Milizen unter dem Befehl eines Generalmajors regierte. Auch darin nahm die englische Revolution die Entwicklung der französischen zum Bonapartismus vorweg. Gleichwohl war Cromwell kein Diktator.

Niemals wurde sein Regime wirklich absolut. Immer wieder löste er widersetzliche Parlamente auf. Als er zu dem 1656 neu gewählten Parlament royalistische, presbyterianische und katholische Abgeordnete erst gar nicht zuließ, formulierten diese einen deutlichen Protest und nannten Cromwell einen Tyrannen. Die Restlichen übernahmen die Rolle des Mark Anton in Shakespeares *Julius Caesar* und baten Cromwell, die Krone anzunehmen. Wie Shakespeares Caesar lehnte Cromwell ab.

Wie war er persönlich? Anders als Caesar war er zweifellos ein frommer Mann. Seine Grundstimmung war melancholisch. Nach einem Erweckungserlebnis wurde er von der Angstvorstellung gequält, zu den Verdammten zu gehören. Als Familienvater und Bürger war er vorbildlich, und sein Lebenswandel war einwandfrei. Im persönlichen Geschmack war er schlicht. Hin und wieder wurde er von einem mühsam beherrschten, cholerischen Temperament heimgesucht. Zugleich war er ungewöhnlich willensstark und verfügte über ein ausgezeichnetes Organisationstalent. Vor Entscheidungen schwankte er lange und neigte zu ausführlichen Unterredungen mit Gott; nachdem sie gefällt waren, setzte er sie aber mit großer Tatkraft durch. Als militärischer Führer war er unübertroffen. Schmeicheleien gegenüber war er weitgehend unzugänglich, wie wir aus der Ermahnung gegenüber seinem Maler Lely wissen, den er bat, ihn so zu malen, wie er aussehe und ihn nicht zu verschönern. Nach puritanischer Manier kleidete er sich in einen schwarzen Anzug und einen schwarzen Mantel. Die Frömmigkeit diente ihm allerdings auch zur öffentlichen Selbstdarstellung als Heerführer und Herrscher. Er beanspruchte Gottes Wille so häufig für sich und griff so sehr in die Tasten der biblisch durchtränkten Rhetorik, daß viele ihn für einen ausgemachten Heuchler hielten. Alles in allem war er ein guter Puritaner: sendungsbewußt, furchtlos, diszipliniert, düster und fromm. Aber er war mehr als ein gewöhnlicher Puritaner, weil er zur Toleranz neigte, die Paradoxien des Regierens durchschaute und offenbar zwischen privater Frömmigkeit und öffentlicher Heuchelei unterschied.

Zugleich war Cromwell Engländer genug, um auch die freien protestantischen Gemeinden der staatlichen Aufsicht zu unterwerfen. Entsprechend prüfte eine Untersuchungskommission die Geistlichen, ob sie zur Übernahme einer Pfarrei geeignet waren. Dabei kamen nur Presbyterianer, Baptisten und Independents in

Frage. Dissenter wie Quäker, Wiedertäufer und Fifth Monarchy Men waren ausgeschlossen. Die Gemeinden waren frei, zwischen Presbyterianismus und freier Gemeindeform zu wählen. Der anglikanische Klerus wurde dagegen in den Untergrund gedrängt. Katholizismus blieb weiterhin verboten. Am Ende des Commonwealth wurde eine gewisse soziale Zuordnung zu den Konfessionen sichtbar: Die Gentry und die Aristokratie blieben Anglikaner, die middle classes waren Independents im Sinne freikirchlicher puritanischer Gemeinden und die Unterschichten neigten den radikalen Sekten zu.

Wenn man von den politischen Umwälzungen absieht, liegt die eigentliche Bedeutung des Commonwealth in ihrer Wirkung als Kulturrevolution. Sie bestand in einer Sakralisierung des Alltagslebens. Die Differenz zwischen Laien und Priestern wurde hinfällig, und damit wurden Laien zu Priestern. Jeder Christenmensch hatte sich mit dem Wort Gottes auseinanderzusetzen, und deshalb mußte ein jeder lesen lernen. Die puritanische Rhetorik reicherte sich mit biblischen Wendungen an; wie bei Priestern war die Kleidung der Puritaner dunkel, schmucklos und bescheiden. Jede Gemeinde wurde zu einer Gemeinschaft von Heiligen. Die priesterliche Askese wurde allgemein. Luxus, sinnliche Freuden, weltliche Vergnügungen waren ein Anlaß, um auf sie zu verzichten. Dem fielen alle Sportarten von Merry Old England zum Opfer. Alle Maibäume Englands wurden gefällt. Hahnenkämpfe, Bärenhatzen, Pferderennen, Spiele und Sportveranstaltungen wurden verboten. Die Theater blieben geschlossen. Am Mittwoch durfte man kein Fleisch essen. Der Sonntag wurde in Sabbat umgetauft, und an ihm durfte man keine Arbeit verrichten und keine unnötige Reise unternehmen.

Die Rigorosität dieser Sittenreform eröffnete einerseits die Neigung zur Heuchelei und zur Verfolgung Andersdenkender, verlieh aber andererseits dem sozialen Leben der selbstgerechten einfachen Leute ein moralisches Fundament, das sie für spätere Wellen der Korruption resistent machte. Seit den Juden des Alten Testaments gab es wohl keinen Versuch einer Gesellschaft, der Religion solch einen Einfluß auf das Alltagsleben einzuräumen. Das begründete auch die Affinität zwischen Puritanismus und Judaismus. In der Bibel gab man allgemein dem Alten Testament den Vorzug, weil es das Beispiel eines Volkes bot, dessen Schicksal allein aus seiner Beziehung zu Gott erwuchs und das seine religiösen Gewohnheiten und Gebote immer wieder gegen Versuchungen und heidnische Feinde sichern mußte. Dies mag dazu beigetragen haben, daß sich später die amerikanische und die englische Gesellschaft gegen den modernen Antisemitismus weitgehend resistent gezeigt haben.

Diese Affinität kommt in einer bezeichnenden Episode zum Ausdruck: Zu Beginn unserer Erzählung im Jahre 1399 unter Richard II. waren die Juden aus England vertrieben worden. Nun tritt Cromwell mit Manasse Ben Israel in Amsterdam in Verbindung, um über die Wiederaufnahme der Juden in England zu verhandeln. Das puritanische Holland war bereits zur Zufluchtstätte marranischer Juden geworden, die vor dem Hintergrund ihrer wirtschaftlichen Blüte ein reges kulturelles Leben mit Gelehrten, Rabbinern, Ärzten, Mathematikern und Philosophen wie Spinoza entfachten. Zu diesem Milieu gehört auch Manasse Ben Israel, der als Kabbalist und mystischer Idealist eine Art früher Zionist war. Er träumt vom Anbruch des Gottesreiches und der Rückkehr des Volkes Israel in seine Heimat. Da aber nach den prophetischen Büchern die Zerstreuung der Juden in alle Länder der Wiederkehr des Messias vorausging, mußte die Zulassung der Juden in England das Gottesreich näherbringen. Dieses Argument entwickelt er in seiner Schrift *Esperanza Israel* und schickt eine lateinische Übersetzung mit einem Vorwort an das englische Parlament. Danach kommt er selbst nach England. Cromwell beruft 1655 eine Konferenz ein, um die Frage der Wiederaufnahme zu beraten. Sie bleibt zwar ergebnislos, aber seit dieser Zeit können Juden in England de facto wieder unbehelligt leben.

Die ständige Beschäftigung mit der Bibel hält die Angst vor der Verdammnis und dem Höllenfeuer wach. Das Gefühl für die Gnadenbedürftigkeit des Menschen erhöht sich mit der Vorstellung von der Allmacht eines zornmütigen Gottes. Die Rigorosität der Alltagsmoral vermehrt die Möglichkeiten zu sündigen, was wiederum die Notwendigkeit für die Gnade erhöht. Das führt zu einer inneren Tribunalisierung; der äußere Gerichtshof der Kirche wandert nach innen und wird zum forum internum. Jetzt bildet sich das heraus, was David Riesman den "innengeleiteten" Menschen genannt hat. Das Gewissen wird zur Richtschnur für das Handeln, Denken und Fühlen. Auch die Gedanken werden nun moralisierbar. Der Mensch entdeckt den seelischen Innenraum als Bereich der moralischen Bewährung. Das verschärft die Notwendigkeit der Selbstkontrolle. Hier wird das psychologische Fundament für die spätere Entwicklung des Seelenprotokolls und des Tagebuchs gelegt. Die Selbstthematisierung wird zu einer Form der Selbstprüfung. Die Abschaffung der römisch-katholischen Beichte wird kompensiert durch das öffentlich abgelegte Sündenbekenntnis. Viele Puritaner organisieren ihre autobiographische Selbstreflexion um die Vorstellung eines dramatischen Erweckungserlebnisses. Man sucht nach Zeichen für Erwähltheit und dafür, daß man Gnade gefunden hat vor den Augen Gottes. Diese Umkehr- und Erweckungserlebnisse entsprechen dem literarischen Topos der felix culpa. Die Einsicht in die Schuld bedeutet zugleich die Befreiung von ihr. Das fördert den Hang zur demonstrativen Selbstzerknirschung und öffentlich geübten Seelenmarter.

Die Gewalt solcher Umkehrerlebnisse war so groß, daß sie einem der Zweige der Puritaner, den Quäkern, zu ihrem Spitznamen "Zitterer" verhalf. Quäker sind solche, die der Kampf zwischen den Mächten des Lichts und der Finsternis während ihres Erweckungserlebnisses zum Zittern bringt, bis der Sieg der Wahrheit "in einem süßen Laut des Dankes und Lobes endet". Sie selbst nennen sich die "Society of Friends". Von George Fox gegründet, unterschieden sie sich von anderen Puritanern durch die Bedeutung, die sie dem immerwährenden Pfingsterlebnis beimaßen: Der Heilige Geist konnte vom Himmel herabsteigen und in jedem Menschen das innere Licht entzünden, dem zu folgen für die Quäker das Hauptgebot der Religion war. Dieses innere Licht ersetzte ihnen jede Kirche.

Von einem solchen inneren Licht war auch George Fox erleuchtet worden. In seinem *Diary* schildert er, wie der Herr in einer Baptistenversammlung in Leicestershire "seinen Mund öffnete" und ihm klarmachte, daß er von Anbeginn der Welt an zu den Erwählten gehörte. Von nun an fühlte sich Fox wie Moses als direktes Sprachrohr Gottes, so daß es ihm unmöglich wurde, vor irgendjemandem den Hut abzunehmen oder ihn mit "you", also "Sie", anzureden. Das begründete die Neigung der Quäker, zum biblischen "thou" zurückzugehen.

Fox betrieb seine Mission als eine Abfolge von Go-Ins. Überall unterbrach er die Gottesdienste in den Kirchen und verkündete, die Wahrheit von Gottes Wort zeige sich nicht primär in der Bibel, sondern im inneren Licht. Immer wieder wurde er verhaftet und wieder freigelassen. Schließlich bekehrte er den Richter Thomas Fell und seine Frau Margaret in Swarthmore, Yorkshire, und ihr Haus wurde zur ersten Versammlungsstätte der Quäker. Bis heute ist es ein Heiligtum der Quäker in aller Welt geblieben.

Durch ihren Pazifismus und durch ihre Weigerung, Eide zu schwören, gerieten die Quäker später immer wieder in Konflikt mit der Staatsgewalt. Sie behielten die Angewohnheit bei, vor Angehörigen höherer Stände den Hut aufzubehalten. Sie lehnten die heidnischen Bezeichnungen für Wochentage und Monate ab. Um dem Heiligen Geist ungehinderten Zugang zu den Seelen zu verschaffen, hielten sie ihre Gottesdienste im Freien ab. Jeder, der daran teilnahm, durfte sagen, was ihm der Heilige Geist eingegeben hatte. Zum Predigen waren Männer und Frauen gleichermaßen zugelassen. Ihr Pazifismus ließ sie bei Verfolgungen auch die andere Wange hinhalten, und ihr Fleiß und ihre Sparsamkeit ließen sie bald zu Wohlstand kommen. Später erwarben sie sich unsterbliche Verdienste durch die Organisation von Hilfsaktionen, die Unterstützung Notleidender und eine vorbildliche Wohltätigkeit. Noch die Carepakete ins hungernde Nachkriegsdeutschland sind auf die Initiativen der Quäker zurückzuführen.

Die Revolution brachte auch einen Wendepunkt in der Haltung der Regierung zu den Handelsinteressen Englands. Um sie hatten sich die Stuartkönige entweder nicht gekümmert oder sogar gegen sie verstoßen. Jetzt wurden sie direkt im Parlament und in der Exekutive repräsentiert. Allerdings waren sie nicht widerspruchsfrei. Im Prinzip gab es zwei Interessengruppen: diejenigen Finanz- und Handelsleute, die den Handel mit Westindien betrieben, sahen ihren Hauptfeind in Spanien, das den lateinamerikanischen Markt monopolisierte. Gegen sie war die niederländische Republik ein potentieller Verbündeter. Diese sogenannten "merchant adventurers" favorisierten deshalb gute Beziehungen zu Holland. Auch Cromwell dachte daran, mit den Vereinigten Provinzen ein Bündnis zum Schutz des Protestantismus zu schließen. Andererseits waren die Holländer Konkurrenten im Ostindienhandel und beim Export der sogenannten new draperies sowie im europäischen Speditionsgeschäft. Sie hatten ein Monopol auf Schiffsbaumaterialien und auf den Sklavenhandel etabliert. Deshalb erließ das Rump Parliament 1651 die sogenannte "Navigationsakte". Sie legte fest, daß alle Importe aus den Kolonien nach England auch auf englischen Schiffen (und nicht etwa holländischen) transportiert werden müßten. Das führte zu den Seekriegen mit Holland, die auf englischer Seite den größten Seehelden nach Drake hervorbrachten: Robert Blake. Die von ihm geführte Flotte sollte nach anfänglichen Niederlagen und nach drei Kriegen schließlich den Sieg davontragen, als die Holländer eine untergeordnete Stellung gegenüber Großbritannien akzeptiert hatten.

Es bleibt die historische Leistung Cromwells, nicht nur die bis dahin beste britische Armee aufgestellt, sondern auch der englischen Marine den Durchbruch zur Seeherrschaft eröffnet zu haben. Zum ersten Mal wurde der Versuch gemacht, eine Art imperiale Einheit herzustellen. Die Gesetzgebung des Parlaments zielte darauf, die Produktivität der Kolonien zu erhöhen und England mit allem zu versorgen, was es brauchte. Auf die Produktion bestimmter Materialien, die die Flotte benötigte, wurden Prämien ausgeschrieben, um sich von Holland und dem Baltikum unabhängig zu machen. Den Kolonien wurde der Handel mit Ausländern, das hieß vor allen Dingen Holländern, verboten. Alle aus den Kolonien in Drittländer ausgeführten Waren mußten in England zwischengelagert werden. Auf diese Weise wurde die Verlegung des kommerziellen Zentrums der Welt von Amsterdam nach London erzwungen. Da die Holländer die Portugiesen aus dem Speditionsgeschäft gedrängt hatten, übernahm nun England die Rolle des Protektors des portugiesischen Imperiums. Kurz nach der Restauration sollten englische Kaufleute das Monopol des Handels mit den Kolonien Brasilien, Bengalen und Westafrika und natürlich mit Portugal selbst erhalten. Das war der Beginn einer langen anglo-portugiesischen Verbindung, die zugleich die Neigung der Engländer zum Konsum von Portwein begründete. Cromwell realisiert auch als erster den Plan der elisabethanischen Seehelden, das spanische Imperium in Amerika anzugreifen. Es setzt sich in den Besitz von Jamaika, das zum Zentrum des Sklavenhandels wird. Bei den Friedensschlüssen achtet man jetzt auf die Überlassung von Stützpunkten. Seit dem Commonwealth werden kommerzielle Überlegungen maßgebend für die Außenpolitik. Nach und nach verleibt man dem Empire auf diese Weise Jamaika, St. Helena, Dünkirchen, Nova Scotia, New Brunswick etc. ein.

Zugleich bringt die Revolution auch eine Änderung der Fiskalpolitik mit sich. Mit dem zunehmenden Einfluß der City auf die Steuergesetzgebung wird die Kaufmannschaft auf Kosten der Gentry stärker entlastet. Die Revolution war also für die wirtschaftliche Entwicklung Englands das Äquivalent eines gewaltigen Impulses. Sie trug entscheidend dazu bei, daß England in der kommerziellen Konkurrenz mit seinen unmittelbaren Rivalen Frankreich und Holland einen deutlichen Vorsprung gewann.

Die dirigistische Wirtschaftspolitik des absoluten Monarchen machte der Selbstregulierung des Marktes Platz. Preis- und Qualitätskontrollen wurden aufgegeben und Löhne und Arbeitszeiten nicht mehr festgelegt. Dem kam die Schwäche der englischen Zünfte entgegen. Zugleich brachte die Revolution eine enorme Umverteilung des Eigentums. Kronländereien im Wert von über 2 Millionen £ und Kirchenland in der Höhe von ca. 2 Millionen £ kamen auf den freien Markt. Die Güter von über 700 Royalisten wurden konfisziert und für über 1 Million £ verkauft. Weit größer war der Anteil an Gütern, die die Royalisten selbst verkauften. Zugleich wurde das Eigentumsrecht umgestaltet. Alle feudalen Begrenzungen des Eigentums, die das Lehensrecht noch gelassen hatte, wurden abgeschafft, und limitiertes Eigentumsrecht wurde in volles Eigentum überführt. Freie Verfügungsgewalt gegenüber Erben, Pächtern und königlichen Rechten bedeutete wiederum einen Anreiz für langfristige Investitionen, Rationalisierungsmaßnahmen und Entwicklung intensiver Anbaumethoden in der Landwirtschaft. Da die Regierung jede Art von "improvements" unterstützte, wurden die Versuche aufgegeben, die "Enclosures" zu verhindern. Das machte wiederum die innere Kolonisation lohnend, und diese Entwicklung kam weitgehend den ehemals royalistischen Gebieten des Nordens und Westens zugute. Insgesamt bedeutete die Revolution eine Konsolidierung der Landbesitzer mit flüssigem Kapital, das sie in Rationalisierungsmaßnahmen investieren konnten. Die Rationalisierung der Landwirtschaft sollte eine der Voraussetzungen für die Industrielle Revolution werden.

In der Politik dürfte die bemerkenswerteste Wirkung der Revolution in der Erfahrung bestanden haben, daß man ein Land auch ohne König regieren konnte. Die monarchenlose Administration hatte notgedrungen zu ihrer eigenen Legitimation eine Dienstethik ausgebildet, in der die Beamten an ihre Verwantwortlichkeit gegenüber dem Commonwealth erinnert wurden. Die Beschleunigung der politischen Umwälzungen brachte es mit sich, daß viele Menschen die Schöpfungen der administrativen Organe selbst erlebt und bewerkstelligt hatten. Das erhöhte das Bewußtsein von deren Kontingenz: man konnte sie sich dann auch anders vorstellen. Eine große Zahl von Menschen hatten in diesen Komittees, Milizen, Councils und vielerlei Organen mitgewirkt und auf diese Weise politische Erfahrung erworben. Häufig verdankten sie ihre Stellung nicht mehr sozialem Rang, sondern eigenem Verdienst. Zugleich waren durch die verschiedenen Feldzüge und Propagandaschlachten England, Schottland, Wales und Cornwall zu einer stärkeren Einheit als jemals zuvor verschmolzen. Der intensive Pamphletenkrieg etablierte so etwas wie einen nationalen Diskurs. Das puritanische Selbstbewußtsein bestärkte die Tendenz zur Einmischung; die Weigerung der Quäker, vor Königen den Hut abzunehmen, dokumentierte den allgemein verbreiteten Stolz vor Fürstenthronen. So wurden in der puritanischen Revolution ein Großteil der kulturellen Voraussetzungen dafür geschaffen, daß die englischen und amerikanischen Mittel- und Unterschichten gegenüber totalitären Versuchungen weitgehend immun blieben.

Das Ende des Commonwealth war eine notwendige Folge des ungelösten Verfassungskonflikts. Cromwell hatte kurz vor seinem Ende 1658 seinen Sohn Richard zu seinem Nachfolger bestimmt, doch wurde dieser nach dem Tod seines Vaters von den Generälen zur Abdankung gezwungen. Im übrigen war Richard weder willens noch fähig, die Amtsgeschäfte zu übernehmen. Die Londoner City verweigerte die Kooperation mit der Militärregierung, und das neugewählte Parlament war royalistisch und presbyterianisch. Es restaurierte sofort das House of Lords und akzeptierte die sogenannte Deklaration von Breda, die Charles II. als Eintrittskarte zu seinem Palast in Westminster erlassen hatte. Darin bot er Anerkennung aller Landverkäufe, Zahlung des ausstehenden Soldes an die Soldaten, Freiheit des Gewissens und – mit gewissen Ausnahmen – eine generelle Amnestie an. In der Börse übermalten Arbeiter die Inschrift: "Exit tyrannus, regum ultimus" – "Es geht der Tyrann, letzter der Könige" – , die auf den Tod seines Vaters gemünzt worden war. Nach zehn Jahren königsloser Zeit proklamierte das Parlament Charles II. zum König von England.

John Milton

Die Puritaner sind den Musen nicht hold. Als einzigen Text, der es lohnt, gelesen zu werden, gilt ihnen die Heilige Schrift. Und doch gibt es einen Dichter, den man mit Fug und Recht als das Sprachrohr der großen Revolution bezeichnen kann: John Milton. Er hat der europäischen Literatur jene rebellische Gestalt geschenkt, die zur großen Inspiration für die romantische Revolutionsliteratur im Umkreis der Französischen Revolution werden sollte: Satan.

Milton ist der dritte Sohn eines Notars und einer Schneiderstochter. Der Vater ist wohlhabend genug, seinen Sohn durch Privatlehrer erziehen zu lassen und ihn dann in die von dem Humanisten Colet gegründete Schule von St. Paul's zu schicken. Dort lernt er die klassischen Sprachen sowie Italienisch und Französisch, zieht Spenser Shakespeare vor und läßt sich von Du Bartas' *Divine Weeks and Works* beeindrucken, einer epischen Erzählung in alexandrinischen Reimen von den sieben Tagen der Schöpfung. Anschließend studiert er in Cambridge und erwirbt 1632 den Grad eines Magisters. Danach zieht er sich zu privaten Studien in das Landhaus seines Vaters bei Windsor zurück und widmet sich der Komposition pastoraler Gedichte. *L'Allegro* schildert die Entzückungen des ländlichen Lebens und *Il Penseroso* die Grübeleien, die sich bei der Fahndung nach dem Sinn des Lebens einstellen. Aufmerksamkeit erregt er zum ersten Mal durch eine Court Masque, die aus Anlaß der Feierlichkeiten zur Ernennung des Earl of Bridgewater zum Ratspräsidenten von Westengland aufgeführt wird. In ihr erhalten zwei junge Männer und ein Mädchen Gelegenheit darzustellen, wie eine liebliche Jungfrau durch die Wälder streift und von dem finsteren Zauberer Comus vergeblich dazu provoziert wird, ihre Tugend für ein lustiges Leben zu opfern. 1637 stirbt sein Freund Edward King, und Milton schreibt die pastorale Elegie *Lycidas*. 1638 begibt er sich auf eine Italienreise und besucht den erblindeten Galilei, der mit seinen 74 Jahren genauso alt war, wie Shakespeare gewesen wäre, wenn er noch gelebt hätte. Nach viermonatigem Aufenthalt in Rom kehrt er über Venedig, Mailand und Paris nach England zurück. Wieder in London, eröffnet er eine Art Privatschule, in der er auch seinen Neffen unterrichtet. Als 1640/41 ein Pamphletenkrieg für oder wider die Abschaffung der Bischöfe ausbricht, wirft sich Milton ins Getümmel und greift die Prälaten mit einer Rhetorik an, die schon den gewaltigen Atem des Epikers ahnen läßt. Dann bricht der Bürgerkrieg aus, und Milton beginnt seinen eigenen Bürgerkrieg, indem er Mary Powell, die vergnügungssüchtige und unkongeniale Tochter eines royalistischen Friedensrichters, heiratet. Nach den ersten ehelichen Stürmen kehrt sie enttäuscht zu ihren Eltern zurück, und Milton verfaßt mit *The Doctrine and Discipline of Divorce* einen ebenso herzerweichenden wie vergeblichen Aufruf an das Parlament, in der künftigen Gesetzgebungsarbeit auch die Scheidung vorzusehen. Das Parlament aber stellt lediglich fest, daß Milton versäumt hat, seine Schrift im Stationer's Register einzutragen und sich eine Druckerlaubnis zu beschaffen. Daraufhin verfaßt Milton ein flammendes Manifest für die Meinungsfreiheit mit dem Titel *Areopagitica* – so benannt nach den Fällen, die vor dem Areopag, dem athenischen Gerichtshof behandelt wurden. Hier hören wir die Stimme puritanischer Schriftheiligkeit: "Wer einen Menschen umbringt, tötet ein verständiges Wesen, das Ebenbild Gottes; aber der, der ein gutes Buch zerstört, tötet die Vernunft selbst, tötet das Bildnis Gottes, wie ein geistiges Auge es gesehen hat. Mancher Mensch ist eine Last für diese Welt, ein gutes Buch aber ist der Lebenssaft eines hohen Geistes, gehegt und gepflegt im Hinblick auf ein Leben über dieses Leben hinaus. ... Wären alle doktrinären Winde losgelassen zum Spiel mit der Welt und stellte sich ihm die Wahrheit entgegen, dann wäre es beleidigend für sie, wenn wir zensurierend und verbietend an ihrer Kraft zweifelten. Laßt sie sich selber mit der Lüge auseinandersetzen! Welcher, der im Besitz der Wahrheit war, zog je den Kürzeren im freien, offenen Kampf?"

Nachdem die Parlamentarier auch über diese Schrift die Köpfe geschüttelt und festgestellt haben, daß die *Areopagitica* nicht zur Registrierung vorgelegt wurde, wirkt der große Bürgerkrieg auf Miltons Ehekrieg zurück: Aufgrund der Niederlage der Royalisten verarmt Marys Familie, und sie selbst erscheint reuig zusammen mit ihren Eltern bei Milton, der sie alle in seinem Haushalt aufnimmt, obwohl dieser bereits mit Miltons Vater und seinen Schülern bevölkert ist. Umgeben von diesem Getümmel schreibt er eine Flugschrift, in der er die Hinrichtung von Charles I. verteidigt. Das empfiehlt ihn dem Staatsrat, der ihn umgehend als Lateinsekretär der Regierung einstellt. Damit ist Milton im Zentrum der revolutionären Macht angekommen. Er hat nicht nur die Auslandskorrespondenz ins Lateinische, Französische oder Italienische zu übersetzen, sondern ihm obliegt auch, die Politik der Regierung in selbstverfaßten Schriften zu erläutern und zu rechtfertigen. Und die Begründungslast einer Revolutionsregierung ist naturgemäß größer als die jeder anderen. Auch in den innenpolitischen Kampf hat er mit eigenen Schriften, die die Regierungspolitik rechtfertigen, einzugreifen. So reagiert er auf die angeblichen Reflexionen von Charles in *Eikon Basilike* mit seinem *Eikonoklastes*. Charles II. gibt darauf bei dem berühmten Claude Saumaise die *Defensio regia pro Carolo I* in Auftrag, auf die Milton mit der Schrift *Joannis Miltoni, Angli, pro populo anglicano defensio contra Claudii Salmasii defensionem regiam* reagiert, in der er das Andenken von Charles I. durch finstere Verdächtigungen und sexuelle Denunziationen verdüstert. Daraufhin straft Gott beide Kontrahenten: Saumaise stirbt, und Milton wird blind. In dieser Zeit hat er sein berühmtes Sonett XVII. geschrieben:

When I consider how my light is spent
    Ere half my days, in this dark world and wide,
    And that one talent which is death to hide
    Lodged with me useless, though my soul more bent
To serve therewith my maker and present
    My true account, lest he, returning, chide.
    "Doth God exact day-labour, light denied?"
    I fondly ask; but Patience, to prevent
That murmur, soon replies: "God doth not need
    Either man's work or his own gifts; who best
    Bear his mild yoke, they serve him best; his state
Is kingly – thousands at his bidding speed
    And post o'er land and ocean without rest:
    They also serve who only stand and wait.

Für die weitere Verteidigung der Regierungspolitik gibt ihm der Staatsrat nun einen Sekretär. Ihm diktiert Milton eine *Defensio secunda*, die neben der Beschimpfung des Gegners eine beredte Huldigung Cromwells enthält. Inzwischen ist Milton verwitwet und heiratet 1656 Catherine Woodcock, notabene ohne sie sehen zu können. 1657 wird Andrew Marvell – einer der großen Vertreter der Metaphysical School of Poetry – sein Sekretär. Das Jahr 1658 hält einen doppelten Schicksalsschlag für Milton bereit: Seine Frau stirbt im Kindbett, und sein Heros, Auftraggeber und der "Leitstern" seines Lebens, Cromwell, wird zu seinen Vätern versammelt. Nun wird es für Milton gefährlich. Tollkühn warnt er die Engländer vor der Restauration der Stuarts. Der royalistisch gewordene Staatsrat entläßt ihn als Lateinsekretär und verhaftet seinen Drucker. Trotzdem verfaßt Milton weiterhin Pamphlete, die zur Verteidigung der Republik aufrufen. Am 7. Mai geht Milton in den Untergrund, wird entdeckt und verhaftet. Man erwartet allgemein seine Hinrichtung. Aber Marvell, der seine gute Beziehung zu royalistischen Kreisen nie aufgegeben hatte, verteidigt ihn erfolgreich. Die Ironie des Schicksal will es, daß trotz Miltons *Areopagitica* nicht er selbst, sondern nur das Konvolut seiner Schriften verbrannt wird. Und so bleibt er der Menschheit erhalten, um mit *Paradise Lost* das größte Epos der englischen Sprache zu schreiben.

Schon vor dem Bürgerkrieg hatte er sich mit dem Gedanken getragen, ein Epos zu schreiben, das den Namen des Herrn loben und seinen eigenen verewigen sollte. Jetzt nimmt er den Plan wieder auf. 1663, im Alter von 55 Jahren, heiratet er (zum dritten Mal) und nimmt die 24jährige Elisabeth Minshull zur Frau. Mit ihr und seinen drei Töchtern zieht er 1664 zum letzten Mal um in ein Haus mit einem Garten, in dem er sich ohne fremde Hilfe bewegen kann. Abgesehen von der ältesten Tochter Anne, die einen Sprachfehler hat, lesen ihm seine drei Frauen Bücher in griechischer, lateinischer, hebräischer, französischer, italienischer und spanischer Sprache vor, von denen sie selbst kein Wort verstehen. Und ihnen diktiert er auch die Verse zu *Paradise Lost.* Dabei fühlt er sich inspiriert wie ein alttestamentarischer Prophet, wenn der Geist über ihn kommt: Er diktiert bis zu vierzig Zeilen in einem Zug, um sie sich wieder vorlesen zu lassen und dann zu korrigieren.

In den Jahren des Commonwealth war Milton der Apologet der Regierung Englands und das Sprachrohr Cromwells. Nach der Niederlage des Commonwealth wurde er zum Apologeten der Weltregierung und zum Sprachrohr Gottes. Hatte er vorher die Wege des Lord Protector der Welt erläutert, ist es jetzt sein Bedürfnis, "to justify the ways of God to man". Damit zeigt er den Weg, den der Puritanismus nach der Restauration einschlagen sollte: Nach der Niederlage des Reiches Gottes im Diesseits und dem Triumph der Philister über das Volk Israel tröstet man sich mit dem Gedanken, daß das alles im großen Heilsplan Gottes schon seinen Sinn haben werde. Wie bei dem Volk des Alten Bundes führt die eigene Niederlage zur Erhöhung der Allmacht Gottes: Er benutzt die eigenen Feinde als Instrumente, mit denen er sein Volk für seine Sünden züchtigt. Und so schreibt Milton die Geschichte von der Vertreibung Evas und Adams aus dem Paradies als Parallele zur Vertreibung des Volkes Gottes aus dem Commonwealth und zur eigenen Vertreibung aus dem Paradies der Ehe durch die Versucherin Mary Powell. Der blinde Milton aber wird zur Reinkarnation des blinden Homer in der Gestalt des Propheten Jesaja. Das Epos erscheint im Augut 1667, zwei Jahre nach der großen Pest und ein Jahr nach dem großen Brand von London.

Milton orientiert sich am klassischen Epos, an der Ilias und an der Aeneis. Wie schon Spenser vor ihm, hat er sein Werk auf zwölf Bücher angelegt, aber im Unterschied zu Spenser hat er es auch vollendet. Es beginnt nach klassischen Vorbild mit der Invokation der Musen, fängt medias in res an und holt dann die Vorgeschichte nach. Die heroische Aktion besteht aus den Schlachten zwischen Engeln und Teufeln und vor allen Dingen aus der großen Rebellion Satans. Dabei kann Milton Parallelen zur Rebellion gegen Charles II. nicht ganz verleugnen. Nach dem Sturz Satans schildern die Bücher eins und zwei die Debatten im satanischen Parlament und den Aufbau der Hölle. Da Technik für Milton etwas Dämonisches hat, stellt er sich das Pandämonium als gigantische Konstruktion vor. Das dritte Buch verlegt die Szene in den Himmel und enthält eine Diskussion des Heilsplans Gottes und der Erlösungsaufgabe Christi. Die Bücher vier bis sechs stellen einen Besuch des Erzengels Rafael im Paradies dar, währenddessen der Erzengel die Vorgeschichte zum Aufstand Satans und die Umstände seines Sturzes schildert. Im siebten und achten Buch erfolgt die Peripetie. Zunächst erzählt Rafael die Schöpfungsgeschichte. In ihr wird dann schon in Vorwegnahme der späteren Theodizee – der Rechtfertigung Gottes angesichts der Übel in der Welt – die Grundfigur der Kompensation entwikkelt: es ist Zweck der Schöpfung, "good out of evil to create". Wie in Goethes *Faust* ist Satan der Geist, der stets das Böse will und stets das Gute schafft. Als notwendige Bedingung für die

Möglichkeit der Sünde ist er auch die Voraussetzung zum Guten. Als Inkarnation der Freiheit ist er auch der Versucher. Damit wird er in den Schöpfungsplan eingebaut. Er wird zum großen Verführer Evas. Es ist nun die Figur, die als Miltons Schöpfung die größte literarische Wirkung ausgeübt hat. In ihm sehen wir die Vorwegnahme des Byronic hero: faszinierend, eloquent, ein Rebell und ein Revolutionär. Ihm hat Milton einen Großteil seiner revolutionären Rhetorik in den Mund gelegt, und wenn Satan Reden für die Freiheit des Wissens und den Fortschritt der Erkenntnis hält, klingt es fast so, als ob Milton die *Areopagitica* verliest. In Blakes *Marriage of Heaven and Hell*, in Shelleys *Prometheus Unbound* und in Byrons *Cain* und *Manfred* wird der miltonsche Satan triumphale Auferstehung feiern. Im neunten Buch des *Paradise Lost* erfolgt nun der Sündenfall. Eva wird zu einer Figur, die dann vor allen Dingen in der Décadence eine Rolle spielen wird: eine femme fatale. Adam aber verhält sich wie Milton selbst: Er wird nicht eigentlich versucht, sondern begeht seinen Sündenfall in einer Art von ehelicher Solidarität im vollem Wissen um die Folgen. Im zehnten bis zwölften Buch wird dann geschildert, wie Satan triumphiert, wie Mensch und Natur sich wandeln und wie es zur Vertreibung aus dem Paradies kommt, während der Erzengel Michael Voraussagen über die Erlösung macht. Damit werden in einer großartigen Vision Sündenfall und christliche Erlösung zusammengeschlossen. Insofern wird der Sündenfall als felix culpa, als happy fall, in den Heilsplan integriert und der Gedanke entwickelt, daß das Böse notwendig sei, um das Gute zu provozieren. Unter der Bedingung der Freiheit enthält die beste aller möglichen Welten eben auch die Möglichkeit zur Sünde. Diese Erklärungen werden z.T. auch Gott selbst in den Mund gelegt, der die undankbare Aufgabe erhält, die später Leibniz übernehmen sollte: eine Theodizee zu schreiben. Deshalb gleicht Gott in *Paradise Lost* hin und wieder einem überanstrengten Philosophen, dem man seine langatmigen Erklärungen nicht abnimmt. Dafür macht er Satans Rebellion umso verständlicher. Trotz der unterstellten Willensfreiheit glaubt Milton aber an die Prädestination, wie wir aus seiner Schrift *De doctrina christiana* wissen. Im übrigen ist er von neuplatonischen Vorstellungen beeinflußt. Wie die geistige, so ist auch die materielle Welt eine Emanation aus dem Geist Gottes. Danach sind Materie und Geist von derselben göttlichen Substanz. Solche

Ideen verraten die Wirkung der Cambridge Platonists, die den Übergang zum Weltbild Newtons ebnen sollte.

In vielem verkörpert Milton den Typus des unbeugsamen Puritaners. Er ist kämpferisch, zornesmütig, selbstgerecht und schnell bereit, den Sündern höllische Strafen in Aussicht zu stellen, denn er identifiziert sich etwas zu stark mit dem Gott, als dessen Prophet er sich fühlt. Aber in anderer Hinsicht ist er wieder untypisch: Er geht in keine Kirche, hält keine Hausandachten ab und betet auch nicht. Statt dessen liebt er die Kunst und Musik und studiert mit Wonne die klassischen Schriften und die Literatur der europäischen Renaissance. Sein *Paradise Regained* enthält etwas von der Spannung, die sich zwischen den drei Kraftzentren seines Lebens aufgebaut hat: dem Puritanismus, der klassischen Literatur und der weltlichen Macht. Sein Szenario ist diesmal die Versuchung Christi in der Wüste. Satan bietet ihm einmal die Schönheit der Antike, dann die Weisheit der klassischen Philosophen Platon und Aristoteles, und schließlich macht er ihm den Vorschlag, mit seiner Hilfe Tiberius zu stürzen und sich selbst zum Cäsar zu machen. Dies sind zweifellos Verlockungen, deren sich Milton weniger gut erwehrt hat als Christus. Schließlich schreibt Milton noch die Tragödie *Samson Agonistes*, in der er die klassischen Tragiker Griechenlands imitieren möchte. Als Stoff dient ihm die biblische Geschichte von dem israelitischen Herkules Samson. Seine Kräfte sind so gewaltig, daß er ohne Hilfe ganze Philisterheere schlägt. Aber wie alle Heroen hat er eine Schwachstelle: seine Kraft sitzt in seinen Haaren. Und wie bei vielen Heroen wird diese Schwachstelle von einer femme fatale ausgenutzt: Als die Verführerin Delilah ihm die Haare geschoren hat, wird er von den Philistern gefangen und geblendet. Doch der Triumph seiner Widersacher dauert nicht lange; nachdem ihm die kraftspendenden Haare wieder gewachsen sind, bringt er während eines Festes der Philister ihren Tempel zum Einsturz und begräbt sich zusammen mit seinen Feinden unter den Trümmern. Das ganze Stück ist eine Allegorie der Restauration. Der geblendete Samson ist der blinde Milton; die treulose Delilah seine Frau, Mary Powell; die Juden, die von den Philistern gequält werden, sind die unterdrückten Puritaner; die Philister selbst sind die Royalisten unter Charles II., die wilde Feste feiern und sich der Sittenlosigkeit und Zügellosigkeit überlassen; und der Zusammenbruch des Tempels wirkt wie eine düstere

Prophezeiung des endgültigen Sturzes der Stuarts in der Glorious Revolution von 1688.

Als Milton 1674 im Alter von fast 66 Jahren stirbt, sind die Puritaner unterdrückt, und er selbst steht als Rechtfertiger von Königsmördern nicht gerade auf der Höhe seines Ansehens. Die Literatur des Puritanismus wird von da an innerlicher und psychologischer, während Milton mit seinem Epos zu einer Literaturgattung beiträgt, deren eigentliche Funktion in der Glorifikation des herrschenden Adels besteht. Und in der kulturellen Entwicklung der Folgezeit sollte der Gegenstand seines großen Gedichts immer mehr an Interesse verlieren. Aber eine Figur ist lebendig geblieben und hat an Bedeutung gewonnen: Satan, der archetypische Rebell. Ihm sollte es vorbehalten bleiben, die Rolle des Revolutionärs in der europäischen Geschichte vollends zu übernehmen und durch eine Umwertung aller Werte den Einsturz des religiösen Tempels durch die Hoffnung auf das Reich Gottes im Diesseits zu kompensieren. Das bedeutete die Umkehr des miltonschen Entwurfs. Insofern erlitt *Paradise Lost* das Schicksal einer "hegelianischen Aufhebung": es wurde negiert, aufbewahrt und auf eine höhere Ebene gehoben. Als Dichtung aber machte es seinen Verfasser unsterblich.

Die Restauration und 'The Merry Monarch'

Es mag etwas daran sein, daß alle weltgeschichtlichen Umwälzungen zweimal stattfinden, einmal als Tragödie und das zweite Mal als Farce. Blickt man auf die Zeit der Restauration, gewinnt man den Eindruck, die Stuarts stünden unter einem Wiederholungszwang. Charles II., the Merry Monarch, läßt den liederlichen, lasterhaften und fröhlichen Hof von James I. wiederauferstehen, wobei der König selbst im Unterschied zu seinem Großvater allerdings ein Liebhaber der Frauen ist. Nach zwei Jahrzehnten Regierung hat er sich aufgrund einer Politik, die nicht zu Unrecht katholisierender und absolutistischer Tendenzen verdächtigt wird, wieder mit Aufständen, anti-katholischen Paniken, einem widerspenstigen Parlament und einer regelrechten Opposition herumzuschlagen. Unter der Führung des Earl of Shaftesbury bildet sich eine Gruppe von Männern, die mit dem Spitznamen "Whigs" belegt wird. Im Gegenzug nennt man die Freunde des Königs "Tories", wobei "Whigs" ein Schimpfwort für Viehtreiber und "Tories" ein irischer Ausdruck für Diebe ist. Am Ende wird ein neuer Bürgerkrieg nur deshalb abgewendet, weil die Erinnerung an den letzten noch allzu frisch ist. Was Charles nicht schafft, gelingt seinem katholischen Bruder James II. Er betreibt die katholische Restauration so offen und hastig, daß die Magnaten Englands seinen puritanischen Schwiegersohn Wilhelm von Oranien aus Holland einladen, James' Thron einzunehmen. Als die Armeeführer zum Gegner überlaufen, flieht James außer Landes, und das Parlament macht den Oranier als Wilhelm III. zum König von England. Diesmal haben die Magnaten aus den Fehlern der Restauration gelernt: Wilhelm wird erst dann zum König gemacht, nachdem er die Einhaltung einiger Verfassungsgrundsätze feierlich gelobt hat, die in der sogenannten Bill of Rights zusammengefaßt sind. Dieses sogenannte "Revolutionary Settlement" von 1688 sollte zur Grundlage der englischen konstitutionellen Monarchie werden. Aufgrund ihres historischen Erfolgs nennt man diese Erhebung gegen James II. deshalb "The Glorious Revolution". Sie war aber keine Revolution, sondern ihre unblutige Simulation in Form eines parlamentarischen Staatsstreichs durch die Magnaten. Die

Restaurationszeit von 1660 bis 1688 – vor allem aber das letzte Jahrzehnt – ist also die Inkubationszeit für die schließlich erfolgreiche konstitutionelle Lösung. In dieser Zeit kristallisieren sich die Rahmenbedingungen dafür heraus, daß der Verfassungskompromiß mit einem sozialen Kompromiß verbunden und dadurch stabilisiert wird: Die Glorious Revolution wird zum exemplarischen Präzedenzfall dafür, daß das Parlament als Souverän Englands den König einsetzt. Als dies angesichts der Kinderlosigkeit von William und Mary und Marys Schwester Queen Anne erneut nötig und das protestantische Haus Hannover für erbberechtigt erklärt wird, obwohl dadurch 56 Prätendenten mit besseren Ansprüchen übergangen werden müssen, wird dieser Grundsatz – außer von einer Minderheit – schon nicht mehr bestritten. Zugleich bleiben die extremen Flügel des ersten Bügerkriegs von der aktiven Teilnahme an der Politik ausgeschlossen: die Puritaner auf der linken Seite und die Gottesgnadentum-Royalisten und katholischen Stuart-Anhänger auf der rechten. Es ist diese Inkubationszeit, in der der große viktorianische Historiker Macaulay die Erfolgsgeschichte Englands beginnen läßt und damit einen Grand Récit, eine Art identitätsstiftenden Mythos, begründet: The Whig Interpretation of History als bisher erfolgreichste Geschichte der Civil Society.

Wie immer nach Exzessen von Moralvirtuosen und den Orgien der Ideologisierung setzt in der Restauration eine Reaktion der Skepsis und der puren Lebensgier ein. Repräsentiert wird diese Reaktion durch den Hof, der durch zahlreiche Rückkehrer aus dem Exil, und das heißt in der Regel aus dem Frankreich Ludwigs XIV., geprägt ist. Niemals zuvor oder danach hat der englische Hof einen so französischen Eindruck gemacht. Diese Exilanten repräsentieren gewissermaßen die spiegelbildlich symmetrische Geschichte der beiden Länder. Während Frankreich seine Protestanten u.a. nach England vertreibt, vertreiben die englischen Puritaner in der Großen Revolution ihre Adligen nach Frankreich. In beiden Fällen hat England stärker davon profitiert: Die Hugenotten bringen ihre Gewerbe mit nach England und der zurückgekehrte Adel die französische Kultur. Das ist vor allem die Kunst der Konversation, der Sinn für Eleganz, rhetorische Präzision und Esprit und die Distanzierung vom Katholizismus nicht durch die protestantische Alternative, sondern durch mondäne Skepsis, Rationalismus und Philosophie.

Idealtypisch verkörpert werden all diese Züge im Monarchen selbst. Wie vor ihm nur Heinrich VIII. und Elisabeth ist Charles II. gerade durch seine persönlichen Eigenschaften eine repräsentative Epochenfigur geworden und als solche in das kollektive Gedächtnis der englisch sprechenden Völker eingegangen. Wie die beiden Tudors wird er persönlich populär. Aber anders als diese wird er es durch Nähe und einen Charakter, dessen Eigenart die psycho-soziale Entwicklung in den 60 Jahren seit Elisabeth markiert: Wir lernen ihn aus seinem persönlichen Umgang kennen. Er ist unprätentiös, geistreich, skeptisch, leutselig und zeigt einen entwickelten Sinn für Humor. Zu seinen gewinnendsten Zügen gehörten sein Hang zur Toleranz und seine Gutmütigkeit. Sie bringen ihm den Beinamen "good King Charles" ein. Gepaart mit seinem Hedonismus macht ihn all das fast zu einer modernen Figur. Zugleich ist er kunstliebend, interessiert sich für die Wissenschaften und betätigt sich bei der Inszenierung von Komödien. Sein Hauptinteresse allerdings gilt seinen Mätressen. Zwar heiratet er die portugiesische Prinzessin Katharina von Braganza wegen ihrer großen Barmitgift, die noch durch die Häfen von Ceylon und Tanger und die Handelsfreiheiten mit den portugiesischen Kolonien komplettiert wird, aber auch nach der Hochzeit bleibt Charles' Sexualleben ungebändigt und gibt damit der High Society, den Hofcliquen, den Stutzern der Stadt und dem Theater ein entsprechendes Beispiel. Von den zahlreichen Mätressen kennen wir dreizehn. Lucy Walter wird die Mutter des späteren Herzog von Monmouth, der 1685 bei der Thronbesteigung von James II. gegen seinen Onkel rebelliert und enthauptet wird; Barbara Villiers, spätere Lady Castlemaine, erregt auch die Phantasie des lüsternen Tagebuchschreibers Samuel Pepys und erntet die Zuwendung von John Churchill, dem späteren Herzog von Marlborough und Feldherrn des spanischen Erbfolgekriegs; Nell Gwyn ist von der einfachen Orangenverkäuferin im Theater – und d.h. von der Prostitution – zum umjubelten Bühnenstar aufgestiegen und von da aus in das königliche Bett gelangt; als einheimische Mätresse und "protestantische Hure", als die sie sich selbst bezeichnet, ist sie wesentlich populärer als Louise von Kéroualle, die als Agentin von Louis XIV. ihre Pflicht tut, und Hortense Mancini, die Nichte von Kardinal Mazarin, die die Nachfolge von Louise antritt. Barbara, Louise und Nell kann man zusammen mit Katharina von Braganza in Shaws Stück *In Good King Charles' Golden Days* kennenlernen, wo der Autor den König auf der Flucht vor seinen Mätressen im Hause Isaac Newtons auf George Fox, den Begründer der Quäker, und Sir Godfrey Kneller, den Hofmaler, treffen läßt. Wie bei Heinrich VIII. scheint auch im Fall von Charles die salomonische Polygamie den Monarchen zu einem mythologischen Status im Gedächtnis ihrer Völker zu verhelfen. Für Shaw aber ist die Mätressenwirtschaft als die Form, in der Frauen auf die Politik Einluß gewinnen, ein Vorläufer der Suffragettenbewegung.

Der königliche Frohsinn und die Leichtlebigkeit des Hofes bildet einen merkwürdigen Kontrast zu den Katastrophen, die Mitte der 60er Jahre das Land und die Hauptstadt London heimsuchten. In der Politik herrschte das royalistische Parliament of Cavaliers, und die Staatsgeschäfte führte Edward Hyde, der Earl of Clarendon. Zusammen stellten sie den status quo ante revolutionem wieder her. Das *Book of Common Prayer* wurde wieder für verbindlich erklärt, der Corporation Act – eine Art Radikalenerlaß – schloß all diejenigen vom Staatsdienst aus, die nicht nach anglikanischem Ritus das Abendmahl einnahmen, und alle Pfarrer mußten ihr Einverständnis mit dem *Book of Common Prayer* erklären und einen Eid auf die königliche Suprematie ablegen. Bald zeigte sich wieder das alte Muster der Stuart-Politik: das Parlament betrieb den Handelskrieg gegen Holland, der als sogenannter Zweiter Seekrieg von 1664 bis 67 geführt wurde; der notorisch mittellose König war gegen den Krieg und führte ihn so schlecht, daß der holländische Admiral de Ruyter die englische Flotte in der Themse-Mündung vor den Toren der Stadt zerstörte. 1665, also während des Krieges, wurde London obendrein von der Pest heimgesucht. Wir haben eine eindrucksvolle Schilderung dieser zivilisatorischen Apokalypse aus der Feder von Daniel Defoe, der damals allerdings erst sechs Jahre alt gewesen sein dürfte. Doch ist sein *Journal of the Plague Year* so nahe an der Zeit, an den Quellen und an den Überlieferungen, daß viele Historiker es für ein ernstzunehmendes Dokument halten. Als literarisches Werk und als Reportage einer urbanen Katastrophe ist es unübertroffen. Es gilt als erste Darstellung eines städtischen Kosmos. Besonders eindrucksvoll ist dabei die Parallelisierung zwischen der epidemischen Ansteckung durch die Krankheit und der ansteckenden Wirkung der Kommunikation in der Verbreitung von Gerüchten, die zu seuchenartigen Paniken führen. Während die Pest in der Stadt regierte, wurden alle Schulen, Theater und Gerichte geschlossen. Der König verlegte seinen Hof nach Oxford, und die puritanischen Prediger behaupteten, die Seuche sei eine Strafe Gottes für die Sünden des Königs. Insgesamt gingen ein Siebtel der Einwohner, das waren 70.000 Menschen, zugrunde. Aber das Schicksal ließ den Londonern weniger als ein Jahr Zeit, um sich von dem Trauma zu erholen. Am 2. September 1666 brach in einer Bäckerei in Pudding Lane – da, wo zur Erinnerung heute das "Monument" steht – mitten in der Nacht ein Feuer aus und verbreitete sich, angetrieben von einem kräftigen Ostwind, in der von der Sommerhitze ausgedörrten Stadt. Wir besitzen eine detaillierte Beschreibung der Feuersbrunst durch die beiden notorischen Tagebuchschreiber der Zeit, John Evelyn und Samuel Pepys. Fast das gesamte Areal der heutigen City wurde eingeäschert. Das London der Renaissance und der Shakespeare-Zeit mit seinen Holzhäusern verschwand. 98 Kirchen und die St. Paul's Kathedrale fielen der Katastrophe zum Opfer. Das historische London, das wir kennen, stammt aus der Zeit nach 1666. Es trägt die Handschrift eines überragenden Architekten: Sir Christopher Wren.

Nach einer Ausbildung an der Westminster School und der Universität in Oxford war er Professor für Astronomie zunächst in London und dann in Oxford geworden und beteiligte sich an naturwissenschaftlichen Experimenten von Newton und Boyle. Sein Talent im Zeichnen machte ihn dann zum Asisstenten des Generalinspekteurs der Bauten, Sir John Denham, dessen Nachfolger er wurde. Dabei entdeckte er die Geometrie als Verbindung von Naturwissenschaft und Schönheit, schulte sich am Vorbild Vitruvs, vertiefte während einer Frankreich-Reise seine Neigung zur Klassik und kehrte kurz vor dem Ausbruch des Brandes nach London zurück, um einen Plan für die Renovierung der baufällig gewordenen St. Paul's Kathedrale zu entwerfen. Kurz nach Ende des Feuers legte er bereits dem König einen Gesamtplan für den Wiederaufbau der Stadt vor. Noch heute ist die Silhouette Londons durch die große Kuppel von Sir Christopher Wrens St. Paul's Kathedrale und durch die dreieckigen Spitzen seiner Kirchtürme geprägt. 36 Rathäuser, die Krankenhäuser von Greenwich und Chelsea, 53 Kirchen und den Ostflügel des Hampton Court Palace hat allein Sir Christopher Wren entworfen. Er blieb Generalinspekteur der Bauten während der aufeinanderfolgenden Regierungszeiten von Charles, James II., William und Mary und Queen Anne. Bis zu den Tagen Haussmanns sollte es keinen Architekten geben, der so sehr eine Stadt prägen sollte wie er. Dafür erreichte er das biblische Alter von 91 Jahren und wurde in der St. Paul's Kathedrale beigesetzt, die er selbst gebaut hatte. Nach den großen beiden Katastrophen der Metropole konnte niemand wissen, daß gerade kurz vorher – im Jahre 1664 – durch den Erwerb Manhattans der Grundstein für eine neue Metropole gelegt worden war.

Diese Heimsuchungen verwandelte das Parlament in zusätzliches Mißtrauen gegen den König. Es beschloß die Überwachung der königlichen Staatsausgaben und erzwang die Entlassung des Earl of Clarendon. An seine Stelle trat eine Fünferbande, deren Initialen zusammen den europäischen Sprachen ein neues Wort beschert haben: Thomas Clifford, der Earl of Arlington, der Duke of Buckingham, Lord Ashley (späterer Earl of Shaftesbury) und der Earl of Lauderdale. Zusammen ergeben die ersten Buchstaben ihrer Namen das Wort "Cabal", und das wird ein Synonym für Intrigenpolitik, wie in Schillers Dramentitel *Kabale und Liebe*. Diese Bedeutung erhielt der Begriff, weil die Fünf die Neigung hatten, den Privy Council zugunsten von intimen und weniger formellen Konsultationen zu umgehen. Zugleich trieb auch Charles selbst eine doppeldeutige Politik der Geheimverträge mit Ludwig XIV., von der das Parlament nichts wußte. Nach dem Rücktritt des Cabal-Ministeriums wurde einer der Fünf, der Earl of Shaftesbury, immer mehr zum Zentrum einer Opposition, die sich in dem neu gegründeten Green Ribbon Club formierte. Dieser Club fungierte als Zentrale der anti-royalistischen Propaganda. Ihre Grundmelodie bestand darin, daß man das Parlament und den Protestantismus gegen einen katholisierenden König, gegen Frankreich und gegen einen katholischen Thronerben zu schützen habe. Denn James war inzwischen zum Katholizismus übergetreten. Das schien so lange nicht besonders gefährlich, als seine beiden Töchter, die künftigen Königinnen Mary und Anne, protestantisch erzogen worden waren. Aber zum Ausgleich hatte James eine katholische Prinzessin, Maria von Modena, geheiratet, die allgemein als "die älteste Tochter des Papstes" bezeichnet wurde. Und so trat gegen Ende der Regierungszeit von Charles II. das alte Muster der Stuart-Politik wieder stärker hervor: Konflikt zwischen einem katholisierenden König und einem protestantischen Parlament. Gegen Ende der 70er Jahre ist der Bürgerkrieg soweit vergessen, daß sich die Leidenschaften wieder erhitzen. Das wird schlagartig beleuchtet in einer merkwürdigen Affaire, die zu einer vierjährigen anti-katholischen Terrorherrschaft führen sollte.

Ausgelöst wurde diese Affaire von einem zwielichtigen Individuum namens Titus Oates. Als Sohn eines ehemaligen Baptistenpredigers war er anglikanischer Geistlicher geworden, hatte seine Pfründe verloren, war zum Katholizismus übergetreten, hatte im Jesuitenkolleg von Saint Omère studiert, war wieder ausgestoßen worden, nach England zurückgekehrt und hatte dort behauptet, die geheimen Pläne der Jesuiten für die Rückeroberung Englands kennengelernt zu haben. 1678 will er dann in London bei einer geheimen Jesuitenversammlung dabeigewesen sein, bei der über die Ermordung des Königs verhandelt worden sein soll. Der Staatsrat hielt die Verdächtigungen nicht für völlig aus der Luft gegriffen und lud ihn vor. Oates aber befürchtete eine Verhaftung, ging zu einem Friedensrichter, um dort eine eidesstattliche Aussage über die Einzelheiten des Komplotts zu machen. Dabei belastete er den Sekretär von James' katholischer Gemahlin, Edward Coleman. Unter den beschlagnahmten Papieren fand man auch die Reste einer Korrespondenz mit dem Beichtvater Ludwigs XIV., in der die Hoffnung ausgedrückt wurde, England bald wieder katholisch zu machen. Zu allem Überfluß fand man bald die Leiche des Friedensrichters, bei dem Oates seine Aussage gemacht hatte, in den Feldern der Stadt. Nun begann man, Oates zu glauben, daß der Papst, der König von Frankreich und die Jesuiten sich verschworen hätten, Charles zu ermorden, seinen katholischen Bruder James auf den Thron zu bringen und England für den Katholizismus zurückzugewinnen, wobei alle Protestanten Londons wie in der Bartholomäusnacht niedergemetzelt werden sollten. Darauf brach eine kollektive Panik aus. Das Parlament schloß die Katholiken aus dem Oberhaus aus, James mußte nach Holland ins Exil, und die Einwohner von London bewaffneten sich. Als dann bekannt wurde, daß der Lord Chancellor Danby von Ludwig XIV. Bestechungsgelder angenommen hatte, löste Charles 1679 das Parliament of Cavaliers auf. Das neue Parlament wurde von den Whigs beherrscht. Die Führer der Opposition, allen voran Shaftesbury und George Savile, der Marquess of Halifax, wurden in den Privy Council berufen. Das Parlament erweiterte die Habeas Corpus-Akte, so daß jede verhaftete Person das Recht erhielt, bis zum nächsten Gerichtstermin auf Kaution aus der Haft entlassen zu werden. Ausgenommen waren nur Katholiken. Gleichzeitig wurden durch Denunzianten immer mehr unschuldige Katholiken dem Henker ausgeliefert. Auf dem Höhepunkt der anti-katholischen Hysterie versuchte das Parlament, den Bruder des Königs von der Thronfolge auszuschließen, während Charles gleichermaßen entschlossen war, an ihm festzuhalten. Daraufhin löste der König das Parlament auf und verlegte das neue Parlament nach Oxford, um es dem Einfluß der revolutionären Menge in London zu entziehen. Beide Parteien, die Royalisten und die Whigs, kamen bewaffnet. Als das Parlament das Gesetz zur Ausschließung James' von der Thronfolge annahm, löste Charles das Parlament Ende März 1681 wieder auf. Jetzt war der Punkt erreicht, wo als einzige logische Konsequenz nur der Bürgerkrieg blieb. Es war so, als wäre man wieder im Jahre 1642 angekommen. Aber anders als damals gab es die Erinnerung an 1642 und alles, was danach kam. Aus Angst vor einem neuen Bürgerkrieg setzte nun eine royalistische Reaktion ein. Shaftesbury versuchte, aus den entlassenen Parlamentariern ein revolutionäres Parlament zu bilden, wurde verhaftet, vor ein Geschworenengericht gestellt und freigesprochen. Als er sich in offener Auflehnung mit dem unehelichen Sohn des Königs, dem Herzog von Monmouth, verband, wurde er in den Tower geworfen, konnte entfliehen und ging ins Exil nach Holland. Während dieser wilden Jahre wurde er von seinem treuen Arzt, Ratgeber und Freund John Locke begleitet. Shaftesbury ermunterte ihn, sich mit Fragen der Staatspolitik zu befassen, und so entstand die maßgebliche Verfassungstheorie für die Entwicklung des Parlamentarismus im Auge des Hurrikans der Opposition. Mit gewissem Recht kann man den Earl of Shaftesbury als Vater der Whigs bezeichnen. Entsprechend gegensätzlich sind die Bilder, die von ihm aus verschiedenen Perspektiven gezeichnet wurden. Der Royalist Dryden karikiert ihn in der Gestalt des Achitophel, der Absalom, den Herzog von Monmouth, dazu antreibt, gegen seinen Vater David, also Charles, zu rebellieren. Locke dagegen beschreibt ihn als mutigen Vorkämpfer der Freiheit. Nach Shaftesburys Flucht versuchen seine Freunde unter Beteiligung des "unvermeidlichen" Herzogs von Monmouth, Charles persönlich gefangen zu setzen. Die Verschwörung geht als sogenannter "Rye House Plot" in die Geschichte ein. Einer der Mitverschwörer verrät den Plan, und alle Rebellen außer Monmouth enden im Gefängnis oder am Galgen. James kam wieder aus dem Exil zurück, gegen Oates wurde ein Zivilprozeß angestrengt, und Charles legte sich, ermattet von so vielen Kämpfen, auf das Sterbebett, ließ einen katholischen Priester rufen, beichtete seine Sünden, empfing die letzte Ölung, bekannte sich zum römischen Glauben, bat seinen Bruder, für seine Mätressen zu sorgen, entschuldigte sich bei den Anwesenden dafür, daß sein Sterben soviel Umstände machte, und begab sich am 16. Februar 1685 zu seinem geköpften Vater ins Jenseits. Er hatte seinem Bruder den Thron gesichert. Bei all seiner Leichtlebigkeit war er in diesem Ziel erstaunlich prinzipienfest. Am Ende hatte er mit Schläue, Zähigkeit und Elastizität gegen seine Widersacher gekämpft und gewonnen. Er war zweifellos der schlaue Politiker im modernen Sinne, als den George Bernard Shaw ihn darstellt: illusionslos, vertraut mit den Paradoxien von privater und öffentlicher Moral und ein Könner der Eindrucksmanipulation. Alles in allem einer der interessantesten Monarchen, die England gehabt hat.

Das soziale Klima in den Gesellschaftsschichten, die die Restauration trugen, hat wohl nirgendwo besseren Ausdruck gefunden als in der Gesellschaftskomödie, die von dieser Epoche ihren Namen hat, der sogenannten "Restoration Comedy". Die große englische Theaterblüte der elisabethanisch-jacobäischen Zeit war bereits vorbei, als 1642 auf Verfügung des Parlaments die Theater geschlossen wurden. Als 1660 der Hof Charles' II. aus Frankreich zurückkehrte, wurden zwei lizensierte Theatertruppen zugelassen, die unter dem Patronat des Königs und seines Bruders standen und von Vertrauten des Königs geleitet wurden. Sie spielten in Drury Lane und Covent Garden. Durch den Neubeginn waren einige Neuerungen gegenüber dem vorrevolutionären Theater möglich, die alle auf stärkere Lebensähnlichkeit hinausliefen. Frauenrollen wurden nun auch von Frauen gespielt statt von Knaben, Bühnenbilder konnten von Szene zu Szene gewechselt werden, und die intimeren Theaterbauten ermöglichten eine genauere Teilnahme am Geschehen. Neben Importen vom Kontinent, Reprisen aus der heimischen Tradition und dem zeitgenössischen heroischen Drama spielte man Stücke der zeitgenössischen "Comedy of Manners". Ihre bedeutendsten Vertreter

– Etherege, Wycherley, Congreve, Farquhar, Vanbrugh – verteilen sich auf zwei Generationen vor und nach der Glorious Revolution. Zur ersten Generation gehört Wycherley, der in Frankreich unter den Emigranten als Royalist erzogen wird. Zu seinen bekanntesten Stücken gehört *Love in a Wood*, das er der Mätresse des Königs, Lady Castlemaine, widmet, was ihm den Zugang bei Hofe einbringt. Etherege ist ebenfalls Royalist und schreibt mit *The Man of Mode, Or Sir Fopling Flutter* ein Stück, dessen Charaktere Portraits realer Figuren sind: so ist z. B. der Charakter Dorimant ein Portrait von John Wilmot, des Earl of Rochester, bekannt als "the wicked Earl". Seine Genußsucht war ebenso grenzenlos, wie sein Witz gefürchtet wurde. Als brillanter Wüstling verewigte er seinen Namen in dem berüchtigten Werk *Sodom or the Quintessence of Debauchery*. Ert machte sich ein Vergnügen daraus, sich in verschiedene Rollen zu werfen und in der Verkleidung eines Bettlers, Hausierers, Arztes oder Astrologen den Frauen nachzustellen. Dabei gelang es ihm, einen Ruf als Arzt und Astrologe zu erwerben und Hunderte von Kranken zu heilen. Darin verkörpert Rochester geradezu die osmotische Beziehung zwischen dem Hof und dem Theater, das sich zur Zeit der Restauration wieder einstellt. Der König kooperiert bei der Abfassung und bei der Aufführung von Dramen, und Schauspielerinnen wie Nell Gwyn reüssieren als seine Mätressen. Die gemeinsame Erfahrung des Exils und die dadurch erzwungene Funktionslosigkeit hat in diesem Milieu Haltungen hervorgerufen, die durch eine äußerst laxe Sexualmoral, komospolitischen Schliff und eine ungehemmte Aversion gegen Puritaner und die business community der City gekennzeichnet sind. Sie spiegeln sich in einer Komödie wieder, in der anhand von Verführungs- und Liebesintrigen der modische Betrieb einer exklusiven Gesellschaft dargestellt wird, die sich nun nicht mehr allein durch Stand, sondern durch ihren Verhaltensstil vom Rest der Gesellschaft unterscheidet.

Daran zeigt sich, daß die Form der Geselligkeit selbst autonom wird. Als Spielform der Vergesellschaftung schirmt Geselligkeit einen Freiraum ab, in dem sich die sozialen Konventionen mit den Eigenschaften treffen, die weniger durch Befolgung externer Regeln als durch aktive Selbstregulierung in Erscheinung treten: Eleganz, Liebenswürdigkeit, Höflichkeit, Witz, Takt und Diskretion als Balanceformen für Engagement und Distanz und die Fähigkeit zur Konversation als Klammer und Medium für all dies. Als verdichtetes Abbild der Geselligkeit vollzieht sich Konversation nicht mehr im Dienste zweckgebundener Mitteilung, sondern wird Selbstzweck. Deshalb dürfen die Themen der Konversation kein Eigengewicht annehmen, sondern müssen nur Reizstoffe bieten, an denen die artistischen Formen der doppeldeutigen Kommunikation, des Flirts, der Diplomatie, der Koketterie, der Ironie, des Witzes etc. entfaltet werden können. Der Witz wird als "wit" für die Restoration Comedy zum beherrschenden Stilprinzip. Er ist der Tribut an die Eigengesetzlichkeit des geselligen Verhaltens, weil er durch aufmerksames Verfolgen ihrer Fluktuationen und Wendungen die Möglichkeit gewinnt, aus ihr sich ergebende Konstellationen zu Ereignissen zu machen. Diese Orientierung der Literatur an einer verfeinerten Konversationskultur wird von den Zeitgenossen als Fortschritt begrüßt. Das Interaktionsethos der führenden Schichten ist dabei durchaus von politischer Relevanz. Bürgerkrieg und Revolution hatten die Gefahren des sozialen Dissenses gezeigt, der sich in religiösen und moralischen Kategorien artikulierte. Die Distanzierungstechniken der Konversationsartistik dienten deshalb auch der "sozialen Abkühlung". Da die Oberschichteninteraktion noch immer den Zusammenhalt der gesamten Gesellschaft mittrug, war hier die Bewahrung des Konsenses besonders wichtig. Sie konnte aber nur gelingen, wenn man die gefährlichen Themen moralischer und religiöser Art ausgrenzte. Eine solche Situation begünstigt die Enstehung rein sozialer Regulationsmechanismen. Da die gesellschaftliche Macht sowieso weitgehend an die im Parlament vertretene Gentry einerseits und den versachlichten Verwaltungsapparat der Exekutive andererseits übergegangen war, konnten die Hofcliquen zu den gesellschaftlich relevanten und gefährlichen Fragen stärker auf Distanz gehen. Das zeigt sich in der Restoration Comedy in der ironischen Abwehr gegen "the importance of being earnest". Deshalb macht die Restoration Comedy alle Vertreter sozialer Funktionen, vor allen Dingen von trade und business, lächerlich. So kommt es, daß eine um den Hof zentrierte Clique von Lebemännern und Stutzern mit ihrer Clientele von Anhängern eine Konversationskultur begründet, durch die sie statusunabhängige, allein aus dem Verhaltensstil gewonnene Kriterien der sozialen Abgrenzung gewinnt. Wenn aber die Statusgrenzen zum Zweck von Cliquenabgrenzung nach innen durch rein stilistische Kriterien abgeschwächt werden, können sie ebenso gut nach außen überspielt werden. Mit anderen Worten, wenn nicht mehr Status, sondern die Beherrschung eleganter Manieren über den Zugang zur Society entscheidet, können auch Bürgerliche dazugehören. Das erklärt, warum die rein aristokratische Konversationskultur später in die Kaffeehaus-Kultur münden kann, in der der Unterschied zwischen Bürgerlichen und Adligen zugunsten reiner Interaktionskriterien abgeschwächt wird.

Die Fabel der Gesellschaftskomödien – in der Regel eine Liebesintrige über den Wettstreit zwischen Verführung und Heirat – bildet nur den Anlaß für die Demonstration von Interaktionskünsten: vorsichtige Annäherung, verdeckte Spitzen, Kaltblütigkeit, Wahrung der Contenance, Schlagfertigkeit, Doppeldeutigkeit etc.. Die eigentliche Funktion des Spiels ist die Ermittlung der Partner, die füreinander infrage kommen, wobei eben nur diejenigen einander würdig sind, die in ihrer Handhabung der Interaktionskünste ebenbürtig sind. Daran wird das Ethos der Komödie angeschlossen, das von den "Men of Sense" repräsentiert und durch Spott, Lästereien, Witz und Snobismus zur Geltung gebracht wird: ein nicht mehr explikationsbedürftiges Vorverständnis, das sich als guter Geschmack zeigt. Der gute Geschmack bildet auch den Schutzwall vor der Ungeformtheit der Psyche und erzwingt einen rigorosen Standard stoischer Indifferenz gegenüber den eigenen Gefühlen und Impulsen. Zwar sind im Bereich von "pleasure" die Comedy Gallants Epikureer, aber in der Affektdemonstration sind sie absolute Stoiker. Das präfiguriert die Figur des Dandy. Mit rigoroser Selbstbeherrschung vermeidet er jede Art von emotionaler Selbstauslieferung. Schon das bare Unglück kommt in den Geruch von Lächerlichkeit und wird verheimlicht. Das erhöht natürlich die Anforderungen bei der Gestaltung des Rollenspiels. Die Differenz zwischen gelingender und mißlicher Verhaltensstilisierung wird dabei durch den Gegensatz zwischen Natürlichkeit und Affektiertheit ausgedrückt. Natürlichkeit gebietet eine quasi-automatische Selbstverständlichkeit bei der Erfüllung von Normen. Sie ist selbstbezüglich insofern sie nicht nur Regeln vorgibt, sondern auch als Verweis auf sich selbst eine Anweisung an die Manier darstellt, wie man sich an sie zu halten hat. Deshalb verlangt sie, in aller Rollengestaltung das Beiläufige, Leichte, Ungezwungene und Elegante zu betonen. Dabei muß versteckt werden, daß hinter der ängstlichen Bemühtheit und Anstrengung der Rollengestaltung der übermächtige Wunsch rumort, unbedingt zu den inneren Zirkeln der Society gehören zu wollen. Eben deshalb gilt hier das Gebot der Indifferenz, an dem die Affektierten scheitern: Ihrer Zugehörigkeit zur Gesellschaft nicht sicher, sind sie in ihrer Rollengestaltung überfordert und neigen zu einer kompensatorischen Überbetonung der Gestaltungsnormen selbst. Damit halten sie die peinliche Erinnerung daran wach, daß die Erfüllung dieser Normen Anstrengungen erfordert und eben natürlich nicht ist. Dem "Man of Sense" werden deswegen eine Reihe von Gegentypen entgegengesetzt, denen die Rollengestaltung nicht gelingt: der Witwoud als zwanghaft Witziger, der Country Booby als ungehobelter Landbewohner, der Fop als affektierter Modegeck, und auf weiblicher Seite die Kokette und die Prüde. Was den Witz als krönendes Ereignis der Interaktion betrifft, so zerstört jede Bezugnahme auf subjektive Intentionen seine Form: Witzig darf man nicht sein wollen, man muß es sein. Der Witwoud dagegen verrät sein Bemühen um den Eindruck der Witzigkeit, indem er die Konversation gewaltsam auf Pointen zusteuert. Aber hier unterscheidet sich ein Stilgebot von einer moralischen Norm. An seiner Erfüllung darf anders als in der Moral die gute Absicht nicht getrennt wahrgenommen werden. Wie in der Kunst und Literatur wirkt hier die bloß gute Absicht tödlich. In ihrer Abwehr gegen moralische Zumutungen ist die Restoration Comedy äußerst konsequent: sie gibt sie stets der Lächerlichkeit preis. Lächerlichkeit ist deshalb ein Indiz für das Autonomwerden von Stil und Geschmack gegenüber Moral, und gerade deshalb kann dieser Verhaltensstil als Kühltechnik für Moralvirtuosen verwandt werden.

Im weiteren Sinne zur Gruppe der Restoration dramatists gehört auch eine Figur, die in ihrer Wirkung weit darüber hinausragt: John Dryden. Er entstammt der Gentry, erbt ein kleines Landgut, zieht nach London, begrüßt den aus der Restauration zurückkehrenden König mit seinem panegyrischen *Astrea Redux* und kommt dann durch seine Heirat dazu, eine Tragödie zu schreiben: Sein Schwager, Sir Robert Howard, sucht einen Kollaborateur bei dem von ihm verfaßten Stück *The Indian Queen*. Diese Tragödie wird mit verschwenderischer Ausstattung 1664 herausgebracht und bewirkt eine Wendung in der Literaturgeschichte, weil sie den elisabethanischen Blankvers fallenläßt und statt dessen "Heroic Couplets", also gereimte Pentameter, benutzt. Die Eroberung der Londoner Theater wird dann durch die Doppelkatastrophe der Pest und des großen Brandes unterbrochen, aber nachdem Dryden mit *Annus Mirabilis* sein "Auferstanden aus Ruinen" geschrieben hat, kehrt er zum Heroic Play zurück. Zwar bringen ihm die Lobhudeleien auf Charles in *Annus Mirabilis* den Posten eines königlichen Hofhistoriographen und den Titel eines Poeta laureatus mit einem Einkommen von über 1.000 £ ein, aber der Schwulst seiner Tragödien provoziert den Duke of Buckingham zu einer ausgelassenen Parodie mit dem Titel *The Rehearsal*, die sich über die Unwahrscheinlichkeiten und den Unsinn von Drydens Tragödien lustig macht. In *All for Love*, einer Bearbeitung von Shakespeares *Antony and Cleopatra*, kehrt Dryden schließlich zum Blankvers zurück. Uns heute erscheinen die Vorreden, mit denen er die Stücke in Druck gab, vielfach interessanter als diese selbst.

Die eigentliche literarische Leistung Drydens aber liegt auf dem Gebiet der Satire. Zum Auslöser wurde ein Angriff des Earl of Mulgrave in seinem Essay *On Satire* auf den Hof Charles II. im allgemeinen und den Earl of Rochester und Louise von Kéroualle im besonderen. Irrtümlicherweise hielt man Dryden für den Verfasser, und eine von Rochester gedungene Bande von Raufbolden überfiel und verprügelte ihn. Danach sammelte er seine Kräfte, beobachtete die zunehmende Agitation der Whigs gegen Charles während der von Titus Oates ausgelösten Hysterie und schrieb dann eine der tödlichsten Satiren, die je verfaßt wurden: *Absalom and Achitophel.* Als sie herauskam, stand Shaftesbury gerade wegen Hochverrats vor Gericht und kämpfte um sein Leben. Dryden attackierte ihn in der Gestalt des Versuchers Achitophel, der Absalom zur Revolte gegen König David verführt. Die Satire konnte in keinem geeigneteren Moment geschrieben und veröffentlicht werden. Sie wurde rund um das Gerichtsgebäude, in dem Shaftesbury sich zu verantworten hatte, zu Hunderten verkauft. Shaftesbury wurde, wie wir gehört haben, freigespochen, und die Anhänger der Whigs prägten zu seiner Ehre eine Medaille. Ein Dutzend weiterer Pamphletisten gaben unter der Führung von Thomas Shadwell Repliken an den Mann heraus, der sich und sein Talent an den König verkauft hatte. Darauf schrieb Dryden mit *The Medal* eine weitere Satire und reservierte für Shadwell eine Tracht Prügel in *Mac Flecknoe*. Er war nun der unbestrittene König der Satiriker, Oberhaupt der literarischen Zunft und Kritikerpapst von London. Als solcher präsidierte er einem Stammtisch in Will's Tavern. Zwischen Ben Jonson zur Zeit von James und Samuel Johnson nach der Mitte des 18. Jahrhunderts war Dryden der große englische Dichterfürst seiner Generation. Daß er eine opportunistische Windfahne gewesen war, ein Anglikaner unter Charles und ein Katholik unter James, war bei seinem Tod 1700 vergessen. Alle Parteien erhoben Anspruch auf seinen Leichnam, und so wurde er in der Westminster-Abtei neben Chaucer, den er ins moderne Englisch übertragen hatte, beigesetzt.

Puritanische Gegenkultur

Während nach außen hin die Söhne Belials triumphieren oder, in umgekehrter Perspektive, David den Versucher Achitophel unterwirft, schreibt Milton sein *Paradise Lost* als Epos der besiegten Puritaner. Nach einer These von Karl Löwith, Eric Voegelin und Jacob Taubes gehören sie in den Zusammenhang einer durchgehenden abendländischen Gegenkultur, die letztlich – mit Max Weberscher Akzentuierung – in der Moderne doch noch siegt. Diese Gegenkultur wird getragen von aktivistischen Heilssuchern, die in periodischen Abständen mit dem Anspruch auftreten, das Reich Gottes gegen die Institutionen im Hier und Jetzt zu realisieren und damit von unten ausgehende soziale Bewegungen auszulösen. Sie wenden sich dabei – wie Voegelin in *Order and History* formuliert – gegen die drei Kompromisse, die der Geist in Gestalt der Kirche mit der Welt schließt. Der erste Kompromiß ist der mit der Schwäche des Menschen durch die Institutionalisierung der Gnade in den Sakramenten. In der Tat greifen die Puritaner die Sakramente besonders heftig an und insistieren auf der von Anfang an feststehenden Gnadenwahl Gottes und damit der Teilung der Menschen in Verdammte und Gerechte. Der zweite Kompromiß ist der mit der Staatsgewalt durch die paulinische Akzeptanz ihrer Gottgewolltheit. Die puritanische Zurückweisung dieses Kompromisses begründet die Tradition europäischer Revolutionen: die weltliche Gewalt ist des Teufels und muß abgeschafft werden zugunsten der Errichtung des Reiches Gottes nicht in jener, sondern in dieser Welt. Der dritte Kompromiß ist der mit der Geschichte durch die Hinnahme des Aufschubs unmittelbarer paradiesisch eschatologischer Vollkommenheit zugunsten zivilisatorischer Erziehungszeit. Diesem zivilisatorischen Aufschub wird der sich in den Bewegungen formierende Wille zum Jetzt, zur unmittelbaren Realisierung des Guten gegenübergestellt. Die Puritaner sind gegen den Aufschub und gegen die Mittelbarkeit, die sich zwischen sie und die Wahrheit stellt. Ihr Trachten geht auf die unmittelbare Wende. Das begründet die Dramatisierung des eigenen Lebens im Konversionserlebnis. Die Konversion begründet eine neue Welt. Das eröffnet überhaupt ein Pathos des Neuen, des Anfänglichen, des

Frischen, das in die amerikanische Rhetorik eingegangen ist. Die Neue Welt wird nicht mehr als Zeit vorgestellt, sie steht vielmehr im Zeichen der Unmittelbarkeit. In ihr realisiert sich die nackte Wahrheit. Tatsächlich gab es während der puritanischen Revolution Sekten, die sich die Adamiten nannten und sich nackt auszogen, um die Ankunft der neuen Welt zu feiern.

Die in Kultur und Gegenkultur entgegengesetzten Prinzipien heißen Ordnung und Geist. Ihre Kombination zeichnet die Institutionen aus, die von den Kompromissen leben. Den Konflikt zwischen Geist und Ordnung dagegen betonen diejenigen, die mit dieser Welt nichts im Sinne haben, weil sie sich einer jenseitigen Welt der Perfektion zugehörig fühlen. Bei den Puritanern und bei denen, die von Gottes Geist erfüllt sind, zeigt er sich im Enthusiasmus, in den Durchbrüchen geistiger Bewegtheit, im Ergriffensein und in der Erfülltheit durch Gott. Das begründet in diesen Bewegungen eine Neigung zu psychischen Unmittelbarkeitserfahrungen, zur Ekstase, zur Inspiration, zur Einkehr, zur inneren Erschütterung und zum Ausbruch. Psycho-historisch begründet das die Vorstellung, daß man in der eigenen Biographie zu einer Art von Selbsterkenntnis, zur Authentizität, zur Entdeckung der eigenen Innerlichkeit und des eigenen Wesenskerns vordringen könne; und daß es umgekehrt geboten sei, aus der Teilhabe am Reich der Perfektion heraus seine weltliche Lebensführung einer rigorosen Kontrolle zu unterwerfen. Damit wird die Doppelung aus Ordnung und Geist invertiert und nach innen verlagert. Insgesamt führt das nach der Niederlage des Puritanismus zu einer stärkeren Psychologisierung. Sie schlägt sich nieder in spezifischen Formen autobiographischer Selbstthematisierung.

In diesen Formen gibt sich der Mensch Rechenschaft und legt Rechenschaft vor Gott ab. Das forum internum des Gewissens wird zum inneren Gerichtshof, vor dem man sich zu verantworten hat. Richter und Angeklagte werden dabei dieselbe Person, was natürlich den Grad der Kontrolle entsprechend erhöht. Die methodische Lebensführung, das Seelenprotokoll und die Lebensbeichte finden ihren schriftlichen Niederschlag im Tagebuch.

Eines der Tagebücher, denen wir für die Kenntnis des 17. Jahrhunderts besonders viel verdanken, stammt von John Evelyn. Er bestätigt die Regel durch die Ausnahme, denn er war kein Puritaner, sondern Royalist. Er bereiste während des Bürgerkriegs den Kontinent, kehrte 1652 ins Commonwealth zurück, hielt Kontakt zum exilierten Charles und war nach der Restauration am Hofe gern gesehener Besucher. Heute dürfte man ihn zu den Gründungsheroen der Ökologie rechnen, denn mit der Schrift *Fumi fugium* legte er einen Plan zur Reduzierung der Kohlefeuerung in London im Dienste der Luftreinheit vor, den er in einer weiteren Schrift mit dem Titel *Silva* um das Projekt zur Wiederaufforstung Englands und Bepflanzung von London ergänzte. Von seinem 21. Lebensjahr im Jahre 1641 bis zu seinem Tod im Februar 1706 führte er Tagebuch über alles, was er sah und erlebte. Bei Evelyn fand sich auch ein interessanter Hinweis auf einen gewissen Sekretär im Marineministerium namens Samuel Pepys, so daß man sich im Magdalen College in Oxford auf das verschlüsselte Tagebuch besann, welches Pepys ihm vermacht hatte. Als nach mehrjähriger Entschlüsselungsarbeit von Richs Kurzschrift der Code geknackt und etliche tausend Seiten transkribiert waren, blickte die Welt auf das intimste Erlebnisprotokoll, das bis dahin je ein Mensch geschrieben hatte. Es umfaßte die ersten neun Jahre der Restauration, und durch Pepys' Stellung im Marineministerium erfahren wir einiges über den Hof, die Seekriegsführung und die Regierung. Hier finden wir die eindrucksvolle Schilderung der Pest und des Brandes von London. Da Pepys ein eifriger Besucher des Theaters war, hören wir zahlreiche Berichte über die Inszenierungen und die Leistung der zeitgenössischen Schauspieler. Am aufschlußreichsten für die Kulturgeschichte aber sind die Einzelheiten über Körperpflege, Gesundheitsstörungen, Ehestreitigkeiten, Stimmungen, Frustrationen, Trivialitäten und die nicht enden wollenden Amouren, Liebeleien, Affairen, Ehebrüche und erotischen Phantasien des völlig hemmungslosen Tagebuchschreibers. Pepys entstammte einer Handwerkerfamilie und entsprach selbst dem Typ des relativ gewissenhaften, puritanisch geprägten Beamten mit einer professionellen Dienstethik; zugleich gehörte er so sehr zum Milieu des Hofes, daß er mit nimmermüder Energie den Frauen nachstellte. Hier erfahren wir auch von manchen Niederlagen. Nichts war ihm für sein Tagebuch zu trivial. Selbst die Erregung, die die Beobachtung der Unterwäsche von Lady Castlemaine in ihm hervorrief, wurde registriert. Aber wir erfahren auch, daß ihm *Romeo und Julia* nicht gefallen hat (1.3.62), daß er zum ersten Mal in seinem Leben Tee trinkt (28.9.60), daß er in der Regel um vier oder fünf Uhr aufsteht, daß sich die Frauen in der Kirche mit Nadeln gegen seine Zudringlichkeiten wehren, daß er sich vornimmt, Harringtons Utopie *Oceana* zu kaufen, in der der Autor die Idee der "mixed constitution" entfaltet und die Rotation der Ämter propagiert, und wir erleben mit, wie Pepys zum ersten Mal ein Coffee House besucht und wie er Mr. Dryden und die anderen Literaten und Wits der Stadt beobachtet. "We have never seen a mind so rich as the volumes before us" sagte Walter Scott über das Tagebuch. "He (Pepys) was a man of business, a man of information if not of learning; a man of taste; a man of whim; and to a certain degree a man of pleasure. He was a statesman, bel esprit, a virtuoso, and a connoisseur." Das Tagebuch zeigt eine ungemein entwickelte Fähigkeit zur Registrierung von Details. Zum ersten Mal sehen wir die mikrologische Optik, die dem Alltag ästhetischen Reiz abgewinnt. Es ist diese Optik, die die Voraussetzung für die Entstehung des Romans darstellt. Wir werden sie später in noch grandioserer Fassung bei Defoe wiederfinden.

Pepys ist eher extrovertiert. Die Detailliertheit der Wahrnehmung richtet sich zwar auch auf seine Gefühle, aber er nimmt sich selber weitgehend anhand seiner Erfahrung der Welt wahr. Die Form der religiösen Selbsterfahrung finden wir dagegen bei einem Mann, der mehr als alle anderen zum Repräsentanten des puritanischen Geistes in der inneren Emigration wird: John Bunyan. An ihm sehen wir, wie die chiliastische Erwartung in den Schichten des einfachen Volkes wirkt. Bunyan ist Sohn eines Kesselflickers aus einem Dorf bei Bedford. Dort geht er zur Schule und lernt soviel Lesen und Schreiben, daß er die Bibel interpretieren kann. Er dient im Bürgerkrieg in den Armeen des Parlaments, übernimmt nach seiner Demission die Kesselflickerei seines Vaters und wird ein frommes Mitglied der Gemeinde zu Bedford. Dabei wird er von religiösen Zweifeln und dem Verdacht gequält, er und die ganze Gemeinde von Bedford seien zur ewigen Höllenqual verdammt. Wie bei Luther löst dann eine Zeile von Paulus ein religiöses Erweckungserlebnis aus, bei dem ihn der Gedanke überwältigt, daß Christus auch für ihn, den Kesselflicker John Bunyan aus Bedford, gestorben ist. Er tritt der Baptistengemeinde bei, läßt sich taufen und erhält 1657 die Erlaubnis zu predigen. Als nach der Restauration für alle nichtanglikanischen Prediger ein Predigtverbot erlassen wird, versammelt Bunyan seine Gemeinde an geheimen Orten, wird verhaftet und für zwölf Jahre in das Gefängnis von Bedford gesteckt. Dort schreibt er neben religiösen Traktaten seine geistliche Autobiographie *Grace Abounding to the Chief of Sinners*, in der er sein Leben vor der Bekehrung als eine Zeit der Gottlosigkeit und der Lasterhaftigkeit darstellt, in der er sich den Sünden des Tanzes, des Spiels und des Biertrinkens überlassen habe. Nach der zweiten Indulgenzerklärung von 1672, die den Dissidentenpfarrern das Predigen erlaubt, wird Bunyan sofort wieder zum Prediger gewählt. Als die Erlaubnis zurückgezogen wird, predigt Bunyan trotzdem weiter und wird 1675 zum zweiten Mal eingekerkert. In dieser Zeit schreibt er im Gefängnis *The Pilgrim's Progress from this World to that Which Is to Come: Delivered under the Similitude of a Dream, wherein is Discovered the Manner of His Setting Out to His Dangerous Journey and Safe Arrival at the Desired Country*. 1684 folgt der zweite Teil mit dem Titel: *The Pilgrim's Progress – the Second Part, wherein is Set Forth the Manner of the Setting Out of Christian's Wife and Children, the Dangerous Journey and Safe Arrival at the Desired Country*. Das Werk ist eine Allegorie von der mühseligen Pilgerfahrt der Seele aus irdischer Versuchung zur himmlischen Seligkeit. Aber anders als die höfischen und arkadischen Allegorien ist *The Pilgrim's Progress* in einer direkten und schnörkellosen Sprache geschrieben, die sich an die King James Bible anlehnt und durch ihren muskulösen Realismus überzeugt. Auf diese Weise stellt Bunyan dar, wie der Protagonist Christian durch ein Erweckungserlebnis dazu aufgerüttelt wird, alle weltlichen Bindungen abzustreifen und Christus und das Paradies zu suchen. Wie viele puritanische Prediger seiner Zeit verläßt er Weib und Kind und beginnt mit seinem Freund Hopeful die Reise nach dem himmlischen Jerusalem. Sie erreichen sie erst nach furchtbaren Mühsalen, gräßlichen Versuchungen, langen Dikussionen und endlosen Auseinandersetzungen mit einer Galerie von Charakteren, die sich ihnen in den Weg stellen. Diese Figuren haben sprechende Namen und werden so realistisch geschildert, daß sie in das kollektive Gedächtnis Englands eingegangen sind. Sie heißen Obstinate, Mr. Worldly Wiseman, Mr. Talkative, Mr. Facing-both-Ways, Giant Despair etc. Es sind lebendige soziale Typen, die in ihrer Komplexität weit über die von den Namen suggerierten allegorischen Schablonierungen hinauswachsen. Zugleich erschließt die Darstellung von Gewissensqualen, Angstvisionen, Zweifeln und Ekstasen einen seelischen Erfahrungsraum für die Selbstthematisierung, die nach dem Muster der puritanischen Konversionspraxis dramatisiert wird. Die Erfahrung der Angst und die Intensität der durchlittenen Agonien lassen erahnen, welche Persönlichkeitstypen durch ihre Bewältigung entstehen.

Der *Pilgrim's Progress* ist nicht nur bis heute in jedem puritanischen Haushalt zu finden, sondern er ist neben der King James Bible wahrscheinlich das verbreitetste Werk der englischen Sprache überhaupt. In den ersten hundert Jahren nach seinem Erscheinen wurden 45 Auflagen gedruckt, bis heute wurde es in über hundert Sprachen übersetzt, und noch vor Bunyans Tod wurden über 100.000 Exemplare verkauft. Seine intertextuellen Nachwirkungen finden sich wie Meteoriteneinschläge in der gesamten englischen Literatur, die vom Dissent beeinflußt ist. Seine Charaktere wurden sprichwörtlich und fanden ihren Weg in die Folklore.

Daß der puritanische Geist nicht allein auf die Unterschichten beschränkt war, zeigt der bemerkenswerte Lebenslauf von William Penn, dessen Vater Admiral war und häufig in Pepys' Tagebuch erwähnt wird. Als der junge William ein Erweckungserlebnis hat und sich zu den Quäkern bekennt, wird er von der Universität Oxford gewiesen und von seinem Vater ausgepeitscht und aus dem Hause gejagt. Nach einer Frankreichreise wird er wieder von Konversionserlebnissen überwältigt, bricht alle sozialen Brücken hinter sich ab und wird Quäkerprediger. Wie Bunyan verstößt er gegen das Predigtverbot, wird verhaftet, vor Gericht gestellt und verurteilt, weil er sich als echter Quäker weigert, den Hut abzunehmen, da das nicht der Wahrheitsfindung dient. Im Gefängnis schreibt er dann mit *The Great Case of Liberty of Conscience* eine imponierende Verteidigung der Toleranz. Der Tod seines Vaters macht ihn dann zum wohlhabenden Mann, und die Heirat während eines Hafturlaubs mit einer gutsituierten Frau bringt ihm ein Vermögen ein. Er verwendet es, um große Ländereien im heutigen New Jersey zu erwerben. 1677 geht er mit George Fox und einigen anderen Quäkern auf den Kontinent, um das Quäkertum zu verbreiten. Eine Gruppe von Bekehrten aus Kirchheim in Deutschland wandert nach Amerika aus und gründet dort German Town. Da die englische Krone bei seinem Vater, dem verstorbenen Admiral, noch Schulden hat, macht William den Vorschlag, ihm als Ausgleich für diese Schuldverpflichtungen ein Gebiet in Amerika abzutreten. Er selbst wollte es "Sylvania" nennen, aber Charles setzte ihm in Erinnerung an seinen Vater den Namen "Penn" voran. Für diese neue Kolonie entwirft William eine Verfassung, die demokratische Volksvertretungen, Geschworenengerichte und Toleranz sicherstellt. Die vorwiegend aus Quäkern zuammengesetzte Bevölkerung unterhält auch zu den Indianern freundschaftliche Beziehungen und lehnt es ab, Sklaven zu halten. Später werden in Pennsylvania vor allen Dingen Mennoniten aus der Schweiz und vom Oberrhein angesiedelt werden, die nach ihrem Führer Amann entweder "Amish" oder "Pennsylvania Dutch" genannt werden und noch heute einen deutschen Dialekt sprechen.

Die Verfolgung der Puritaner vor und nach der Revolution hat die Auswanderung nach Amerika forciert und dazu geführt, daß die Vereinigten Staaten auf der Grundlage eines demokratischen und protestantischen Fundamentalismus errichtet wurden.

Glorious Revolution

James II. übertraf seinen Bruder noch in der Zahl seiner Mätressen. Das hätte ihm nicht weiter geschadet, hätte er ihn nicht auch in der Ernsthaftigkeit seines katholischen Glaubens übertroffen. Der Katholizismus aber sollte ihm zum Verhängnis werden. Von Anfang an stand seine kurze Regierung unter einem unglücklichen Stern. Zunächst mußte er die Rebellion des unvermeidlichen Bastard von Charles, des Herzogs von Monmouth, niederschlagen. Die Verfolgung der Rebellen übertrug er Richter Jeffreys, einem Sadisten auf dem Richterstuhl, der wegen seiner Bösartigkeit in das Horrorkabinett besonders übler Schurken eingegangen ist: er schüchterte Zeugen ein, wütete gegen die Opfer, genoß ihre Demütigungen, versetzte jeden in zitternde Angst und verhängte fast nur die Todesstrafe – ein veritabler Schlächter und würdiger Vorgänger von Freisler, Jechow und Jagoda. Zur Belohnung für seine Verdienste machte ihn James zum Lord Chancellor. Das war der erste Fehler von vielen. Dann begann er, Katholiken in hohe Staatsämter zu berufen und mit hohen Offiziersposten zu versehen. Beraten von seinem Freund William Penn, verfolgte er den Plan, unter dem Deckmantel der generellen Toleranz Katholiken und Dissenter gegen die Staatskirche zu vereinen. In zwei Indulgenzerklärungen hob er das Predigtverbot gegen Dissenter auf und anullierte alle Strafgesetze, die die Religion betrafen. Damit löste er aber einen Verfassungskonflikt aus, weil der König nicht befugt war, vom Parlament beschlossene Gesetze zu suspendieren. Zugleich beeilten sich die Anglikaner, den Dissentern ebenfalls Toleranz zuzusichern. Damit ging William Penns Plan auf, und es kam zu einer allgemeinen "Toleranzkonkurrenz". Als James dem anglikanischen Klerus befahl, seine Verkündigung der allgemeinen Gewissensfreiheit von allen Kanzeln zu verlesen, überreichten sieben Bischöfe dem König eine Bittschrift, in der sie ihre Weigerung mit dem Hinweis begründeten, die Erklärung verstoße gegen die verfassungsmäßigen Rechte des Parlaments. James ließ ihnen den Prozeß machen, aber das Gericht sprach sie frei. Daraufhin wurden in London Freudenfeuer angezündet und Figuren des Papstes und der Kardinäle verbrannt. In dieser angespannten Situation besiegelte ein Ereignis den Sturz von James, das wie in der Tragödie von diesem mit großer Freude begrüßt wurde: seine Gemahlin gebar ihm einen katholischen Thronerben. Bis dahin hatten die Hoffnungen der Protestanten auf James' protestantischer Tochter Mary geruht, die den noch protestantischeren Wilhelm von Oranien geheiratet hatte. Der katholische Thronfolger zerstörte ihre Hoffnungen im selben Maße, in dem James sich von ihm die Fortsetzung seiner Bemühungen versprach, England in den Schoß der alten Kirche zurückzuführen. Da Wilhelm von seiner Gemahlin die Zusicherung erhielt, bei einer Thronbesteigung in England ihm als Ehegatten untertan sein zu wollen, und da er an nichts anderes dachte als an eine Einkreisungspolitik aller protestantischen Länder gegenüber Ludwig XIV., knüpfte er Verhandlungen mit den leitenden Figuren der Opposition gegen James an. Als nun die Geburt des Thronfolgers seine Aussichten auf den englischen Thron zunichte zu machen drohten, forderten die protestantischen Führer ihn auf, nach England zu kommen und selbst den Thron zu erobern. Aus Antipathie gegen Ludwig XIV. unterstützten sogar Österreich, Spanien und der Papst Wilhelms Vorhaben, und als Ludwig XIV. nicht Holland, sondern die Pfalz angriff, hatte Wilhelm die Hände frei für eine Invasion in England. Mit einer wie immer protestantischen Brise im Rücken landete das holländische Invasionsheer am 5. November, also am Guy Fawke's Day, an der englischen Küste. Die englische Armee befand sich unter dem Kommando von John Churchill, dem späteren Duke of Marlborough und dem großen Feldherrn des spanischen Erbfolgekriegs. Aber James wagte die Schlacht nicht. Darauf lief Churchill mit anderen Offizieren zu William über. Das löste eine allgemeine Desertion aus. Als dann ein paar Tage später James' Schwiegersohn Prinz Georg von Dänemark, der Mann der späteren Queen Anne, sich dem Abfall anschloß, brach James zusammen und verließ London, so daß der Protestantenführer Halifax eine provisorische Regierung bildete. James wurde auf der Flucht nach Frankreich aus Versehen von einigen Fischern gefangen genommen, so daß die provisorische Regierung Truppen entsandte, um ihn wieder zu befreien. William ließ den gefangenen König nach Rochester bringen und auf dem Weg dorthin mit Absicht entfliehen. Das war eine Falle, denn die Flucht ermöglichte es William, die Regierung von England zu übernehmen. Für sie galt es nun, eine verfassungsmäßige Grundlage zu finden. An den Meinungsverschiedenheiten über diese verfassungsmäßige Grundlage brach die Differenz zwischen Whigs und

Tories aus. Die Tories waren der Meinung, daß die Monarchie erblich sei und der Thron nicht vakant sein könne. Deshalb sei James nach wie vor König, für den seine Tochter Mary als Regentin amtieren solle, wobei für William die Rolle des "Prince Consort" vorgesehen war. Aber sowohl die Whigs als auch William und Mary selbst lehnten diese Regelung ab. Sie gingen davon aus, daß der Thron durch die Flucht von James vakant geworden sei und deshalb neu besetzt werden müsse. Die Whigs hatten im neuen Convention Parliament die Mehrheit, und da William damit drohte, die Tories der Rache von James auszusetzen, wenn sie ihn nicht zum König machten, erklärte das Parlament William und Mary zum König und zur Königin von Großbritannien. Allerdings machten die Oligarchen das Angebot an William, den Thron einzunehmen, von dessen Bereitschaft abhängig, eine parlamentarische Deklaration der Bill of Rights zu akzeptieren. Sie wird zur Verfassungsgrundlage für das England des kommenden Jahrhunderts. Da sie auf der Einigung von Tories und Whigs beruhte, ist sie in vielen Punkten recht vage. Im allgemeinen bezieht sie sich auf die Erfahrungen der Restauration und konzentriert sich darauf, verfassungsmäßig Mißstände abzustellen. Insbesondere wird erklärt:

1. Das Recht des Königs, parlamentarische Gesetze zu suspendieren, ist illegal.
2. Die von James zur Disziplinierung der Kirche eingesetzte Ecclesiastical Commission wird abgeschafft.
3. Die Erhebung und der Unterhalt einer stehenden Armee innerhalb des Königreichs wird von parlamentarischer Zustimmung abhängig gemacht.
4. Die Erhebung von Steuern ohne parlamentarische Zustimmung ist verboten.
5. Die Wahl von Parlamentsmitgliedern ist frei, und die Freiheit der Rede, der Debatte und des Prozedere im Parlament darf von keinem Gerichtshof außerhalb des Parlaments selbst behindert werden.
6. Ein jeder Untertan hat das Recht, Petitionen an den König zu richten.
7. Kein Katholik darf den Thron Englands einnehmen. Für den Fall der Kinderlosigkeit von William und Mary wird die Krone an Marys jüngere Schwester Anne weitergegeben.

Dieses sogenannte "Revolutionary Settlement" wurde vervollständigt durch drei weitere Gesetze: den Mutiny Act, der dem König das Recht gab, militärische Disziplin in der Armee aufrechtzuerhalten; den Toleration Act, in dem die Dissenter von jeder strafrechtlichen Verfolgung befreit wurden, solange sie den Eid der Loyalität leisteten und eine Deklaration gegen die Transsubstantiation aussprachen; allerdings blieben sie wie die Katholiken weiterhin von der Ausübung eines öffentlichen Amtes ausgeschlossen; und der sogenannte Trianniel Act sah vor, daß spätestens drei Jahre nach der Auflösung des Parlaments ein neues gewählt werden mußte, und daß kein Parlament länger als drei Jahre kontinuierlich arbeiten sollte. Eine der Ironien des Revolutionary Settlement bestand darin, daß die anglikanische Kirche nun einen König als ihr Oberhaupt anerkennen mußte, der just so ein Calvinist war, wie sie sie bisher verfolgt hatte. Der Toleration Act brachte für alle Protestanten die Glaubensfreiheit. Den Baptisten und Mennoniten wurde die Erwachsenentaufe gestattet, den Quäkern wurde erlaubt, den Eid durch ein feierliches Versprechen zu ersetzen und vor Gericht den Hut aufzubehalten. Jedem außer Katholiken und Unitariern wurde gestattet, Gott in der Form zu verehren, die er für richtig hielt. Abgesehen von Holland hatte die Toleranz in England ihren bisher größten Sieg errungen.

Alles in allem war das sogenannte "Revolutionary Settlement" durchaus gemäßigt. Es etablierte keine parlamentarische Regierungsform im heutigen Sinn. Der König behielt zunächst sein Recht, Minister und Richter zu ernennen und zu entlassen. Er konnte innerhalb des Trianniel Act das Parlament entlassen, berufen und vertagen. Er blieb völliger Herr über die Armee und die Außenpolitik. Andererseits war nun endlich das Parlament als Faktor in der Verfassung verankert. Durch den Trianniel Act wurde es stärker an die jeweilige Wählerschaft gebunden. Die eigentliche parlamentarische Kontrolle wurde durch die Finanzhoheit ausgeübt. Das Vermögen der Krone war geschrumpft, und William wurden lediglich 700.000 £ für die gesamte Lebenszeit bewilligt. Damit mußte er die Kosten für die Hofhaltung und die Administration bestreiten. Andere Ausgaben mußten ad hoc vom Parlament bewilligt werden. Auf diese Weise wollte man der Gefahr vorbeugen, daß der König ein eigenes Heer aufstellen konnte. Mit der Glorious Revolution wurde die absolute Monarchie in die Herrschaft einer Grundherrenoligarchie verwandelt, die mit den Magnaten aus Industrie, Handel und Finanzen zusammenarbeitete. Dabei regierten die Grundherren England, aber die von ihnen getragene Regierung richtete die Außenpolitik nach den Handelsinteressen der Finanzmagnaten aus. Das ganze Revolutionary Settlement wurde als Vertrag zwischen König und Parlament auf der Basis des Prinzips der Gewaltenteilung betrachtet, wie es von Locke zur gleichen Zeit theoretisch entfaltet wurde.

Innerhalb dieses Rahmens sollte sich in den nächsten 40 Jahren die englische Verfassung und die dazugehörige Regierungsmaschinerie herausbilden. Dazu bedurfte es der Instrumente parlamentarischer Kontrolle, der parlamentarischen Verantwortlichkeit der Minister auf der Basis des Zweiparteiensystems, der Anerkennung der Parlamentssouveränität und der Entwicklung der Regierungsorgane, nämlich des Kabinetts und des Premierministers. Daß das alles gelang, war in sich selbst unwahrscheinlich und hat mit dynastischen Zufällen zu tun, die das Parlament zwangen, dreimal hintereinander die Thronfolger einzusetzen. Weil nun William durch seine holländischen und kontinentalen Interessen häufig in Anspruch genommen wurde und auf den Kontinent reiste, mußte England in seiner Abwesenheit von einem Komitee regiert werden. Queen Anne war ihrerseits aufgrund ihrer kindlichen Gemütsart zur Regierung kaum fähig; und der Kurfürst von Hannover war weder an England besonders interessiert noch des Englischen mächtig. Diese Umstände begünstigten die Ausbildung einer Regierungsmaschinerie, die auch ohne König auskam. Noch wunderbarer und unwahrscheinlicher ist die Ausbildung des Zweiparteiensystems. Die Tories waren nach wie vor Legitimisten und hielten die vom Parlament eingesetzten Könige im Prinzip für illegitim. Also mußten sich sowohl William als auch die Hannoveraner auf die Whigs stützen. Das war aber paradox. Die Tories waren Anhänger einer starken Monarchie und mußten deswegen Williams Vorstellungen von seinen Regierungsrechten eigentlich entgegenkommen. Andererseits aber lehnten sie diesen König ab, weil er ein holländischer Puritaner war und ein Rebell, der ihren legitimen König James verjagt hatte. Die Whigs auf der anderen Seite waren keine Anhänger eines starken Königtums, sahen aber andererseits in William und später in George *ihren* König, der nur mit ihrer Hilfe regieren konnte. Die Tories als Verteidiger der königlichen Prärogative mußten also den König ablehnen, den sie hatten, und wurden damit auf den Pfad der Opposition gezwungen; die Whigs als "Champions" der parlamentarischen Rechte gegenüber dem König mußten aber ihren König unterstützen. Beide Parteien mußten also in der Wirklichkeit das Gegenteil von dem tun, was ihre Prinzipien verlangten: die Anti-Royalisten mußten den König stützen, die Royalisten mußten den regierenden Monarchen bekämpfen. Diese Paradoxie machte sich auch auf der Ebene der Parteien bemerkbar. Als Verfechter einer starken Monarchie waren die Tories zugleich die Verfechter der Suprematie des Landadels in den Counties. Da sie beim whiggistischen König zunehmend in die Opposition gerieten, mußten sie sich die Methoden der ehemaligen Opposition zu eigen machen, d.h. die undemokratischere Partei mußte sich der demokratischeren Mittel bedienen. Da der Toleration Act die Suprematie der Squires in den Counties bedrohte, wurden die Tories mehr und mehr die Country Partei gegenüber der Stadt und dem Hof.

Gleichzeitig änderte sich nun auch die Konstellation zwischen Parlament und Regierung. Durch die Expansion des Civil Service wurden mehr und mehr Parlamentarier von dem Einkommen abhängig, das sie über die Patronage durch die Regierung bezogen. Dadurch ergab sich zunehmend eine Allianz zwischen den Parlamentariern, die auf ihre Ämter angewiesen waren, und der Politik des Königs. Das wurde von den leitenden Ministern dazu benutzt, eine Art Fraktion innerhalb des Parlaments zu organisieren. Durch diese Entwicklung zeichnete sich allmählich eine Teilung des Parlaments in Regierungspartei und Opposition ab. Die Tories als die Partei, die nach 1688 häufiger in der Opposition waren, wurden nun diejenigen, die sich gegen stehende Armeen wandten, die königliche Minister anklagten und dagegen polemisierten, daß bezahlte Regierungsbeamte im Parlament saßen. Das produzierte eine weitere Paradoxie: Die Partei, die früher die königliche Prärogative unterstützte, wurde nun zur Anwältin der öffentlichen Rechte. Sie entwickelte dann Methoden der öffentlichen Agitation, die ihren konservativen Überzeugungen eigentlich widersprachen.

Das Hauptmotiv Williams, den Thron Englands zu übernehmen, entstammte seiner anti-französischen Einkreisungspolitik. Sein Lebensziel bestand darin, Ludwig XIV. durch eine große Koalition zu besiegen. Von 1689 an bestimmte deshalb der Krieg gegen Frankreich die Außenpolitik, und dieser Krieg sollte nun wiederum einer der wichtigsten Faktoren in der Entwicklung der englischen Verfassung werden. Das hatte damit zu tun, daß für die Bewilligung der Kosten immer wieder das Parlament einberufen werden mußte. Die Praxis, die Kriegskosten jährlich zu bewilligen, wurde für die regelmäßige Organisation der Legislaturperioden wichtiger als jedes einzelne Gesetz. Zudem zwang der Krieg den König und das Parlament dazu, zusammenzuarbeiten, und die theoretisch von Locke entwickelte Gewaltenteilung in die Praxis umzusetzen. Der führende Manager der Regierung war zunächst der Marquess of Halifax, und nach dessen Rücktritt der Earl of Danby. Er war es, der den Versuch machte, die regierungsfreundlichen Parlamentarier zu einer Art "King's Party" zu organisieren. Das machte aber die Position des leitenden Ministers zunehmend paradox. In den Augen des Königs wurde er zum Repräsentanten des parlamentarischen Protests, während er in den Augen des Parlaments der Repräsentant der königlichen Wünsche war. Strukturell war die Situation so lange blockiert, wie der König seine Minister unabhängig von deren Gefolgschaft im House of Commons wählte. Die endgültige Lösung sollte also darin bestehen, daß der König solche Männer zu Ministern ernannte, die eine mehrheitsfähige Gefolgschaft im House of Commons hatten. Der erste Minister, bei dem das der Fall war, war Robert Walpole unter George I. Er sollte dann eine Generation nach der Glorious Revolution der erste Premierminister Englands werden.

Damit sind die langfristigen Entwicklungslinien und Trends geschildert. Das Bild, das sich unmittelbar nach dem Revolutionary Settlement von 1688 bietet, ist noch eher verwirrend. Persönliche Klientele, Vorlieben des Königs, Prinzipien und Loyalität gegenüber der jeweiligen Religionsgemeinschaft überdecken sich, so daß die Koalitionen, die zustande kommen, den verschiedensten Gesichtspunkten folgen.

Dieses Bild zunehmender Toleranz und weitgehender Entspannung der Gegensätze wird nur getrübt durch die irischen Katholiken. Unter der Führung von Richard Talbot organisieren sie einen Aufstand für die Wiedereinsetzung von James. Talbot sammelt ein Heer von 25.000 Mann, Ludwig XIV. schickt eine Flotte zur Unterstützung, und im März 1689 landet James persönlich in Irland, beruft ein Parlament ein und proklamiert die

Religionsfreiheit für alle Katholiken. Schließlich segelt William selbst nach Irland, und im Juni 1690 kommt es zur berühmten "Battle on the Boyne". Die Schlacht endet mit einem Sieg Williams, und seit diesen Tagen wird im protestantischen Nordirland am 1. Juli der Orange Day, der Tag von Wilhelm von Oranien, gefeiert. Wilhelm selbst gewährt den Besiegten im Frieden von Limerick zwar milde Friedensbedingungen, aber darauf erläßt das englische Parlament ein Gesetz zur Säuberung des irischen Parlaments: niemand durfte ihm mehr angehören, der nicht den Suprematseid schwor und eine Erklärung gegen die Transsubstantiation abgab. Das machte auch das irische Parlament ausschließlich protestantisch. Und dieses Protestantenparlament begann mit der totalen Unterdrückung der irischen Katholiken. Katholische Schulen und Universitäten wurden abgeschafft; den Katholiken wurde verboten, Waffen zu tragen und ein Pferd zu besitzen; wenn Protestantinnen Katholiken heirateten, verfiel ihr Erbe dem Staat; katholische Priester wurden deportiert und eine große Menge katholischer Grundbesitzer enteignet. Obwohl all diese Regelungen mit dem Namen Wilhelms von Oranien verbunden sind, entsprachen sie nicht seinem Willen. Immer wieder mußten die armen irischen Katholiken für die Machtpolitik büßen, mit der ihre regierenden Glaubensbrüder in Frankreich und Spanien die Protestanten Europas bekämpften. Im Mechanismus der europäischen Politik saßen die Iren an der ungeschützten Stelle, auf die wieder und wieder der Hammer des englischen Protestantismus niedersauste. Um den Ruin Irlands zu komplettieren, zerstörte das englische Parlament die irische Wollindustrie. Die Armut und der Hunger zwang in den nächsten 50 Jahren die Hälfte der eine Million Einwohner Irlands zur Auswanderung.

Die Vordenker der Aufklärung

So wie in der elisabethanischen Zeit eine Explosion geistiger Energien im Bereich des Dramas erfolgt, erlebt England in der zweiten Hälfte des 17. Jahrhunderts einen kreativen Rausch im Bereich von Philosophie und Wissenschaft. Daß England zusammen mit Holland auf diesem Gebiet die Führung übernimmt, ist zweifellos eine direkte Folge der größeren Toleranz. Dabei folgt die Entwicklung im großen und ganzen dem von Bacon vorgegebenen Programm des Empirismus, wobei gelegentliche Abweichungen in Richtung Rationalismus und Materialismus die Dynamik des geistigen Austausches bereichern. Ihr erster großer Repräsentant in der Psychologie und politischen Philosophie ist Thomas Hobbes. Er betritt aus Schrecken über die Ankunft der Armada vorzeitig die Bühne der Welt, läßt sich aber zum Ausgleich sehr lange Zeit, bevor er sie wieder verläßt. Als Sohn eines anglikanischen Pfarrers wird er von einem wohlhabenden Onkel zum Studium nach Oxford geschickt, avanciert zum Erzieher des 2. Earl of Cavendish, bereist mit seinem Schüler den Kontinent, arbeitet nach seiner Rückkehr für kurze Zeit als Sekretär von Francis Bacon, der in ihm die Prinzipien des Empirismus befestigt haben mag, freundet sich mit Ben Jonson an und hat dann ein Konversionserlebnis, bei dem er sich zu Euklid bekehrt. Nach einer zweiten Reise auf dem Kontinent, auf der er mit dem alten Galilei zusammentrifft, ergreift er im Vorfeld des Bürgerkriegs publizistisch für Charles I. Partei und geht dann nach Paris ins Exil, wo er Mathematiklehrer des späteren Charles II. wird. Hier verfaßt er das Werk, dessen Wirkung der eines Vulkans gleicht, der zwar für längere Zeit Ruhe gibt, aber bis heute in regelmäßigen Abständen immer wieder feurige Lava, Asche und gewaltige Rauchwolken ausstößt: *The Leviathan, or the Matter, Form and Power of a Commonwealth, Ecclesiastical and Civil.* Der Titel bezieht sich auf Hiob 41, wo Gott mit dem Seeungeheuer Leviathan seine eigene göttliche Allmacht versinnbildlicht. Hobbes aber meint damit den sterblichen Gott, den Staat.

Um zu begründen, welche menschlichen Eigenschaften zur Entstehung des Staates führen, klärt er im ersten Teil die Fragen des Vernunftgebrauchs und der Psychologie. Dabei ist er konsequenter Empiriker und Mechanist: Alle Verstandestätigkeit ernährt sich von der Sinneswahrnehmung. Die wahrgenommenen Qualitäten sind das Ergebnis der variablen Kombination zweier Prinzipien, nämlich Materie und Bewegung. Wie die äußere Welt den Gesetzen der Kausalität folgt, folgt der Ablauf unserer Vorstellungen dem Gesetz der Ideenassoziation. Der Wille ist nicht frei, sondern das Vergleichsergebnis von Neigung und Abneigung. Beide sind jeweils das Resultat der Subtraktion von Verlangen und Furcht. So wie die Welt eine Maschine ist, ist auch der Mensch eine Maschine. Die Schließung des Kausalzusammenhangs der Welt läßt weder Platz für Wunder noch für die Erhaltung des Menschen durch Gott. Entsprechend wird die conservatio dei abgelöst von dem zentralen menschlichen Grundtrieb der Selbsterhaltung. Der Selbsterhaltungstrieb ist nach einer Formulierung von Hans Blumenberg nicht nur ein neues rationales Prinzip unter anderen, sondern das Prinzip der neuen Rationalität selbst: Er ist ein Bewegungsimpuls, der kein Ziel mehr außer sich hat. Damit verabschiedet Hobbes die traditionelle anthropologische Teleologie, nach der der Mensch zum Guten, zu Gott oder – aristotelisch gesprochen – zu seinem natürlichen Ort strebt. Selbsterhaltung ist in der Psychologie das, was in der Mechanik Newtons Gravitation werden sollte. So wie in der Physik das Universum auf Bewegung, so wird durch Hobbes nun die Anthropologie auf die Permanenz der Unruhe abgestellt. Der Selbsterhaltungstrieb findet von sich aus keine Grenzen mehr: Der Mensch will seine Triebbefriedigung sichern, nicht nur für die Gegenwart, sondern für alle Zukunft. Entsprechend besteht Krieg nicht nur aus Schlachten, sondern aus der Bereitschaft dazu. Damit wird die Grenzenlosigkeit des Egoismus mit der Grenzenlosigkeit der Zukunft korreliert. Die Pointe dieser schwarzen Anthropologie besteht darin, daß die wechselvolle Unruhe des Menschen durch sein immerwährendes Streben nach mehr Macht die Konstanz eines Selbsterhaltungstriebes begründet, der gerade durch seine Ziellosigkeit unersättlich wird. "So that in the first place I put for a general inclination of all mankind, a perpetual and restless desire of power after power, that ceases only in death." (*Leviathan*, S. 75). Nicht mehr ist das Glück die Verwirklichung der eigenen höchsten Potentialität und ihre anschließende selige Betrachtung in Ruhe, sondern die Fortsetzung des Strebens nach immer neuen Zielen. “To which end we are to consider that the felicity of this life consisteth not in the repose of a mind satisfied. For there is no such finis ultimus (utmost aim) nor summum bonum (greatest good) as is spoken of in the books of the old moral philosophers.” (*Leviathan*, 74). Die Diskontiniuität der Affekte wird also durch die Kontinuität des Wechsels begründet. Dadurch wird auch für die Affekte der Wechsel zum Zustand generalisiert. Das ist die moderne Anthropologie des Faust. In dieser Anthropologie wird die Moral aufgelöst. Gut und böse sind nicht Qualitäten an sich, die wir von Gott haben, sondern nur Relationen: gut nennen wir den Gegenstand unserer Neigung, böse den unserer Abneigung. Deshalb verurteilt Hobbes die Leidenschaften nicht. Aber sie machen den Menschen zu einem einsamen und asozialen Wesen. Damit verabschiedet Hobbes die aristotelische Vorstellung vom Menschen als eines sozialen Wesens, als eines zoon politikon. Im ungebundenen Ausleben seiner Triebe wird der Mensch dem Menschen ein Wolf (homo homini lupus). Deshalb ist der Urzustand des Menschen gekennzeichnet durch den Krieg aller gegen alle. In diesem vorgesellschaftlichen Zustand ist das Leben einsam, arm, häßlich, brutal und kurz. Deshalb wird die Furcht vor dem gewaltsamen Tod zum eigentlichen Motiv bei der Gründung des Staates. Sie erfolgt durch einen social contract, einen Sozialvertrag. In Abweichung von der üblichen Vorstellung, bei der man sich einen Vertrag zwischen Herrschern und Beherrschten vorstellt, geht Hobbes aber von einem Vertrag unter den Beherrschten selbst aus. Die Einzelnen übertragen ihre Kräfte einem Einzigen, dem Souverän, und auf diese Weise wird die gesamte Gesellschaft zu einem einzigen Individuum, dem Staat. Das ist der sterbliche Gott, der Leviathan, dem wir nächst dem unsterblichen Gott Frieden und Schutz zu verdanken haben. Die Macht dieses Leviathan soll absolut sein. Die einzige Einschränkung gegenüber ihr ist, daß sie nur so lange gelten soll, wie der Souverän imstande ist, seine Bürger zu schützen. Zur Ausübung dieser absoluten Macht wird dem Souverän zugestanden, die Religion des Volkes zu kontrollieren. Am Bügerkrieg beobachtet Hobbes, daß sich weder die Religion noch die Moral als Grundlage für soziale Einigkeit eignet, weil beide zu dissensanfällig sind: Wer für sich die Moral reklamiert, läßt dem anderen im politischen Kampf nur die Unmoral und kriminalisiert den Gegner. Das führt dann in den Bürgerkrieg. Damit stößt Hobbes auf die paradoxe Frage, ob Moral selbst moralisch ist. Die biblische Schöpfungsgeschichte hatte das verneint, und die Entdeckung der Unterscheidung von gut und böse selbst für böse erklärt. Hobbes gab dem eine weitere Drehung, indem er den Gedanken möglich machte, daß Moral zweistöckig angelegt wird. Man mußte auf einer höheren moralischen Ebene noch einmal entscheiden, ob es moralisch ist, Politik auf Moral zu gründen. Langfristig führt das zur Dialektik von Gesinnungsethik und Verantwortungsethik. Hobbes aber zieht den Schluß daraus, daß es notwendig ist, die Moral zu privatisieren. Damit teilt er private Gesinnung von öffentlichem Verhalten und trennt die Politik von Moral.

Mit diesem Buch erregt Hobbes die Wut aller Parteien. Die Vertragstheorie ärgert die Royalisten, die auf dem Gottesgnadentum beharren; die These von der unveräußerlichen und unteilbaren Macht des Souveräns bringt ihm die Feindschaft des englischen Parlaments ein; die Idee von der notwendigen Differenz zwischen privater Moral und öffentlichem Verhalten kostet ihn die Freundschaft aller Dissenter; und die materialistischen Grundthesen entfremden ihn von seinen katholischen Freunden in Frankreich. Deshalb kehrt er nach England zurück, wo ihn seine guten Verbindungen zu den Cavendish und zu Charles II. davor bewahren, wegen seiner ketzerischen Thesen in ernsthafte Schwierigkeiten zu geraten.

Hobbes' Theorie des Absolutismus wird in England durch die Herausbildung des Parlamentarismus widerlegt. Aber Lockes Legitimation der Gewaltenteilung rekurriert direkt auf den *Leviathan*. Unmittelbar an Hobbes anknüpfen konnte Locke dagegen in seiner Epistemologie und seiner Affektenlehre, die er in seinem *Essay Concerning Human Understanding* entfaltet. Die größte Wirkung übte Hobbes' Materialismus im intellektuellen Milieu Frankreichs aus, wo er die materialistische Philosophie von Bayle, Lamettrie, d' Holbach und Diderot beeinflußt. Spinoza, Rousseau, Hume, Bentham greifen Anregungen von ihm auf, er gilt als Vorläufer moderner rechtspositivistischer Staatsauffassungen; und wer immer sich wie Ferdinand Tönnies oder Carl Schmitt für die schwarze Anthropologie des 17. Jahrhunderts interessiert, beschäftigt sich mit Thomas Hobbes. Dabei polarisiert sein Name bis heute. Aus der Perspektive des Totalitarismus des 20. Jahrhunderts mußte die Tatsache, daß Hobbes den Opportunismus der Macht als Prinzip staatlicher Friedensstiftung dem tradierten System materialen Naturrechts entgegensetzte, sein Denken suspekt machen. Insofern hat Hobbes Modellcharakter für die Probleme, die sich in der Neuzeit seit der Begründung der Souveränität des Staates gegen ihre fundamentalistische Kritik stellen. Denn wie heute erschien es schon den Zeitgenossen Hobbes' als unmoralisch, die Friedensstiftung durch den Staat ohne Verweis auf Grundwerte rein technisch zu begründen. Umgekehrt dient seinen Anhängern der *Leviathan* bis heute dazu, auf die Gefährlichkeit von Moralvirtuosen ideologiekritisch zu verweisen.

1670, im Alter von 82 Jahren, verfaßt Hobbes eine Geschichte des Bürgerkriegs, der er den Titel *Behemoth* gibt. Auch der Behemoth entstammt dem Buch Hiob. Ist der Leviathan das mächtigste Tier zur See, ist der Behemoth nach ihm das mächtigste Tier zu Land. Mit diesen beiden Ungeheuern benennt Hobbes die Prinzipien, die wir mit Voegelin als das Prinzip der staatlichen Ordnung einerseits und der chiliastischen Bewegung andererseits identifiziert haben. Der Kampf zwischen diesen beiden Ungeheuern sollte die Geschichte der Moderne bestimmen. Hobbes aber hatte nun nichts mehr zu tun und verfaßte deshalb seine Autobiographie in Versen. Trotz eines Antrags der Bischöfe, ihn als Ketzer zu verbrennen, starb Hobbes im hohen Alter von fast 92 Jahren nach dem Empfang der anglikanischen Sakramente.

1656, wenige Jahre nach dem *Leviathan,* erscheint als staatspolitische Alternative die demokratische Utopie *Oceana* von James Harrington. Der Autor stammt aus der Gentry, studiert in Oxford, dient in der holländischen Armee, läßt sich in Venedig von den republikanischen Einrichtungen beeindrucken und wird dann zum persönlichen Bediensteten des Gefangenen Charles I., den er vergeblich zum Anhänger der republikanischen Staatsform zu machen sucht. Die geistige Quelle von Harrington aber sprudelt im Florenz des 14. und 15. Jahrhunderts. Hier kommt es im Abwehrkampf gegen die Gefahren, die der Republik von außen und innen drohen, zu einer patriotischen Krise, bei der Coluccio Salutati und Leonardo Bruni und später Guicciardini und Machiavelli in der Gegenüberstellung der vita contemplativa als höherrangige Kontemplation ewiger Wahrheiten mit der vita activa als der politischen Sphäre des bloß Partikularen eine radikale Umwertung vornehmen. Im Bruch mit dem bisherigen humanistischen Denken begründen sie eine Ethik des Engagements und eine Tradition der republikanischen Verfassungstheorie, nach der die durch Zeit korrumpierbaren Grundverfassungen der Monarchie, Aristokratie und Demokratie durch ihre Mischung in einem System von "checks and balances" in ein unvergängliches, unkorrumpierbares und ewig lebendes Gemeinwohl verwandelt werden sollen, dessen Unsterblichkeit es dem sterblichen Gott Leviathan überlegen macht. Mit Blick auf Athen und das republikanische Rom wird als Prüfstein für das Engagement seiner Bürger angesehen, daß die Republik nicht von Söldnerheeren, sondern von seinen Bürgern selbst verteidigt wird. Diesen Gedanken greift Harrington auf – er sieht ihn in der "New Model Army" von Cromwell annähernd verwirklicht – und verbindet ihn mit der Vorstellung, daß allein Eigentum von Land die Kombination von Engagement und Unabhängigkeit sicherstellt. Deshalb müssen möglichst viele Bürger Land besitzen, und alle Landbesitzer sollen wenigstens einmal in ihrem Leben dem Parlament angehören. So plädiert Harrington in seiner Utopie für die turnusmäßige Neuwahl der Parlamentsmitglieder und entwirft ein kompliziertes Rotationssystem der Ämter, für das er in einem eigens gegründeten Rota-Club Propaganda macht.

Diese Vorstellungen gelangen über Locke und Montesquieu zu den Vätern der amerikanischen Verfassung, wo die Idee der Ämterrotation ihren Niederschlag in der turnusmäßigen Neuwahl der Kongreßmitglieder findet. Die Verbindung von politischem Engagement und Landbesitz aber wird zum moralischen Munitionsarsenal für die Country-Partei der Tories in der Korruptionsdebatte gegen Walpole und die Geldaristokratie der Whigs: Unabhängigkeit und politisches Engagement – virtue – konnten durch Ämterpatronage und eine neue Form des Eigentums korrumpiert werden, das anders als Land nicht mehr Unabhängigkeit garantierte: nämlich Aktien, Regierungsanleihen und undurchsichtige Finanzbeteiligungen. In dieser Rhetorik wird die Geldwirtschaft des Kapitalismus mit demselben Bild beschrieben, das die Florentiner zur Kennzeichnung der untreuen Fortuna benutzen: mit dem der Hure. Damit wird die republikanische Bürgerschaft mit ihren Römertugenden der kapitalistischen Bourgeoisie entgegengesetzt: Harringtons florentinischer Bürgerhumanismus wird später die anti-kapitalistischen Topoi liefern, mit denen die englischen Tories und die amerikanischen Republikaner Whigs und Demokraten als korrupt hinstellen werden. Noch der im

Namen der Ganzheitlichkeit des Menschen auftretende Marxismus sollte diesen Humanismus ebenso beerben wie die heutigen Vertreter der Civil Society. Virtue aber war als Form des Engagements das Gegenteil von dem, was die Aristokraten von Louis Philippe und die Gelehrten des Dritten Reichs "innere Emigration" nannten. Über die Vermittlung von Harrington war die virtù der Renaissance und Shakespeares zum politischen Engagement geworden. Mit Harrington und Hobbes werden also zwei politische Paradigmen begründet: Die Vertragstheorie von Hobbes traut der gesellschaftlichen Selbstregulierung nicht und leitet daraus die Notwendigkeit einer Instanz ab, die der Gesellschaft gegenübertritt: der Staat. Der Staat ist die Kompensation des menschlichen Egoismus. Freiheit ist dabei vor allem Freiheit von Furcht. Der Bürgerhumanismus setzt dagegen auf die Selbstorganisation der Zivilgesellschaft, versteht den Bürger nicht als egoistisch, sondern als Mitglied einer Gemeinschaft, deren Wohl ihm am Herzen liegt, und begreift Freiheit vor allem als Möglichkeit, sich an der kollektiven Willensbildung zu beteiligen. Da in Deutschland unter Humanismus immer noch der von den Florentinern abgelehnte Literatenhumanismus im Sinne einer Bildungsbewegung verstanden wird, ist die in England und Amerika so wirksam werdende Tradition des politischen Humanismus noch zu entdecken. Während Hobbes bei Ferdinand Tönnies, Carl Schmitt, Helmuth Schelsky und sogar Rudolf Augstein Interesse findet, steht die Aufarbeitung von Harringtons Bürgerhumanismus noch aus.

Wenn jetzt von dem einflußreichsten und vielleicht typischsten aller englischen Philosophen die Rede ist – nämlich John Locke – befinden wir uns wieder im Brennpunkt der Ereignisse und auf der vollen Höhe der Zeit. Locke ist Sohn eines puritanischen Juristen und standhaften Parteigängers des Parlaments. Bei ihm ist die republikanische Gesinnung also Familientradition. Er studiert im Christ College in Oxford ohne Begeisterung den klassischen Bildungskanon und entdeckt sein Interesse für die Wissenschaften und die moderne Philosophie von Descartes. Nach dem Tod seines Vaters studiert er Medizin, was seinem Leben die entscheidende Wendung gibt: Er wird Leibarzt des Führers der Whig-Opposition, des berühmten Earl of Shaftesbury. Wie Hobbes mit dem Clan der Cavendish, ist Locke fest mit der Familie der Shaftesbury verbunden: Er rettet mit einer Operation Shaftesburys Leben, pflegt die

Schwiegertochter im Wochenbett und gewinnt einen solchen Einfluß, daß der Enkel von Shaftesbury Lockes philosophischer Schüler wird. Umgekehrt führt Shaftesburys Einfluß auf Locke dazu, daß dieser sich mit öffentlichen Angelegenheiten befaßt. Er wird Sekretär im Ministerium für Handel und Kolonien, bereist nach Shaftesburys Sturz den Kontinent und folgt ihm schließlich ins Exil nach Holland, wo er seinen *Essay Concerning Human Understanding* schreibt. 1687 beteiligt er sich an dem Staatsstreich, der Wilhelm von Oranien auf den Thron bringt, und kehrt im Gefolge von Queen Mary 1689 nach England zurück. Shaftesbury selbst hat diesen Moment nicht mehr erlebt, aber seine Freunde regieren England, sein Geist triumphiert in der Glorious Revolution, und Locke verleiht ihm philosophischen Ausdruck. Er wird der Philosoph der Whigs. Bis jetzt hat er noch kaum etwas publiziert, und so ist es mehr als symbolisch, daß unmittelbar nach der Glorious Revolution drei Schriften aus seiner Feder erscheinen, die den Zweck haben, die neue Verfassung zu legitimieren: die *Epistola de Tolerantia*, die *Two Treatises on Government* und der *Essay Concerning Human Understanding*.

Der erste Treatise dürfte eher Feministinnen interessieren, denn er enthält eine Widerlegung der üblichen Rechtfertigung des königlichen Gottesgnadentums aus dem Geiste des Patriarchats, wobei die Gesellschaft als Erweiterung der Familie gedacht wird. Der zweite Treatise enthält die Rechtfertigung der Volkssouveränität. Wie Hobbes geht auch Locke von einem vorgesellschaftlichen Naturzustand aus, der aber nicht durch einen Krieg aller gegen alle, sondern durch die Gleichheit und Freiheit aller Individuen gekennzeichnet ist. Wie bei Hobbes schließen sie einen Sozialvertrag, delegieren dabei aber ihre Rechte nicht an einen absoluten Monarchen, sondern an die Gemeinschaft selbst. Sie ist der Souverän. Sie delegiert ihrerseits die gesammelten Rechte ihrer Mitglieder an eine Regierung, die streng nach den Funktionen Exekutive und Legislative geteilt ist. Ihr Endzweck besteht in der Wahrung des Eigentums, das Locke als unverletzlich und naturgegeben betrachtet. Hier zeigt sich der Einfluß von Harrington. Eigentum ist die staatsbürgerliche Ressource der Bürger insofern, als auf ihm seine Freiheit und Unabhängigkeit beruht. Tastet man das Eigentum an, nimmt man dem Bürger seine Freiheit. Insofern Freiheit und Eigentum zusammen gedacht werden, ist der *Second Treatise* die Magna Charta des Bürgertums. Im

Sinne des Bürgerhumanismus wird Eigentum weniger als Produktionsmittel gefaßt als als Grundlage für staatsbürgerliches Engagement. Daraus ergibt sich die Konsequenz, daß eine Regierung gestürzt werden kann, wenn sie unrechtmäßig über die Eigentumsrechte oder die Freiheitsrechte der Bürger verfügt.

Selten hat eine Schrift eine stärkere Wirkung ausgeübt als *The Second Treatise*. Sie rechtfertigt nicht nur die Glorious Revolution, sondern auch die Amerikanische Revolution von 1776 und die Französische von 1789. Die amerikanische Unabhängigkeitserklärung übernimmt fast wörtlich Formulierungen von Locke. Sie finden ebenfalls Eingang in die Erklärung der Menschenrechte der Französischen Revolution. Die gesamte Verfassungstheorie wird von Voltaire und Montesquieu nach Frankreich importiert und von Montesquieu durch die Ausdehnung der Gewaltenteilung auf die judikatorische Gewalt noch erweitert. In dieser Form wird sie dann auf die amerikanische Verfassung übertragen, die um der theoretischen Reinheit willen die Gewaltenteilung etwas übertreibt. Damit entwirft Locke die Theorie der Repräsentativverfassung, die zu einem so starken Motiv in den Freiheitskämpfen der Völker werden sollte. Es war ein nicht selbstverständlicher Glücksfall, daß zu dem Zeitpunkt, an dem durch den Selbstlauf der sich wechselseitig austarierenden politischen Kräfte eine Art verfassungsmäßiger Balance zwischen Exekutive und Legislative hergestellt war, ein Philosoph wie Locke zur Stelle war, der dieser Konstellation eine im Naturrecht gegründete theoretische Rechtfertigung gab. In ihr wurde die naturgegebene eigentumsbegründete Freiheit mit der ebenfalls naturgegebenen Vernunft des Menschen zur Legitimationsbasis für die Volkssouveränität und die parlamentarisch kontrollierte Regierung, deren Ziel wiederum die Sicherung von Eigentum und Freiheit war. Damit begründete Locke einen politischen Diskurs, der bis heute das Denken beherrscht. Der von Hobbes als Schreckbild beschworene Bürgerkrieg wurde über die Projektion auf die Differenz von Regierung und Opposition auf Dauer gestellt, entschärft und damit zur Basis der Stabilität. Die *gegenwärtige* Opposition wurde durch Aussicht auf *künftige* Regierungsübernahme pazifiziert und in der späteren Verfassungswirklichkeit in das von Locke entworfene System einbezogen. Die Zähmung von Behemoth ermöglichte auch die Domestikation des Leviathan. Damit wies Locke der zivilen Gesellschaft den Weg zum Erfolg. Das

Terrain des politischen Diskurses der Neuzeit aber wurde durch die drei großen Engländer Hobbes, Harrington und Locke weitgehend abgesteckt.

So wie Locke in den *Two Treatises on Government* ein neues Paradigma des politischen Denkens begründet, so begründet er in seinem *Essay Concerning Human Understanding* ein neues Paradigma im Denken des Subjekts. Im radikalen Bruch mit der bisherigen Philosophie lehnt er die Vorstellung von den angeborenen Ideen ab. Darin folgt er dem Empirismus von Hobbes. Revolutionär ist dieser Bruch deshalb, weil man bisher sich nicht vorzustellen wagte, daß die Ideen von Gott und der Religion eine andere Quelle haben als Gott selbst. Statt dessen stellt sich Locke den menschlichen Geist als tabula rasa vor. Hierbei zapft er die Metapher von der Schrift an, die sich als Erfahrung in das Buch des Gedächtnisses einträgt, so wie Hamlet von "the book and volume of my brain" spricht. Alle Ideen im Geiste kommen durch Sinneswahrnehmungen zustande und werden dann als solche nochmal in der Selbstwahrnehmung miteinander in Bezug gesetzt. "Nihil est in intellectu quod non prius fuit in sensu", heißt die Formel. Dabei sind sowohl die Sinneswahrnehmung als auch die Selbstwahrnehmung durchaus in der Lage, die Welt richtig und gültig zu erkennen. Hier übernimmt Locke dann die traditionelle scholastische Unterscheidung zwischen den primären Qualitäten, die mit den Dingen selbst verbunden sind wie Ausdehnung, Gestalt, Bewegung und Zahl, und den sekundären Qualitäten, die erst in der Wahrnehmung hervorgerufen werden, wie Geschmack, Geruch, Wärme und Farbe. Indem er sie zu bloß subjektiven Eindrücken erklärt, verbreitet er die Vorstellung von der real existierenden Wirklichkeit als eines farblosen, geschmacklosen und lautlosen Universums. Damit wird auch in der Philosophie die Entzauberung der Welt vollzogen und ihre Wiederverzauberung der menschlichen Imagination überantwortet. Da wir nur in der Lage sind, Qualitäten wahrzunehmen, ist Locke zu dem Schluß gezwungen, daß die Substanz als ein Ding an sich unerkennbar ist. Substanz ist als reine Hypothese nichts anderes als das Prinzip der Kombination der verschiedenen Sinneswahrnehmungen. So wie sie die verschiedenen Qualitäten trägt, so läßt sich in Analogie dazu ein geistiges Wesen postulieren, das die verschiedenen Tätigkeiten der Wahrnehmung, des Denkens, des Wollens und des Empfindens synthetisiert. Ähnlich wie alle sekundären

Qualitäten in der sinnlich wahrnehmbaren Welt Kombinationen aus primären Qualitäten sind, so sind alle Strebungen der Seele wie Denken, Fühlen und Wollen nichts anderes als die Kombinationen von Vorstellungen. Denken ist der Zusammenhang von Vorstellungen, Fühlen der affektive Reflex von Vorstellungen und Wille der Übergang einer Vorstellung in eine Handlung.

Für die Idee des Subjekts ist entscheidend, daß die begriffliche Lösung des Problems der Synthesis der Erfahrung in der Doppelung durch Selbstkontakt erfolgt. Das konstituiert das Subjekt als reine Selbstbezüglichkeit. Sie wird ähnlich gedacht wie die Selbsterhaltung bei Hobbes. Aber anders als Hobbes kommt Locke von hier aus nicht zu einer Morallehre der Affekte, die dann den Staat begründet, sondern zu einer Reflexionstheorie, die zugleich eine neue Erfahrung der Zeit artikuliert. Die traditionelle Doppelung von Dauer und Moment als Differenz von aeternitas und tempus wird bei Locke ins Subjekt selbst verlegt. Im Buch II, Kapitel 14 seines Essay formuliert er dafür die grundlegenden Differenzierungen. Das Korrelat der Zeit wird nun das Subjekt, das von sich selbst weiß, daß es dauert, und dies mittels Reflexion feststellt: "'Tis evident to anyone who will but observe what passes in his own mind, that there is a train of ideas, which constantly succeed one another in his understanding, as long as he is awake. Reflection on these appearances of several ideas one after another in our minds, is that which furnishes us with the idea of succession: and the distance between any parts of that succession, or between the appearance of any two ideas in our minds, is that we call duration. For whilst we are thinking, or whilst we receive successively several ideas in our minds, we know that we do exist." (II, 14). Wie im Newtonschen Universum die Bewegung, wird nun im Geist die Sukzession der Ideen zum Normalzustand. Die anthropologisch begründete Unruhe des Menschen von Hobbes ergreift bei Locke auch sein Denken. Das Anomale ist jetzt die Konstanz einer einzigen Idee im Geist, und Locke fordert seine Leser geradezu heraus, einmal zu versuchen, für eine längere Zeit nur eine einzige Idee zu denken: es ist unmöglich. Das begründet den Stimulationsbedarf des Geistes und erklärt im voraus, was die müßigen Gentlemen des 18. Jahrhunderts plagen sollte: der Spleen, der Ennui und die Langeweile. Die adäquate Stimulation des Geistes aber wäre das, was wir heute "flow" nennen.

Über die Subjektivierung der Zeit gelingt es Locke, die Zeit selbst zu generalisieren und von der Schöpfung unabhängig zu machen. Damit wird die Ewigkeit selbst temporal. Die Differenzierung zwischen tempus und aeternitas fällt damit weg: Die Ewigkeit ist nicht mehr kopräsent mit der Gegenwart. Diese Funktion ist auf das Subjekt übergegangen, dessen Reflexion mit der Sukzession der Momente parallel läuft und dadurch Dauer schafft. Die subjektive Zeit wird zugleich zum Tastorgan des Menschen, mit dem er die objektiven Abläufe außerhalb seines Geistes als schneller oder langsamer wahrnimmt. Es gibt allerdings einen Punkt, in dem alle Sequenzen objektiver und subjektiver Natur miteinander synchron geschaltet und füreinander erreichbar sind: dieser privilegierte Punkt ist die Gegenwart. "For this present moment is common to all things, that are now in being, and equally comprehends that part of their existence as much as if they were all but one single being. And we may truly say that they all exist in the same moment of time." Das beendet die Vorstellung von einer Multiplizität von Welten. Wenn alle Dinge in gleicher Weise am Gegenwärtigen teilhaben, ist diese Welt **eine** Welt. Damit werden die Vorstellungen von Gegenwelten, von Himmel, Hölle und Purgatorium zunehmend unplausibel. Die eine Welt wird eine Welt des Tages, in der der dogmatische Schlummer des Aberglaubens verscheucht ist, in der es keine Träume mehr gibt, sondern nur die wechselseitige Erreichbarkeit der aufgeklärten Geister in Form der Kommunikation der Gelehrtenrepublik. Auch sie wird zum Dauerzustand. Ihr entspricht die Sukzession der Ideen im Geist, deren Zweitfassung als Reflexion zur Basis des Selbstgefühls eines Subjekts wird, das seine eigene Kontinuität zum Wahrnehmungsorgan für die Kontinuität und den Wechsel der Dinge macht. Auch darin ist die anthropologische Unruhe der Affekte von Hobbes zur Unruhe des Denkens sublimiert worden. Wie die Repräsentativverfassung den Leviathan zähmt, so domestizieren die hellen Ideen Lockes die dunklen Affekte von Hobbes.

Die Veröffentlichung des *Essay Concerning Human Understanding* markiert den Übergang der englischen Philosophie von der Metaphysik zur Erkenntnistheorie. Bis zu Lockes Tod 1704 müssen vier Auflagen gedruckt werden. Die Abhandlung wird zum Kultbuch der französischen Aufklärung und liefert den Bezugshorizont für die weitere Philosophie bis zu Kant. Und sie inspirierte die Literatur besonders dann, wenn sie, wie im *Tristram Shandy* von Laurence Sterne, sich selbst thematisierte.

Mit der Blüte der Wissenschaften in der zweiten Hälfte des 17. Jahrhunderts werden die Grundlagen für den Rationalismus des achtzehnten gelegt. Man sieht es an den Lebensdaten wichtiger Vertreter: Leibniz lebt von 1646 bis 1716, sein großer Konkurrent Isaac Newton von 1642 bis 1727 und Locke von 1632 bis 1704. Typisch für diese Entwicklung ist die Gründung von Akademien. Die Universitäten haben zu diesem Aufschwung wenig beigetragen. Die englische Akademie der Wissenschaften formiert sich nach dem Modell des Domus Salomonis in Bacons *Nova Atlantis*. Sie besteht zunächst aus einem Freundeskreis um den Mathematiker und Geometrieprofessor John Wallis, dessen Mitglieder 1645 beschließen, sich wöchentlich zu Diskussionen über Mathematik, Mechanik und Chemie zu treffen. Dieses "Invisible College" teilt sich nach dem Umzug von Wallis nach Oxford in zwei Sektionen, unterbricht während der Unruhen nach Cromwells Tod seine regelmäßigen Zusammenkünfte und nimmt nach der Restauration seine Sitzungen wieder auf. 1662 verleiht Charles dieser Gesellschaft ein königliches Pivileg, und von nun an nennt sie sich "The Royal Society". Zu ihr gehören Herzöge und Bürgerliche, Künstler und Naturwissenschaftler. Bereits 1667 schreibt Thomas Sprat, ein Bischof, ihre Geschichte. Von Swift wird sie später in *Gulliver's Travels* als Akademie von Lagado karikiert. Von ihr gehen zahlreiche Anregungen aus, die zu den verschiedensten Verbesserungen in allen Lebensbereichen führen. Überall werden nun die wissenschaftlichen Disziplinen auf neue Grundlagen gestellt. Sir William Petty entwickelt die Statistik, die das Versicherungswesen revolutioniert; Boyle begründet die Chemie, die die Alchemie hinter die Schranken der Schwarzkunst verweist; Ray revolutioniert die Botanik; Woodword legt die Fundamente für die wissenschaftliche Geologie; und Newton reorganisiert die gesamte Mechanik und Physik in einem neu begründeten Weltbild. Die Royal Society hatte einen Schriftführer namens Heinrich Oldenburg, der wie der Vater von Robinson Crusoe aus Bremen gekommen war, um für seine Stadt einen Handelsvertrag abzuschließen, aber in England bleibt, als er sich mit Milton, Hobbes, Newton und Boyle anfreundet. Er gibt von 1665 an die *Philosophical Transactions of the Royal Society* heraus, deren Lektüre die Gelehrten Europas in eine Kommunikationsgemeinschaft verwandelt.

Um der englischen Schiffahrt eine bessere Längengradbestimmung zu ermöglichen, richteten einige Leute um den Astronomen Flamsteed an Charles ein Gesuch, eine Nationalsternwarte zu stiften. Die Sternwarte wurde in Greenwich südöstlich von London gebaut. Der Längengrad, der durch diesen Ort lief, wurde als Nullmeridian zum Ausgangspunkt für das neu entworfene Gradnetz der Erde. Flamsteed hatte einen Mitarbeiter namens Edmund Halley. Als Wunderknabe machte er mehrere Entdeckungen vor seinem 21. Geburtstag und wurde als Zweiundzwanzigjähriger Mitglied der Royal Society. Seinen Namen verewigte er mit einer der erfolgreichsten Voraussagen der Geschichte. Als 1682 ein Komet am Himmel erschien, bemerkte Halley durch Vergleich mit Kometen aus den Jahren 1531 und 1607, daß es sich um denselben Himmelskörper handelte, der alle 75 Jahre wieder erschien, und sagte seine Wiederkunft für das Jahr 1758 voraus. Als er die Voraussage erfüllte, wurde er auf den Namen seines Entdeckers getauft. Damit wurde dem Aberglauben ein Ende bereitet, daß die Kometen Vorboten von Desastern und Symptome von Wutanfällen Gottes seien.

Einer der vielseitigsten Geister der Royal Society war der Pfarrerssohn Robert Hook. Er assistiert Robert Boyle bei seinen chemischen Experimenten, wird Oberexperimentator an der Royal Society, Professor für Geometrie am Gresham College und leistet Vorarbeiten zu Newtons Optik- und Gravitationstheorie. 1665 schreibt er seine *Micrographia*, in der er die Welt mit den Mikrokosmen vertraut macht, die man bei einem Blick durchs Mikroskop entdeckt. Damit leistet er der Relativierung der Optik Vorschub, wie sie in Swifts *Gulliver's Travels* ästhetische Gestalt gewinnen sollte: An den Lilliputanern und den Riesen von Brobdingnag sieht man, daß groß und klein relative Begriffe sind. Hook ist es auch, der als erster die Spiralfeder für die Regulierung der Uhr einsetzt und damit die Schiffsuhren von den für sie ungeeigneten Pendelsystemen unabhängig macht. Zugleich sorgt er damit für die Verbreitung der Taschenuhr: man brauchte nicht mehr auf die Turmuhren zu horchen, sondern führte den eigenen Chronometer mit sich. Das förderte das Gefühl für die allseitige Synchronisierbarkeit aller Lebenszusammenhänge. Mit dem Blick auf die Uhr konnte jeder zu jeder Zeit wissen, daß der andere zur selben Zeit im Prinzip erreichbar war. Gegenwart wurde damit denkbar als Simultaneität des Verschiedenen.

Der Begründer der Chemie, Richard Boyle, war ein Aristokrat, dessen Leben ein Beispiel dafür bietet, daß nun auch die höheren Kreise vom Geist der Naturwissenschaften ergriffen werden konnten. Er verbraucht einen großen Teil seines Vermögens im Dienste der Wissenschaft und richtet sich in Oxford ein eigenes Laboratorium ein. Er arbeitet über die Eigenschaften der Atmosphäre, erfindet den Barometer, wendet sich dann dem Studium der Wärme, der Hydrostatik und den Problemen der Brechung des Lichts zu. Er formuliert den Boyleschen Lehrsatz von der umgekehrten Proportion zwischen dem Druck und dem Volumen eines Gases und wird damit zum Wegbereiter der Dampfmaschine. Revolutionär wird er mit seiner Schrift *Sceptical Chemist*. Es ist das erste klassische Werk in der Geschichte der Chemie. "Skeptisch" nennt er seine Chemie, weil er in ihr alle mystischen und okkulten Erklärungen über die Eigenschaften der Elemente zurückweist und die Vorstellung, durch die Transmutation von Metallen Gold herstellen zu können, ins Reich der Träume verbannt. Zugleich wird die Einteilung der Materie in die vier Elemente als unzureichend decouvriert. Damit versetzt Hook der Galenschen Temperamentenlehre und der Shakespeareschen Humoralpathologie den Todesstoß. Das beendet auch die chemische Psychologie der Medizin. Im gleichen Moment, in dem Locke den Geist als Sublimationsraum der Hobbesschen Affekte eröffnet, befreit Boyle die menschliche Psyche von der "Tyrannei" der Körpersäfte.

Die Namen dieser Männer – Hook, Boyle, Halley u.a. – stehen für eine sehr viel größere Zahl von Gelehrten, die sich in England, Frankreich und Holland an die Erneuerung der Wissenschaften machen. Sie haben einen solchen Erfolg, daß das 17. Jahrhundert als eine der erfolgreichsten Epochen in der Geschichte der Naturwissenschaft gilt. Zugleich ist auch der Wissenschaftler zur Stelle, der all diese Erkenntnisse und Einsichten in einem neuen Weltbild synthetisiert: Isaac Newton. Im Todesjahr von Galilei 1642 als Bauernjunge geboren, wird er von seiner Mutter und mehreren Onkeln erzogen. Weil er auf der Lateinschule in Grantham sein Schulpensum zugunsten der Konstruktion von Wasserrädern vernachlässigt, wird er von der Schule genommen, um seiner Mutter auf dem Bauerngut zu helfen, vernachlässigt auch hier seine Pflichten, um mathematische Aufgaben zu lösen, und wird deshalb von einem anderen Onkel auf die Schule zurückgeschickt, der dann schließlich für seine Aufnahme ins Trinity College in Cambridge sorgt. Hier wird er Professor für Mathematik und bleibt es 34 Jahre lang. Als Universitätslehrer glänzt er durch absolute Erfolglosigkeit. Seine Veranstaltungen sind so unverständlich, daß das allmähliche Verschwinden seiner Hörer ihn möglicherweise zur Infinitesimalrechnung inspiriert hat. Zugleich ist ob seiner sprichwörtlichen Geistesabwesenheit durchaus zweifelhaft, ob er die Abwesenheit seiner Schüler bemerkt hat: Er entspricht in allem dem Klischee des zerstreuten Professors. Zahlreich sind die Anekdoten, die über seine Geistesabwesenheit kursieren. Viele der in Cambridge gemeinsam eingenommenen Mahlzeiten verpaßt er, und wenn er erscheint, dann häufig im Negligé. Wenn ein Geistesblitz ihn traf, konnte er sich während der Anwesenheit von Besuchern in seine Studien versenken und seine Gäste vergessen.

Newtons Ruhm ruht auf zwei Säulen: der Differentialrechnung und der Gravitationstheorie. Die Differentialrechnung wurde in der gelehrten Welt umso berühmter, als sich Newton und Leibniz um den Prioritätsanspruch der Erfindung und Entwicklung stritten. Heute neigt man zur Annahme, daß beide sie unabhängig voneinander und gleichzeitig entwickelt haben. Die Entdeckung der Gravitationstheorie ist wie alle großen Initiationen in mythologisches Licht getaucht. Wir verdanken es Voltaire. 1665 war Newton vor der Pest, die in London wütete und auch Cambridge heimsuchte, in sein Heimatdorf Woolthorpe geflohen. Als Voltaire in seiner *Philosophie de Newton* diesen Punkt in der Biographie erreicht hatte, erzählt er: "Eines Tages, Newton hatte sich aufs Land zurückgezogen, sah dieser einen Apfel von einem Baum fallen und verfiel, wie mir seine Nichte, Frau Conduit, berichtete, in tiefes Nachdenken über die Ursache, welche alle Körper in einer Linie anzieht, die, würde man sie verlängern, ziemlich genau durch die Mitte der Erde verläuft." Das ist die eigentliche Quelle für die daraus entstehende Geschichte von der Entdeckung der Gravitationstheorie. Daß sie einen Mythos zitiert, bemerkt man schon daran, daß die Erkenntnis auch hier mit einem Apfel anfängt. Für die zentrale Formel der Gravitationstheorie, daß die Masse umgekehrt proportional zur Entfernung von zwei sich anziehenden Gegenständen ist, gab es verschiedentliche Vorarbeiten. Newtons Leistung bestand darin, sie zu einer allgemeinen Theorie zu generalisieren und sie auf den gesamten

Kosmos anzuwenden. 1686 legte er der Royal Society das Manuskript des Buches *De moto corporum* als ein Kapitel seiner *Philosophiae Naturalis Principia Mathematica* vor. Als Hook dann behauptete, die Lehrsätze von der Gravitation vor Newton entdeckt zu haben, war dieser so angeekelt, daß er das Werk zunächst nicht weiterschreiben wollte. Aber Halley, der Kometenentdecker, wußte auch eine neue Erscheinung am Geisteshimmel zu würdigen: Er überredete Newton, das Werk zu vollenden und sorgte schließlich gar für die Finanzierung des Drucks. Schließlich wurde das Buch mit dem Titel *Philosophiae Naturalis Principia Mathematica* unter der Schirmherrschaft der Royal Society während der Präsidentschaft von Samuel Pepys im Jahr 1687 herausgegeben. Es ist das wichtigste wissenschaftliche Buch des 17. Jahrhunderts und ist an Bedeutung nur mit dem Werk des Kopernikus und mit den Veröffentlichungen von Darwin und Einstein vergleichbar.

Die psychologischen Konsequenzen, die sich mit dem neuen Weltbild verbinden, waren beträchtlich. Sie betrafen vor allem die Wahrnehmung von Raum und Zeit. Beide werden nun unendlich, abstrakt und homogen. Die Unterschiede zur bisherigen Auffassung und die Schwierigkeiten bei der Geburt des Neuen zeigen sich besonders am Problem der Zeit. Bis dahin war das Bezugsproblem für das Konzept der Temporalität das Problem der Bewegung gewesen. Hier lag der Grund für die Blockierung der Lehre von der Dynamik in der traditionellen asymmetrischen Relationierung von Ruhe und Bewegung durch Aristoteles. Als Zustand erfüllter Entelechie in der Theorie natürlicher Örter war Ruhe gegenüber der Bewegung privilegiert. Erst nachdem Galilei, Descartes und Hobbes Ruhe und gleichförmige Bewegung als symmetrisch und gleich ursprünglich angesetzt hatten, wurde die Änderung in beiden Zuständen erklärungsbedürftig. In direkter Anknüpfung an Descartes konnte Newton zum Ideal einer einfachen natürlichen Bewegung entlang einer euklidischen Geraden gelangen und die Gesetze der Dynamik entwickeln, indem er – bezogen auf diese idealisierte Konstante – alle Widerstände, Hemmungen und Abweichungen erst später einführte. Mit Bezug auf dieses Ideal der Naturordnung waren dann alle Formen der Ruhe, Bewegung und der Einwirkung auf sie vergleichbar gemacht worden, so daß man sie nun durch ein generalisiertes Prinzip, eben die Gravitation, erklären konnte. Die neue Auffassung der Bewegung ist aber Teil eines umfassenden Paradigmawechsels, zu dessen zentralen Zügen die Homogenisierung sowohl der Zeit als auch des Raumes gehören. Noch Descartes setzte die Materie mit der Ausdehnung selbst gleich, so daß es per definitionem einen leeren Raum nicht geben kann. Dabei kam er aber mit dem Problem von Endlichkeit und Unendlichkeit in Schwierigkeiten. Eine endliche Welt konnte er nicht denken, da sich dann die Frage stellt, worin sie sei; eine unendliche durfte er nicht denken, da dieses Attribut nur Gott als dem Schöpfer einer ihm gegenüber endlichen Welt zukam. Die Cambridge Platonists, von denen Newton beeinflußt wurde, hielten aber sowohl die Materie als auch den Geist für ausgedehnt und konnten deshalb den Raum von der Materie trennen. In Anknüpfung an Platos Konzept der prima materia konnte sich Newton anders als Descartes vorstellen, daß Ursachen über leere Räume hinweg durch nichtmechanische Kräfte wirken. Als solch eine geistige Kraft verstand er die Gravitation. Der Raum wurde auf diese Weise von der Materie gelöst und zu einem homogenen Medium für alle Orte. Da aber Newton für ein Attribut wie Ausgedehntheit noch eine Substanz brauchte, führte er konsequenterweise wieder Gott ein. Der Raum als Organ Gottes war absolut unendlich, die Welt darin war als Schöpfung Gottes endlich. Danach waren die Konzepte eines homogenen absoluten Raumes und einer homogenen absoluten Zeit formulierbar geworden, und die traditionelle Trennung zwischen aeternitas und tempus wurde durch die Differenz zwischen absoluter mathematischer und relativer scheinbarer Zeit ersetzt und in die Welt selbst verlegt. Das unterscheidet die moderne Zeit Newtons von einem traditionellen Paradigma, in dem die Zeit noch an die Präsenz und den Bestand von Dingen gekoppelt war. In der traditionellen Vorstellung wurde Zeit nicht als gerade Strecke gedacht, die von der Vergangenheit in die Zukunft lief und damit Wirkliches und Mögliches relationierte, sondern sie wurde im Hinblick auf Vergängliches und Ewiges gedoppelt. Das Nichterwartete war dann nicht etwas, was die Zukunft bereitgehalten hatte, sondern es brach aus dem Parallelpräsens der Ewigkeit ins Diesseits ein, das noch nicht durch lückenlose Kausalvernetzung geschlossen worden war. Entsprechend brauchten diesseitige Ereignisse noch nicht zu temporal homogenen Kausalreihen verknüpft zu werden. Dies alles wird mit der Abstraktion der Zeit verabschiedet. Damit werden Zeit und Raum homogen, unabhängig und absolut. Die Zeit wird von allen Trägern und einzelnen Verläufen gelöst und abstrakt. Der Aufenthaltsort der Welt ist zugleich unendlich und ewig geworden. Die Welt ruht in Gott, aber Gott ist nun Zeit, Raum und wirkende Kraft. Er durchdringt die Welt und erneuert die bewegende Kraft, die sich ohne diese Erneuerung stets weiter vermindern würde. Weil er überall ist, kann er auch überall wirken. Gott ist selbst zur Gravitation geworden. Seine Allgegenwart gibt der Welt Dauer und überbrückt die leeren Räume. Dieser neue Gott Newtons setzt sich durch um den Preis, daß er selbst zunehmend unnötig wird, bis Energie, Zeit und Raum allein übrigbleiben. Sie schließen sich zu einem Zusammenhang permanenter Bewegung. Die Welt wird ein Ensemble lückenloser Ursache-Wirkungs-Verkettungen. Die traditionelle Vorstellung der Ewigkeit als immerwährendes Jetzt, als nunc stans, wird unakzeptabel. Auf derselben Linie der Entwicklung liegt die Generalisierung der Bewegung zum Zustand bei Newton, die Verabsolutierung von Raum und Zeit und die Generalisierung der Sukzession der Ideen bei Locke, die durch die sie begleitende Reflexion als solche erst registriert werden. Begriffstechnisch fällt auf, daß das Kontinuitätsproblem überall ähnlich gelöst wird – nämlich durch eine Kombination von Abstraktionsleistung und doppeltem begrifflichen Zugriff: Das Wechselnde, die Veränderungen und Bewegungen werden zum Wechsel, zur Diskontinuität und zur Bewegung abstrahiert, und an ihnen wird dann ihre Konstanz wahrgenommen. Das einzig Konstante in dieser Welt ist nun die Veränderung. Der Gravitation von Newton entspricht auf der Seite der Affekte die Permanenz der Unruhe in der Selbsterhaltung und die dauernde Sukzession der Ideen bei Locke. Jetzt kreisen die Ideen wie die Gestirne im Universum von Newton. Alle Planeten und Sterne unterliegen nun den gleichen Kräften, die auch den Apfel vom Baum fallen lassen. Der ganze Kosmos wird so verständlich als Ansammlung interdependenter Teile. Damit wird die Welt zugleich einfacher und komplexer. Überall wirkt die gleiche Kraft, aber sie erzeugt ein System ungemein komplexer wechselseitiger Beeinflussungen. An Laurence Sternes *Tristram Shandy* kann man dann sehen, wie das auch ein Modell für die wechselseitige Beeinflussung in der Kommunikation wird.

Nachdem die erste Auflage der *Principia Mathematica* sofort vergriffen war, versucht Newton in der zweiten Auflage, den

Einwand der Theologen zu entkräften, daß in seinem Kosmos für Gott kein Platz mehr sei. Dabei weist er Gott die Rolle des Schöpfers und Erhalters seines Universums zu. Er unterstellt, daß seine ganze Weltmaschine im Laufe der Zeit an Energie verliert und deshalb Gott wie ein Heizer wieder Brennholz nachlegen müsse, um das System aufzuladen. Das aber wiederum kann Leibniz nicht hinnehmen, weil es seine Theodizee stört: Die beste aller möglichen Welten kann nicht durch nachträgliche Zufütterung von Energie nachgebessert werden.

Möglicherweise wird Newton durch die Unvereinbarkeit seines neuen Weltbilds mit den traditionellen Prämissen der Theologie so irritiert, daß er Anfang der 90er Jahre während einer kurzen Zeit vom Irrsinn heimgesucht wird. Seine Heilung wird dann daran gemessen, daß er seine eigene *Principia Mathematica* wieder verstehen kann. Er beteiligt sich mit John Lokke an einer Münzreform, wird Präsident der Royal Society und schließlich 1705 von Queen Anne geadelt: er wird Sir Isaac. In einem Anfall von Geistesabwesenheit macht er einer vermögenden Witwe einen Heiratsantrag, den diese wohl nicht ernstnimmt. Und so stirbt Sir Isaac als Junggeselle. Als er im hohen Alter von 85 Jahren das von ihm beschriebene Universum verläßt, folgen Aristokraten, Gelehrte und Staatsmänner seinem Sarg zu seiner letzten Ruhestätte in der Westminster Abbey. Auf ihr ist bis heute das Epitaph zu lesen, das der große Epigrammatiker Alexander Pope verfaßt hat: "Nature and Nature's Laws lay hid in Night, / God said 'Let Newton be', and all was Light." Einige erklärten Newton zum glücklichsten Menschen, der je gelebt habe, denn es gebe nur eine Welt und ein Gesetz, das diese im Innersten zusammenhält, und Newton habe dieses Gesetz gefunden. Andere reagierten wie der Libertin von Pascal und empfanden, was dieser gesagt hat: "Le silence éternel de l'espace infini m'effraye."

In Hobbes, Locke, Newton und in anderen Wissenschaftlern der zweiten Hälfte des englischen 17. Jahrhunderts haben wir die Begründer der modernen Aufklärung zu sehen. Es waren diese Geister, die unter den Intellektuellen Frankreichs eine veritable Anglomanie auslösten. Durch die Vermittlung Voltaires und anderer wurde ihr Einfluß auf die intellektuelle Szene in Frankreich überwältigend. Die englische Aufklärung löste die französische aus. Um sich ihre Wirkung vor Augen zu führen, braucht man nur die *Lettres philosophiques* zu lesen. Darin beglückwünscht Voltaire die Engländer dazu, daß ihnen die römisch-katholische Kirche abhanden gekommen ist. Er singt ein Loblied auf die englische Verfassung, preist die Gewaltenteilung und begrüßt die bürgerlichen Freiheitsrechte. Er sieht den strukturellen Vorteil des Primats der Primogenitur – d.h. also, daß nur die älteren Söhne des Adels Titel und Landgut erben und die jüngeren gezwungen sind, ihren Lebensunterhalt in Handel und Gewerbe zu verdienen. Er betont, daß die Adligen und die Geistlichen nicht wie in Frankreich von den Steuern befreit sind, und lobt den Handelsgeist der englischen Nation. Er übertreibt etwas die Rechtssicherheit, die ein Engländer genießt, und erläutert die Prozedur der Geschworenengerichte. Das hohe Niveau der englischen Philosophie führt er auf die Toleranz zurück, die den freien Austausch der Geister ermöglicht. Den dreizehnten Brief widmet er der Darstellung von Lockes Philosophie und feiert die Ablösung der göttlichen Offenbarung durch die menschliche Erfahrung. Den vierzehnten Brief reserviert er für eine Anbetung Newtons, bei der er zugibt, daß er ihn noch nicht restlos verstanden habe, weil er so großartig sei wie das Universum, das er entdeckt habe. Voltaires Briefe über England waren so einflußreich, daß Lafayette bemerkte, der Zensor hätte sie wirklich nicht zu verbieten brauchen, sie wären ohnedies gelesen worden.

Die neue Zeit der Neuzeit

Es gehört zu den Paradoxien der Kulturgeschichte, daß sich die Erfahrung der Zeit mit der Zeit ändert. Auch Geschichten, Lebensläufe, Planungsstrecken, Ablaufprogramme, Erfahrungsbilanzen und Zukunftserwartungen sind Muster, die sich mit der Kultur ändern. Nachdem uns die Neue Historik von Reinhart Koselleck darauf aufmerksam gemacht hat, daß die Geschichte selbst aus einer fortlaufenden Verschiebung der kulturellen Muster besteht, die die zeitliche Organisation der menschlichen Erlebnisverarbeitung prägen, hat uns Hayden White in seiner metahistorischen Reflexion daran erinnert, daß die Erzählung dieser Veränderungen auch wieder eine kulturell vorgeprägte Zeitgestalt hat. Das macht die Kulturgeschichte notwendig zirkulär. Aber darin folgt sie dem Gesetz aller modernen Erzählungen, wie wir spätestens dann erkennen werden, wenn wir in unserer Geschichte die Entstehung des modernen Romans, der Geschichtsphilosophie und der Evolutionstheorie erreicht haben werden, und so erheben wir – wie der Erzähler des *Tristram Shandy* – diese Bemerkungen in den Status eines verspäteten Vorworts.

An Newton haben wir gesehen, wie die Welt auf der objektiven Seite zum lückenlosen Zusammenhang miteinander verbundener Kausalreihen zusammengeschlossen wird, der keine Interventionen durch Dämonen, Geister und Götter mehr zuläßt. Und an Locke haben wir gesehen, wie auf der subjektiven Seite der permanente Selbstkontakt des Subjekts im dauernden Fluß der Ideen die Kohärenz der Zeit über die Spaltung der Gegenwart begründet: die Vergänglichkeit eines jeden Moments tritt der dauernden Relationierung von Vergangenheit und Zukunft gegenüber. Der erlebende Mensch fährt auf dem Boot der Gegenwart, das auf der Strömung der Zeit die gefährlichen Fluten einer unbekannten Zukunft teilt, die sich hinter ihm zu den ruhigen Wassern der Vergangenheit schließen. Die Gegenwart ist daher die Kippstelle zwischen einer irreversiblen Vergangenheit und einer offenen Zukunft. Vergangenheit und Zukunft treten auseinander. Die Zukunft wird offen, und die Erfahrungen lassen sich nicht mehr auf die Erwartungen hochrechnen. Jede neue Generation macht andere Erfahrungen. Die elterliche Autorität wird depotenziert. Die Erfahrung trennt sich von der Erwartung, wie Koselleck gesagt hat, und die Zukunft von der Herkunft, wie Joachim Ritter formuliert. Damit wird die Unsicherheit, die die alte Welt den außerirdischen Sternen und den jenseitigen Göttern und Dämonen zugerechnet hatte, in die diesseitige Zukunft verlegt. Die temporale Dimension der Zukunft wird nun zur Sphäre der Kontingenz. Das erhöht die Wahrnehmung von Alternativität. Man beginnt, Möglichkeiten als Möglichkeiten zu kalkulieren. Das ist ein Zeichen zunehmender Funktionalisierung. Man denkt in Problembewältigungstechniken, wofür die Wissenschaftsentwicklung ein Vorbild liefert. Feststehende Ursachen werden zum Bezugspunkt kontingenter Wirkungen, und fixierte Zwecke werden zum Bezugspunkt für den Vergleich kontingent gesetzter Ursachen. Zukünfte kann man über Erwartungen handhabbar machen – sie werden wie im wissenschaftlichen Experiment bestätigt oder falsifiziert – und man kann sie über Planungen kalkulieren. Die Epoche nach der Glorious Revolution steht im Zeichen dieser neuen Zeit. Das macht sie zu einer eigenen Sattelzeit. Mit ihr beginnt in England, früher als anderswo, die Moderne: Man schaltet auf Zukunft um. Jetzt werden die kulturellen Erfindungen gemacht, mit denen man in vielen Bereichen Kontingenz zähmt. Zu diesen Techniken zählt auch das Geld.

Geld konstituiert sich über temporale Relationierungen, wobei es die dadurch geschaffenen Möglichkeiten zeitlich verteilt, staffelt und miteinander in Bezug setzt. D.h. Geld leistet eine neue Vermittlung von Vergangenheit und Zukunft. Man kann über das in der Vergangenheit akkumulierte Kapital jetzt schon die Zukunft sichern, ohne zugleich über die Ausgaben und Investitionen zu entscheiden, die man erst später vornehmen will. Man kann also die Zukunft noch im Modus offener Möglichkeiten belassen und sie trotzdem sichern. Umgekehrt formuliert: Man kann eine Vergangenheit, in der man ein Kapital akkumuliert hat, abschließen und zugleich dieses Kapital für die Zukunft verfügbar halten. Und diese Möglichkeiten lassen sich staffeln und verfeinern durch Kredite, Vorfinanzierung von unerschlossenen Möglichkeiten etc. Es ist deshalb bezeichnend, daß sich nach der Glorious Revolution die whiggistischen Finanzinteressen endgültig durchsetzen. Das bedeutet das Ende für das kommerzielle Monopol der Handelskompanien. Damit werden auch die traditionellen Vorstellungen, die zur Finanzierung der großen

Kompanien geführt hatten, fallengelassen, nämlich die Produktion zu beschneiden, dafür aber Qualität und Preise zu stabilisieren. Statt dessen setzen sich jetzt die Interessen durch, denen es um die völlig ungehinderte Produktion von billiger Massenware geht. Dementsprechend steigt im letzten Jahrzehnt des Jahrhunderts der Export rapide an, so daß es zu einer sprunghaften Expansion der westlichen Hafenstädte wie Bristol und Liverpool kommt. Mit dem Sieg im spanischen Erbfolgekrieg wird sich England auch noch die Handelsvorteile gegenüber all seinen Rivalen sichern und das sogenannte "Asiento", das Monopol des Sklavenhandels mit Lateinamerika, übertragen lassen. London tritt die Nachfolge Amsterdams als Zentrum des Welthandels an. Zugleich entwickelt es sich auch zum wichtigsten Finanzzentrum. 1693 reorganisiert der Earl of Halifax, der Newton durch die Liebe zu seiner Nichte verbunden ist, die Haushaltspolitik durch die Praxis der öffentlichen Anleihen. Als die Regierung in Zahlungsnot gerät, finanziert eine Reihe von Bankleuten eine neue Anleihe. Diese Bankleute schließen sich zur Gruppe der "Governors of the Bank of England" zusammen. Als sie 1694 ein Monopol für solche Darlehen erhalten, ist die Bank von England gegründet. Ihre Noten sind ab 1696 in Gold einlösbar und damit als Zahlungsmittel gesichert. Parallel zu John Laws Assignaten-Finanzierung in Frankreich ist damit – nach früheren Experimenten in China und Schweden – das Papiergeld erfunden. Die Währung löst sich von der Fixierung auf Edelmetalle, die bisher die englische Piraterie inspiriert hat, und der neue Zahlungsverkehr beschleunigt die Geldzirkulation in einem früher nicht gekannten Maße. Zur gleichen Zeit wird der Kauf von Land als sicherste Basis für Investitionen von anderen Möglichkeiten abgelöst. Denn die 90er Jahre erleben einen enormen Anstieg von Industrieinvestitionen, da nach der Gründung der Bank von England höhere Zinssätze zugleich mit höheren Sicherheiten geboten werden. So wird ein ständiger Fluß von Kapital für industrielle Investitionen frei. Aufgrund der absoluten Geltung der Primogenitur im Adelserbrecht und der von Voltaire gepriesenen Erlaubnis für jüngere Söhne des Adels, bürgerliche Erbinnen zu heiraten oder einen bürgerlichen Beruf zu ergreifen, besitzt England hier sowieso schon einen strukturellen Vorteil: Für die Kapitalzirkulation gibt es keine Standesgrenzen. Dabei ist es symbolisch, daß im Jahr der Glorious Revolution Edward Lloyd in einem Kaffeehaus das berühmte Versicherungsunternehmen gründet. Bereits 1662 hat der Kurzwarenhändler John Graunt aus den Londoner Beerdigungslisten das Sterbealter in Prozentanteile der Bevölkerung umgerechnet. Aus den Ergebnissen leitet er die Lebenserwartung, die für den Einzelnen unberechenbar ist, für eine größere Zahl von Individuen ab. Dies war der Beginn der modernen Statistik, die Graunts Freund, Sir William Petty, in seiner Schrift *Political Arithmetic* von 1690 auf die Staatswissenschaft überträgt. Als der Sekretär der Royal Society, Edward Halley, 1693 aus dem Sterberegister Breslaus eine Tabelle mit der voraussichtlichen Lebenserwartung für jede Altersstufe entwickelt, sind die Grundlagen für die Lebensversicherung gelegt, und die Unbestimmtheit der zur Wachsamkeit mahnenden hora mortis ist finanziell und mathematisch gebändigt. Dadurch wird es zum ersten Mal möglich, für die Zukunft von Kindern und Abhängigen zu sorgen, ohne Land kaufen zu müssen. Während die Steuern auf dem Land ständig steigen, erweitern sich die Möglichkeiten, durch reine Kapitalinvestition zu Geld zu kommen. Da man aber andererseits nur als Landbesitzer politischen Einfluß ausüben kann, fließt das Geld immer wieder ins Land zurück. Umgekehrt werden die auf dem Land gemachten Kapitalien wieder in den Kapitalmarkt zurückgeleitet. Das verleiht England einen gewaltigen Vorsprung in der Entwicklung des Kapitalismus.

In denselben Zusammenhang gehört, was wir über die Lösung des Verfassungskonflikts durch die Auslagerung in die Zukunft gesagt haben: Mit der Ausbildung des Parlamentarismus und der beiden Parteien wird der innere Friede von der religiösen Einheit auf den permanenten Dissens umgestellt, weil die *gegenwärtige* Opposition durch Aussicht auf *künftige* Regierungsbeteiligung friedlich gehalten werden kann. Dies war für sich genommen unplausibel und konnte nicht bewußt geplant werden. Es war vielmehr Ergebnis einer selbstselektiven Evolution, für die drei Faktoren maßgeblich waren: Die Nachfolgefrage blieb weiter akut, die zwei Parteien waren aufgrund der Erinnerung an den Bürgerkrieg zur Friedlichkeit disponiert, und die Paradoxie der politischen Konstellation zwang beiden Parteien eine Kompromißpolitik auf, bei der sie mit ihren Methoden gegen ihre Ziele verstoßen mußten: die “undemokratischere” Partei der Tories mußte sich in der Opposition der demokratischen Mittel bedienen; die Whigs als Feinde der königlichen Prärogative dagegen mußten als Regierungspartei die Exekutive unterstützen. Eine ungemein günstige politische Konstellation zusammen mit einer Serie dynastischer Zufälle sorgten also dafür, daß die Sprengkraft des sozialen Dissens durch Umrechung auf die Zeitdimension entschärft werden konnte. So wurde die offene Zukunft nicht nur durch Statistik, Kreditfinanzierung, methodische Lebensführung und Versicherung domestiziert, sondern sie selbst wurde zu einer Domestikationsinstanz für den Parteiendissens und in Form der Temporalisierung des Fortschritts durch Kritik und "improvement" zur Bezugsdimension für Perfektion.

Die dominanten Züge des modernen England, die sich jetzt herausbilden, lassen sich alle dem neuen temporalen Paradigma zuordnen: Parlamentarismus, finanzielle und kommerzielle Prosperität, koloniale Expansion, Herrschaft der Parteien und Ausbildung der Wissenschaften. Das Ganze wird getragen durch den Klassenkompromiß zwischen "Dissent" und "City" einerseits und "Anglican Toryism" und "Country" auf der anderen Seite. Da die Dissenter aus dem offiziellen Erziehungswesen und von öffentlichen Ämtern ausgeschlossen bleiben, bilden sich zahlreiche "Dissenting Academies" mit neuen praktischen Curricula, die besser an die Erfordernisse der praktischen Berufe und des Geschäftslebens angepaßt sind als die Grammar Schools und die Universitäten. In der Regel stammen aus diesem Milieu auch die niederen Beamten. Im Vorfeld der industriellen Revolution kommt der Hauptstimulus für die wissenschaftlichen und praktischen Erfindungen von den Dissenting Academies und der Royal Academy, nicht von den Universitäten. Dissent und Anglikanismus bilden zwei Milieus, die durch verschiedene Lebensstile charakterisiert sind. Auf der einen Seite steht eine nonkonformistische, utilitaristische, kritische und vielleicht auch demokratischere Kultur, die zugleich provinziell und national ist. Die politische Kultur Englands aber ist getragen vom Anglikanismus, von den Universitäten und von dem Verhaltenscodex eines Gentleman. Die Auswanderung nach Amerika wird viel stärker durch die Kultur des Dissent geprägt, und der Unterschied zwischen beiden Kulturen kennzeichnet bis heute die Beziehung zwischen den beiden angelsächsischen Ländern. Zugleich prägt der Unterschied zwischen "Oxbridge" (Oxford und Cambridge) einerseits und den Dissenting Academies andererseits die Kluft zwischen den zwei Kulturen der arts und der sciences: Die Künste sind eher gentlemanly, der Utilitarismus, die Technik und das Geschäft sind die Domäne des Dissent. Mit zunehmender Prosperität werden die Puritaner toleranter. Die gemäßigten unter ihnen konvergieren mit den Anglikanern in einem aufgeklärten Deismus, bei dem man versucht, Religion und Vernunft zu versöhnen. Lockes Buchtitel *Reasonableness of Christianity* kennzeichnet die Tendenz der Zeit. Eine unmerkliche Säkularisationstendenz verschiebt die puritanischen Tugenden ins Alltagsleben, und die Betonung verlagert sich vom Glauben auf die Werke. So wie früher das die Theologen getan haben, beginnen nun die Ökonomen damit, die Arbeitsdisziplin und die Sekundärtugenden zu predigen. Der aufgeklärte Puritanismus trifft sich mit der High-Church-Bewegung der Latitudinarians. Beider Bemühungen konvergieren in freiwilligen Gesellschaften für die Sittenreform. Solchen Impulsen entspringen die Charity-School-Bewegung und die Society of Promoting Christian Nobleness. Hier zeigen sich die eigentlichen Kraftquellen der Zivilgesellschaft.

Die zunächst zaghafte Tendenz zur Sittenreform wird vom Hofe ermutigt, als 1702 die zurückhaltende Queen Anne den Thron besteigt. Sie ist die Schwester von Williams Frau Mary, die vor diesem gestorben war. Da Queen Anne kaum über einen eigenen Willen verfügt, steht sie während langer Jahre unter dem hypnotischen Einfluß ihrer vitalen Jugendfreundin Sarah Jennings, die John Churchill, den späteren Duke of Marlborough, geheiratet hatte. Er ist der Heerführer im spanischen Erbfolgekrieg, den die von Wilhelm von Oranien zusammengebrachte Koalition gegen das übermächtige Frankreich Ludwigs XIV. führt, während Marlboroughs Schwiegersohn Sidney Godolphin zu Hause für die parlamentarische Unterstützung der Kriegsführung sorgt. Als Marlborough 1704 bei Blenheim einen glänzenden Sieg über die Franzosen erringt, schenkt ihm Queen Anne einen königlichen Palast in der Nähe von Oxford, der durch den Restaurationdramatiker Vanbrugh entworfen und "Blenheim Palace" getauft wird. Hier wird später der berühmte Nachfahre des Duke of Marlborough, Winston Churchill, geboren. In der Auseinandersetzung über die Fortführung des Krieges werden die Whigs immer mehr zur Kriegspartei und die Tories zur Friedenspartei. Mit den steigenden finanziellen Belastungen steigt auch die Popularität der Tories. 1704 werden zwei gemäßigte Tories ins Kabinett aufgenommen: Robert Harley, späterer Earl of Oxford, und Henry St.

John, späterer Viscount of Bolingbroke. Harley ist einer der ersten, der sich systematisch die Dienste bekannter Literaten wie Swift oder Defoe für die Propagandaschlachten der Politik sichert; Bolingbroke wird später unter George I. zum Mittelpunkt einer Gruppe von Oppositionellen, zu der fast alle zeitgenössischen Literaten zählen werden. Mittlerweile vollbringen sie die historische Leistung, Schottland und England zu vereinen. Zwar gibt es eine Personalunion durch den regierenden König, aber beide Länder besitzen noch ihre jeweiligen Parlamente, die unter dem Diktat gegensätzlicher ökonomischer Interessen Handelskriege gegeneinander führen. Anfang 1707 ratifizieren sie einen Unionsvertrag, in dem sich beide Länder zum gemeinsamen Markt und zum Vereinigten Königreich von Großbritannien mit einem einzigen britischen Parlament zusammenschließen. Symbol dieser Vereinigung wird die neue Flagge, in der das englische St. Georgs-Kreuz und das schottische St. Andreas-Kreuz zum Union Jack vereinigt werden. Vorbereitet und kommentiert wird diese Vereinigung durch einen der größten Schriftsteller seiner Generation, Daniel Defoe, der als Harleys Wahlagent in Schottland die Stimmung in Richtung Vereinigung lenken soll.

Nach einem Wahlsieg der Whigs 1707 traten Harley und Bolingbroke aus dem Kabinett aus, und der Gegensatz zwischen Whigs und Tories färbte zunehmend auch das Verhältnis zwischen Queen Anne und ihrer dominanten Jugendfreundin, der Herzogin von Marlborough, ein. Die Königin war konstitutionell ein Tory, und die hypnotische Herzogin ein Whig, die wie ihr Mann der Überzeugung war, daß Frankreich ein für alle Mal besiegt werden müsse. Bei Hofe verlor die Herzogin aber an Einfluß, als sie von einer gewissen Mrs. Abigail Masham abgelöst wurde, und nach einem Wahlsieg der Tories kamen auch Harley und Bolingbroke wieder an die Macht. Der ganze Regierungswechsel wird in einem brillanten Stück von Eugène Scribe mit dem Titel *Das Glas Wasser* zusammen mit den Portraits der handelnden Personen vorgeführt. Danach wurde mit Frankreich ein Separatfrieden geschlossen und England dem Frieden zurückgegeben. Wieder einmal hatte Großbritannien verhindern helfen, daß auf dem Kontinent sich ein Land zur Hegemonialmacht Europas aufwarf.

Während der Zeit von Queen Anne etabliert sich in England im Zusammenhang mit den Debatten über Kriegsführung und die

Nachfolgefrage eine neue Macht: die öffentliche Meinung. Von Locke wird sie die "invisible power" genannt. Es ist zum ersten Mal, daß sich in einem europäischen Land eine nationale Kommunikationsgemeinschaft herausbildet, in der zwei zentrale Fragen privater Lebensführung zum Gegenstand öffentlicher Debatten gemacht werden. Das ist zum einen die Wirtschaftspolitik, die als Problembereich privater Haushaltsführung gilt, zum anderen geht es um das, was man "morals" und "manners" nennt, die anhand literarischer Exempla diskutiert werden. Zwei neue Säulen tragen die Plattform für die öffentlichen Debatten: die Coffee Houses und die neugegründeten Zeitungen. Das ändert zugleich die Situation der Literaten. Der mäzenatische Adel tritt als Auftraggeber zurück, und zu neuen Auftraggebern werden die Politiker und Parteiführer, die in ihren Haushalten Extrafonds für die Bezahlung literarischer Regierungs- oder Oppositionspropagandisten bereithalten.

Was die Coffee Houses betrifft, so kann man die Konversationskultur, die sich in der Restaurationskomödie spiegelt, als Vorwärmer betrachten. Sie zeigt, daß Standesrücksichten hinter dem Kriterium der Manieren zurücktreten. Deshalb beruht der Erfolg der Coffee Houses darauf, daß hier Angehörige verschiedener Stände ohne Rücksicht auf ihre jeweilige Herkunft in ungezwungener Weise miteinander kommunizieren konnten. Einziges Kriterium der Zugehörigkeit ist hier die Beherrschung ziviler Umgangsformen. Damit erhöht sich der Reiz der Geselligkeit, weil es nun möglich wird, Leute aus verschiedenen Herkunftsbereichen zu treffen. Wie in den Geheimlogen, Illuminatenclubs und Freundschaftszirkeln des Kontinents werden in den Kaffeehäusern die gemeinsame Rationalität, Zivilisiertheit und menschliche Natur zur Grundlage des Verkehrs über die Standesgrenzen hinweg. Aber in England brauchen diese Begegnungsstätten wegen der allgemeinen Toleranz nicht geheim zu sein. Hier formiert sich, was wegen des Absolutismus auf dem Kontinent im Geheimen geschehen muß: die Kommunikation der rationalen Privatleute als Kritik an den öffentlichen Angelegenheiten. Hier verkehrt man nicht mit Rücksicht auf seine soziale Funktion, sondern als Angehöriger der Menschheitsfamilie.

In den Kaffeehäusern trank man nicht nur Kaffee, der seit 1650 aus der Türkei importiert wurde, sondern auch Schokolade. 1652 eröffnete mit White's das erste Kaffeehaus, und bis 1700 gab es über dreitausend von ihnen in London. Charles machte zwischendurch einen Versuch, sie als Brutstätten von Verschwörungen zu unterdrücken, aber wie in vielem setzte er sich auch hier nicht durch. Wie in den späteren Wiener Cafés fand man in den Kaffeehäusern Papier und Tinte, man konnte sie als Postadresse benutzen, es gab dort die wichtigsten Zeitungen, und hier erschallte der vielstimmige Chor der Meinungen. Die berühmteste Restaurationskomödie, Congreves *The Way of the World*, beginnt in White's Coffee House, und hier eröffnete auch ein Casino, in dem man entweder zum Millionär werden konnte – ein Begriff, der jetzt in Gebrauch kam –, oder wie der Held auf Plate VI von Hogarth's Bilderfolge "The Rake's Progress" sein ganzes Vermögen verlor.

Als die Licensing Act, die Milton in seinen *Areopagitica* angegriffen hatte, 1694 auslief, wurde sie nicht erneuert, und damit war praktisch die Pressefreiheit erklärt. Sie wurde nur durch die Gotteslästerungsakte auf der einen Seite und das Verbot, die Monarchie direkt anzugreifen, sowie den Beleidigungsparagraphen auf der anderen Seite eingeschränkt. Von da ab lief die Presse der Kanzel als Instrument der Meinungsbildung den Rang ab. Sofort kam es zur Gründung mehrerer periodisch erscheinender Zeitungen. Zwar gab es seit 1622 regelmäßige Journale, aber Cromwell hatte sie bis auf zwei unterdrückt, und Charles erlaubte nur dreien das Erscheinen, wovon die *Oxford Gazette* – die spätere *London Gazette* – das Regierungsorgan war. 1695, nach dem Erlöschen der Licensing Act, wurden sofort neue Tageszeitungen gegründet: als erste die Tory-Zeitung *The Postboy* und einige Tage später die Whig-Zeitung *The Flying Post*. Unter Queen Anne kam dann als weitere Neuerung das Wochenblatt hinzu, das nicht nur Nachrichten, sondern auch Kommentare brachte. Das erste Organ dieser Art war Defoes *Review*. Es folgten die beiden berühmten moralischen Wochenschriften *The Tatler* von Steele und *The Spectator* von Addison. Die Zeitungsverlage etablierten sich in Grub Street, wonach das ganze Verlagswesen seinen Namen erhielt. Zur Unterstützung seines Tory-Kabinetts gründete der Viscount of Bolingbroke das Wochenblatt *The Examiner*, dessen wichtigster Mitarbeiter Johnathan Swift wurde. Die berühmtesten Namen der Literatur – Swift, Defoe, Steele, Addison – sind also mit der Entstehung des neuen Organs der Meinungsbildung – der Presse — verknüpft.

Robinson, Gulliver und die neue Literatur

So intensiv wie wenig andere Zeitgenossen ist Daniel Defoe biographisch mit den Entwicklungen des Modernisierungsschubs um die Jahrhundertwende verflochten. Wir sehen ihn in wechselden Rollen als Unternehmer, Wahlagent, Regierungsberater, Projektemacher, Parteispitzel, Zeitungsherausgeber und Autor, dessen Werkbiographie sich auf über 370 Titel beläuft und der neben einer Unzahl von Pamphleten und Projektpapieren historische Werke, Biographien berühmter Männer und Schurken, Berichte von Reisen in die entferntesten Weltgegenden, Erziehungsbücher, Reportagen und Romane verfaßt und dazu noch die erste Wochenzeitung, *The Review*, schreibt. Defoe ist gleich zu Beginn der Romanentwicklung einer jener Schriftsteller, die wie später Scott, Balzac oder Dickens durch eine Art Überproduktion charakterisiert sind, welche in allen Fällen mit der engen Verbindung zwischen Romanproduktion und Vermögensbildung zusammenhängt. Er selbst ist maßlos und kann in seinen jeweiligen Tätigkeiten keine Grenzen finden. Als Sohn eines Londoner Metzgers aus dem Milieu des Dissent beginnt er als Kaufmann und macht 1792 mit 17.000 £ Schulden bankrott, weil er in einer durch den Krieg ungünstigen Exportsituation sich durch Überspekulation übernommen hat. Er kommt mit seinen Gläubigern zu einer freundschaftlichen Übereinkunft, die ihm die Freiheit läßt, eine erfolgreiche Keramikfabrik aufzuziehen, mit deren Profit er den ungeheuren Schuldenberg abbezahlt. Biographisch wartet aber auf ihn ein zweiter Bankrott. Diesmal verspekuliert er sich politisch. Seit Monmouth' erfolgloser Rebellion 1685 hat er sich politisch engagiert, ist ein Parteigänger Williams III., dessen wohlgelittener Berater er in manchen technischen und organisatorischen Fragen wird, und den er in seinem bekannten Pamphlet *The True-Born Englishman* gegen xenophobe Angriffe verteidigt. Allein dieses Pamphlet macht ihn zu einem der populärsten Schriftsteller Englands. Als er 1702 den Erfolg mit seinem Pamphlet *The Shortest Way with The Dissenters* wiederholen will, in dem er ironisch empfiehlt, mit den Nonkonformisten durch Hängen und Vertreiben kurzen Prozeß zu machen, verspekuliert er sich erneut: das Pamphlet wird sowohl von den

Tories als auch den Dissenters als ernstgemeinter Vorschlag mißverstanden, und Defoe muß an den Pranger und ins Gefängnis. Zwar wird der sonst nicht ungefährliche Aufenthalt am Pranger für ihn zu einem Triumph, weil der städtische Mob ihn nicht verstümmelt, sondern feiert; aber nach seinem Gefängnisaufenthalt ist seine Fabrik ruiniert und er bleibt wieder auf einem Berg Schulden sitzen. Hier fängt seine eigentliche Laufbahn als Journalist und Schriftsteller an. Es ist unübersehbar, auf welche politischen Winkelzüge und journalistischen Maskenspiele er sich dabei einläßt. Sie treiben ihn notwendigerweise in eine Situation völliger psychischer Vereinsamung, in der er nur allein über all die verschiedenen Verpflichtungen Bescheid weiß, ohne sich jemandem anvertrauen zu können. Nicht umsonst hat Defoe deshalb das Erlebnis dieser Vereinsamung immer wieder beschrieben, wenn er die Geschichten von Piraten, Huren, Verbrechern, Verschollenen, Gestrandeten, von Reisenden in der Wildnis, auf dem Meer oder selbst im Weltraum erzählt, – er läßt sich von Godwins Bericht über *Domingo Gonzalez, the Speedy Messanger to the Moon*, anregen – und zweimal sogar die Lebensgeschichte von Taubstummen aufgreift. Schließlich gibt er 1719 ein Buch heraus, das die Erfahrungen eines schottischen Seeoffiziers namens Alexander Selkirk auf einer der Juan-Fernandez-Inseln verarbeitet. Dieses Buch wird zum ersten realistischen Roman der Literatur und zu einem Schlüsseltext der Moderne. Natürlich handelt es sich um *The Life and Strange Surprising Adventures of Robinson Crusoe*. Es signalisiert die Ankunft des Bürgertums in der hohen Literatur. Es ist ein Hohelied auf das einsame Individuum, das, aus der Gesellschaft ausgeschlossen, sich über Selbstdisziplin mit Hilfe methodischer Lebensführung und Arbeit diszipliniert und stabilisiert. Mit diesem Roman tritt die circumstantial method, d.h. die detaillierte Beschreibung des Alltäglichen, in die Literatur ein. Gleichzeitig gewinnt er sein Interesse daran, daß die Zivilisationsgeschichte der Entwicklung der Technik an einem einzigen exemplarischen Fall nochmal nachvollzogen wird. Das unterstellt eine Verfremdungsoptik, bei der die technischen Routineabläufe des Alltags nicht mehr als selbstverständlich gelten. Zugleich greift Defoe auf die Tradition der puritanischen Selbstanalyse, des Seelenprotokolls, des Bekenntnisses und des Tagebuchs zurück, aus dem der Roman z.T. besteht. Der Angelpunkt der Erzählung ist ein Konversionserlebnis auf der Insel, nach dem der Protagonist seinen Schiffbruch als Strafe für seine Sünden begreifen lernt. Das Schema, das Defoe dabei übernimmt, ist der happy fall oder die felix culpa des Miltonschen Sündenfalls. Robinsons Sündenfall besteht darin, seines Vaters und Gottes Gebot zu mißachten, die Freuden des mittelständischen Daseins geringzuschätzen und sich auf risikoreiche Abenteuer zum Zweck der kapitalistischen Profitmaximierung einzulassen. Sünde und Strafe steigern sich dabei in drei aufeinanderfolgenden Episoden bis zum Inselaufenthalt. Zuerst läuft er von zu Hause weg und gerät in einen Sturm; dem Erwerb seines bescheidenen Vermögens während der ersten Afrikareise folgt die zweite Reise, bei der er in Sklaverei gerät; er kann sich befreien, gerät nach Südamerika, und in Brasilien wird ihm eine letzte Chance gesicherten Daseins als wohlhabender Pflanzer auf der Basis eines bereits sehr viel größeren Vermögens gegeben; aber auch hier befällt ihn die Unruhe größerer Aussichten, die zu einer Sklavenbeschaffungsfahrt und dann zum Schiffbruch und zum Inseldasein führt. Als Strafe bietet der Inselaufenthalt aber zugleich die Gelegenheit zur Bewährung, so daß er sich im Nachhinein als Gnade erweist. Denn auf der Insel lernt Robinson alle puritanischen Tugenden, die er durch seine riskanten Handelsfahrten und Spekulationen überspringen wollte: innerweltliche Askese und Arbeitsdiziplin. So wird der Inselaufenthalt zum Inbegriff des bürgerlichen Schicksals. Die Kombination aus sozialer Einsamkeit, Selbstkontrolle, Arbeit, methodischer Lebensführung, Selbständigkeit und technischer Erfindungsgabe wird zum Programm für die nächsten Jahrhunderte.

Die Konversion auf der Insel bestimmt die Perspektive, aus der Robinson die Geschichte erzählt: die Reue. Jede Erinnerung, die so verläuft, speichert nicht nur die vollzogenen Handlungen, sondern auch das Woraus der Möglichkeiten, aus dem sie gewählt wurden. Damit wandelt sich die Geschichte von der Ereignisgeschichte zur Selektionsgeschichte. Dabei versetzt man sich an einen Punkt in der Vergangenheit und betrachtet von da aus den Zeitraum bis zur Erzählsituation als mögliche Zukunft. Erst dann kann man ihn kontingent setzen und unter dem Gesichtspunkt mehrerer Möglichkeiten betrachten. Diese Perspektive nimmt Robinson aber nicht nur unter dem negativen Vorzeichen der Reue ein, sondern benutzt sie auch für positive Vergleiche zum Zwecke des Trostes. Immer, wenn er sich gegen

Anfälle von Verzweiflung zu wehren hat, tröstet er sich mit dem Blick auf die schlechteren Möglichkeiten, die nicht eingetreten sind. Die Behandlung der Zukunft durch Risikokalkulation in Form von Wahrscheinlichkeitsrechnung, Versicherung, Kreditaufnahme und Planung und die Erzählung der Vergangenheit als Selektionsgeschichte gehören zusammen. Über diese Verbindung wird es möglich, die Relation von Vergangenheit und Zukunft als Bilanz von Gewinn und Verlust zu organisieren. Das schärft die Differenzerfahrung. In der Konversion wird diese Relation noch einmal umgedreht: der materielle Verlust ist geistlicher Gewinn. Die Strafe der Gefangenschaft auf der Insel und die zugehörige Einsamkeit bilden die Voraussetzung der Hinwendung zu Gott. Erst sie vermittelt Robinson die Einsicht in den Zusammenhang von Risiko und Verlust, die ihn seine Geschichte selbst verstehen läßt: Verlust ist eine Folge der vermeidbaren Steigerung der Riskanz und besteht in völliger Kontingenzreduktion. Erst diese Überlegung macht den Inselaufenthalt verständlich als eine Form, in der die Zukunft nach vorne hin abgeschlossen wird durch vergangene Überspekulation. Damit wird Robinsons Schuld lesbar als Akkumulation von Schulden, die den Schuldner fesseln, indem sie seine ganze Zukunft auf mühselige Abzahlung festlegen, wobei er wie Robinson kein Kapital mehr zur Verfügung hat, sondern nur noch das Wrack seiner bankrotten Firma und seine pure Arbeitskraft. Die Reduktion der offenen Zukunft erfolgt durch die Bindung an eine vergangene Pleite, und die Pleite ist ihrerseits die Folge eines überzogenen Wechsels auf die Zukunft. Die Implosion dieser Relation erfolgt jedesmal plötzlich in Form eines katastrophalen Zusammenbruchs. Invers dazu kommt man aus dieser Situation nur durch Zähigkeit, Geduld, stetige Arbeit und unverdrossene Bemühung wieder heraus. Dabei reproduziert die Bestrafung für seine Rebellion die Ausgangslage, gegen die er rebelliert hatte. Das parallelisiert den Versuch, durch eine einmalige riskante Spekulation aus beengten Verhältnissen herauszukommen, mit der Plötzlichkeit der Katastrophe im Bankrott und kontrastiert beide mit der inversen Parallele zwischen der regelmäßigen Kapitalakkumulation des Kleinsparers und der mühseligen Abzahlung von Schulden. Es war Robinsons Schuld, zu sehr auf den Möglichkeitsreichtum einer offenen Zukunft zu setzen – die durch die Unendlichkeit der See symbolisiert wird – und sie dabei im Vorwege zu verbrauchen. Und deshalb wird er durch seine Schulden an die Vergangenheit zurückgebunden, deren Abzahlung nun seine Zukunft festlegt.

Bekanntlich gelingt es Robinson, während des Inselaufenthaltes sowohl sämtliche handwerklichen Fähigkeiten zu erwerben, die sonst auf ein Dutzend Handwerkszweige verteilt sind, als auch im ontogenetischen Modell die Phylogenese menschlicher Naturbeherrschung von der Pflanzenzucht bis zur Domestikation der Tiere zu wiederholen. Daß dies Defoes Leser fasziniert, zeigt den fortgeschrittenen Stand der Arbeitsteilung, von dem aus es schon wieder interessant war, sich vorzustellen, wie sie rückgängig gemacht wird. Entscheidend aber ist wohl, daß zu Defoes Zeiten die alltägliche Reproduktion der Hauswirtschaft durch ständige improvements zum Gegenstand öffentlichen Interesses wird. Dadurch werden die Routinehandlungen des Alltags kontingent gesetzt und als auch anders möglich denkbar. Dies stellt Defoe im Inselszenario dar, das Crusoe zu einem ständigen Experimentieren mit mehreren Problemlösungen zwingt. Erst dies macht die Voraussetzungen für Defoes sogenannten "circumstantial realism" verständlich. Wenn etwa ein traditioneller Geschichtenschreiber beschrieben hätte, daß der Held ein Sieb macht, schildert Defoe auch die technischen Schwierigkeiten, aus denen die Lösung entwickelt wird. Diese Detailliertheit der Beschreibung aufgrund der Möglichkeit, in mehreren Ereignisketten zu denken, ist neu in der Romangeschichte. Für den Vergleich der Ereignisketten ist aber die Knappheit der Ressourcen, die mit dem Inselszenario gegeben ist, die Voraussetzung. Einerseits muß Robinson eine wilde, wenn auch nicht besonders unfreundliche Natur unterwerfen, andererseits ist ihm in Gestalt des Wracks ein gewisses Arsenal an Hilfsmitteln und Zivilisationsgütern mitgegeben. Dieser Vorrat ist durch einen doppelten Mangel gekennzeichnet: er ist nicht unerschöpflich, so daß Crusoe stark mit ihm haushalten muß; und die Materialien und Geräte sind nicht unbedingt für den vorgesehenen Zweck verwendbar und müssen deshalb jetzt einem anderen, wichtigeren Zweck dienstbar gemacht werden. In vielen Fällen funktioniert Robinson also die ursprünglichen Bestimmungen von Materialien und Geräten um. Sein Erfindungsreichtum und sein Blick für die unbeschränkte und stets erneuerbare Verwendbarkeit von allem und jedem macht ihm die ganze Welt unter dem gleichen Gesichtspunkt vergleichbar. Hierin ist er der Repräsentant der Moderne, der alles in seinen Verwertungszusammenhang einbezieht: Eisen, Holz, Ziegen, Papageien, Schildkröten und sämtliche Materialien und Geräte, die er auf dem Wrack findet.

Der Blick für die zukünftigen Möglichkeiten in seinen Vorräten bezieht auch die Vergangenheit mit ein: In ihnen hat sich die vergangene Arbeit gesammelt. Aus dem Schnittpunkt von Vergangenheit und Zukunft erfolgt dann jene charakteristische Tätigkeit, die zur dominanten Methode von Robinsons Zeitbearbeitung wird: das Bilanzieren in Form der Inventur. Diesem Inventarisierungsverfahren entspricht, daß Robinson sofort nach dem Schiffbruch die Zeit einteilt und damit so wirtschaftet wie mit seinen Vorräten. Durch die disziplinierte Zeiteinteilung hält sich Robinson selbst im Blick. Damit konstituiert er sein Selbst über den Zeitzusammenhang und kann seinen Inselaufenthalt mit dem Rest seines Lebens verrechnen. Dahinter steht die Vorstellung, daß auch das dem Menschen von Gott gegebene Leben nur ein Vorrat ist, mit dem er haushalten und den er nutzbringend verwenden muß.

Einerseits ist der Aufenthalt auf der Insel seiner Struktur nach ein Abenteuer des ständigen Fortschritts, der Innovation und der technischen Entwicklungen; das macht seine Interessantheit aus; andererseits wird die Notsituation, die Mühsal, das Routinehafte und die Wiederholungsstruktur des Alltags betont, und nur so kann der Strafcharakter von Robinsons Inseldasein der Plötzlichkeit der Katastrophe entgegengesetzt werden. Der eigentliche Witz der in der Inselexistenz vorausgesetzten Knappheit von Ressourcen aber liegt darin, daß sie die Struktur der Technik und der Wirtschaft im Prinzip der Selbsterhaltung konvergieren läßt. Dabei wird zunächst das Prinzip der Technik selbst vorgeführt. Mit der Abkoppelung von der zeitgenössischen Alltagsroutine werden in der Darstellung von Robinsons Basteln Zweck und Mittel voneinander getrennt und die Mittel als Alternativen auf den einen Zweck der Selbsterhaltung hin geordnet: Die Selbsterhaltung wird dann zum Bezugspunkt für den Vergleich verschiedener Mittel. Der Gesichtspunkt, unter dem der Vergleich zur Selektion zwingt, ist der der Knappheit. Die Knappheit ist aber keine Eigenschaft der Natur, sondern das Prinzip des Geldes: Geld macht die verschiedensten gegenwärtigen und zukünftigen Bedürfnisse vergleichbar; Knappheit ist dann ein Ausdruck davon, daß dieser Vergleich in jedem Moment zu Prioritäten zwingt, weil ein Bedürfnis zu befriedigen soviel heißt wie das andere nicht zu befriedigen. Das macht temporal verteilte Dringlichkeiten relationierbar und eröffnet die zukünftigen Bedürfnisse dem gegenwärtigen Zugriff. Mit anderen Worten, die chronische Knappheit des Geldes abstrahiert von jedem konkreten Bedürfnis und drückt Bedürfnishaftigkeit überhaupt aus. In dem so erschlossenen Vergleichshorizont werden dann die Sicherstellung und die Befriedigung des Bedürfnisses zeitlich getrennt, und der dadurch gewonnene Spielraum wird für Dispositionen benutzt. Entsprechend ist die im Inselszenario von Robinson Crusoe auf die Natur bezogene Knappheit eine Chiffre für die abstrakte Knappheit des Wirtschaftssystems.

Wie Hobbes im *Leviathan* festgestellt hat, macht die Ausweitung der Zeithorizonte Angst: wer ständig in die Zukunft blickt und alle Möglichkeiten von Kalamitäten bedenkt, findet keine Ruhe vor seiner Angst außer im Schlaf. Die conservatio sui provoziert im Zusammenhang mit der Konstitution des Selbstbewußtseins als Bewußtsein des Selbst die Angst vor der Selbstvernichtung. Sie führt im *Robinson Crusoe* zu einem deutlich erkennbaren Muster analoger Ängste: Robinson hat nämlich ständig Angst, verschlungen zu werden. Mehrere Male wird er fast vom Meer verschlungen; dann erfolgt ein Erdbeben auf der Insel, das in ihm die Befürchtung weckt, seine Wohnhöhle könnte über ihm zusammenbrechen und ihn begraben; immer wieder hat er Angst, daß wilde Tiere ihn verschlingen könnten; und schließlich steigert sich seine Angst zur Panik, als die Kannibalen auf der Insel auftauchen. Zu den psychoanalytischen Spekulationen, die man hier anschließen kann, muß nicht in Widerspruch stehen, daß sich Crusoes Ängste auf die Entgrenzung der Temporaldimension beziehen. Die Unendlichkeit des Meeres wird topologisch schon immer für den Ausdruck der Unendlichkeit der Zeit verwendet. Aber sehr viel spezifischer wird das Verständnis dieser Ängste, wenn man sie als Ausdruck seiner Befürchtung versteht, von seinen Schulden aufgefressen zu werden. Die Vorstellung des Wuchers als Kannibalismus ist traditionell. Robinsons Kannibalen sind seine Gläubiger, vor denen sich sein Autor Defoe ein Leben lang verstecken mußte. Seine Einsamkeit ist nicht nur Strafe, sondern Zuflucht; und die Insel ist die Festung, in der sich Crusoe gegen seine Gläubiger so verbarrikadierte wie Defoe gegen die Büttel des Schuldgefängnisses. Und tatsächlich hat Defoe seinen Roman als Allegorie seiner Biographie verstanden. In ihr hat er gezeigt, wie er der Versuchung erlegen ist, die in Geld gezähmte Zukunft bereits in der Gegenwart durch Überziehung des Kredits zu verbrauchen. Die Folge war eine Inversion der Zeit. Seine Vergangenheit legte die Zukunft auf die Abzahlung der Schulden fest. Im Sinne des aufgeklärten Puritanismus wird die Schuld zu Schulden. Das ist die Säkularisation des Fegefeuers durch den Kapitalimus: Die Genußsünden des Kredits müssen durch Leidensrückzahlungen abgetragen werden. Tugendhaft ist es dann, dies in innerweltlicher Askese zu tun. Damit zwingt die Geldwirtschaft selbst zur Sittenreform.

Zu den Hauptorganen der Sittenreform werden die moralischen Wochenschriften. Ihr Erfinder ist Richard Steele. Wie viele englische Literaten ist er in Dublin geboren, wie viele andere Iren weigert er sich, in Oxford sein Examen zu machen, und wie viele andere trinkt er zu viel. Als seine Aufrufe zur Sittenreform, die er in einem Theaterstück artikuliert, kein Gehör finden, entschließt er sich, seine Meinungen über manners und morals in einem Magazin herauszubringen, das er nach dem Modell von Defoes *Review* entwirft. Er gibt ihm einen fiktiven Herausgeber namens Isaac Bickerstaff und nennt es *The Tatler*. Als Zielgruppe visiert er direkt die Klientele der Kaffeehäuser an, wobei er bestimmte Nachrichten – Modenachrichten, gelehrte Nachrichten, außenpolitische Nachrichten etc. – von jeweils bestimmten Coffee Houses ausgehen läßt. Das Produkt kommt an, weil man sich zu Zeiten rapiden sozialen Aufstiegs besonders für Manieren und Verhaltenscodes interessiert. Zugleich waren aber die Affektiertheit und die Verschwendungssucht des Adels alles andere als vorbildlich. In den aufsteigenden Milieus des Bürgertums lehnte man also die adligen Normen weitgehend ab, ohne sich bereits über neue Verhaltensnormen verständigt zu haben. Deshalb war man besonders daran interessiert, daß der *Tatler* Fragen des guten Geschmacks, der Höflichkeit, der Rücksichtnahme, des Takts und der Normen der Konversation diskutierte. Hier wurde Steele zum Advokaten bürgerlicher Gefühlsbetontheit gegenüber adliger Brillanz. Sein Hauptthema ist die Frage, was einen Gentleman ausmachte. Entsprechend entwickelte er gegenüber dem Konzept des martialischen Duellanten oder des sittenlosen Libertins und Verschwenders die Vorstellung des "Christian Gentleman". Dem entsprach, daß zur gleichen Zeit die Vorstellung des Gentleman generalisiert wurde: Man sprach von "gentlemen farmers", "gentlemen merchants" und "gentlemen doctors". Qualitäten des Gentleman waren nun gleichermaßen erworben wie ererbt. Zugleich zeichnete sich der neue Gentleman durch zivilisierteres Verhalten gegenüber Frauen und ein entwikkelteres Sensorium für die Freuden des Familienlebens und die Tugenden der Häuslichkeit aus.

Steele selbst ließ es an den Tugenden fehlen, die er im *Tatler* propagierte. Seine beiden Hauptlaster standen in einem Zusammenhang: er gab zuviel Geld aus und trank zuviel. Als er ins Schuldgefängnis kam, wo man sich darüber lustig machte, daß sein Lebenswandel seinen Rezepten nicht entsprach, ging 1711 der *Tatler* ein. Doch hatte Steele das Glück, einen Schulfreund gehabt zu haben, dessen Name Joseph Addison war.

Wie im alten China gelangt Addison durch ein Gedicht auf den Sieg von Blenheim in den Staatsdienst und wird Nachfolger von John Locke beim Appellationsgericht. 1708 kommt er ins Parlament, wird Sekretär des Vizekönigs von Irland und kauft sich schließlich ein Landgut. Während dieser Karriere leiht er Steele ständig Geld und findet dabei heraus, daß er sich hinter dem Namen Isaac Bickerstaff verbirgt. Als nun der *Tatler* eingeht, verbindet sich Addison mit Steele zu einer neuen Herausgebergemeinschaft, die ab März 1711 den berühmten *Spectator* erscheinen läßt. Als fiktive Mitarbeiter erfinden sie einen Club, dessen Mitglieder die verschiedenen Stände repräsentieren: Sir Roger Coverley ist ein Squire, Sir Andrew Freeport ein Handelsmann, Hauptmann Sentry ist Angehöriger der Armee und Will Honeycomb ist der Modeexperte. Und derjenige, der zu all diesen die gleiche Distanz hat und sie objektiv beobachtet, ist Mr. Spectator. Das Programm der Sittenreform wird weitergeführt. Jetzt wird der englische Gentleman mit all seinen Tugenden der Zurückhaltung, der Selbstbeherrschung, Mäßigung und des Humors modelliert. Der *Spectator* richtet sich ebenso an eine weibliche Leserschaft und druckt Klatsch, Theaterrezensionen, literarische Besprechungen und kleine Geschichten, die schon auf dem Weg zur short story sind. Sowohl der *Tatler* als auch der *Spectator* sind Life Style Magazines. Sie befestigen die Werte der Civil Society. Zugleich sind sie ein Symptom dafür, daß das Bürgertum die zivilisatorische Führung übernimmt. Die Kontrastfigur für die Reformbemühungen von Addison und Steele ist der sittenlose

Restoration Rake, der sich duelliert, Frauen verführt und sich durch eine libertinistische Sexualmoral und eine tiefe Verachtung für die Vertreter von Handel, Gewerbe und Geldwirtschaft auszeichnet, die noch auf der Restaurationsbühne durch das Klischee des halsabschneiderischen Wucherers dargestellt wurden. Jetzt aber reklamieren die Vertreter der middle classes den Status von Gentlemen. Um diesem Anspruch allgemeine Anerkennung zu sichern, betreibt der *Spectator* eine Umwertung des aristokratischen und bürgerlichen Sozialstils. Elegante Manieren und aristokratisches Savoir-vivre werden aus ihrer Verbindung mit Arroganz, Libertinismus, Glücksspiel, Trunksucht und Duellbravado gelöst und mit der bürgerlichen Wertschätzung von häuslichen Tugenden und Gefühlen verbunden. Diese Herkulesarbeit gelingt Addison und Steele deshalb so gut, weil sie nicht nur moralisieren. Vielmehr lassen sie die neue chemische Verbindung zwischen guten Manieren und christlich-bürgerlichem Ethos in dem Maße attraktiver erscheinen, in dem sie den Typ des aristokratischen Wüstlings mit seiner Blasiertheit und seiner Affektiertheit als hoffnungslos passé und lächerlich hinstellen. Der "complete English gentleman", wie Defoe ihn nennt, hat seinen ererbten Status durch Verdienst, Bildung und Moral geadelt. Modernität und Eleganz werden nun mit den bürgerlichen Tugenden der Mäßigung und der respectability verbunden. So ist es nicht mehr als gerecht, daß Thackeray in seinem historischen Roman *Henry Esmond*, der zur Zeit Queen Annes spielt, "honest Dick Steele" und Joseph Addison zu Ehrenviktorianern erhebt.

Sowohl mit Steele als auch mit Defoe war der größte Satiriker der englischen Sprache verbunden: Jonathan Swift. Wie Steele stammt er aus Dublin, besucht dort mit William Congreve, dem Autor von *The Way of the World*, die Kilkenny Grammar School und danach das Trinity College und wird dann Sekretär des Diplomaten William Temple, der die Heirat zwischen William und Mary vermittelt hatte. Auf dessen Gut Moor Park wird er Hauslehrer von Esther Johnson, der Tochter einer Gesellschafterin von Lady Temple. Vielleicht regt die liebevolle Ehe Temples mit der geborenen Dorothy Osborne – deren Briefe an ihren Mann ein Monument der zeittypischen Gefühlskultur darstellen – auch den schwierigen Swift dazu an, seine Schülerin lieben zu lernen und sie in seinem *Journal to Stella* unsterblich zu machen. Nach Temples Tod wird er Kaplan von Lord Berkeley, des königlichen Statthalters in Irland, erhält den Grad eines Doctor of Divinity und etliche Sinekuren und kann nun seine Stella zu sich nach Irland holen. Von 1707 bis 1714 finden wir ihn dann mit kurzen Unterbrechungen auf diplomatischen Missionen für die irische Kirche in London. Und in dieser Zeit, die er in seinen Briefen an Stella detailliert schildert, taucht Swift in das journalistische und literarische Leben der Hauptstadt ein. Als Autor hat er sich schon einen Namen gemacht. Mit *The Battle of the Books* springt er in der 'Querelle des anciens et des modernes' seinem Wohltäter William Temple auf der Seite der Klassizisten bei, und in der Kleiderallegorie *A Tale of a Tub* präsentiert er die drei Konfessionen in Gestalt der Brüder Peter, John und Martin, denen ihr Vater in seinem Testament neue Kleider und die Anweisung hinterlassen hat, sie nicht zu ändern, worauf eine wilde Exegese des Testaments zum Zwecke der Anpassung der ererbten Kleider an die neuesten Moden einsetzt. In London freundet sich Swift mit führenden Literaten der Zeit an. Mit Steele gibt er unter dem Pseudonym Isaac Bickerstaff – den Steele später für den Herausgeber des *Tatler* verwendet – einen Almanach heraus, in dem sie aus den Sternen den baldigen Tod des real existierenden Sternenalmanach-Herausgebers John Partridge für ein bestimmtes Datum vorhersagen und dann behaupten, die Voraussage sei eingetroffen, worauf Partridge aus den Buchhändlerlisten gestrichen wird und vergeblich versucht, seine Lebendigkeit zu beweisen. Wie Defoe tritt Swift nach einem Schwenk von den Whigs zu den Tories in den Dienst des Ministers Harley, für den er die Zeitung *The Examiner* herausgibt, und gegen den Herzog von Marlborough die Antikriegsschrift *The Conduct of the Allies* schreibt. Vielleicht ist es Swifts bizarrem Sinn für Humor zu danken, daß er Beziehungen zur Tochter seiner Londoner Wirtin aufnimmt, die ebenfalls Esther heißt, von Swift aber "Vanessa" genannt wird. Aber wie der Bickerstaff-Scherz verselbständigt sich auch dieser Parallelismus, und Vanessa erbt ein Gut in der Nähe von Dublin, so daß sich Swift bei seiner Rückkehr nach Irland zwischen zwei Feuern wiederfindet. In seiner Not heiratet er Stella, hält die Ehe aber geheim und setzt die Liaison mit Vanessa fort, bis sich die Freundin der Ehefrau zu erkennen gibt. Dieser Kurzschluß löst einen Wutanfall Swifts, vielleicht den Tod Vanessas, Swifts Flucht und nach seiner Rückkehr die grausamste Satire gegen die Menschheit aus, die je verfaßt wurde: *Gulliver's*

Travels, ein igmaginärer Reisebericht, der sich derselben Authentizitierungstechniken durch Herausgebervorworte und derselben "circumstantial method" im Erzählstil bedient wie Defoes *Robinson Crusoe.* Auch bei Swift werden bis ins Detail die simpelsten Verrichtungen, Fertigkeiten, Techniken, Erfindungen, Institutionen, Sitten, Gebräuche und Moden in der Optik der Verfremdung beschrieben. Daß die Annahme, es handele sich um einen authentischen Bericht, noch im Bereich des Möglichen liegt, zeigt der Ausspruch des Bischofs von Dublin, daß er *Gulliver's Travels* für einen Haufen Lügen halte und kein einziges Wort davon glaube.

Das Königreich Lilliput mit seinen Parteien der Tramecksans und Slamecksans und mit seinem Erbfolgekrieg gegen Blefescu ist natürlich ein Miniaturmodell Englands, in dem die Wichtigtuerei der Höflinge mit ihrer lächerlichen Zwergenhaftigkeit aus der Perspektive Gullivers konfrontiert wird. Auf der zweiten Reise Gullivers ins Reich der tugendhaften Riesen von Brobdingnag wird die Perspektive umgedreht, und Gulliver selbst wird zum Lilliputaner, dessen Erzählungen vom korrupten Hofleben Englands das ungläubige Staunen des Königs von Brobdingnag erregen. Beide Reisen ergänzen einander: Lilliput ist eine Satire auf die Court-Whigs, und Brobdingnag repräsentiert die republikanischen Ideale der Country-Tories, die jetzt die Wasser von Harringtons "Civic Humanism" mit seiner Kombination von politischer Tugend und Landbesitz über die Mühlen ihrer Propaganda laufen lassen. Zugleich ist die Schilderung Brobdingnags durch die perspektivische Vergrößerung geprägt, die Gullivers Blick mikroskopisch scharf macht: Die Gesichtshaut der Brobdingnager wird zu einer Kraterlandschaft, und die Besichtigung von Wunden und Geschwüren zu einer konstanten Überforderung der Ekelabwehr. Das bietet Swift die Gelegenheit, seine Satire zu einem hamletschen Paroxysmus des Ekels vor dem menschlichen Körper zu steigern. Angewidert schildert Gulliver die riesigen Läuse, die wie Schweine im Fleisch von Bettlern wühlen, und läßt sich von den Ausdünstungen der Milchdrüsen betäuben, als ihn eine Ehrenjungfrau der Königin zum Spaß rittlings auf ihre Brustwarze setzt.

Mehr als es Swift lieb sein dürfte, setzt sich in seinem Kompositionsprinzip der Inversion das Schema der Parteienkonfrontation wieder durch. Die in beiden Büchern artikulierte Relativierung der Standpunkte eröffnet das Bewußtsein für die Standortgebundenheit des menschlichen Denkens überhaupt. Eben diese Erkenntnis erzwingt Toleranz. Die Möglichkeit, sich selbst im Prinzip aus einer fremden Perspektive zu betrachten, ist die Bedingung für die Verfremdung der eigenen. Das bietet die Voraussetzung für die Grenzüberschreitung von der eigenen Gruppe hin zum Verständnis der Fremden. Dem liegt eine Doppelbewegung zugrunde: in dem Maße, wie die Fremden vertrauter werden, wird man sich selber fremd. So willkürlich und unverständlich fremde Institutionen, Sitten und Gebräuche erscheinen mögen, so aberwitzig absurd mögen die eigenen in den Augen der anderen sein. Ihren Standpunkt einzunehmen heißt aber, die eigene Welt zu verfremden. An Swifts Verfremdungsoptik sieht man, wie es nun zum kulturellen Imperativ wird, "to take the role of the other". Religiöse Toleranz, die Standortgebundenheit der Parteien und der Relativismus der Kulturen, die man jetzt auf den Fernhandelsreisen und Explorationen kennenlernt, gehören zusammen.

Die dritte Reise führt Gulliver nach Laputa, Balnibarbi, Luggnagg, Glubbdubdrib und Japan. Laputa ist eine fliegende Insel, die sich, wie England das mit Irland tut, mit ihrem ganzen Gewicht auf das von ihr beherrschte Balnibarbi herabzusenken droht, um es zu zerquetschen. In Balnibarbi besucht Gulliver die Akademie von Lagado, die für die Kühnheit ihrer Experimente und die Phantastik ihrer Projekte berühmt ist: so will man etwa politische Differenzen durch Gehirnoperationen beseitigen und Verschwörungen durch die rechtzeitige Analyse der Exkremente von Politikern verhindern. Damit zielt Swift auf die Royal Society und ihre Projekte. Interessant ist heute noch seine Darstellung der linguistischen Sektion der Akademie, in der man Wortmaschinen konstruiert, die jede mögliche Buchstabenkombinatorik durchspielen, Projekte zur Eliminierung aller Verben und Partikel durchführt, weil nur Nomina eine Entsprechung in der Realität haben, und die Debatte über das Verhältnis von res und verba bis zu dem Punkt vorwärtstreibt, an dem die Worte durch Dinge ersetzt werden, die man mit sich herumschleppt, wenn man von ihnen sprechen will. Damit verlacht Swift den Versuch des Akademiemitglieds Bischof Wilkins, eine tabellarische Ordnung aller einfachen Begriffe herzustellen, und das Projekt von Bischof Sprat, die Eindeutigkeit der Worte durch die Einführung von

Ideogrammen zu sichern. Als satirischer Guerillakrieger der Semantik kennt Swift die Tücken der Begriffsstrategie und die Tricks der sprachlichen Subversion.

Auf seiner Reise nach Glubbdubdrib lernt Gulliver die großen Heroen der Geschichte kennen, nur um festzustellen, daß sie in Wirklichkeit die größten Schurken waren. Die perspektivische Relativierung trifft hier also den Heroismus und nimmt die Technik des "debunking" vorweg. Sie verfährt dabei nach dem gleichen Muster, mit dem Swifts Freund John Gay in seiner *Beggar's Opera* den Premierminister Walpole im Bilde des Gaunerkönigs Peachum darstellt. Schließlich trifft Gulliver in Luggnagg auf die Struldbruggs – biologisch unsterbliche Menschen – und verliert dabei alle Illusionen über die Vorteile der Unsterblichkeit: die Struldbruggs degenerieren mit zunehmendem Alter in einen senilen Zustand subhumaner Debilität, der die Visionen von Huxley in *After Many A Summer* vorwegnimmt.

Die vierte Reise ist vielleicht die bemerkenswerteste von allen. Sie führt Gulliver in ein Land, das von zwei entgegengesetzten Typen von Lebewesen bewohnt wird: Bei dem ersten handelt es sich um die Houyhnhnms, eine Spezies rationaler Pferde, die so edel und tugendhaft sind, daß sie Gullivers Erzählungen über die heimischen Kriege, die Lügen der Politiker und die Korruption der Rechtsverdreher nur mit Mühe begreifen können, weil ihnen die Kategorien für das Verständnis des Bösen fehlen. Die andere Spezies besteht aus den Yahoos, einer degenerierten Art von Humanoiden, die sich durch Gemeinheit, Lasterhaftigkeit und generelle Ekelhaftigkeit auszeichnen. Durch den Umgang mit den bewundernswerten Pferden und durch die Tatsache, daß die Yahoo-Mädchen ihn sexuell begehren, muß Gulliver zu seiner Schmach einsehen, daß er als Mensch eher den Yahoos als den Pferden gleicht, und verfällt in einen tiefen Selbsthaß, der in ihm einen Ekel vor dem gesamten Menschengeschlecht auslöst.

In der Gegenüberstellung von Houyhnhnms und Yahoos konfrontiert Swift die Anthropologie des Thomas Hobbes mit der von John Locke. Die Yahoos repräsentieren den tierischen Zustand des Kriegs aller gegen alle, die Houyhnhnms leben nach den Vorstellungen Lockes ohne einen Fürsten in Freiheit, aber nicht in sittlicher Anarchie, sondern gemäß den Gesetzen der Vernunft und der zivilen Gesittung, in der Natur und Kultur zusammenfinden. Das vierte Buch von *Gulliver's Travels* führt uns also selbst den Paradigmawechsel von der schwarzen Anthropologie des 17. Jahrhunderts zum Optimismus der moral-sense-philosophers des 18. Jahrhunderts vor. Die Yahoos verkörpern die traditionell christliche Sicht der "corrupted nature" des Menschen, die eines starken Regiments bedarf; die Houyhnhnms repräsentieren das Vertrauen auf die Selbstregulierung der Civil Society. Nach diesem Muster entscheidet sich bis heute die ideologische Option: wer die Menschen für Yahoos hält, ist konservativ und verlangt einen starken Staat, der dann von den Houyhnhnms gesteuert werden muß; wer sie für Houyhnhnms hält, versteht den Staat als ideologische Maskierung der Yahoos. Wo Swift selbst den Menschen angesiedelt hat, ist nicht ganz klar. Wahrscheinlich ist, daß er für ihn die Mittelposition zwischen Tier und göttlicher Vernunft einnimmt, und damit weder ganz ein Yahoo noch ganz ein Houyhnhnm ist – kein animal rationale, sondern ein animal rationis capax.

Robinocracy oder Heroic und Mock Heroic

Mit dem Regierungsantritt Georgs I. von Hannover im Jahre 1714 haben sich die Whigs und die Tories und die Interessen, die sie vertreten, etabliert: die Tories repräsentieren den hohen Adel und die anglikanische Kirche, die Whigs eine Koalition aus Gentry und Handelsbürgertum, die stets von den Dissenters unterstützt wird. Die Tories haben sich noch nicht von den legitimistischen Ultras gelöst, die immer noch die Stuarts auf den Thron zurückbringen wollen – beim Regierungsantritt Georgs kommt es zu einer jakobitischen Revolte von James Edward, dem Old Pretender in Schottland – und so beendet Georg die Praxis, gemischte Regierungen zu bilden, und ernennt nur noch Whigs zu seinen Ministern. Das ist ein weiterer Schritt hin zur Etablierung der Parteien nach dem Muster von Regierungspartei und Opposition. Da Georg an England wenig Interesse zeigt und häufig in Hannover weilt, muß jemand anderes das Cabinet Council leiten, und das wird der Prime Minister. Damit ist die Regierungsmaschinerie ausgebildet, wie wir sie heute noch kennen. Sie wurde seitdem in vielen Ländern kopiert. Aber sie ist nicht am Reißbrett, sondern unter den Bedingungen des Übergangs vom 17. zum 18. Jahrhundert entstanden. Zur Ausbildung des vielfach geforderten Verfassungspatriotismus müssen wir deshalb ihre Evolutionsbedingungen im Dickicht der englischen Geschichte verstehen.

Beim Regierungsantritt von Georg I. ist die regierende Elite noch stark gespalten. Es gibt Whig und Tory Coffee Houses, Zeitungen und Clubs. Aber mit der sogenannten Whig Ascendency und der langen Regentschaft des ersten Premierministers Englands, Robert Walpole, verschiebt sich das Spektrum. Die Tories werden aus der Regierung gedrängt, und die Whigs spalten sich ihrerseits in Country Whigs, die die Partei auf einen fundamentalistischen Oppositionskurs festlegen wollen, und die Realos der Court Whigs, die die Regierung bilden. Die zugehörigen Milieus werden in Fieldings *Tom Jones* durch Squire Allworthy einerseits und Lady Bellaston andererseits repräsentiert. Haupt, Mittelpunkt und Repräsentant der Court Whigs ist Robert Walpole. Zwar ist er jüngster Sohn einer Magnatenfamilie aus Norfolk, aber als seine älteren Brüder sterben, erbt er mit dem Familiensitz drei Wahlkreise, wird 1701 Parlamentsmitglied, 1708 Kriegsminister und 1715 und nochmal 1720 Finanzminister. Den Grundstein für seine Karriere legt er durch sein besonnenes Verhalten während der sogenannten "South-Sea Bubble": Als die Südseecompagnie die Staatsschuld übernimmt, kommt es zu einer hitzigen Aktienspekulation, die in einem gewaltigen Krach endet. Durch geschicktes Finanzmanagement dämpft Walpole die Panik, rettet die Reputation des Hofes, der in den Skandal verwickelt ist, stellt das Vertrauen in die öffentliche Finanzpolitik wieder her und verpflichtet sich eine Menge Leute, die sich mit Finanzspekulationen kompromittiert haben. 1722 stirbt sein letzter Rivale Sunderland, und es kommt zum heißesten Wahlkampf des gesamten 18. Jahrhunderts. Im neugewählten Parlament haben die Whigs eine Zweidrittelmehrheit. Walpole wird Erster Minister und bleibt es bis 1742. Diese lange Amtszeit trägt mehr als alles andere dazu bei, das Amt des Premierministers zu schaffen und auszugestalten.

Walpoles Whigismus besteht darin, den Kompromiß der Glorious Revolution durch Dick und Dünn zu verteidigen. Das bedeutet Ausschaltung der Tories, Begünstigung der Handelsklassen, Stabilität und Prosperität zu Hause, Friedenspolitik in Europa, die Säuberung aller Regierungsposten von den Freunden seiner Rivalen und Ersetzung durch seine eigenen. Als Erster Minister verschaffte er sich eine solide und verläßliche Phalanx von Parlamentsabgeordneten, die die Regierung immer unterstützten. Die Mittel dazu bestanden aus Ämterpatronage und Schmiergeldern. Eine Oppositionsstreitschrift von 1739 führte 200 Namen von Abgeordneten auf, die im königlichen Haushalt, dem diplomatischen Dienst, im Justizwesen, in der Armee und der Marine Ämter innehatten. Es gab immer wieder Versuche, die Ämterpatronage durch Ausschluß von Regierungsbeamten aus dem Parlament zu beenden. Statt dessen nahm die absolute Zahl der Ämterinhaber im Parlament bis auf ein Drittel aller Miglieder zu. Der Rest, der zur Mehrheit noch fehlte, wurde geschmiert. Das ist der Ursprung jener Einrichtung, die wir heute als "Fraktion" bezeichnen. Den Zeitgenossen erschien sie als Ausbund an Korruption. In einem Pamphlet wurde die Fraktion als Monster dargestellt, das den Namen "Polyglott" trug, weil es 500 Münder und ebensoviele Zungen hatte, von denen 300 Walpoles Fuß auf einmal lecken konnten. Im übrigen beeinflußte Walpole die öffentliche Meinung durch eine sehr gezielte Pressepolitik. Es ist deswegen nicht verwunderlich, daß die meisten Literaten der Zeit in Opposition zu Walpoles Regierungssystem standen, das sie durch den Terminus "Robinocracy" kennzeichneten.

Da die Court Party oder Regierungspartei ein so deutliches Profil erhielt, gewann auch die Opposition zunehmend Kontur. Sie bestand aber aus den zwei großen Gruppen der Tories und der Country Whigs. Es war nun die erklärte Politik des großen Gegenspielers von Walpole, Henry St. John, Viscount of Bolingbroke, diese beiden Gruppen zu einer neuen Country-Partei zusammenzuschweißen. Dazu mußte er vor allen Dingen die legitimistischen Ultras – die sogenannten "Jacobiten" – aus ihrer Loyalität gegenüber den Stuarts lösen. In Bolingbrokes Haus trafen sich deshalb die Vertreter der sich formierenden Opposition. Zu ihr gehörten die größten Schriftteller der Zeit – Swift, Pope, Fielding, James Thomson, John Gay und Dr. Arbuthnot. Von hier aus organisierten sie den Stab und das Programm von zwei Zeitschriften, *The Country Gentleman* und *The Craftsman*. Leider zerstritt sich Bolingbroke mit Sir William Pulteney, einem anderen Führer der Opposition, und ging 1735 ins Exil nach Frankreich. Doch seine dort verfaßten *Letters on the Spirit of Patriotism* beschworen einen neuen Geist der selbstlosen Hingabe an das Gemeinwohl, der der Korruption der Walpoleschen Verwaltung entgegengehalten wurde. Das gleiche Gedankengut hauchte er seiner Schrift *The Idea of A Patriot King* ein, die auf den Prinzen von Wales, Friedrich Ludwig, gemünzt war. So wie die Tudors ohne Nachkommen blieben und die Stuarts immer die falsche Politik machten, litten die Hannoveraner an ihrem eigenen Familienfluch: der älteste Sohn haßte jeweils seinen Vater und umgekehrt. So kristallisierte sich die Opposition auch um den jeweiligen Prince of Wales. Entsprechend entwickelte Bolingbroke für ihn das Programm eines aufgeklärten Königtums, das über den Parteien stehen sollte, um allein dem Wohl des Vaterlandes zu dienen. Damit versuchte Bolingbroke, eine ideologische Plattform zu schaffen, auf der die Tories mit den unzufriedenen Whigs zu einer Opposition zusammengefaßt werden konnten, die die protestantische Erbfolge und die Prinzipien der Demokratie akzeptierte. Dieser Versuch, den Konservativismus zu modernisieren, wurde von Disraeli später wieder aufgegriffen.

Walpole hingegen versuchte, die Vereinigung von Country Whigs und Tories dadurch zu verhindern, daß er die Tories bei jeder sich bietenden Gelegenheit durch Enthüllungen über kompromittierende Beziehungen zu den Stuarts unmöglich machte. In der Opposition hingegen befürchtete man, daß durch die Korrumpierbarkeit des Parlaments die alte britische Balance zwischen Parlament und König gestört und damit das Gleichgewicht zwischen Legislative und Exekutive ruiniert würde. Es ist diese Degeneration der Verfassung, die von Swift in *Gulliver's Travels* dargestellt wird: auch Lilliput war aus einem relativ intakten Zustand in haltlose Korruption verfallen. Umgekehrt repräsentierte Brobdingnag die Ideale der Opposition. In vielen Attacken wurde Walpole immer wieder mit dem Haupt des organisierten Verbrechens in London, Jonathan Wild, verglichen. Das geschah auch in der flamboyantesten Attacke gegen die Robinocracy in John Gays *Beggar's Opera* von 1728. Gay vergleicht die Regierung und das Kabinett mit einer Bande von Verbrechern und zeigt, daß Walpole ein wesentlich erfolgreicherer Schurke als Macheath oder Peachum ist. Die Darstellung der Politiker als Verbrecherbande begründet eine satirische Tradition, die sich noch bei Shaw und Brecht findet. Walpole schlägt dann allerdings gegen die Kritik von der Bühne zurück, indem er 1737 "The Playhouse Act" durchs Parlament bringt, das Stücke vor ihrer Aufführung der Zensur durch einen Lord Chamberlain unterwirft. Das ist der Anlaß dafür, daß Henry Fielding das Stückeschreiben aufgibt und sich dem Roman zuwendet.

Am Ende fällt Walpole über eine unpopuläre Verbrauchssteuer; außerdem kann er sich mit der imperialistischen Kriegsstimmung nicht anfreunden, die England nach seinem Sturz 1742 in der zweiten Hälfte des 18. Jahrhunderts auf den Pfad der imperialen Expansion führen wird.

Die Zeit von 1688 bis zu Walpoles Sturz 1742 wird in der Literaturgeschichte gemeinhin als "das zweite Augusteische Zeitalter", das "Augustan Age" bezeichnet. Unter dem Einfluß der französischen Interpretation der Klassik hatte man den Geschmack an "metaphysischen" Manierismen und barocken Exaltiertheiten verloren und zum Ideal klassischer Klarheit zurückgefunden. Damit reagierte man zugleich auf die Geschmacklosigkeit der Puritaner, die sich Gott in der vulgärsten Weise aufgedrängt, ihn mit ihren intimsten Problemen belästigt und damit alle Regeln der Höflichkeit und des Savoir-vivre verletzt hatten. Die Theologen mühten sich, Religion und Vernunft zu versöhnen, und die Literaten zelebrierten zeitlose Wahrheiten in Versen von epigrammatischer Eleganz. Die Abneigung gegen poetische Dunkelheit und metaphorische Paradoxien ging so weit, daß die Dichtung sich dem Ideal prosaischer Transparenz annäherte. Statt des Blankverses benutzte man den gereimten jambischen Pentameter, das sogenannte "Heroic Couplet". Es war antithetisch, argumentativ, ironisch und pointiert. Das verlieh den dichterischen Äußerungen die Endgültigkeit philosophischer Lehrsätze. Entsprechend wurden religiöse Gegenstände gemieden, weil über sie sowieso keine Klarheit zu erzielen war. Alexander Popes Aufruf in seinem *Essay on Man* ist durchaus ein poetologisches Programm: "Know then thyself, presume not God to scan, / The proper study of Mankind is Man." Statt den theologischen Streitigkeiten wandte man sich der Natur des Menschen zu. Natur wurde jetzt zum master concept des Diskurses. In ihr war die Vernunft zur Objektivität geronnen und wurde zur Quelle aller Normen, zur Lehrmeisterin des Menschen und zum Maß für alle Bewertungen. Die vielen Composita mit "natural" zeigen den Herrschaftsantritt der neuen Göttin der Semantik an: natural science, natural history, natural religion, natural morality, natural law, natural philosophy. Wie der Naturwissenschaftler seinem Gegenstand trat der Moralist dem Menschen als gesellschaftlichem Wesen gegenüber, um sein Verhalten mit der Geste ironischer Überlegenheit und skeptischer Distanz zu studieren. Dem entsprachen auf der gesellschaftlichen Ebene das Studium der geltenden Verkehrsregeln und die aristokratische Finesse der Menschenbehandlung.

In der Dichtung war es die hohe Zeit der Regelpoetik und der Rhetorik. Beide lebten vom Vertrauen in die Möglichkeiten der gelingenden Kommunikation. Bei Beachtung der Regeln und Normen der Natur brachte die Rhetorik im Kontext lebenspraktisch-konkreter Verständigung auf der Basis des common sense das Wahre zur Geltung. Rhetorik in diesem Verständnis war nicht verdächtiges Mittel einer auf die Absichten relativierbaren Manipulationstechnik, sondern der soziale Vollzug der Wahrheit im herrschaftsfreien Diskurs der Vernünftigen. Diese Balance war das Ideal, an dem gemessen sozusagen limitierte asoziale Wahrheitsfanatismen wie religiöser Dogmatismus, wissenschaftliche

Pedanterie und die subjektivistische Konfession und Seelenausschüttung kritisiert werden konnten. In diesem Sinn knüpft die Kommunikationstheorie von Jürgen Habermas durchaus an das Augusteische Ideal des rational begründeten Konsenses an, was vielleicht die historisch versetzte Parallele zu dem Umstand darstellt, daß im Augustan Age die Politik (so wie in Deutschland zum ersten Mal nach dem Zweiten Weltkrieg) auf die Permanenz des Parteiendissenses umgestellt wurde. Entsprechend sind die Advokaten des rationalen Konsenses – von dem die Regierungsparteien abweichen – auch in der Regel in der Opposition und begründen die Konsenstheorie als Kritik (!).

Es ist ein signifikanter Zufall, daß bei dem Dichter, der wie kein anderer das Stilideal des Augustan Age repräsentiert, die Lebensdaten mit der Dauer der Epoche genau übereinstimmen. Alexander Pope wurde im Jahr der Glorious Revolution 1688 geboren und starb zwei Jahre nach Walpoles Sturz, 1744. Besser als zu seinem Geburtsdatum paßte zu seinem Namen, daß seine Eltern – wohlhabend gewordene Textilkaufleute – katholisch waren. Das verstellte ihm die normale Erziehung, und so wurde er unter dem Druck einer Rückgratsverkrümmung und einer außerordentlichen Begabung zum poetischen Wunderkind, das mit seinen frühreifen Werken die Aufmerksamkeit des literarischen London auf sich zog. Mit 23 Jahren faßte er in seinem Essay *On Criticism* die Normen der neoklassizistischen Poetik, die von Boileau formuliert worden waren, in elegante Verse und machte so dem englischen Publikum den Gedanken zugänglich, daß Literatur Vernunft ist, die sich in das Kostüm der Eleganz und der Harmonie geworfen hat. 1714, im Jahr der Thronbesteigung der Hannoveraner, erscheint dann sein Hauptwerk, *The Rape of the Lock*, dessen Titel direkt auf den Raub der Helena als Auslöser des trojanischen Kriegs anspielt und uns darauf aufmerksam machen soll, daß es sich bei dem Opus um ein mock epic, eine Epos-Travestie, handelt. Der ganze heroische Apparat der Musenanrufung, der Traumvision, der Intervention göttlicher Wesen, der Reise in die Unterwelt, des gewaltigen Kampfes wird aufgeboten, um uns zu beschreiben, wie ein fürwitziger Liebhaber, gereizt von seiner Niederlage in einem Ombre-Spiel, der schönen Bellinda eine Locke raubt und damit einen Kampf zwischen den Geschlechtern auslöst, bei dem die Herren durch Haarnadeln, Fischbeinstäbe und tödliche Blicke vernichtet werden, während die Locke selbst von den Göttern als neues Gestirn an den Himmel versetzt wird. Wie man an der französischen Mode des höfischen Feenmärchens oder auch an Swifts *Gulliver* sieht, findet die Zeit Geschmack an der Kontrastierung des Großen und des Kleinen: Bellinda ist umgeben von einem Heer von diminutiven Sylphen, Elfen und Luftgeistern, deren Kontrast zu den homerischen Göttern und Helden ausdrückt, daß im Salon des 18. Jahrhunderts kleine Verstöße gegen die Etikette das Äquivalent epischer Tabuverletzungen darstellen.

Expansionsschübe der Vernunft lassen den Status des Wunderbaren nicht unberührt. Sie machen es unwahrscheinlicher und damit noch wunderbarer. Zugleich wird es an neue Prämissen gebunden. Für die Kunst ist das die Voraussetzung der Phantastik. Entsprechend mußten die christlichen Wunder und der Mythos der Antike poetologisch neu geordnet werden. Die christlichen Wunder überließ man den Theologen, der Mythos aber wurde dem freien Regiment der Imagination unterworfen. Gegenüber dem stilus gravis des höfischen Pompes wirkt Popes Miniaturwelt mit ihren Sylphen, Luftgeistern und Schutzengeln als Divertissement. In ihm übernehmen die Geister wie Ariel die Rolle der Götter. Sie beteiligen sich an den Kämpfen der Sterblichen, wobei sie über die Köpfe ihrer Schutzbefohlenen hinweg als gute oder böse Geister ihre eigenen Konflikte austragen. Damit begründen sie eine zweite Handlungsebene, die den Menschen verborgen bleibt. Dies Muster wirkt als Parodie des klassischen Epos mit seiner zweistöckigen Handlungsstruktur von Göttern und Menschen. Dabei repräsentieren die Geister das Wunderbare der Moderne als eine eigene Sphäre der Imagination. Sie sind die Herolde für die Autonomisierung der Kunst. Wie im französischen Feenmärchen bietet das mock epic die weiblich geprägte Gegenwelt des Salons zur patriarchalischen Ordnung des Krieges. Sie erfährt in der klassisch geprägten Topik des humanistischen Literatursystems als Domäne der Phantasie eine ästhetisch begründete Aufwertung. Wenn Fielding später an das mock epic anknüpft, sehen wir darin den Übergang zum Roman. Und der Roman setzt den Geschlechterkampf zwischen the manly man und the womanly woman fort.

Durch seinen Erfolg im epischen Genre ermuntert, organisiert Pope mit Swifts Unterstützung eine Subskription für die Übertragung der Ilias in heroic couplets und verdient dabei die damals phantastische Summe von über 4.000 £, womit er sich eine Villa in Twickenham kauft und sich der Gartenkunst in die Arme wirft. Hier empfängt er dann seine literarischen Freunde Swift, Bolingbroke, Congreve, Gay, den Autor der *Beggar's Opera* sowie Dr. Arbuthnot und Lady Mary Wortley Montagu. Sie alle haben sich zum Scriblerus Club zusammengeschlossen, dessen Mitglieder es sich zur Aufgabe machen, als Ritter der spitzen Feder die Drachen der Scharlatanerie und die Ungeheuer des Aberglaubens und des Unsinns zu erlegen. Die Seele des Clubs ist Dr. Arbuthnot, der Erfinder der Symbolfigur für England: John Bull. Lady Mary hat ihren Wohnsitz in der Nähe. Sie hat als Frau des englischen Botschafters an der Hohen Pforte eine Zeitlang in Istanbul gelebt und von dort in ihren Briefen lebhafte Berichte über den Hof des Sultans nach Hause geschickt. Sie gehört wohl zu den ersten Westeuropäern, die einen Harem von innen gesehen und darüber berichtet haben. Nach England zurückgekehrt, versucht sie, die Impfung gegen Pocken einzuführen, so wie die Türken sie praktizieren, und wird zu einer Dame der Gesellschaft und zum Stern am literarischen und intellektuellen Himmel Londons. Pope verliebt sich in sie, muß sich aber damit begnügen, sie mit seinen hemmungslosen Phantasien zu belästigen, da seine Rückgratverkrümmung ihn körperlich völlig hilflos macht. Um sich überhaupt aufrecht zu halten, muß er von Dienern nach dem Aufstehen morgens in ein Korsett geschnürt werden. Bei Tisch wird er auf ein Kinderstühlchen gesetzt, und auch die tägliche Hygiene kann nur mit fremder Hilfe erfolgen. Er kompensiert seine Behinderung mit satirischen Bösartigkeiten und sozialen Prätentionen. Unter dem Einfluß zunehmender Reizbarkeit verwickelt er sich in zahlreiche literarische Fehden und schreibt zur Vernichtung seiner Gegner in der Grub Street ein weiteres mock epic, die satirische *Dunciad*. Neben der wenig schmeichelhaften Darstellung seiner Kritiker entfaltet sie in Anklängen an visionäre Passagen von Homer, Vergil, Dante und Milton Popes Vorstellungen von der therapeutischen Rolle des Dichters in der Gesellschaft und – in den späteren Überarbeitungen – eine düstere Vorahnung davon, daß die humanistischen Werte des Augustan Age zum Untergang verurteilt sind. Als das Werk erschienen ist, kann Pope sich nur noch bewaffnet in die Öffentlichkeit wagen, geht aber mit weiteren Fortsetzungen der *Dunciad* und der Gründung des *Grub Street Journal* wieder zur Offensive über, bis

Bolingbroke ihn überredet, die kleinliche Satire durch die Darstellung würdigerer Gegenstände zu ersetzen. Popes Spätwerk enthält deshalb seine große philosophische Dichtung mit den Episteln über die Menschenkenntnis, den Charakter der Frauen, die Funktion des Reichtums und den berühmten *Essay on Man*. Er stellt den Höhepunkt aller philosophischen Dichtung dar. In ihr artikuliert Pope sein deistisches Credo von einem sinnvollen Weltplan in Form einer Theodizee, bei der unsere Bewertung von Leiden, Egoismen und Laster nur unserer Unkenntnis ihrer positiven Funktion für das Ganze entspringt. Dieser Gedanke nimmt Hegels Rechtfertigung des Ganzen als des Wahren vorweg: "All nature is but art, unknown to thee; / All chance, direction which thou canst not see; / All discord, harmony not understood; / All partial evil, universal good; / And, spite of pride, in erring reasons spite, / One truth is clear, Whatever is, is right." Niemals vorher und niemals nachher ist Philosophie so restlos in Dichtung verwandelt worden. Popes Einzigartigkeit besteht in seiner Kunst zur semantischen Kondensation. Mehr als jedes andere Werk der englischen Dichtung wird der *Essay on Man* ein Arsenal für Zitate und ein Schatzhaus goldener Worte, aus dem sich bis heute die gehobene Rhetorik bedient.

Die letzte Überarbeitung der *Dunciad* enthält allerdings eine düstere Vision der Dialektik der Aufklärung, bei der die Vernunft ihre eigenen Grundlagen untergräbt und die Barbarei triumphierenden Einzug hält. Popes brillante, geschliffene und polierte Verssprache aus Heroic Couplets aber wird bis zur Romantik zum Modell für die englische Dichtung, und selbst in der Romantik findet er in Byron noch einen geistesverwandten Nachkommen.

Zur gleichen Zeit, in der Pope an seinen eleganten Versen feilt, verlagert sich der Kampf zwischen heroic und mock heroic auf ein Gebiet, in dem England bisher wenig Beachtenswertes hervorgebracht hat: ins Reich der Musik. Erst zu Beginn des 18. Jahrhunderts belebt sich die Musikszene von London durch die Einführung der italienischen Oper, die durch die eigenartig klingenden Stimmen berühmter Kastraten popularisiert wird. Das nächste bemerkenswerte Ereignis ist die endgültige Übersiedlung von Georg Friedrich Händel nach London im Herbst 1712. Der junge schwergewichtige Sachse hat schon an der Seite Scarlattis mit seinen Opern Italien erobert und ist dann zum Kapellmeister des Kurfürsten von Hannover ernannt worden. So wie sein Landesherr zwei Jahre später den englischen Thron einnehmen wird, wird Händel zum König der Londoner Oper und, nach Georgs Regierungsantritt, zum Musiklehrer der Tochter von Kronprinzessin Karoline und zum gern gesehenen Gast im prächtigen Palast von Lord Chandos, des Nachfahren von Hofmannsthals berühmtem Brief-Autor. Als das Publikum der königlichen Oper untreu zu werden beginnt, gründet 1719 eine Gruppe wohlhabender Musikliebhaber die Royal Academy of Music als eine Aktiengesellschaft, und mit ihrer Hilfe kann Händel auf dem Kontinent ein teures Ensemble zusammenstellen und eröffnet die neue Saison mit seiner Oper *Radamisto* vor allererlauchtestem Publikum. Der rauschende Erfolg löst einen Krieg der Opern aus: Der Earl of Burlington überredet die Royal Academy, die nächste Saison mit Bononcinis *Astarto* zu eröffnen. Jetzt hat Bononcini Oberwasser, der gleich zwei weitere Opern und die Elegie zum Tod des Duke of Marlborough komponiert. Händel schlägt zurück, indem er für seine Oper *Ottone* die lengendäre Sopranistin Francesca Cuzzoni engagiert, die mit ihren Allüren die Wut des Meisters und mit ihrer Stimme das Entzücken der Londoner erregt. Der König und die Whigs unterstützen Händel, der Kronprinz und die Tories machen Reklame für Bononcini. Natürlich sind die meisten Literaten als Kritiker Walpoles für Bononcini. Dieser bringt gegen die Cuzzoni die Mezzosopranistin Faustina Bardoni in Stellung, und Händel treibt den Konflikt auf die Spitze, indem er in seiner Oper *Alessandro* beiden Diven gleichviel Soli und ein ausgewogenes Duett gibt. Als ihn Bononcini mit dem gleichen Verfahren in *Astianatte* übertreffen will, fallen die Anhänger der beiden Primadonnen im Publikum übereinander her, bis sich auch die Diven daran beteiligen. Das ist im Sommer 1727. Der heroische Stil der Oper ist schon längst von den Literaten verspottet worden. Und so ist die Stimmung gut vorbereitet, als im Winter 1727/28 die Stunde des mock heroic schlägt und John Gay seine *Beggar's Opera* herausbringt. Die Helden sind nicht mehr Caesar, Darius, Coriolan, Alexander und Calpurnia, sondern der Gangster Macheath, der Bettlerkönig Peachum und die Diebe, Raufbolde und leichten Mädchen von London. Für seine Geschichte aber benutzt Gay die Biographie des legendären Verbrecherkönigs Jonathan Wild, der zur selben Zeit, als Walpole die parlamentarische Regierungsmaschinerie auf das Fundament der Korruption gründet, zum ersten Mal die Londoner Unterwelt nach geschäftsmäßigen Prinzipien organisiert.

Jonathan Wild stammt aus ehrbarer Familie, gerät in Schuldhaft, lernt im Gefängnis die Gewohnheiten der Unterwelt kennen, eröffnet nach seiner Entlassung ein Bordell und eine Schankwirtschaft und entdeckt beim Studium seiner Kundschaft eine Marktlücke. Durch Strafrechtsverschärfung gegenüber Hehlern haben es die Diebe schwerer, ihre Beute zu verkaufen; zugleich aber gibt es keine effiziente Polizei, die den Bestohlenen ihr Gut wiederbeschafft. Wild kombiniert nun die Funktion des Hehlers und die der Polizei: er läßt sich jeden Diebstahl melden, gibt dann den Eigentümern einen Wink, daß sie ihr Eigentum wiederhaben können, wenn sie dem Überbringer einen gewissen Finderlohn zahlen. Von dieser Summe, die der Dieb erhält, behält Jonathan Wild eine Vermittlungsgebühr ein. Das Geschäft geht so gut, daß Wild regelrechte Büros mit Registern für Diebstähle einrichtet, wobei fünf Schilling Eintragsgebühr erhoben werden. Eines der Büros wird sogar neben dem Justizgebäude eröffnet. Zweigstellen müssen in allen Stadtteilen eingerichtet werden. Schließlich teilt Wild ganz London in Bezirke auf, die er bestimmten Diebesbanden als Revier zuweist. Er gewinnt Holland als Absatzmarkt für Diebesgut, das sich nicht verkaufen läßt, und richtet dafür eine eigene Schiffsverbindung ein. Daran gliedert er einen gewinnträchtigen Alkoholschmuggel an. Das System funktioniert nur durch rigorose Kontrolle. Diebe, die ihre Beute nicht an Wild abliefern, werden an die Behörden denunziert. Dabei kassiert Wild ein Kopfgeld für jeden Gehenkten. Insgesamt dürfte er ungefähr 120 Menschen an den Galgen gebracht haben. Auf diese Weise avanciert er zum Freund des Polizeichefs, Charles Hitchin, der ihm seine Erfolge verdankt. Wild erhält Zutritt zu Gefängnissen und Justizbehörden. Seine Untergebenen in der Unterwelt bestärkt das in dem Eindruck von Wilds unbegrenzter Macht. Er erweitert das Geschäft dann durch einen lukrativen Erpressungsbetrieb in den Bordellen, wobei die Huren ihren Kunden die Taschenbücher stehlen müssen, die dann über Anzeigen als zufällig gefunden deklariert werden. Im Jahr 1725 geht Jonathan Wild zu weit. Um einen seiner gefaßten Schmuggelkapitäne zu befreien, läßt er das ganze Gefängnis von Newgate rebellieren. Da man ihm nichts nachweisen kann, wird er wegen eines Falles von Hehlerei angeklagt, in einem aufsehenerregenden Prozeß verurteilt und unter großer Anteilnahme der gesamten Londoner Bevölkerung gehenkt. Als die Bettleroper herauskommt, liegt das alles erst drei Jahre zurück.

In der Bettleroper verbindet sich die Gaunerkomödie mit der Opernparodie und der politischen Satire zu einem solch unwiderstehlichen Ensemble, weil der fetzige Dialog mit Liedern durchsetzt wird, die Johann Pepusch in Anlehnung an bekannte Melodien vertont. Unter den Premierenbesuchern ist auch das Ziel der Attacke, der Premierminister Robert Walpole, und macht gute Miene zum bösen Spiel. Ganz London ist begeistert – außer Händel. Die Bettleroper wird 63 Mal hintereinander aufgeführt und dann in Irland, Schottland und auf dem Kontinent nachgespielt. 1953 wird sie für die Krönung von Elisabeth II. in der Bearbeitung durch Christopher Fry und Benjamin Britten verfilmt; und die Nachdichtung von Brecht mit ihrer musikalischen Bearbeitung durch Kurt Weill fast genau 200 Jahre später bezeugt die Modernität eines Werks, in dem zum ersten Mal zwei moderne Archetypen im Gewand des mock heroic erscheinen: der demokratische Politiker und der Gangster. Händel aber wird durch den Ruin der Oper zur Komposition von Oratorien motiviert, in denen er Episoden aus der biblischen Geschichte für Chor und Orchester für den englischen Geschmack bearbeitet und dabei das Volk Israel in seinem Freiheitskampf gegen Ägypter und Babylonier mit England identifiziert. Kurz vor dem Sturz Walpoles schreibt er das Meisterwerk in dieser Form, den *Messias.* Er wird in Dublin mit großem Erfolg 1742 uraufgeführt, kann sich aber in London nicht durchsetzen. Dasselbe Schicksal widerfährt seinem *Samson*, dem er Miltons *Samson Agonistes* zugrundegelegt hat. Er wird dafür entschädigt, daß im April 1749 ganz London seine königliche *Feuerwerkmusik* hören will, die er zur Feier des Friedens von Aachen komponiert hat. Als er schließlich nach einer Aufführung seines *Messias* 1759 stirbt, wird er von einer solchen Menge zu seiner letzten Ruhestätte in der Westminster Abbey begleitet, wie sie die Zeitgenossen bei solch einem Anlaß noch nie gesehen haben. Damit drücken die Engländer ihren Dank dafür aus, daß dieser bärenstarke Deutsche ihnen das Reich der Musik eröffnet hat.

So wie der Genius Englands bisher die Musik ignorierte, hatte er auch die Malerei den Ausländern überlassen. Das ändert sich mit dem Auftauchen von William Hogarth. Als Sohn eines Lehrers durchläuft er eine Lehre als Kupferstecher, besucht die Malschule von Thornhill, entführt die Tochter des Meisters und tritt in seine Werkstatt ein. Wegen seines Realismus in der Portraitkunst gerät er schnell mit seinen Auftraggebern in Konflikt, die idealisierte Bilder von sich vorziehen. Dabei verbindet er ein entwickeltes bürgerliches Klassenbewußtsein mit herzlicher Verachtung für die Aristokraten, die er malt. Das sind keine verkaufsfördernden Prinzipien für einen Maler, und so kann er von der Portraitmalerei nicht leben. Wie so oft ist auch hier der Mißerfolg der Vater des Neuen: Hogarth erfindet die moralischen Bildgeschichten. Sein erster Bilderbogen trägt den Titel: *The Harlot's Progress* und zeigt die Stationen in der Karriere einer Prostituierten. Die Idee kommt an, denn die Engländer lieben die satirische Literatur, aber verstehen wenig von Malerei. Und Hogarth bietet ihnen Sittengeschichten in der Form der Malerei, wobei die untadelige Moral der Bilder die Anstößigkeit des Gegenstandes rechtfertigt. Der Meister verdient 1.000 £ an seinem ersten Bilderbogen. 1733 folgt *The Rake's Progress*, eine einzige Satire auf die Sittenlosigkeit des Adels. Die Bilderfolge zeigt den Helden, wie er sein Erbe antritt und die Geliebte Sarah von sich weist, die von ihm schwanger ist; wie er von Parasiten wie Schneidern, Jägern, Pferdejockeys, Fechtmeistern, Duell-Sekundanten, Landschaftsgärtnern, Kastraten und Musikern belagert wird; wie er in einer Lasterhöhle von Huren ausgenommen wird; wie er wegen unbezahlter Schulden verhaftet wird; wie er eine häßliche reiche Witwe heiratet, um sein Vermögen aufzubessern; wie er in White's Coffee House sein neues Vermögen verspielt; wie er sich im Schuldgefängnis wiederfindet, wo seine alte Witwe und seine junge Geliebte ihn finden; und wie er schließlich nackt und wahnsinnig geworden in der Irrenanstalt landet, beweint von der treuen Sarah. Auf dem zweiten Bild mit den Parasiten sehen wir Händel am Klavier, vor sich eine neue Oper mit dem Titel *Der Raub der Sabinerinnen* und hinter sich an seiner Stuhllehne eine meterlange Liste mit Geschenken für den Kastraten Farinelli. Der ganze Bilderbogen bietet ein Moralitätenexempel, ein Sittenbild, eine Serie von Genrebildern und eine Folge von Kompositionen, die ihren Reiz aus der thematischen Verschlüsselung unzähliger Details gewinnen. Man muß sie deshalb mit Hilfe von Erklärungen betrachten. Für das deutsche Publikum hat Johann Christoph Lichtenberg einen unnachahmlichen Kommentar geliefert. Hogarth aber muß sich gegen die Raubdrucke seiner Bilder wehren und veranlaßt das Parlament, ein copy right Gesetz für den Schutz von Druckgraphiken und Kupfern zu verabschieden, das als "Hogarths Erlaß" Eingang in die Rechtsgeschichte findet. Dann malt er für 200 £ David Garrick als Richard III. Seine Bilderfolge *Marriage à la Mode* zeigt das Elend der arrangierten Heirat zwischen einem blasierten aristokratischen Wüstling und der Tochter eines reichen Bürgers, die beide ihre eigenen Wege gehen, bis der Aristokrat vom Liebhaber seiner Frau im Duell getötet wird und sie mit Laudanum Selbstmord begeht, beweint allein von ihrem durch die Syphilis gezeichneten Töchterlein. Die Popularität solcher und anderer Bilderfolgen wie den *Four Stages of Cruelty* oder *Industry and Idleness* machen regelmäßig Nachdrucke nötig und bescheren ihm ein festes Einkommen.

Hogarth ist eine Figur sui generis. In vielem gleicht er eher den Romanciers wie Fielding oder Dickens als einem Maler. Er selbst beschreibt sich als Dramatiker, der auf der Bühne seiner Bilder seine Pantomimen aufführt. Laurence Sterne hat das wörtlich genommen, und seine Szenen lesen sich manchmal wie Bildbeschreibungen von Hogarths Stichen. In der Malerei bleibt er ohne Einfluß. Aber seine Wirkung zeigt sich im Werk der großen englischen Karikaturisten wie Thomas Rowlandson und George Cruikshank. Hogarths anti-aristokratischer Realismus, sein deftiger Humor und seine moralische Kritik an den Sitten der Zeit kündigen die Ankunft des Bürgertums auch in der Malerei an.

Die Architektur Englands stand dagegen ganz im Zeichen des klassizistischen Geschmacks. Ihr alles überragendes Vorbild war Palladio. Der *Vitruvius Britannicus* von Colin Campbell erklärte die Kombinationen von Säulen und Kuppeldach zum zeitlosen Modell für alle Villen und Landhäuser, und der Earl of Burlington ließ Palladio in einer neuen Prachtausgabe nachdrucken und baute die Villa Rotunda in Chiswick nach. Die jungen Erben kamen auf ihrer Grand Tour auf ihrem Weg nach Venedig an Vicenza vorbei, wo sie Palladios Bauten vor Ort bewundern konnten. Überall wurden nun Landsitze im Stile Palladios gebaut, und die Plantagenbesitzer in den amerikanischen Kolonien konnten die Architektur wieder mit dem Klima versöhnen, für das sie ursprünglich gedacht war. Jetzt wurde auch von John Wood senior und junior das mondäne Bath ausgebaut und erhielt seinen säulengeschmückten Royal Crescent und seinen berühmten Circus. Die Realisierung dieses städtebaulichen Projekts erfolgte mit Hilfe von Ralph Allen, den Fielding im Bilde von Squire Allworthy unsterblich gemacht hat. Allen ließ sich in Prior Park ein Landhaus im Stile Palladios bauen, so daß Tom Jones unter palladianischen Säulen aufwuchs. Diese palladianische Epidemie ließ die englischen Landschaften bald so aussehen wie die Gegend an den Ufern der Brenta und bestärkte die englische Identifikation mit jener anderen Beherrscherin der Meere: Venedig.

Vernunftreligion und Moral Sense

Während die Landedelleute England mit ihren klassischen Palästen schmückten, radikalisierten die Fürsten des Geistes das Erbe, das ihnen Hobbes, Newton und Locke hinterlassen hatten, und machten die Religion in den besseren Gesellschaftsschichten so unmodern, daß man sich zu genieren begann, sich als Christ zu bekennen. Die anglikanische Kirche hatte sich diskreditiert, weil sie die Stuarts gegen die Whigs unterstützt hatte, und der Besuch des Gottesdienstes wurde zur bloßen Konvention. Wer wirklich religiös war, trat einer der vielen Sekten bei, deren große Zahl für den distanzierten Beobachter eine Relativierung des Christentums selbst darstellte. Die Gesetze gegen Katholiken und Dissenter wurden kaum noch angewandt. Die Deisten reduzierten die Religion auf den Glauben an einen unbekannten Gott und verwiesen die biblischen Geschichten in das Reich der Fabel: die Religion wurde von der Offenbarung auf die Natur und die Vernunft umgebucht. William Whiston, der Nachfolger Newtons auf dem Lehrstuhl für Mathematik in Cambridge, leugnete die Dreifaltigkeit und wurde entlassen. Thomas Woolston entlarvte in seinen *Six Discourses on the Miracles of Our Saviour* die Geschichten von Christus als Erfindungen der Apostel, und da er seine sechs Reden sechs Bischöfen widmete, faßten diese das als Provokation auf und klagten ihn wegen Gotteslästerung an. Der Oxforder Professor Matthew Tindal erklärte den Gott des Alten Testaments zu einem sadistischen Schurken, die Anhänger des Christentums zu Fanatikern und Verfolgern und die Natur und die menschliche Vernunft zur wahren Offenbarung. Und der Pfarrer Conyers Middleton ruinierte in seiner Arbeit *A Free Inquiry into the Miraculous Powers Which Are Supposed to Have Existed in the Christian Church Through Successive Ages* die Glaubwürdigkeit der christlichen Heiligenlegenden. Die Verteidiger des Glaubens verbreiteten diese Gedanken weiter, weil sie sie in ihren Widerlegungen wiederholten. Aber sie mußten sich in der Regel, wie Bischof Berkeley, auf die wenig christliche Beweisführung zurückziehen, daß ohne die Religion die Moral in der Gesellschaft zusammenbräche, und so den Verweis auf die Wahrheit der Offenbarung durch den Hinweis auf die soziale Funktion des Christentums ersetzen. Zunehmend wurde das Christentum unter dem Gesichtspunkt bewertet, ob es die Moral befördere oder sogar behindere. Das willkürliche Herrenrecht eines tyrannischen Gottes war nicht für alle mit der demokratischen Vernunft des natürlichen Sittengesetzes in Einklang zu bringen. Dem daraus entstehenden geistigen Klima verdankt sich auch die Gründung der ersten Freimaurer-Loge im Jahre 1715. Schließlich verfiel Joseph Butler, der Kabinettssekretär von Königin Caroline, auf den originellen Gedanken, die Religion mit der Idee zu verteidigen, daß die Natur genauso ungerecht und grausam wie der Gott des Alten Testaments sei und daß man deshalb nicht die Natur gegen die Religion ausspielen dürfe. Seine Schrift *The Analogy of Religion, Natural and Revealed, to the Constitution and Course of Nature* von 1736 blieb für zwei Generationen das wichtigste Arsenal der Pfarrer für die Widerlegung der Deisten und der Atheisten in England. Und endlich signalisierte die Arbeit *Christianity Not Founded on Argument* von Henry Dodwell von 1742, daß man begann, die Offenbarung auf eine neue Grundlage im menschlichen Seelenleben zu stellen: das Gefühl. Die Expansion der Vernunft rief zur Kompensation das Gefühl als neues Wahrnehmungsorgan des Geistes auf den Plan. Damit erschien ein Konzept auf dem Terrain der semantischen Auseinandersetzungen, das von der sensualistischen Philosophie von Hobbes und Locke vorbereitet und von den Erweckungserlebnissen der Puritaner plausibilisiert worden war und das nun von den moral-sense-Philosophen Shaftesbury, Hutcheson und Hume begrifflich aufgerüstet und in die Debatten eingeführt wurde.

Anthony Ashley Cooper, 3. Earl of Shaftesbury, ist der Enkel des großen Oppositionsführers der Whigs unter James und wird von Locke unterrichtet. Befreundet mit John Toland, der den englischen Wortschatz um den Begriff "free-thinker" bereichert und Shaftesburys ersten Essay *On Virtue* publiziert, ist er für kurze Zeit Mitglied des Unter- und des Oberhauses und wendet sich dann ganz einem Leben in gebildeter Muße zu. Dabei pflegt er in eleganter Prosa die sokratische Ironie als Waffe gegen die traditionellen Vorurteile und begründet seine philosophische Ethik auf einer Affektenlehre. Hier wird er zum Antipoden von Hobbes. Die wölfischen Eigenschaften zählt er zu den unnatürlichen Affekten, da es unnatürlich sei, die Gesellschaft durch Bosheit zu zerstören; zwar gehört ein gesunder Egoismus auch zu den natürlichen Affekten, aber dieser müsse in ein harmonisches Gleichgewicht mit den Affekten der Sympathie und der Benevolenz gebracht werden, denn es sei dem Menschen ebenso natürlich, das Wohl der Gattung und der Gesellschaft zu befördern. Mit Locke sieht Shaftesbury das spezifisch Menschliche in der Fähigkeit zur Reflexion, und sie ist für ihn gleichbedeutend mit dem "moral sense". Daher gründet er die Tugend auf eine gefühlsgesteuerte Neigung zum Guten. Auf diese Weise werden die sonst gegen die Vernunft ausgespielten niederen Affekte veredelt und zu sozialfreundlichen Gefühlen sublimiert. Shaftesbury begreift den Menschen von Natur aus als sozial. Damit findet er zur aristotelischen Vorstellung des "zoon politikon" zurück. Auf einer ersten Ebene wirken die sozialen Instinkte unbewußt und quasi organisch; auf der nächsten wird man sich der friedlichen Gefühle für seine Mitmenschen inne, und ihr Wohl wird zum eigenen Bedürfnis; auf der dritten Ebene werden die moralischen Affekte mit der Vernunft vermittelt, die den Ausgleich zwischen "private und public affections" bewirkt, die unmittelbaren Gefühle für die Kommunikation anderer zugänglich macht und die Fehler der Spontaneität korrigiert. Die enge Verbindung der Moral mit den Affekten ermöglicht eine platonische Annäherung an die Äshetik; und die Nobilitierung des Sinnlichen begründet die Harmonie zwischen Sittlichkeit und Schönheit.

Der schottische Moralphilosoph Francis Hutcheson systematisiert die Gedanken Shaftesburys in seiner Schrift *Inquiry Concerning Moral Good and Evil* (1725), unterscheidet einen äshetischen Sinn vom moral sense und parallelisiert die Funktion der menschlichen Benevolenz für die soziale Kohäsion mit der Gravitation Newtons. Dabei definiert er lange vor Bentham das allgemeine Wohl als das größte Glück der größten Zahl.

Der Ausgleich zwischen Verstand und Gefühl verwandelt sich in eine Unterwerfung der Vernunft unter die Leidenschaften bei dem glänzendsten Repräsentanten der schottischen Aufklärung, David Hume. Als Sohn eines presbyterianischen Gutsbesitzers verliert er über der Lektüre von Locke seinen Glauben, versucht sich vergeblich mit der Juristerei und der Tätigkeit eines Kaufmanns anzufreunden und flüchtet vor solchen prosaischen Beschäftigungen und einer Vaterschaftsklage nach Frankreich in die

Jesuitenbibliothek von Laflèche, wo er sein frühreifes Meisterwerk *A Treatise of Human Nature* schreibt, das in drei Teilen den Verstand, die Leidenschaften und die Moral behandelt.

Im ersten Buch radikalisiert Hume den Sensualismus Lockes und löst das Bewußtsein in eine Folge von Wahrnehmungen, Gefühlen und Eindrücken auf, so daß sowohl der Gegenstand der Wahrnehmung, die Materie, als auch das Subjekt der Wahrnehmung, der Geist, mitsamt seiner Unsterblichkeit verschwinden. Dabei werden die exakten Wissenschaften gleich mit erledigt, denn die Annahme von der Verbindung zwischen Ursache und Wirkung beruht nicht auf Notwendigkeit, sondern auf unserer Gewohnheit. Damit wird die Vernunft als Gesetzgeberin des Lebens verabschiedet und der Weg freigemacht für die Gewohnheit, den Instinkt und das Gefühl.

Im zweiten Buch über die Moral widmet er sich der Analyse der Leidenschaften und reduziert wie Hobbes das sittliche Urteil auf die Differenz von Lust und Unlust. Neben den Gefühlen der Selbstliebe aber steht die Sympathie, die uns an fremden Schicksalen Anteil nehmen läßt. Das moralische Gefühl ist deswegen auch von dem Nutzen diktiert, den ein nahestehender Mensch von der zu beurteilenden Handlung haben wird. Auch die Liebe zwischen den Geschlechtern mischt sich aus dem eigenen Sexualtrieb und der Benevolenz gegenüber der Geliebten. Im Tugendkatalog Humes stehen die sozialen Tugenden – also Wohlwollen, Menschenliebe und Gerechtigkeit – über der Vernunft.

Damit wird die Moral nicht mehr auf Vernunft oder Offenbarung gegründet, sondern auf das Gemeinschaftsgefühl. Infolgedessen lehnt Hume auch die Konstruktion des Gesellschaftsvertrages ab, der die Menschen aus einem ursprünglichen Naturzustand befreit: Der Mensch war von Anfang an sozialisiert, und die Gesellschaft ist nicht jünger als die Menschheit; es gehört zur Natur des Menschen, kultiviert zu sein. Damit öffnet Hume das Denken für historische und evolutionäre Vorstellungen. Nicht unter dem Diktat der Vernunft wird der Mensch zivilisiert, sondern durch Sozialisation. Auch Hume zieht die Parallele zwischen dem Gemeinschaftsgefühl und der Gravitation.

1748 reist Hume als Begleiter des General James St. Clair in diplomatischer Mission nach Turin, und der spätere Graf von Charlesmont will ihn dort auf den Knien vor einer jungen Gräfin getroffen haben, wobei die Dame ihm seine Leidenschaft mit

Verweis auf seine Werke auszureden versucht: die Liebe sei nach seinem eigenen Bekunden nichts weiter als ein natürlicher Vorgang in seinem Organismus und bestehe nur aus der Folge verschiedener Zustände. Hume selbst bekennt, daß er sich dem Wahnsinn genähert habe, kehrt aber im Vollbesitz seiner geistigen Kräfte wieder nach London zurück und veröffentlicht *An Inquiry Concerning the Human Understanding* und *An Inquiry Concerning the Principles of Morals* – zwei Schriften, in denen er seinen Skeptizismus noch durch die Diskreditierung der christlichen Wunder komplettiert und seine Moralphilosophie in Richtung Utilitarismus fortsetzt. In den *Dialogues Concerning Natural Religion* von 1751, die er vorsichtshalber für die Veröffentlichung nach seinem Tod zurückstellt, faßt er schon den Gedanken, daß das Leben nicht nach dem Plan Gottes, sondern durch allmähliche evolutionäre Anpassung an äußere Bedingungen entstanden ist. Diese Idee radikalisiert er in seiner *Natural History of Religion*. In ihr bietet er zum ersten Mal eine psychologisch-kulturgeschichtliche Herleitung der Religionen vom primitivsten Dämonenglauben der Urvölker über den Polytheismus zum Monotheismus, den er wegen seiner Unduldsamkeit für eine Art Rückschritt gegenüber dem Polytheismus hält. Schließlich wendet sich Hume von der Epistemologie ab und völlig der Geschichte zu. Mit seiner Geschichte Englands erregt er wegen seiner Unparteilichkeit die Wut aller Parteien, erntet aber, je mehr Bände erscheinen und je weiter er sich von der Gegenwart entfernt, immer mehr Anerkennung, bis Voltaire das Werk zur besten Geschichte erklärt, die je in irgendeiner Sprache geschrieben wurde.

Am Skeptizismus Humes zeigt sich, wie die Radikalisierung der Aufklärung entweder zur Neubegründung der Erkenntnistheorie in der Transzendentalphilosophie Kants oder zu historisch-genetischen Erklärungsmustern führt. Auch in der Moralphilosophie ist es die Erfahrung, die den Menschen lehrt, daß er sich nicht nur der natürlichen Neigung überlassen soll, die den Nächsten vor allen anderen Menschen bevorzugt, sondern daß er sich an generalisierte sittliche Regeln zu halten hat. Aber sie entspringen nicht der Vernunft, sondern der zur Konvention geronnenen Empfänglichkeit für das Soziale. Das neue Fundament für all das aber ist das Gefühl. Wenn Descartes formulierte "Cogito ergo sum", so sagt jetzt der Marquis d'Argens "Je sens donc je suis". Die Erkenntnis der Wirklichkeit war zum Glauben an die Wirklichkeit geworden. Der notwendige Zusammenhang zwischen Ursache und Wirkung war zum reinen Nacheinander der Temporalität heruntergekommen. Das Seelenleben wurde in Analogie zur Gravitation vom Gesetz der Assoziation beherrscht, und die Assoziation war nichts als Gewohnheit. Überall lehnt Hume die logische Begründung ab und ersetzt sie durch die psychologisch-genetische. Nicht aus der Offenbarung oder der Vernunft entsteht Religion, sondern aus der Angst vor unbekannten Mächten, nicht als abstrakter Monotheismus, sondern als polytheistischer Dämonenglaube. Damit wird Humes' Philosophie zum Einfallstor für neue semantische Mächte: das Gefühl und die Geschichte.

Diese beiden – Gefühl und Geschichte – sollten sich in einem neuen Paradigma verbinden: dem Roman.

Die Kulturrevolution des Gefühls

Nachdem Defoe den Prolog geliefert hat, eröffnet 1740 Richardson mit seiner *Pamela* den Siegeszug einer neuen Gattung: des Romans. Er ist das Medium, in dem die von den moral-sense-Philosophen umorganisierte Semantik dramatischen Ausdruck findet. An seiner Popularität läßt sich ablesen, daß der neue um den Begriff der Sensibilität zentrierte Diskurs einer tiefgreifenden psycho-historischen Umwälzung entspricht, die ihrerseits wieder mit einem Wandel in den literatursoziologischen Voraussetzungen verflochten ist. Als zentrale Kennzeichen dieses Wandels lassen sich folgende Momente feststellen: Umstellung der literarischen Produktion von der adligen Patronage auf den von Buchhändler-Verlegern kontrollierten Markt; Ausweitung des Lesepublikums in die Bereiche von trade, commerce und domestic service, die von den kulturellen Werten des aufgeklärten Puritanismus wie habituelle Introspektion, kontrollierte Lebensführung und Bewährung im Alltag geprägt sind; Verbindung dieser Werte mit der weiblich geprägten Daseinsform des domestic life, wobei das weibliche Lesepublikum überproportional wächst, da Frauen dank des zunehmenden Angebots käuflicher Manufakturwaren von häuslicher Arbeit freigesetzt, aber durch den Ausschluß von männlichen Betätigungen zur häuslichen Muße verdammt sind; mit dem Ergebnis, daß sich die Erzählliteratur vom Vers und den klassischen Normen löst und die von der klassischen Bildung ausgeschlossenen Frauen zunehmend als Autorinnen in Erscheinung treten. Diese Entwicklung vollzieht sich aber, wie so oft, zunächst nicht in Gestalt einer Ablösung vom Alten durch das Neue, sondern in Form einer Teilung der Kultur. Die durchschlagende und anhaltende Wirkung Richardsons beruht darauf, daß er die durch diese Teilung entstandenen Gegensätze in das von ihm entwickelte Grundmuster des Liebesromans einbaut, in dem er sie auf die Differenz der Geschlechter im Szenario der Verführung projiziert. Der Verführer verkörpert dabei die traditionelle Position entlang der semantischen Reihe aristokratisch-klassisch-männlich-aktiv-martialisch und ist der nicht-ehebezogenen Tradition der Passion verpflichtet und offen epikureisch-libertinistisch; die tugendhafte Heldin repräsentiert die ensprechende Gegenposition entlang der Reihe bürgerlich-modern, christlich, weiblich, passiv, häuslich und ist in puncto Sexualität rigoros repressiv, prinzipienfest und ehe-orientiert. Mit anderen Worten, Richardson sexualisiert die sozialen und kulturellen Gegensätze; er erotisiert die 'Querelle des anciens et des modernes'; er macht aus dem Konflikt zwischen Aristokratie und Bürgertum einen Geschlechterkampf; er organisiert die Psychomachie zwischen aristokratischem Laster und bürgerlicher Tugend als Verführungsszenario, in dem der männliche Teufel und der weibliche Engel einander gegenübertreten. Kurzum, er integriert so viele kulturelle Muster und Oppositionen, daß er einen neuen Mythos schafft. Dieser Mythos ist die bürgerliche Liebe. Sie wird auf das neu entdeckte Gefühl gegründet und im Szenario Richardsons durch den Feuerofen der alten aristokratischen amour passion geschickt, aus dem sie gestählt hervorgeht, so daß man auf sie getrost die Ehe gründen kann. Dieser Mythos begleitet die Entwicklung der nun zum Modell werdenden Kleinfamilie und schlägt die Phantasien der Menschen in seinen Bann, wenn sie daran gehen, selbst eine neue Familie zu gründen.

Ähnlich wie Defoe hatte auch Richardson keine klassische Bildung genossen; er war Sohn eines Schreiners, wurde zum Drucker ausgebildet, heiratete die Tochter seines Meisters und machte seine eigene Druckerei auf. Eine seiner Aufgaben bestand darin, die *Journals of the House of Commons* zu drucken. Als Drucker wurde ihm verschiedentlich die Aufgabe übertragen, kleine literarische Arbeiten wie das Abfassen von Vorworten und Widmungen auszuführen. Den Ansatz für den Beginn seiner schriftstellerischen Tätigkeit bot jedoch Richardsons hypertroph entwickelter Hang zum Briefeschreiben. In ihnen frönte er zwei bei ihm ebenfalls überdurchschnittlich entwickelten Neigungen, nämlich seinem Bedürfnis, andere Leute mit seinen moralischen Ratschlägen zu beglücken – er hatte ursprünglich Prediger werden sollen – und seinem Hang zur intimen Behandlung zwischenmenschlicher Beziehungen und Gefühle. Der Anlaß für die Abfassung des ersten Romans war die Bitte, einen Briefsteller für einfache Mädchen zu verfassen. Dabei kam ihm dann die Idee, die Sequenz der Briefe durch eine Geschichte zu verklammern, wobei er angibt, auf eine ihm tatsächlich erzählte Begebenheit zurückgegriffen zu haben. Es ist dies die Geschichte eines jungen Mädchens, das als Kind bescheidener Eltern in den besten Prinzipien der Frömmigkeit und Rechtschaffenheit erzogen und dann von der Mutter eines Squire als Zofe eingestellt wird. Nach dem Tod der alten Dame versucht der junge Squire, wie Richardson schreibt, "sie durch allerlei Versuchungen zu verführen. Sie griff zu vielen unschuldigen Mitteln, den ihrer Tugend gestellten Fallen zu entgehen, wobei sie einmal nahe daran war, sich zu ertränken. Schließlich kapitulierte er vor ihrer edlen Standhaftigkeit, Wachsamkeit und ihren vorzüglichen Eigenschaften und erklärte sich bereit, sie zu seiner Frau zu machen. In ihrer neuen Stellung benahm sie sich mit so viel Würde, Sanftmut und Bescheidenheit, daß sie sich bei jedermann beliebt machte, selbst bei seinen Verwandten, die sie zunächst verachtet hatten; und schließlich hatte sie den Segen von arm und reich und die Liebe ihres Gatten."

Dies ist die Geschichte von Pamela, dem tugendhaften Dienstmädchen, das von seinem Brotherrn unzüchtig belagert wird. Der Roman besteht aus den Briefen Pamelas an ihre Eltern. Die Produktivität der Heldin ist dabei völlig unglaublich, denn einige Briefe sind so lang, daß, hätte sie sie wirklich geschrieben, sie an den betreffenden Tagen nichts anderes hätte unternehmen können. Detailliert wird nachgezeichnet, wie der Squire sie zunächst mit Aufmerksamkeiten und Geschenken bedenkt, wie sein Interesse mit der Vertrautheit wächst, wie sie seinen Annäherungsversuchen Widerstand entgegensetzt und wie er zur Frontalattakke schreitet. Als er vor gelegentlichen Küssen und Handgreiflichkeiten nicht mehr zurückschreckt, teilt sie ihren Eltern und der Hausdame Mrs. Davers mit, daß sie das Haus verlassen möchte. Mr. B. dagegen ist ein typisches Mitglied der Gentry, der glaubt, daß seine Stellung ihm gewisse Rechte über seine weibliche Dienstbotenschaft verleiht. Er hat Mühe, seine wachsende Leidenschaft mit ihrer niedrigen sozialen Position zu vermitteln. Entsprechend wechselt seine Haltung zwischen leidenschaftlicher Zuwendung und Verachtung. Dabei ist es nicht Pamelas Tugend selbst, die ihm lächerlich dünkt, sondern die Vorstellung, daß ein Dienstmädchen überhaupt Tugendhaftigkeit prätendiert, und so schwankt er eine Zeitlang zwischen der Absicht, sie aus dem Hause zu werfen oder sie zu vergewaltigen. Dies versucht er eines Nachts tatsächlich, indem er sich in einem Schrank in ihrem Zimmer verbirgt, aber die mütterliche Haushälterin steht ihr bei und hält ihn von seinem furchtbaren Vorhaben ab, nicht ohne daß Pamela vorher in Ohnmacht gefallen ist. Mr. B.'s Angebote werden immer großzügiger und auch durchsichtiger. Er will ihren Vater durch Zuwendungen unabhängig machen, er will Pamela selbst ein Leben in Eleganz und Muße ermöglichen, und er will ihr einen von ihm selbst ausgewählten Ehemann bescheren, der, wie sich herausstellt, sein eigener Kaplan in Lincolnshire ist. Als Pamela all dies zurückweist, schickt er sie angeblich nach Hause, verfrachtet sie aber in Wirklichkeit zu ihrem Entsetzen zu seinem Landsitz in Lincolnshire, wo sie von der schaurigen Haushälterin Mrs. Jewkes bewacht wird, die Mr. B. schon in anderen Liebesabenteuern behilflich war. Sie sekundiert Mr. B. auch diesmal tatkräftig bei dem Versuch, Pamela ein weiteres Mal zu vergewaltigen, wozu er sich groteskerweise in ein Dienstmädchen verkleidet. Aber auch diesmal wird seine Absicht dadurch vereitelt, daß Pamela wieder einmal zur rechten Zeit in Ohnmacht fällt, (daß Ohnmachten nur in England ein sicheres Mittel sind, zeigt Kleists Novelle von der Marquise von O.). Zugleich ist dies aber der Wendepunkt des Romans. Mr. B. findet ihre Aufzeichnungen, bereut sein Verhalten und kommt zu dem Entschluß, sie weder durch Gewalt noch List mehr erobern zu wollen. Sein Charakter, der bisher auf die Rolle des aristokratischen Wüstlings beschränkt war, darf sich nun mit Bezug auf den Konflikt entwickeln. Dieser Konflikt ergibt sich aus den verschiedenartigen Ansprüchen, die mit der sozialen Position einerseits und der status-unabhängigen Persönlichkeit andererseits verbunden sind. Richardson erfindet geradezu den Begriff "Persönlichkeit". Pamelas Anspruch auf Rücksicht, Achtung und Respektierung ihrer Gefühle wird dabei von ihrem Status abstrahiert und allein auf die Würde, die jeder Person unabhängig vom Geschlecht und Status zukommt, bezogen. Wie Shaw später feststellen wird, erkennt man eine Lady nicht daran, wie sie sich verhält, sondern wie sie behandelt wird. Dies beginnt auch Mr. B. zu begreifen und bittet Pamela sogar um Mithilfe bei der Lösung ihres gemeinsamen Problems. Dabei steht sie vor der Aufgabe, ihm vertrauen zu lernen, denn zunächst hat sie ihn immer noch in Verdacht, auch diese Gefühlsreform nur zu heucheln, um sie in seine Gewalt zu bringen. Umgekehrt erbittern diese Zweifel ihn seinerseits so sehr, daß er sie schließlich doch noch wegschickt. Als sie nun endlich den Fängen ihres Peinigers entkommen kann, entdeckt sie ihre eigene Zuneigung zu ihm. Während ihrer Abwesenheit liest Mr. B. seinerseits das Tagebuch, das Pamela in der Zeit, als sie am Briefeschreiben gehindert worden war, verfaßt hatte. Durch die sich darin widerspiegelnde Tugend und Großherzigkeit wird er so hingerissen, daß er ihr eilends Briefe nachschickt, in denen er ihr eine ehrenhafte Heirat anbietet. Der Rest der Geschichte ist der Darstellung von Pamelas Eheleben gewidmet. Dessen Problematik besteht darin, daß sie als ehemaliges Dienstmädchen einen Platz in der gehobenen Gesellschaft finden muß. Das gelingt ihr durch ihre Tugendhaftigkeit und ihr gewinnendes Wesen in solchem Ausmaß, daß sie am Ende des Buches als veritable Heilige dasteht.

Die gesamte Geistlichkeit Englands atmete erleichtert auf, weil nun endlich die Literatur die Tugend verherrlichte. Sie machte Reklame für das Buch, so daß innerhalb eines halben Jahres vier Ausgaben vergriffen waren. Die in *Pamela* entworfene Form der Beziehung zwischen den Geschlechtern gab ein Muster für die Liebesbeziehung und die Ehe ab, das in der Kombination von gefühlsbezogener Liebe, detaillierter Introspektion und intensiver Dramatik neu war. Von nun an sollte dieses Muster zum master plot des bürgerlichen Liebesromans werden. Dabei bildete dieser neue Romantypus die kulturelle Begleitmusik zur Ablösung der Großfamilie durch die sogenannte "conjugal family". In den großen Sippenverbänden hatte die Familie die Funktion gehabt, die Individuen in die Gesellschaft einzuschließen und ihnen damit einen sozialen Ort zuzuweisen. Familiale Identität war zugleich soziale und personale Identität. Deshalb durften Ehen nicht nach persönlichen Vorlieben, sondern mußten mit Rücksicht auf familienpolitische Gesichtspunkte geschlossen werden. Mit der Durchsetzung des ökonomischen Individualismus im Bürgertum wurden Ehen dagegen freigegeben und die Familien in jeder Generation neu gegründet. Entsprechend wurde die Familie immer weniger die Instanz, die das Individuum in die Gesellschaft einschloß, sondern eine Spezialumwelt für Intimkommunikation, wo sich der Einzelne von seinen sozialen Rollen entlasten konnte und sich spontan, ungehemmt und natürlich gab: mit anderen Worten, wo er seinen Gefühlen keinen Zwang antat.

Auch die Freigabe der Partnerwahl mußte einer kulturellen Steuerung unterworfen werden, und sie orientierte sich an der Semantik der Sentimentalität. Anders als im Adel wird nun die bürgerliche Ehe auf Gefühl gegründet. Dazu muß die Liebe aus ihrer chemischen Verbindung zur leidenschaftlichen Passion gelöst und über den Umweg über die Freundschaft auf die seelische Affinität gegründet werden, die nun einer neuen Dramaturgie unterworfen wird. Nur wenn eine ausreichende Gefühlsgrundlage gegeben ist, ist es nach dem neuen Code möglich, zu heiraten. Dabei geht es um die Sublimation der Sexualität. Die puritanische Revolution hatte jegliche Sexualität außerhalb der Ehe tabuisiert, zum Ausgleich aber die Ehe selbst nobilitiert und geheiligt. Hier zeigt sich eine Verlagerung des sozialen Tugendkatalogs ins Private. Sie gibt den Frauen, die ja im öffentlichen Leben wenig Gelegenheit finden, soziale Tugenden zu entwickeln, eine Plattform für moralische Triumphe. Das 18. Jahrhundert erlebt deshalb eine zunehmende Verengung der Moral auf die Sexualmoral. Jetzt nehmen Begriffe wie virtue, propriety, decency, modesty, delicacy, purity eine fast ausschließlich sexuelle Konnotation an. Diese Entwicklung wird begleitet von einer zunehmenden Verdammung der aristokratischen Glorifizierung der außerehelichen romantischen Liebe. Nicht mehr Passion, das plötzliche Ergriffensein, sondern die aus gegenseitiger Achtung geprägte geistige Freundschaft soll Basis der Ehe sein.

Die Verdammung der Sexualität organisiert auch das Verhältnis der Geschlechter um. Den Männern mutet man eine sündigere Natur zu, und das Höchste, was man von ihnen erwarten kann, ist, daß sie ihre ununterdrückbaren Impulse wenigstens allein in der Ehe ausleben. Die Natur der Frauen hingegen wird nun als sehr viel reiner angesehen. Ihnen traut man zu, gegenüber sexuellen Gefühlen völlig immun zu sein. Wenn sie heiraten, dann nicht, um hierfür ein Betätigungsfeld zu finden, sondern weil die religiöse Basis der Ehe allein in ihren Händen einigermaßen sicher ist. Deshalb wird ihnen die Rolle zugemessen, die Instinkte der unreinen männlichen Natur zu disziplinieren und zu veredeln. Diese Differenzierung ist eine historische Novität. Die traditionelle Haltung hatte gerade den Frauen wie der biblischen Eva besonders angelastet, daß sie Verführerinnen waren. *Pamela* wird nun zum Brennspiegel für diese Umwertung. Sie bietet das erste Stereotyp einer neuen weiblichen Figur, die über 150 Jahre die Literatur beherrschen wird: sie muß jung sein, unerfahren und so delikat in ihrer physischen und geistigen Konstitution, daß sie bei jedem erotischen Annäherungsversuch sofort in Ohnmacht fällt. Sie ist wesentlich passiv und frei von Gefühlen gegenüber ihrem

Bewunderer, bis sie geheiratet wird. In allen Bereichen – im Gespräch, beim Essen, beim Sport, in der Kleidung – muß sie delicacy zeigen. Auch die sprachliche Sensibilität wird so verfeinert, daß Pamela, obwohl ein Dienstmädchen, fast in Ohnmacht fällt, als Mr. B. von ihren Strümpfen redet.

Der neuen Feinfühligkeit entspricht eine neue Erzähltechnik. *Pamela* ist ein Briefroman, eine sogenannte "epistolary novel". Der Brief kommt naturgemäß einer detaillierten Darstellung der unmittelbaren Gegenwart und Nahvergangenheit entgegen. Wir erhalten eine fortlaufende Chronik der Erfahrung des Berichterstatters. Dabei hören wir die Geschichte nicht mehr aus der distanzierten Rückschau, sondern fast zeitgleich mit den Ereignissen. Die Bühne für das Verhalten wird nun das Interieur des Hauses. Das korrespondiert mit dem Inneren der Person. Auch hier zeigt sich der Wandel von der öffentlichen zur privaten Welt, der durch die genannten Momente gekennzeichnet ist: ökonomischer Individualismus, Subjektivierung, Säkularisation der puritanisch-christlichen Haltungen, Introspektion und Zunahme an Intimität. Gerade persönliche Beziehungen werden zunehmend durch Korrespondenzen unterhalten. Hier kann man in Zurückgezogenheit einen Freund oder eine Freundin an den minütlich und sekündlich sich ändernden Fluktuationen des Bewußtseins teilhaben lassen. So schreibt Richardson im Vorwort von *Clarissa*: "Alle Briefe werden geschrieben, während das Herz der Verfasser den Eindruck macht, völlig von ihren Gegenständen absorbiert zu sein, so daß sie nicht nur von kritischen Situationen voll sind, sondern von dem, was man 'augenblickliche Beschreibungen von Reflexionen' nennen könnte." Damit wird der Erzählbericht von der aus dem Rückblick übers Ganze gewonnenen Distanzperspektive des Erzählers in die Erlebnisgegenwart und damit in das Erlebniszentrum der Figur gerückt, die nun fast im selben Moment erzählt wie erlebt. Das bewirkt eine bis dahin unbekannte Dramatisierung der Erzählung, bei der Erleben, Erzählen und die Rezeption des erzählten Erlebens fast zusammenfallen. Die Folge ist eine bisher nicht erlebte Beteiligung des Lesers, der nicht auf die Literatur als Mittel der abwägenden Beurteilung der dargestellten Welt zu reagieren glaubt, sondern auf die Phänomene selbst. Diese werden jetzt nicht mehr selektiv gefiltert, sondern in weltkongruenter Detailfülle ausgebreitet. Dasselbe trifft auf die subjektiven Regungen der erlebenden Figur zu, deren Erzählbericht damit zu einer Selbstenthüllung wird, die von Zeitgenossen durchaus als exhibitionistisch empfunden wird. Nach der Lektüre von *Clarissa* bemerkte Lady Mary Wortley Montagu, daß es ebenso indezent sei, alles zu sagen, was man denke, wie sich eine körperliche Blöße zu geben, und daß die Seele so gut wie der Körper ein Feigenblatt brauche.

Die Konvention des Briefeschreibens ist anti-klassisch, amateurhaft und wird überwiegend von Frauen benutzt. Dem entsprechen die Abkehr von klassischen Stilidealen, die Wendung von der öffentlichen Welt hin zur privaten, das Vorherrschen des Interieurs und die generelle Subjektivierung in Übereinstimmung mit einer femininen Perspektive. Femininität repräsentiert das bürgerliche Gesamtinteresse. Buchhändler und Verleger bemühen sich zunehmend, ihre Produkte weiblichen Bedürfnissen anzupassen. Die größere Identifikation des Lesers mit der Literatur gibt ihr überhaupt einen anderen Stellenwert. Einerseits erhöht sie die Möglichkeit der Teilnahme an Subtilitäten der Persönlichkeitsentwicklung, andererseits bietet sie aber auch die Möglichkeit für die Gratifikation von Wunschphantasien und Projektionen. Pamela steigt durch ihre Heirat sozial auf. Ihr Triumph ist der Sieg Cinderellas, die aus der Küchenasche in die Höhen prinzlichen Daseins erhoben wird. Das wird das Grundmuster bis in die heutige Heftchenliteratur bleiben.

Im Falle von Richardson richtet sich die zeitgenössische Kritik dagegen, daß sein Roman eine Art von sexueller Ersatzstimulierung bietet. Die Atmosphäre des Geheimnisses, mit der die Sexualität umgeben wird, errege unklare Phantasien unter dem Deckmantel der Ermahnung zur Tugend. Nicht umsonst erblickt gleichzeitig die literarische Pornographie das Zwielicht der Welt. John Clelands *Memoirs of a Woman of Pleasure*, bekannt unter dem Namen *Fanny Hill*, ist die dunkle Seite von *Pamela*. Auch Fanny Hill ist ja eigentlich tugendhaft. Wie Hogarth in *The Harlot's Progress* erzählt sie die Stationen ihrer Dirnenlaufbahn nur deshalb so akkurat, weil sie damit vor der käuflichen Liebe warnen will. Auch sie findet, wie *Pamela*, ein happy ending, in dem die Heldin zur ehrbaren Ehefrau gemacht wird, und auch *Fanny Hill* ist wie *Pamela* ein Briefroman.

Bei soviel Zweideutigkeit teilte sich das Publikum in "Pamelists" und "Antipamelists". Letztere sahen in Pamelas Verhalten nichts anderes als den Versuch, sich statt durch kleine Laster ein

Vermögen zu erwerben durch Tugend ein noch größeres zuzulegen. Daran zeigt sich die Ambivalenz des Schemas: die Tabuisierung der Sexualität macht daraus ein Dauerthema. Die sich darin ausdrückende Befürchtung, die Tabugrenzen zu überschreiten, setzt eine Phantasie voraus, in der das Unterdrückte ständig gegenwärtig ist. Gerade die Unterdrückung der entsprechenden Instinkte schafft ein Bedürfnis, sich ständig mit ihnen zu beschäftigen. Entsprechend wurde es zur Aufgabe des Romans, in das tiefste Mysterium der bürgerlichen Gesellschaft zu initiieren. Von denjenigen, die diese Beziehung durchschauten und die enge Verwandtschaft zwischen Sexualfeindlichkeit und Lüsternheit bei Richardson zu sehen meinten, wurde er für eine Art Tartuffe gehalten. Zu ihnen gehörte auch ein Literat, der durch die Provokation, die von *Pamela* ausging, erst zum Romancier werden sollte: Henry Fielding.

Fielding war von so vornehmer Abkunft, daß behauptet wurde, er sei selbst mit den Habsburgern verwandt. Zugleich war er so arm, daß er das Studium der Rechte aus Geldmangel nicht vollenden konnte. Statt dessen ging er nach London und verdiente sich den Lebensunterhalt durch die Schriftstellerei für die Bühne. Zwischen 1728 und 1737 schrieb er über 20 Lustspiele und Possen, von denen die meisten Walpole angriffen. Als dieser 1737 mit der Einführung der Theaterzensur reagierte, nahm Fielding sein Studium der Rechte wieder auf, wurde 1740 Jurist und schließlich Friedensrichter von Westminster. Außerdem hatte er das Glück, eine liebenswürdige Frau zu heiraten, die ihm obendrein 1.500 £ Mitgift einbrachte, so daß er einige Zeit ein sorgenfreies Leben führen konnte. Als dann Richardsons *Pamela* erschien, konnte Fielding seine satirische Neigung nicht mehr zügeln und schrieb zunächst *Shamela* und dann eine weitere Parodie mit der Geschichte von den Abenteuern des Joseph Andrews und seines Freundes, Pastor Abraham Adams.

In *Shamela* schickt ein Pastor mit dem Namen Tickletext seinem Freund Parson Oliver ein Exemplar von *Pamela*. Der welterfahrene Oliver bestreitet die Echtheit der Briefe und schickt statt dessen Tickletext die Abschrift der angeblich authentischen Briefe, die die Geschichte von Pamela so darstellen, wie sie wirklich geschehen sei. Darin enttarnt sich Pamela selbst als kühl kalkulierendes Luder, das seine erotischen Reize bewußt einsetzt, um Squire B., der bei Fielding "Booby" heißt, an die Angel zu bekommen. Zum Schluß geht sie auf den Plan eines anderen Pastors ein – hiermit ist Richardson gemeint – ihre Geschichte in einem erbaulichen Buch so darzustellen, daß sie nicht mehr wiedererkannt wird: eben *Pamela.*

Damit ist Fieldings Wut aber keineswegs gestillt. Der Titelheld des nächsten Romans, Joseph Andrews, ist der Bruder von Pamela. Nach dem Tod ihres Mannes macht Lady Booby ihrem Diener Joseph so unmißverständliche Avancen, daß dessen Tugendhaftigkeit beginnt, lächerlich zu wirken. Fielding verliert allerdings im Laufe des Romans das Interesse an Joseph und verlagert es statt dessen auf den Don Quixote-haften Pastor Adams, der mit einer Sammlung von selbstgeschriebenen Predigten auf der Suche nach einem tollkühnen Verleger durch die Lande zieht und, geleitet von seiner gutmütigen Naivität, in vielfache Abenteuer verstrickt wird, die er aufgrund seiner good nature und seiner robusten Prügelbereitschaft alle besteht. Das Vorwort von *Joseph Andrews* enthält nun das poetologische Programm von Fielding. Es ist die Kontrafaktur zu Richardson. Beide sind einander vollständig komplementär. Ist Richardson ein Moderner, ist Fielding ein Klassizist. Für ihn ist der Roman nichts anderes als die Fortsetzung des klassischen Epos. Deshalb nennt er seinen Roman "a comic epic poem in prose". Dabei greift er das mock epic da auf, wo Pope es hat liegenlassen. Am Epos aber scheiden sich die Geister in Moderne und Klassizisten. Den Modernen ist die antike Literatur und zumal das Epos deswegen ein Greuel, weil es statt christlicher Vorbilder heidnische Götter und Helden verherrlicht. Der Grundvorwurf ist, daß der klassische Ehrenkodex kriegerisch, aristokratisch, maskulin und unchristlich ist. Der neue bourgeoise Ehrenkodex ist dagegen innerlich, geistig und feminin. Dabei ist es eine Neuerung, daß nun auch Frauen eine Ehre haben sollen. Bis dahin war die Ehre der Frauen ein Bestandteil der Familienehre des Mannes. Wurde sie verletzt, hatten die Männer ihrer Familien – also Väter, Brüder oder Ehemänner – sie zu rächen. In Richardsons *Clarissa* zeigt sich zum ersten Mal, daß sich dies ändert: hier geht es der Heldin um ihre eigene, persönliche Ehre, und diese ist weder ständisch noch auf die Familie bezogen. Gleichzeitig verbreitet sich die Überzeugung, daß die moderne Gesittung der der Antike überlegen ist: Das Epos und die Tragödie werden als Symptome des Übergangs von einer barbarischen zu einer zivilen Gesellschaft empfunden. Hier setzt Fielding mit seinem Protest an. Er hält die klassische Literatur und die klassische Poetik für vorbildlich. Deswegen geht er von der aristotelischen Einteilung in Tragödie und Komödie aus und unterstellt für sie die entsprechenden Parallelen in der Erzählliteratur. Dabei haben die Ilias und Odyssee tragischen Charakter, während die komischen Erzählungen von Homer uns leider verlorengegangen seien. Diese Lücke füllt der realistische Roman als komisches Epos. Deshalb übernimmt Fielding aus dem Epos die breite panoramische Darstellung der Gesellschaft. Das unterscheidet ihn von Richardson. Das Wunderbare des Epos ersetzt er durch erstaunliche Koinzidenzen der Handlung. Die Darstellung heroischer Schlachten überführt er ins mock heroic. Die parodistische Anknüpfung an die deutlich konturierten Gattungen des Epos und der Komödie steuert für die Romantradition die ironische, satirische und komische Perspektive bei. In ihr wird Fielding zum Meister. Zusammen entwickeln die "feindlichen Brüder" Richardson und Fielding die beiden später im Roman erst konvergierenden Züge: auf der einen Seite den genauen Realismus, die Introspektion der Seelen, die Zergliederung der Sentimente und die Partizipation an allen Gefühlsregungen, auf der anderen Seite die Möglichkeit zur Distanznahme, zur ironischen Perspektive, zur Darstellung des Komischen und des Inkongruenten. Wenn Richardson den psychologischen Roman begründet, begründet Fielding den realistischen Sittenroman. Allerdings müssen wir bis Jane Austen warten, bis beide Komponenten innerhalb desselben Werkes zur Geltung gebracht werden. Dann aber entwickelt der Roman eine Flexibilität der Perspektive und eine Mobilität des point of view, daß der Erzählstandpunkt zum poetologischen Angelpunkt der Romankunst wird.

Bevor nun Fielding sein Meisterwerk *Tom Jones* konzipiert, schreibt Richardson seine *Clarissa*. Darin vervollkommnet er seine Darstellungstechnik, indem er verschiedene Charaktere miteinander korrespondieren läßt. Auf diese Weise ergibt sich ein multi-perspektivisches Geflecht, durch das die Charaktere uns dreidimensional erscheinen. Ähnlich wie in *Pamela* ist die Konstellation auf der Beziehung zwischen einem bürgerlichen Mädchen, Clarissa, und dem aristokratischen Lebemann Lovelace aufgebaut. Aber anders als Pamela ist Clarissa kein Dienstmädchen, sondern eine selbstbewußte, schöne und intelligente Bürgerstochter. Lovelace ist der übliche charmante und etwas gewissenlose Aristokrat. Seine Bewerbung wird hingegen von der wohlhabenden Familie Clarissas abgewiesen, wobei die Gründe dafür in einer relativ komplizierten Konstellation von Erbschaftsrücksichten einer typischen upstart family liegen, die Clarissa dazu zwingen will, den bürgerlichen Solmes zu heiraten. Dieser ist nun ein ausgesprochener Widerling: Geldgierig und bar jeden sozialen Schliffs, ist er außerdem noch physisch abstoßend. Dem gegenüber erscheint der aristokratische Lovelace großzügig und gebildet, ein Mann mit Urteil und Geschmack. Zudem ist seine Werbung nicht durch ökonomische Interessen, sondern durch echte Bewunderung von Clarissas Schönheit und Persönlichkeit motiviert. Er repräsentiert deshalb für sie die Möglichkeit, den familiären Rücksichten zu entkommen und der unmittelbaren Bedrohung zu entgehen, den widerlichen Solmes heiraten zu müssen. Nach seiner Zurückweisung ist Lovelace allerdings von Klassenhaß beflügelt und entschlossen, sich an der Harlowe-Familie zu rächen. Diese Verachtung von Clarissas bürgerlichem Milieu vergiftet seine Liebe zu ihr. Er entführt sie und besteht darauf, daß sie sich ihm vor der Heirat hingibt. Clarissa ist nun völlig vereinsamt, da sie einerseits von Lovelace erpreßt wird, andererseits aber von ihrer Familie verstoßen ist. Damit wird sie zur heroischen Repräsentantin eines neuen Individualimus, in dem die Liebe als Raum seelischer und emotionaler Selbstverwirklichung verteidigt wird. Sie hat sich einerseits gegen den patriarchalischen Familienclan ihrer Herkunft zu wehren und andererseits gegen die zynische aristokratische Sexualmoral: Lovelaces Ehrgeiz konzentriert sich nämlich darauf, sie zu der Anerkennung seiner männlichen Attraktivität zu zwingen. Hierin macht er sich des Verbrechens schuldig, sie nicht in ihrer Unabhängigkeit und ihrem Eigenwert anzuerkennen, sondern sie als Mittel für die Gratifikation seines Stolzes und seines Prestigebedürfnisses zu benutzen. Da Lovelace auf der einen Seite auf Bekundungen Clarissas insistiert, daß sie ihn attraktiv findet, andererseits aber der bürgerliche Liebescode verlangt, daß die Frau ihre Gefühle erst nach dem Heiratsversprechen bekundet, landet ihre Beziehung in einer Sackgasse. Das treibt das Paar in einen Kampf um wechselseitige Anerkennung auf der Basis zweier gegensätzlicher Liebescodes. Lovelace verlangt nach einem Liebesbeweis, der das von allen äußerlichen Motivationen wie Familienloyalität und Ehewünschen getrennt und deshalb zu ihnen in Gegensatz gebracht worden ist. Entsprechend versucht er, obwohl durchaus zur Ehe bereit, sie durch immer neue Strategien zur vorehelichen Hingabe zu bewegen, bis er sie schließlich, durch ihren Widerstand zum Äußersten getrieben, mit Opiaten betäubt und vergewaltigt in der Hoffnung, sie damit wenigstens zu einer nachträglichen Anerkennung seiner Wirkung bewegen zu können. Dieser scheinbare Triumph ist zugleich seine größte Niederlage. Denn wie Hegel später konstatiert, ist eine erzwungene Anerkennung nichts wert. Clarissa hatte umgekehrt die ihr abgeforderte Anerkennung von seiner Anerkennung ihrer auf principle und virtue begründeten Autonomie abhängig gemacht. Diese Möglichkeit hat er sich mit der Vergewaltigung verscherzt. An sich war im traditionellen Ehrenkodex für die Frau vorgesehen, daß ein solches Vergehen nur durch die Heirat mit ihr bereinigt werden konnte. Zu ihr ist Lovelace auch bereit. Aber nun demonstriert Clarissa durch ihre Weigerung, ihren Vergewaltiger zu heiraten, was sie in den sozialen Abgrund und in den Tod führen wird, daß es ihr nicht um ständische, sondern um persönliche Anerkennung geht. So wie sie vorher die voreheliche Hingabe verweigert hatte, verweigert sie sich nun der ihr stürmisch angetragenen Ehe selbst, um in Treue zu ihren Prinzipien ihm die nachträgliche Anerkennung gerade vorzuenthalten und so ihre eigene Integrität zu bewahren. Von nun an wird es in der bürgerlichen Liebesgeschichte darum gehen, daß der Liebhaber lernt, sich an der Freiheit der Frau zu orientieren und sie als Person, als eigenständiges personales Weltverhältnis zu respektieren. Der Ehrenkodex, der es Clarissa verbietet, ihre Gefühle zu bekunden, zwingt sie auch dazu, sie vor sich selbst geheimzuhalten. Was Lovelace für Affektation hält, ist in Wirklichkeit schon der bürgerliche Charakter, den Freud analysiert. Clarissas Selbstthematisierung ist von einem Unterton unterdrückter Wünsche begleitet. Sie werden auf den Mann projiziert, an dem sie nun schaudernd wahrgenommen werden. Dadurch werden die Männer zu wahren Raubtieren stilisiert. Die Bilderwelt des Jagens durchzieht das ganze Buch. Hier zeigt sich die Tendenz zum Sadismus, und deshalb ist es nicht zufällig, daß Richardson de Sade entscheidend beeinflußt hat. Das Thema der verfolgten Jungfrau, der virtue in distress, ist eine typisch bürgerliche Zwangsidee. Der Liebesroman wird nun von einem pathologischen Paar beherrscht: auf der einen Seite der sadistische Finsterling, ausgestattet mit einem dämonischen Intellekt und vibrierend vor grauenerregender Animalität, der fasizinierende Schurke des Schauerromans und der Gothic hero der romantischen und viktorianischen Literatur; auf der anderen Seite die unschuldige, masochistische und asexuelle Frau. Ein Drittel von Richardsons Buch ist dem Sterben von Clarissa gewidmet. Sie wird sozusagen in ihrer eigenen Phantasie durch die Vergewaltigung getötet, und in vielen Träumen und Bildern stellt sie die Beziehung zwischen Liebe und Tod her. Ihr Verfall ist eine Art von psychosomatischem Selbstmord, bei dem Kenner die Symptome der Bulimie entdeckt haben wollen. Mit masochistischem Vergnügen gibt sich die Todgeweihte der Vorbereitung ihres eigenen Begräbnisses hin. Sie stilisiert es als die Begegnung mit ihrem himmlischen Bräutigam. Während sie einerseits auf ihrer Integrität, ihrer Ehre, ihrer Selbstachtung und Selbstbestimmung besteht, zeigt sie zugleich eine unbewußte Hingabewilligkeit und erotische Beunruhigung, die das Pathos ihres Leidens erhöht.

Nach Clarissas Tod wird Lovelace von einem ihrer Verwandten im Duell getötet, nicht ohne seine Schuld zu bereuen und nicht ohne Clarissas gesegneten Geist anzuflehen, auf ihn mit Mitleid und Vergebung herabzublicken. Dieser Schluß ist die Präfiguration der Errettung Faustens durch das Ewig-Weibliche, das ihn hinanzieht. Femininität erhält wie heute soteriologische Bedeutung. Das rückt *Clarissa* in mythologische Dimensionen. Die himmlische Tugend und die Idealisierung der Frau entsprechen der Dämonisierung des Mannes und seiner infernalischen Absichten. Beide werden zu Repräsentanten zweier Stände – der Aristokratie und des Bürgertums – und zwar aus bürgerlicher Sicht. Dabei kann sich die Frau in ihrer benachteiligten Position zur Sprecherin eines bürgerlichen Anspruchs auf Menschenwürde, Selbstachtung und freie Entfaltung ihrer Person machen. Die aristokratischen Männer bieten dabei die ambivalente Konstellation, in der sich die Attraktivität des sozialen Aufstiegs mit der Attraktivität der verbotenen Sexualität verbindet. Gesellschaftliche und Geschlechterrollenklischees werden hier miteinander vermittelt.

Die Konstellation von Fieldings *Tom Jones* ist das Spiegelbild von der in *Clarissa:* bietet *Clarissa* den Archetypus der womanly woman, bietet *Tom Jones* mit dem Titelhelden the manly man, konzentriert sich aber nicht auf die Heldin, sondern auf den Helden. Aber auch *Tom Jones* enthält eine Dreiecksgeschichte, in der der attraktive Tom Jones und der ekelhafte Blifil um die Heldin Sophia Western rivalisieren. Das Drama entfaltet sich aber nicht als Seelenkampf, sondern als breites gesellschaftliches Panorama. In keinem anderen Roman lernen wir die Gesellschaft des frühen 18. Jahrhunderts so gut kennen. Bei der Konstruktion des Plot kommt Fielding seine Erfahrung als Theaterautor zugute: Der Roman ist nach einer Drei-Akt-Struktur aufgebaut. Der erste Akt spielt auf dem Land, der zweite auf der Landstraße, und der dritte in der Stadt, so daß die beiden sozialen Sphären Land und Stadt mit den dazugehörigen Lebensstilen dargestellt werden. Das Bauprinzip des Romans ist die Kontrastierung und Parallelisierung von Figuren. Toms Familienoberhaupt Squire Allworthy – ein Portrait jenes Palladio-Liebhabers und Erbauers von Bath, Ralph Allen – repräsentiert den aufgeklärten Country-Whig; Squire Western, Sophias Vater, steht für den typischen Tory. Von den zwei Lehrern Toms repräsentiert der eine die christliche Orthodoxie und der andere die moralphilosophischen Systeme der Aufklärung. Toms Rivale Blifil ist der heuchlerische Tugendbold, der sich nach den Lehrern richtet, während Tom sich durch seine good nature leiten läßt. An ihr wird dann demonstriert, daß die sexuellen Übertretungen nicht im moralischen Zentrum der Beurteilung einer Person stehen dürfen: Der Held wird hier wiederholt schuldig, ohne daß dabei seine good nature tangiert wird. Aus Fieldings Sicht repräsentiert Tom Fielding selbst, und Richardson ist Blifil. Auch die beiden Romanciers sind Rivalen. Betont Richardson die Charaktere und die Psychologie, betont Fielding den plot und damit die Gesellschaft; geht es Richardson um feeling, geht es Fielding um judgement; geht es Richardson um die feminine Perspektive und damit um die Sphäre der Häuslichkeit, geht es Fielding um die Bühne der Gesellschaft und den Mann, der sich auf ihr zu bewähren hat; schränkt Richardson die Moral auf die Sexualmoral ein, zeigt Fielding, daß sexuelle Sünden nicht auf bösen Charakter schließen lassen. Beide Autoren stehen zueinander in einem Verhältnis der Selbstinklusion: Richardson kommt bei Fielding als heuchlerischer Tugendbold vor, und Fiedling taucht bei Richardson in der Gestalt des reformbedürftigen Libertins auf. Allerdings ist es Richardson und nicht Fielding, der das Muster der modernen Liebesgeschichte als master plot des Romans prägt. Sein Bauprinzip ist das Fadenkreuz aus zwei Differenzen: der Statusdifferenz zwischen aristokratischem Mann und bürgerlichem Mädchen und der Differenz von Verdrängung und Projektion. Die Geschichte besteht dann darin, daß der Verführer in einer éducation sentimentale seine Passion zu sublimieren lernt, bis er ein vertrauenswürdiges Eheangebot macht. Erst an dieser Stelle darf die Frau ihre Gefühle entdecken. Dadurch ergibt sich eine aristotelische Handlungsführung: Peripetie und Anagnorisis fallen zusammen. Auf eine Formel gebracht: wenn er sublimieren gelernt hat, darf sie entsublimieren. Das legt den Liebhaber der Romane auf eine Figur fest, deren erotische Bedenkenlosigkeit den nötigen Reformbedarf sicherstellt – und das ist die flamboyante Figur des erotisch hemmungslosen, großzügigen und attraktiven Aristokraten: Der wahre Liebhaber wird ein Adliger, ritterlich, großzügig, unbekümmert um das eigene Wohl, opferbereit im Dienste der Frauen und gewinnend in seinen Manieren. Dazu gehört die Nonchalance gegenüber dem Geld und gegenüber dem Dasein selbst. Wie man das Geld beim Spiel wegwirft, so wirft man das Leben im Duell weg. Im Vergleich mit ihm sind die bürgerlichen Liebhaber oft so prosaische Gestalten wie Charles Bovary. Und weil ihm das erotische Charisma im Zusammenhang mit der stärkeren Verengung der bürgerlichen Moral auf die Sexualmoral gerade im Zug seiner Ablehnung konzediert wird, kommt es zur umso festeren Verbindung zwischen der Figur des Aristokraten und des Liebhabers: denn allein der Reformbedarf im Gewande des dämonischen Charmes der Aristokratie sichert der Liebhaberin die bürgerliche Aufgabe der Sittenreform, die Tugend und Vergnügen verbindet und sich schließlich zur Seelenrettung des gefallenen Mannes durch die engelsgleiche Frau steigert.

Dieses Szenario korreliert mit einem Entwicklungsstand, in dem die Liebe auf die Freiheit der Liebeswahl umgestellt wird. Sie hat sich an der Überwindung der Standesgrenzen zu bewähren. Wie Richardsons Helden belegen, ist das zunächst mal ein Problem für den Mann: der Widerstand, den die Frau aus Tugendgründen gegen seine libertinistischen Absichten bis zum Eheversprechen leistet, zwingt ihn zur Anerkennung ihrer Freiheit. Damit wird Wechselseitigkeit der Liebe zum neuen Kriterium. Nur der kommt zum Zuge, der wiedergeliebt wird. Die Radikalisierung dieses Prinzips führt zu Paradoxien: zum Beispiel muß

Liebe gleichzeitig ausbrechen, damit man nicht weiß, wer angefangen hat; denn sonst könnte ja die Liebe des einen Grund für die Liebe des anderen sein, und dann wäre sie nicht mehr frei. Die Freiheit ist so radikal, daß selbst eigene Motive nicht mehr als Gründe für Liebe erkennbar sein dürfen. Sie darf nicht geplant werden und muß zufällig ausbrechen. Im Rückblick aber muß sie notwendig gewesen sein. Diese bei Hegel dann später auf den Begriff gebrachte Paradoxierung aus Zufall und Notwendigkeit löst die Liebe aus der Kausalität der Welt und gründet sie auf den Wirbel einer sich selbst erhaltenden Oszillation: Alles muß mit der Kommunikation des Gegenüber, aber auch mit der eigenen begründet werden können. Das schärft die Beobachtung, und kleinste Unterschiede nehmen eine gewaltige Bedeutung an. Die Bedeutung ist temporal. Sie bezieht sich auf das, was als nächstes geschieht: was man erwarten kann, hoffen darf, befürchten muß, glauben könnte, was in Aussicht gestellt ist, angedeutet und wieder dementiert wird. In der Liebe erhält alles eine Verweisung ins Temporale. Das begründet die Affinität der Liebe zum Narrativen. Liebe realisiert sich nur als Geschichte, die sie selbst generiert. Liebeskommunikation produziert weitere Liebeskommunikation, und jede von ihnen gewinnt ihre Bedeutung über ihren Zeitstellenwert: als Verzögerung, als Ermutigung, als Rückblick, als Antizipation, als Hoffnung, als Erwartung etc. Indem Liebe der Zuschreibung von Kommunikationen unlösbare Aufgaben stellt, produziert sie eine Bugwelle von Oszillationen, auf der sie dann selber surfen kann, um so laufend die Doppelung zwischen Engagement und Rückzug, Verzweiflung und Hoffnung zu reproduzieren: war der Wink mit dem Fächer schon eine Ermutigung oder eine nichtssagende Geste? Zeigt der ablehnende Brief Desinteresse oder bedeutet die Tatsache, daß sie überhaupt schreibt, daß sie an der Fortsetzung der Kommunikation interessiert ist? etc. In Abwandlung von La Rochefoucault gilt, daß niemand je geliebt hätte, wenn er nicht vorher von der Liebe gelesen hätte. Liebe realisiert sich nur als Liebesgeschichte und wird durch Literatur verbreitet. Sie wird jetzt überhaupt zum dominanten Thema der Literatur, und die Funktion der Literatur besteht vielleicht darin, die öffentliche Kommunikation über Intimität zu organisieren.

Nun ist die Wechselseitigkeit der Liebe als Initialzündung eine gigantische Herausforderung an unseren Sinn für Wahrscheinlichkeit. An sich ist es einfach unwahrscheinlich, daß er ausgerechnet die liebt, die ihn dann auch wiederliebt und vice versa. Aber hier sorgen dann die Konventionen des Werbungsverhaltens für realistische Startbedingungen. Erst macht er seine Offerten, dann darf sie reagieren, die Umkehrung verbietet die Konvention. Aber dafür, daß es dann doch unter Wechselseitigkeitsprämissen weitergeht, sorgt die Paradoxie: sie taucht jetzt in ihren Reaktionen wieder auf: ablehnen darf sie gleich, aber zustimmen darf sie nicht. Vielmehr muß sie ambivalent reagieren, indem sie ihn zugleich zurückweist und ermutigt. Diese Ambivalenz gab es auch schon in der aristokratischen Koketterie und hatte dort die Form der Kapriziösität und Launenhaftigkeit. Ihre Funktion war die gleiche wie hier: Freiheit zu demonstrieren, an der sich der Mann bewähren konnte. Sie war ein Testverfahren: wenn er trotz ihrer Kapriziösität und Widersprüchlichkeit bei der Stange blieb, hatte er Treue bewiesen und war vertrauenswürdig. Bei Richardson wird der Grund für diese Doppeldeutigkeit aber tiefergelegt: Die Ambivalenz wird psychologisiert. Die Verdrängung der Sexualität sorgt dafür, daß eine Frau nicht mehr wissen darf, was sie will. Nun entsteht das Unbewußte als ein Beobachtungsschema, mit dem man am anderen beobachtet, was diesem für die Selbstbeobachtung entzogen bleibt. Das ist gleichbedeutend mit der Trennung zwischen Kommunikation und Bewußtsein: von nun an wird es ebenso möglich sein, etwas mitzuteilen, was einem nicht bewußt ist, wie sich eines Gefühls bewußt zu sein, das man nicht mitteilen kann – etwa weil es zu tief für Worte ist. Das begründet die Beglaubigung emotionaler Kommunikation durch Erleben.

Schon früher bestand das entscheidende Paradox für die Liebe in der Stilisierung heftiger Liebesaktivität als Leiden: das heißt als Passion. Erst mittels Passion konnte man für die Aufrichtigkeit seiner Mitteilung Glaubwürdigkeit beanspruchen, weil man nicht zu handeln, sondern zu erleben vorgab. Die Funktion der Passion wird nun bei den Autoren der Empfindsamkeit durch Gefühl übernommen. Sensibilität wird als Passivität gedacht, als Beeindruckbarkeit und Feinfühligkeit. Empfindung nimmt von da aus einen Zug ins Leidende an. Liebe und Leiden verschmelzen zum Liebesleid. Diese Umbuchung von Handeln zum Erleben ist die zentrale Zuschreibungsparadoxie der Liebe. Sie macht es den Liebenden möglich, die Frage nach Aktion und Reaktion ewig unentschieden zu halten, die Liebe als Oszillation zu stilisieren und so der Liebe selbst den Betriebsstoff zuzuführen, von dem sie lebt.

Die Revolution des Gefühls ermöglicht auch die Geburt einer religiösen Bewegung, die zur kulturellen Integration und allmählichen Zivilisierung der Unterschichten und der in der zweiten Hälfte des Jahrhunderts entstehenden Arbeiterschaft beiträgt: gemeint ist der Methodismus. Seine Entstehung ist verbunden mit den Namen der Brüder John und Charles Wesley, dem 15. und 18. Kind des Pfarrers Samuel Wesley, der noch selbst Puritaner gewesen war. 1729 hatten sie am Christ Church College in Oxford, an dem Charles noch studierte, mit Gleichgesinnten eine Gruppe gegründet, deren Mitglieder ihren Tageslauf einer methodischen Planung nach christlichen Gesichtspunken unterwarf: Sie verrichteten Werke tätiger Nächstenliebe im Sinne heutiger Sozialarbeit, nahmen das Abendmahl ein, lasen die Bibel auf Griechisch und führten über all dies ein Tagebuch. Darauf wurden sie von ihren rationalistischen Kommilitonen mit dem Spottnamen "Methodisten" belegt. 1735 trafen sie dann einen Heroen der vom Mitleid getragenen frühen Reformbewegungen: James Oglethorpe. Er ist als Gründer des Staates Georgia in die Geschichte eingegangen, aber sein eigentliches Anliegen war die Gefängnisreform.

Der Strafvollzug war von der allgemein verbreiteten Brutalität gekennzeichnet: Hinrichtungen fanden öffentlich statt, es wurde noch gehenkt, geköpft, gevierteilt, und die Eingeweide der Gehenkten wurden herausgerissen und verbrannt. Das waren häufig Anlässe für jahrmarktartige Festveranstaltungen, und die populären Verbrecher wie der Ausbrecherkönig Jack Sheppard, Jonathan Wild, Rob Roy und Dick Turpin gingen in die Folklore und die Literatur ein: Jack Sheppard wurde auf dem Weg zum Galgen von Defoe nach seinen letzten Worten befragt, Wild hatte schon seine zahlreichen Panegyriker gefunden, und Rob Roy alias Robert MacGregor wurde von Scott unsterblich gemacht und Dick Turpin von William Harrison Ainsworth. Die Rechtssicherheit war in England zwar weiter fortgeschritten als auf dem Kontinent, und Foltern war als Mittel der Wahrheitsfindung verboten, aber die Strafen selbst waren zahlreich und barbarisch, wobei die Todesstrafe auf immer mehr Verbrechen ausgedehnt wurde: dazu gehörten Homosexualität, Ladendiebstahl, Verschicken eines Drohbriefes, Wilderei, Angriff auf einen Steuerbeamten, Abhakken eines Alleebaums etc. Leichtere Verbrechen wurden mit

Pranger, Auspeitschen und Gefängnis bestraft. Die Gefängnisse waren infernalische Höhlen, in denen die Insassen, wenn sie den Aufsehern keine finanziellen Zuwendungen zukommen lassen konnten, ins Eisen gelegt wurden, auf nassem Stroh schliefen, im eigenen Schmutz vegetierten und massenweise am jail fever, dem sogenannten Faulfieber, starben. Wie wir an Defoe gesehen haben, kam auch ein Schuldner ins Gefängnis, für den sein Gläubiger Unterhalt bezahlen mußte. Weigerte er sich, starb der Schuldner langsam an Unterernährung. Das Parlamentsmitglied James Oglethorpe hatte nun einen Freund, der ins Schuldgefängnis kam und dort an den Pocken starb. Daraufhin betrieb Oglethorpe die Einsetzung einer parlamentarischen Untersuchungskommission, die zwar einige grobe Mißstände milderte, aber die eigentliche Reform auf später verschob. Oglethorpe sah daraufhin die Lösung in der Auswanderung der Strafgefangenen und gründete 1733 die Kolonie Georgia, in die er einerseits Herrnhuter Brüder aus Deutschland einlud und andererseits Schwerverbrecher aus England deportieren ließ. Für sie und die Indianer warb er die Gebrüder Wesley als Missionare an. Charles wurde Oglethorpes Sekretär, John aber blieb bei den Indianern ebenso erfolglos wie bei den Verbrechern, weil er sich in seiner Mission immer noch an den Legalismus der anglikanischen Kirche hielt. Entnervt floh er nach London und begegnete dort dem Herrnhuter Peter Böhler, dessen Predigt in ihm ein Erweckungserlebnis und die Überzeugung auslöste, daß Gott sich allein durch das innere Licht und das persönliche Gefühl dem Herzen des Menschen offenbarte. Diese Überzeugung stärkte John durch eine Reise nach Herrnhut in Sachsen. Inzwischen hatte Charles ein ähnliches Erlebnis, und zusammen mit ihrem alten Freund aus den Tagen des Oxforder Methodisten-Clubs, George Whitefield, der sie nach Georgia begleitet hatte, begannen sie eine intensive Missionstätigkeit unter den Massen Englands, Schottlands und Amerikas. Sie predigten unter freiem Himmel und versammelten riesige Menschenmengen. Wie alle echten Evangelisten verstanden sie es, ihren Zuhörern das Erlebnis der unmittelbaren Begegnung mit Christus zu vermitteln. Sowohl Whitefield als auch John Wesley waren begnadete Redner. Häufig erlitten ihre Zuhörer hysterische Anfälle, zuckten unter eingebildeten Schmerzen, schrien nach dem Blut Jesu Christi, bekannten offen ihre Sünden und zeigten alle Anzeichen eines Massenwahns. John Wesley gründete jedesmal, wenn er in einer Stadt gepredigt hatte, eine kleine Gemeinde, die sich im Geiste des Methodismus versammelte, und ernannte einen Prediger, der die Botschaft John Wesleys verkündete. Auf diese Weise drang das neue Christentum des Gefühls in die Bereiche der Gesellschaft vor, die von den anglikanischen Gottesdiensten nicht erreicht wurden: zu den Armen und Arbeitern, in die Gefängnisse und Tavernen, in die Elendsviertel der Großstädte und in die Industriesiedlungen auf dem Lande. Die Wesleys schrieben gefühlvolle Hymnen, und John förderte den Kult der Sensibilität, indem er Henry Brookes sentimentalen Erziehungsroman *A Fool of Quality* mit Kommentaren versehen herausgab und zu einer Art methodistischer Bibel machte. In diesem Roman wurden alle Tugenden als Erscheinungsformen benevolenter Gefühle dargestellt. Nach außen hin blieben die Wesleys Anglikaner, aber als die Laienprediger anfingen, das Abendmahl auszuteilen, kam es doch zur Konkurrenz mit der anglikanischen Kirche, und mancher Methodist wurde zum Märtyrer unter den Fäusten lokaler Rowdies, die das verunsicherte Establishment auf sie hetzte. Unter solchen Bedingungen zog John Wesley über 40 Jahre durch England, getragen von seinem Sendungsbewußtsein und einer durch seine vegetarische Lebensweise gestählten Gesundheit. Für Gefühle brauchte man weniger Ausbildung als für das Verständnis von Ideen, und so eignete sich die Gefühlsreligion zur schnellen Verbreitung. Ihre Propagierung in großen Volksversammlungen und ihre gefühlvolle Dramatisierung durch die charismatischen Prediger nahmen gewissermaßen die Formen demokratischer Massenversammlungen vorweg, wie sie spätere Zeiten erleben sollten. Der Methodismus wurde so zur entscheidenden Kraft, die die Gefühlskultur der Mittelklassen auch in den Unterklassen verbreitete und damit die Massen schuf, die die späteren sozialen Reformbewegungen wie etwa die Anti-Sklavereikampagne von William Wilberforce trugen und wenige Generationen später die Leser stellten, die Dickens lasen. Insgesamt festigte der Methodismus den Glauben an die zivilisierende Kraft der Religion, beförderte den Kult des Gefühls und stärkte das britische Mißtrauen gegenüber abstrakten Entwürfen in der Politik, die sich nur an den Verstand richten. Er befestigte den sozialen Konsens und hinderte die Massen im Zeitalter der Industriellen und der Französischen Revolution daran, das politische System Englands zu sprengen.

Die traditionelle Gesellschaft

In der Mitte des 18. Jahrhunderts befinden wir uns am Vorabend der Industriellen Revolution. Auch sie ist englischen Ursprungs. Bevor wir uns den Entstehungsbedingungen zuwenden, wollen wir auf die Gesellschaft zurückblicken, die jetzt langsam hinter dem Horizont versinkt. Dabei kann man feststellen, wie stabil sie ist und wie sehr sie sich zwischen 1700 und 1760 verändert. Für diese Bilanz orientieren sich die Historiker an zwei berühmt gewordenen Steuerregistern, in denen die verschiedenen Ränge der Gesellschaft eingetragen und nach ihrer Zahl und ihrem Vermögen eingeschätzt wurden. Der Zweck dieser Einteilung war rein fiskalischer Natur. Das erste Register, *Natural and Political Observations Upon the State and Conditions of England*, wurde 1696 von einem gewissen Gregory King aufgestellt, das zweite 1759/60 von Joseph Massie. Anhand des Vergleichs beider Register läßt sich die langsame Veränderung der Gesellschaft, aber auch die relative Stabilität ihrer ständischen Struktur feststellen. Dabei folgen wir zunächst King und ziehen dann Massie zum Vergleich heran.

Auf der obersten Stufe der sozialen Hierarchie stehen die weltlichen Lords oder die Peers of the Realm. Diese Hocharistokratie ist ihrerseits in fünf Ränge eingeteilt: 1. Dukes, 2. Marquesses, 3. Earls, 4. Viscounts und 5. Barons. Die Herzöge werden mit “Your Grace” angeredet, alle anderen Peers mit “Lord” und dem Vornamen. Sie bilden zusammen mit den Mitgliedern der königlichen Familie, den Royal Dukes, eine Klasse für sich. Von ihnen stammen die imposanten Stadtpaläste von London, Grosvenor House, Norfolk House, Devonshire House, die inzwischen in Hotels oder Zentren von Industrie-Imperien verwandelt wurden. Bis heute gehören ihnen herrliche Landsitze mit immensen Kunstschätzen oder, wie dem Duke of Bedford oder dem Duke of Westminster, ganze Stadtteile von London. Heute wird jedem Premierminister bei seinem Rücktritt ein Earldom angeboten, während der Viscount vor allem für Industriekapitäne reserviert ist. Seit 1958 gibt es auch die sogenannten Life Barons, die den Titel nur für sich selbst, aber nicht für ihre Nachkommen erhalten. Der Zweck besteht inzwischen darin, die Mehrheitsverhältnisse des House of Lords durch neue Peers jederzeit ändern zu können, ohne die Kammer mit deren Nachkommen zu belasten. Dazu kamen nach der Vereinigung mit Schottland im Jahre 1707 noch ungefähr 40 schottische und irische Peers, die meistens in England residierten. Die Vermögen der Peers waren naturgemäß unterschiedlich, aber die reichsten von ihnen konnten sich ohne weiteres mit den Fürsten deutscher Kleinstaaten messen. An rechtlichen Privilegien hatten die Peers aber nur den Anspruch, im House of Lords sitzen zu dürfen, bei Gerichtsfällen von ihren eigenen Standesgenossen abgeurteilt zu werden, bei Hof den Hut aufbehalten zu dürfen, ein Wappen zu tragen und im Falle der Hinrichtung mit einer Seidenschnur gehenkt zu werden. Im übrigen mußten sie im Unterschied zu den kontinentalen Aristokraten Steuern zahlen. Dabei ist die sozialhistorische Bedeutung der Primogenitur im englischen Adelserbrecht von entscheidender Bedeutung: Nur die ältesten Söhne erbten Titel, Vermögen und Landgut, die jüngeren Söhne wurden Commoners und konnten ihren Status nur durch Heirat mit reichen bürgerlichen Erbinnen halten. Dies hatte äußerst segensreiche Folgen: Landgüter und Adelsvermögen blieben ungeteilt zusammen, zugleich öffnete sich die Aristokratie dem Zugang zumal kapitalistisch wirtschaftender bürgerlicher Schichten, paßte sich damit dem Wandel der Sozial- und Wirtschaftsentwicklung an, begann früh, selbst kapitalistisch zu wirtschaften und trug damit zur schnellen Entwicklung Englands in der frühen Moderne bei, was in letzter Konsequenz dazu führte, daß die englische Aristokratie im Gegensatz zu den sozial abgeschotteten Aristokraten Kontinentaleuropas bis heute als sozial einflußreiche Gruppe mit einem für sie charakteristischen Lebensstil und den dazugehörigen Verhaltensformen überlebt hat. Auf diese Weise hat die Aristokratie auch später entstehende Eliten aus den Bereichen der Hochfinanz, der Industrie, der Verwaltung, der Justiz, der Wissenschaft, der Künste und der neuen Medien an sich gezogen und durch ihren Lebensstil domestiziert. Allerdings muß für das frühe 18. Jahrhundert betont werden, daß die englische Aristokratie stärker als jemals vorher oder nachher eine Kaste für sich bildete.

Auf der nächsten Stufe kamen die geistlichen Herren, die zwei Erzbischöfe und 24 Bischöfe der Church of England. Ihre Einkünfte schwankten zwischen den 7.000 £, die der Erzbischof von Canterbury erhielt, bis zu den 450 £, die der Bischof von Bristol einnahm. Auf der nächste Stufe finden wir die Baronets, Knights, Esquires und Gentlemen. Esquire und Gentleman sind Titel, die allgemein üblich geworden sind und nicht eigens verliehen werden; Baronetcies und Knighthoods werden dagegen vom König als Titel verliehen. Ein Baronet-Titel ist erblich, ein Knighthood-Titel nicht. Sie alle zusammen bilden die Masse der Gentry, die aus Tausenden von Familien des Landadels besteht. Heute füllen ihre Namen 2.400 Seiten von *Burke's Landed Gentry*. Dabei muß man für die Zeit des frühen 18. Jahrhunderts die Landed Gentry, die ihre Einkommen aus dem Land beziehen, von den Mitgliedern der Pseudo-Gentry unterscheiden, die keine Güter besaßen, sondern aufgrund von guter Erziehung, Manieren, Wohlstand und Gelehrsamkeit sich von dem gemeinen Volk unterschieden. Die Einkommen variierten naturgemäß stark, und es gab Gentlemen mit sehr großen Gütern und Baronets mit sehr kleinen. Man unterschied Upper Gentry, Middle Gentry und Lesser Gentry, und sie selbst unterschieden sich durch ihren Lebensstil. Die großen Landbesitzer verbrachten ihre Wintersaison in London und die Sommersaison in Bath. Sie ließen ihren Söhnen zunächst eine private Erziehung zu Hause angedeihen und schickten sie dann nach Oxford oder Cambridge. In der ersten Hälfte des 18. Jahrhunderts kam dann als Abschluß der Erziehung die sogenannte "Grand Tour" auf dem Kontinent in Mode. Die jüngeren Söhne wurden versorgt, indem man ihnen eine Kommission in der Armee oder eine Lehrstelle in einem respektablen Beruf verschaffte. Beide – Lehrstelle und Kommission – mußten bezahlt werden. Die Töchter wurden dagegen mit attraktiven Mitgiften auf den Heiratsmarkt gebracht. Da es für ein Mädchen von Stand eine Schande war, unverheiratet zu bleiben, kamen alle Töchter der Gentry auf den Markt. Der aber hatte sich durch die Konkurrenz des Bürgertums verschärft. Anders als ihre Brüder konnten die Mädchen sozial nicht nach unten heiraten, wohl aber die Bürgerstöchter nach oben. Es gab also einen Mädchen-Stau, ein Überangebot an Töchtern, mit dem die Nachfrage nicht Schritt hielt. Das erhöhte naturgemäß die Mitgift, die ein Bräutigam erwarten durfte. Zugleich erhöhte es die finanzielle Sorge, die einen Vater bei der Geburt eines Mädchens überfallen und, wenn es das vierte oder fünfte Mädchen war, seine Freude über die Ankunft einer Tochter merklich dämpfen konnte, weil er dann proportional weniger bieten konnte. Außerdem mußten Nachteile der Töchter wie physische, geistige oder charakterliche Defekte durch höhere Mitgiften ausgeglichen werden. Das alles führte zu einer Mitgiftjägerei, die Francis Osborne in seinem *Advice to a Son* folgendermaßen zusammenfaßte: "Wie die Fruchtbarkeit des folgenden Jahres am Wasserstand des Nil abgelesen wird, so läßt sich an der Höhe der Mitgift einer Frau ein Großteil des zukünftigen ehelichen Glücks erraten."

Die Angehörigen der Middle Gentry gingen in der Regel nicht nach London oder Bath, schickten aber doch meistens ihre Söhne auf eine Universität. Die Grand Tour allerdings war selten. Hier war der Konkurrenzkampf auf dem Heiratsmarkt am schärfsten. Ein Kriterium für die Abgrenzung nach unten und oben war die Zahl der Diener, von denen man etwa sieben zu halten hatte. Die Angehörigen der Lesser Gentry beschäftigten bestenfalls fünf Diener, bewirtschafteten ihre Güter selbst und stellten den Großteil jener bäurisch-groben Country Gentlemen, die in der Literatur immer wieder karikiert werden. Neben der Landed Gentry gab es in der Pseudo-Gentry eine wachsende Zahl von Rentiers, die als relativ reiche Leute in London oder den Provinzstädten von ihren Investitionen lebten. Zum Kriterium dafür, was als Gentleman galt, wurde mehr und mehr der Lebensstil. Von Defoe werden z.B. auch die "men of letters such as clergies, lawyers and physicians" zur Gentry gerechnet. Man sprach von gentleman farmers, gentleman clergies, und die Juristen schlossen sich in einer "Society of gentleman practices in the courts of law and equity" zusammen. In Lillos Stück *The London Merchant*, dem ersten bürgerlichen Trauerspiel, ist sogar von gentleman salesmen die Rede. Das alles sind Indizien dafür, daß die Gentlemen sich als eine besondere Klasse im englischen Sozialsystem etablieren.

Unterhalb der Gentlemen führt King die Personengruppe an, die wir heute mit "Beamte" bezeichnen würden und die er "civil officers" nennt. Er schätzt sie auf 10.000, während Massie 1760 ihre Zahl auf ca. 16.000 veranschlagt Die Zunahme ist auf die langsame Ausdehnung bestimmter staatlicher Aktivitäten wie Zoll, Post etc. zu erklären. Wie heute variieren die Gehälter enorm und reichen von 40 £ bis zu 1.500 £. Allerdings besserten die meisten Beamten ihre Bezüge durch Bestechungsgelder auf. Obwohl King die Kaufleute im Rang unterhalb der Officers aufführt, war deren Einkommen naturgemäß sehr viel größer. Vor allen Dingen in London gab es unvorstellbar reiche Kaufleute. So wurde das Vermögen von Sir Theodore Janson auf 300.000 £ geschätzt. Und das Geld, das Sir Peter Delmé in die Bank von England und die East India and South Sea Company investierte, betrug über 400.000 £. Die reicheren Kaufleute hatten ein Stadthaus und ein Landhaus, in das sie sich während des Wochenendes zurückzogen. Für Industrielle hat King noch keine Kategorie, aber bei Massie tauchen sie 1760 unter der Rubrik "Master Manufacturers" auf. Allerdings wurden Industrieunternehmen auf bescheidener Basis betrieben, wobei die häusliche Werkstatt in der Regel die Produktionseinheit bildete. Deshalb mußten Industrielle sich noch mit einem relativ bescheidenem Einkommen begnügen, das Massie im Durchschnitt auf 200 £ im Jahr schätzt. Der Bergbau als die einzige Schwerindustrie taucht in dieser Kategorie nicht auf, weil er in der Hand von Großgrundbesitzern war und als ein Zweig des Ackerbaus betrieben wurde. Diejenigen Landbesitzer, auf deren Gütern Kohle gefunden wurde, waren bereits um die Jahrhundertmitte zu großem Reichtum gekommen. So wurde das Vermögen von George Ball, einem Parlamentsmitglied von 1727 bis 1760, auf 600.000 £ geschätzt. Das Einkommen des durchschnittlichen Industriellen reichte keineswegs an das der Merchant Princes heran.

Eine zahlenmäßig große Kategorie, die sowohl von King als auch von Massie aufgeführt wird, umfaßt die sogenannten "Lesser Merchants". Damit sind die Mittelsmänner zwischen Produktion und Konsum gemeint. Ihre Zahl wird auf 10.000 geschätzt. Auf die gleiche Zahl kommt King bei den Juristen. Die Differenzierung zwischen Barristers, die vor Gericht plädieren dürfen, und den Solicitors als Rechtsberatern war bereits etabliert, wobei die Barristers sehr viel mehr verdienten. Viele Juristen fungierten obendrein als juristische Berater bei Gutsverwaltungen. Der Status der Pfarrer steigt während unserer Zeit. King stuft sie am Anfang des Jahrhunderts noch unter die Juristen ein, zur Jahrhundertmitte aber ist es bereits üblich, daß die Väter aus der Aristokratie und der Gentry die gutseigenen Pfarreien – die sogenannten "livings" – mit ihren jüngeren Söhnen besetzen. Naturgemäß bildet der Klerus eine eigene Hierarchie, die von den obskuren Landpfarreien über die Chapters und Deans bis zum Bischof hinaufreicht. Der Wohlstand der Prediger und Pfarrer in den puritanischen Gemeinden hing vom Reichtum der Gemeinde selbst ab. Unterhalb des Klerus folgten die Landbesitzer, die keinen Anspruch auf den Status des Gentleman machten. Die reicheren von ihnen wurden auch "Yeomen" genannt. Die übrigen Bauern hießen "Freeholder" und "Farmer": Freeholder besaßen ihr Land, Farmer waren Pächter. Viele Freeholder aber pachteten Land dazu und waren also beides.

Die nächste Gruppe umfaßt "persons in liberal arts and sciences". Hiermit ist ein weites Spektrum vom Universitätsprofessor in Oxford und Cambridge bis zum Charity Schoolmaster gemeint. In diese Kategorie gehören Künstler, Musiker, Journalisten, Schriftsteller und selbst Ärzte. Die Tatsache, daß sogar Gentlemen sich als Amateure mit diesen Beschäftigungen abgaben, erhöht noch die Heterogenität dieser Gruppe. Anders als heute stand die Zunft der Mediziner unterhalb der der Juristen. Die Graduierten aus Oxbridge und vom Trinity College in Dublin galten als eigentliche Ärzte, über deren Qualifikation das Royal College wachte. Die Bader und Apotheker dagegen wurden dem niederen Gesindel von Kurpfuschern zugerechnet. Verglichen mit den schottischen und holländischen Ärzten war die Ausbildung der englischen Mediziner relativ schlecht. Die Kategorie, bei der die Schätzungen von King und Massie am stärksten auseinandergehen, betrifft die Shopkeepers und Tradesmen. King schätzt sie auf 50.000, Massie dagegen auf über 160.000. Darin spiegelt sich wahrscheinlich die wichtigste soziale Entwicklung in diesem Zeitraum.

Bereits die Zeitgenossen machten einen Unterschied zwischen den sogenannten "professions" und dem, was man "trade" nannte. Unter die professions zählt man das Amt des Pfarrers, des Juristen, des Mediziners und des Offiziers. Es gab 4.000 höhere Offiziere in der Armee und 5.000 in der Marine. Viele von ihnen waren Gentlemen. Sie erhielten ein Gehalt von ca. 70 bis 90 £ pro Jahr in der Marine und etwas weniger in der Armee. Im großen und ganzen hatten die sogenannten "professions" in der ersten Hälfte des 18. Jahrhunderts ein ausgesprochen schlechtes Image. Priester wurden als Kasuisten dargestellt, Juristen als Pedanten und Mediziner als todbringende Quacksalber. (Nur die Soldaten wurden von solchen karikaturhaften Darstellungen ausgenommen). Der Aufstieg des Bürgertums dokumentiert sich auch darin, daß sich dies nun zu ändern beginnt: Gegen Ende des 18. Jahrhunderts hatten die besseren Berufe die Aura von Respektabilität angenommen, die sie während der gesamten viktorianischen Zeit behalten sollten. Dies wurde durch eine Regulierung der Ausbildung und die zugehörige Entwicklung einer Berufs- und Standesethik gesichert.

Der Unterschied zwischen shopkeepers und tradesmen einerseits und Handwerkern, artisans und craftsmen andererseits markiert den Übergang zwischen der middle class und der lower class. Die zahlreichen Schmiede, Schuhmacher, Tischler, Dreher, Hutmacher, Glaser, Töpfer etc. stellten ihre Artikel in eigenen kleinen Werkstätten her, in denen sie Lehrlinge und Gesellen beschäftigten. Man könnte sagen, daß die Meister zur middle class gehörten und die Lehrlinge und Gesellen zur lower class, aber diese stiegen ja häufig selbst zu Meistern auf. Auf jeden Fall kann man vor 1760 von einer Industriearbeiterschaft nicht reden. Dagegen war die Anzahl der handwerklichen Berufe im Vergleich zu heute geradezu astronomisch, und 1747 zählte der *London Tradesman* vom Ankerschmied bis zum Wollweber 350 von ihnen auf. Die Löhne der Gesellen und Lehrlinge waren festgelegt, die Meister verdienten naturgemäß so viel sie konnten. Auf der nächsten Ebene sehen wir die sailors, zu denen auch die Fischer, Flußschiffer, Fährleute etc. gerechnet wurden. King schätzt ihre Zahl auf 55.000 Seelen. Darunter kam die riesige Armee der Arbeiter, die man am besten als Knechte bezeichnet. King schätzt sie auf über 364.000 Menschen, wobei er zwischen country- und town labourers unterscheidet. Viele der country labourers auf den Farmen waren auch in den Hausindustrien wie Spinnen und Weben beschäftigt. In der Stadt gab es vor allen Dingen Beschäftigungen für ungelernte Arbeiter als Fuhrknechte, Kohlenschlepper, Lastenträger etc., während Frauen Tätigkeiten als Milchverkäuferin, Fischhändlerin etc. fanden. Diese Labourer verdienten ein bis fünf Schilling pro Tag, wobei in London noch eine Unmenge von shop assistants hinzukam.

Die zahlenmäßig größte Kategorie findet sich im Bereich des domestic service, des Dienstes im Haus. Der Anteil der Dienstboten an der Gesamtbevölkerung betrug 20 %. Auch die Dienerschaft war hierarchisch gegliedert und verlief von den Sekretären, Kammerdienern, Butlern, Köchen, Bäckern und Gärtnern bis hinunter zu den Pferdeknechten. Danach kamen die Diener, die noch in der Öffentlichkeit eine Livree ihres Herren tragen mußten. Von diesen waren die höchsten die Kutscher und die niedrigsten die Pagen. Die Hierarchisierung galt natürlich ebenso für das weibliche Dienstpersonal von der persönlichen Zofe bis hinunter zur Küchenmagd. Entsprechend variierten die Löhne, wobei nicht alles in Geld ausbezahlt wurde, da Verpflegung, Unterkunft und häufiger auch die Kleidung gestellt wurden. Die nächstgroße Kategorie auf Kings Liste bildeten die cottagers und paupers, also die Häusler und die Armen. Dazu zählten auch die Alten, Kranken und die Verrückten, die Arbeitslosen in den landwirtschaftlichen Distrikten und häufig genug auch die einfachen Soldaten, die von der Regierung den Gemeinden aufgehalst wurden und höchst unwillkommene Gäste bei den Kneipenbesitzern waren, die sie aufnehmen mußten. King schätzt diese Kategorie auf 400.000.

Auf der untersten Stufe der Gesellschaft finden wir die rogues und vagabonds. Als rogues wurden die Trunkenbolde, Arbeitsscheue und Bettler bezeichnet, die ihre Familien verließen. Vagabunden waren die professionellen Spieler, die Wahrsager, Schauspieler, die wandernden Fechtmeister und fliegenden Händler. Die Zahl der professionellen Verbrecher war trotz Jonathan Wild einigermaßen gering; die Anzahl der nebenberuflichen Diebe und Räuber nahm allerdings zu.

Im Zeitraum zwischen 1700 und 1760 wuchs die Einwohnerzahl Großbritanniens von ca. 5 1/2 Millionen um 1 Million auf 6 1/2 Millionen. Erst 1760 biegt sich die demographische Kurve plötzlich nach oben, so daß bei der Volkszählung von 1801 neun Millionen Briten registriert wurden. Immer noch lebten 3/4 der Bevölkerung auf dem Lande. Außerhalb Londons gab es nur sieben Städte mit einer Einwohnerzahl von mehr als 10.000: das waren Colchester, Exeter, Newcastle, Yarmouth, York, Bristol und Norwich. Die größte von ihnen, Norwich, hatte nur 30.000 Einwohner. In London dagegen lebte eine größere Bevölkerungszahl als in den nächstgroßen 80 englischen Städten zusammengenommen. Zwischen 1700 und 1750 wuchs London von 600.000 auf 700.000 Einwohner. Die Hauptstadt bot eine Bühne für die nationale Kommunikation und wurde ein ausschlaggebender Faktor in der Entwicklung der Kultur. Hier trafen sich die Spitzen aller gesellschaftlichen Subsysteme, hier residierte der Hof und hier tagten die beiden Kammern des Parlaments. London wurde der erste Finanz- und Handelsplatz der Welt, und hier konzentrierten sich die großen Vermögen. 1760 stand diese Metropole im Begriff, zum Zentrum eines weltweiten Imperiums zu werden. Der Hafen wurde zum Umschlagplatz für die Wiederausfuhr der Importe aus den Kolonien zum Kontinent. Bis 1750 war die London Bridge in der Nähe des Tower die einzige Verbindung zwischen den beiden Ufern, dann wurde die Westminster Bridge als zweite Brücke fertig. Um diese Zeit hat Canaletto die Themse gemalt, und wir sehen sie auf pittoreske Weise bedeckt mit Überseeschiffen, Fischerbooten, Kriegsschiffen, kleinen Fähren und eleganten Vergnügungsbooten. Nach dem großen Brand von 1666 wurden die Straßen mit Kopfsteinen gepflastert. 1736 wurde eine Straßenbeleuchtung aus Öllampen eingeführt. Hausnummern gab es bereits seit 1708. Die öffentliche Sauberkeit wurde dadurch gebessert, daß jeder Haushalt verpflichtet war, die Straße vor seiner Tür zu kehren. Ein Abwassersystem gab es nicht, statt dessen besaß jedes Haus im Hof oder Garten seine eigene Sickergrube. Dafür hatten die meisten Häuser bereits fließendes Wasser. Trotz all dieser Verbesserungen wurden die Straßen des nachts von Verbrecherbanden unsicher gemacht, die ihre Hauptquartiere in den Elendsvierteln hatten. Im West End dagegen gab es die Vergnügungsorte Vauxhall und Ranelagh, die königlichen Parkanlagen, die Adelspaläste, die Oper, die Theater und die Coffee Houses.

Was die soziale Mobilität betrifft, war sie wohl in den middle classes am weitesten fortgeschritten. Hier breitete sich mit dem Wohlstand auch die Muße aus, die die Voraussetzung für die Lesekultur darstellt. Zwischen 1714 und 1760 war die Leserschaft für literarische Produkte größer als zu irgendeinem Zeitpunkt zuvor. Wenn Pope und Swift noch für ein exklusives Lesepublikum geschrieben haben, produzierten Fielding und Richardson ihre Romane bereits für einen Massenmarkt, auf dem ihre Bücher zwei bis fünf Schillinge kosteten. Das konnte sich auch ein Handwerker leisten. Die Liebesromane hatten ihre Wirkung, denn 1753 mußte ein Gesetz erlassen werden, wonach Personen unter 21 Jahren ohne die Zustimmung ihrer Eltern nicht heiraten durften: das zeigt, daß sie sich der Familienpolitik nicht mehr ohne weiteres beugten. Als daraufhin die rebellischen Liebespaare nach Schottland flohen, mußte 1754 ein neues Gesetz erlassen werden, wonach keine Eheschließung in England gültig war, die nicht von einem anglikanischen Priester in einer Gemeindekirche nach einem öffentlichen Aufgebot von drei Wochen vollzogen worden war. Gleichzeitig blühte die Prostitution. In London wurde die Zahl der Huren auf über 50.000 geschätzt. Zwar waren die Strafen ausgesprochen streng, wurden aber selten angewandt, weil die Gesetzeshüter selbst zu den Kunden der Prostituierten gehörten.

Die Inkubationszeit der Industriellen Revolution ist gekennzeichnet von der Akkumulation großer Vermögen im Außenhandel, spürbaren Verbesserungen in der Landwirtschaft und einer Reihe von technischen und organisatorischen Erfindungen. 1730 führte Charles Townshend die Fruchtwechselwirtschaft ein. Damit konnte die Drei-Felder-Wirtschaft mit dem System der Brache abgeschafft und die bebaute Fläche Englands mit einem Schlag um ein Drittel erweitert werden. Um dieselbe Zeit konstruierte der Rechtsanwalt Joshua Trull eine Sämaschine, die die gleichmäßige Verteilung des Saatguts sicherstellte und damit die Auflockerung, Bewässerung und Säuberung zwischen den Furchen erlaubte. Dieser Neuerung fügte Trull noch die Erfindung eines verbesserten Pfluges hinzu. Landbesitzer, die solche Verbesserungen einführten, wurden durch die Steigerung des Bodenpreises bis um das Zehnfache erfreut. Um die gleiche Zeit begann die Kohleförderung sich zu lohnen. Der Bedarf an Brennmaterial und der Schiffsbau hatten in England zur Abholzung der Wälder geführt, so daß man Holz importieren mußte. Dies wurde aber so teuer, daß man statt dessen auf die heimische Kohle zurückgriff. Zugleich konnte man damit höhere Temperaturen erzeugen, die man für die Umschmelzung von Roheisen in schmiedbares Eisen brauchte. 1709 entwickelte Abraham Darby ein Verfahren, Eisen mit Hilfe von Koks billiger umzuschmelzen, 1728 wurde das erste Walzwerk gegründet, und 1740 konnte Benjamin Hundsman so hohe Temperaturen erzielen, daß Eisen zu hochwertigem Stahl verarbeitet werden konnte. Das wiederum war die Voraussetzung für die Herstellung leistungsfähiger Maschinen. Die Webmaschine und Spinnmaschine waren in der Textilindustrie bereits in Gebrauch. Damit entstand das Problem, woher man die Energie für die vielen Maschinen bekommen konnte. Bis dahin war der einzige Ersatz für die tierische oder die menschliche Energie die Wasserkraft, die aber an den Lauf der Flüsse gebunden war. Deshalb sollte die Erfindung der Dampfmaschine zum Auslöser der Industriellen Revolution werden. Als es soweit war, entstand das Fabriksystem als Konzentration von Energie, Maschinen und Arbeitern, die ihre Produkte für die unstillbare

Nachfrage eines weltweiten Markts herstellten. Aber das erfolgte erst in der zweiten Hälfte des 18. Jahrhunderts.

Die kommerzielle Expansion erfaßte in der ersten Hälfte des 18. Jahrhunderts auch Schottland. Erst die Vereinigung beider Parlamente 1707 zog die schottische Gesellschaft in den Bannkreis der englischen Zivilisation. Anders als Irland wurde es nicht militärisch erobert, und deshalb blieb der Landbesitz auch in den Händen der Schotten selbst. Diese waren in den Lowlands selbst angelsächsisch geprägt, während die Highland Clans an den keltischen Bräuchen und der gälischen Sprache festhielten. Beide vereinte aber das presbyterianische Bekenntnis, auch der gemeinsame Protestantismus erleichterte die kulturelle Verschmelzung mit England. Nachdem die Zollschranken gefallen waren, blühten zumal in Glasgow und Edinburgh Handel und Industrie so sehr auf, daß Edinburgh nach Bristol und Norwich die viertgrößte Stadt in Großbritannien wurde. Zugleich vertiefte sich durch diese Entwicklung der Unterschied zwischen Lowlands und Highlands. An dieser Differenz zeigte sich kraß die Gleichzeitigkeit von Ungleichzeitigkeiten in der Entwicklung zur Moderne. Es ist nicht zufällig, daß zwei Generationen später Sir Walter Scott an diesem Thema die Gattung des historischen Romans entwickelt, wobei das letzte Aufbäumen des schottischen Clan-Feudalismus der historischen Literatur des 19. Jahrhunderts eine ihrer am häufigsten bearbeiteten Episoden zuspielt: Es ist der Aufstand von Bonnie Prince Charlie von 1745.

Im Unterschied zu seinem Vater James III., dem Old Pretender, wurde Charles Edward Stuart der Young Pretender genannt. Er war eine romantische Figur und glänzte durch Eigenschaften, die vor allen Dingen die Frauen begeisterten: er war ein ausgezeichneter Musiker, vorzüglicher Tänzer und ein tapferer Soldat. Als England sich am österreichischen Erbfolgekrieg beteiligte, gründeten die Stuart-Anhänger 1739 die sogenannte "Association", die einen Aufstand vorbereiten sollte. Wie immer wurde Frankreich um Unterstützung gebeten, wie immer wurde diese Unterstützung auch gewährt, und wie immer wurde das französische Geschwader von englischen Winden zerstreut. Daraufhin faßte der Young Pretender den Entschluß, sich allein und ohne Hilfe nach Schottland zu begeben, wo er die Clanführer zur Hilfe aufforderte. Die meisten hielten sich zurück, und von den 2.000 Mann, die er um sich sammelte, stammten über die Hälfte von den Clans der MacDonalds und der Camerons. Doch das Glück war ihm günstig: Bezaubert von seinem Highlandkostüm und aufgepeitscht durch den Klang der Dudelsäcke hieß ihn die Bevölkerung von Edinburgh willkommen. Nach einem Sieg über ein kleines englisches Heer fiel Charles in England ein, nahm Carlisle und Manchester und erließ Proklamationen, in denen er Religionsfreiheit verkündete. Dann aber kam es, wie es kommen mußte: Der erwartete Aufstand der Stuart-Anhänger in England blieb aus, die Schotten sahen sich zur Umkehr gezwungen, schlugen mit Mühe noch ein englisches Heer und wurden dabei selbst stark geschwächt. Die Clanführer zerstritten sich, der Hauptteil der englischen Streitkräfte marschierte erst jetzt unter dem Herzog von Cumberland in Schottland ein und stellte in der Nähe von Inverness auf dem Culloden Moor Prince Charles mit seinen 7.000 schlecht ernährten und schlecht bewaffneten Soldaten. Am 16. April 1746 wurden die letzten Hoffnungen, einen schottischen Stuartkönig auf den englischen Thron zu setzen, durch die Artillerie von Cumberland zerfetzt. Charles schlug sich mit besessener Tapferkeit, erntete aber nichts anderes als seinen Nachruhm. Wie sein Vorfahre Charles II. floh er von Versteck zu Versteck und erreichte schließlich den Kontinent, von dem er mit so vielen Hoffnungen aufgebrochen war. Danach opferte er sein glänzendes Aussehen der Enttäuschung und der Trunksucht und überließ die Erinnerung an seinen romantischen Aufstand den Sängern der Highlands und den Nostalgikern, von denen Sir Walter Scott sie aufnahm, um die Geschichte der vom Fortschritt Besiegten zu schreiben.

Memoria

Mit der traditionellen Gesellschaft versinkt auch eine Form der Erinnerung, an die wir uns heute durch kulturgeschichtliche Anamnese erinnern müssen. Sie ist über die Rhetorik mit Kunst verschwistert, die nur als "imitatio" aufgefaßt wird. Durch Imitation doppelt Kunst die Welt und schafft eine zweite, künstliche Welt. Die Überbrückung der Differenz zwischen beiden erfolgt durch Wiedererkennen der natürlichen Welt in der künstlichen. So hält man durch Erinnern Identisches fest, und dieses Identische ist die Form. In der klassischen Vorstellung war Form Wiedererkennbarkeit und wurde deshalb als Wesen der Dinge gefaßt. Um Wiedererkennbarkeit zu provozieren, mußte Form auffallen. Auffälligkeit war also eine Voraussetzung für Erinnerung. Sie betonte die Doppelung vom Gleichen im Verschiedenen, um zum Staunen zu provozieren: eine Rose war eine Rose, ob am Strauch oder auf der Leinwand, und auch eine Pfeife war damals eine Pfeife, sonst wäre die moderne Leugnung dieses Sachverhalts nicht möglich gewesen.

Die mittelalterliche Gedächtnis-Kunst stand unter der Herrschaft des Symbolischen. Das Symbol macht Unzugängliches zugänglich und Unvertrautes vertraut und stand deshalb im Dienst der Religion. Mit der Emanzipation der Kunst von der Religion expandiert der Bereich des Dargestellten ins Innerweltliche, und das Regiment des Symbolischen wird abgelöst durch die Herrschaft der Zeichen. Von Derrida haben wir gelernt, daß das Zeichen Abwesendes aktualisiert. Da die Zeichen arbiträr sind, muß die Erinnerung, die sich ihrer bedient, die mangelnde Ähnlichkeit zwischen Zeichen und Bezeichnetem durch die ars memoriae überbrücken. Für diese Kunst gibt es verschiedene Gründungslegenden.

In der ersten erzählt Sokrates im *Phaedrus*, wie Theut dem König von Ägypten, Thamos, stolz berichtet, daß er gerade die Schrift erfunden habe. Zu seiner Ernüchterung ist Thamos alles andere als begeistert. Er weist darauf hin, daß, wenn die Ägypter sich von nun an auf äußere Zeichen verlassen würden, die nicht mehr Teil von ihnen seien, ihr Gedächtnis zerstört würde, das in ihnen sei. An diese Geschichte knüpft sich die Entstehung zweier

Unterscheidungen: das eine ist die Differenzierung zwischen einer monumentalen, gepflegten offiziellen Kultur der Schriftlichkeit und einer Alltagskultur mündlicher Überlieferung; das andere ist die platonische Zweiteilung in eine offizielle Schriftkultur und eine untergründige Tradition eines nur von Eingeweihten bewahrten Geheimnisses der Memoriakultur, die sich im hermetischen Geheimwissen niederschlägt.

Die zweite Gründungslegende zeigt, was unter "ars memoriae" zu verstehen ist: Der thessalische Adlige Scopas gab ein Fest, auf dem der Sänger Simonides ein Preisgedicht auf den Gastgeber darbot. Als Simonides aber die Hälfte seines Gedichts darauf verwandte, nicht den Gastgeber, sondern Castor und Pollux zu preisen, wollte Scopas nur die Hälfte dafür bezahlen. Während des Banketts erhielt Simonides die Botschaft, zwei junge Männer stünden vor der Tür, die ihn sprechen wollten. Er ging hinaus, und im gleichen Moment stürzte das Dach der Festhalle ein und begrub alle Feiernden unter sich. Als die Familien ihre Angehörigen aus den Trümmern gruben, waren diese so verstümmelt, daß sie nicht mehr identifiziert werden konnten. Doch Simonides hatte sich den Platz gemerkt, an dem jeder Gast gesessen hatte, und konnte auf diese Weise jeden entstellten Toten identifizieren. So hatten Castor und Pollux dem Simonides als Bezahlung für sein Preislied nicht nur das Leben gerettet, sondern auch die Gelegenheit gegeben, die Kunst des Erinnerns zu erfinden. Sie wird in den mittelalterlichen Schulen gelehrt und durch Handbücher verbreitet. Ihre Grundlage besteht in dem, was in der Simonides-Geschichte deutlich wird: man prägt sich eine Serie von Örtern (loci) ein. Am besten geht das anhand eines Hauses mit Gängen und Säulenreihen. Dann plaziert man an bestimmte Örter Bilder (imagines) der Dinge, an die man sich erinnern will. Und dann wandert man im Geiste durch das Gebäude. Die dominierende Metapher für das Gedächtnis wird das Schatzhaus, der Thesaurus. Die Verräumlichung führt zur Doppelung in Dinge und Orte: An Dinge kann man sich besser erinnern als an Worte, weil das Sehen näher am Gedächtnis wohnt als das Hören. Also muß man Worte durch Bilder von Dingen ersetzen, die die Phantasie anregen. Das Lehrbuch *Ad Herennium* gibt ein Beispiel dafür, wie man das macht. Der Schüler soll sich vorstellen, er habe vor Gericht einen Mann zu vertreten, der angeklagt sei, einen anderen wegen seines Erbes vergiftet zu haben. Das Gedächtnissystem für diesen Fall sieht folgendermaßen aus: der Vergiftete liegt im Bett, auf der Bettkante sitzt der Angeklagte, in der rechten Hand einen Becher, in der linken Hand eine Schreibtafel, und am vierten Finger der linken Hand hält er die Hoden eines Schafbocks. Der Becher würde den Schüler an die Vergiftung erinnern, die Schreibtafel an das Testament und die Erbschaft, und die Hoden über die Wortähnlichkeit von "testiculi" (Hoden) mit "testes" (Zeuge) an den Zeugen. Die Szene kommt uns bekannt vor. Das Stück im Stück in *Hamlet,* mit dem der König Claudius an seinen Mord erinnert werden soll, gibt sie wieder. Alle Ingredienzien sind vorhanden: der Mörder Lucianus mit der Giftphiole in der Hand, neben dem schlafenden König auf dem Bett die Krone als Symbol der Erbschaft, und Hamlet mit der Schreibtafel als Zeuge. Mit der Mausefallen-Szene imitiert Hamlet eine anamnetische Memoria-Figur. Alle Handbücher betonen, daß die "imagines" dramatisch, affektgeladen und ungewöhnlich sein müssen, um die Imagination für sich zu faszinieren.

Diese Kunst war während des Mittelalters durch die Scholastiker systematisiert, transformiert und in einen religiösen und kosmologischen Zusammenhang gebracht worden. Danach ist es das Hauptziel des Gedächtnisses, die Seele an Himmel und Hölle zu erinnern. Memoria wird von da ab zusammen mit intelligentia und providentia zum Dreiklang der Klugheit zusammengeschlossen, dem der trinitarische Imperativ von Zukunft, Gegenwart und Vergangenheit entspricht: erwarte den Himmel, nutze die Gegenwart für den Erwerb von Tugend und gedenke der Hölle. In diesem Sinne ist nach der Vermutung von Frances Yates Dantes *Divina Commedia* mit paradiso, purgatorio und inferno ein Gedächtnissystem, in dem jeder Sünde und jeder Tugend ihr entsprechender Gedächtnisplatz zugewiesen ist.

Unter dem kombinierten Einfluß des Buchdrucks, des Regiments der Zeichen und des kompensatorischen Neoplatonismus von Ficino und Giordano Bruno wird die Evokation des Abwesenden in der "ars memoriae" zur magischen Beschwörung gesteigert und Erinnerung theatralisiert. Dabei kombinieren die Neoplatoniker die Memoria-Systeme der Gedächtnisorte mit dem orientalischen Kalender zur Kosmologie der astralen Einflüsse und verwandeln auf diese Weise Mnemotechnik in eine Wissenschaft von den Korrespondenzen und der Ordnung der Bilder.

Einer ihrer berühmtesten Vertreter im 16. Jahrhundert war Julio Camillo Delmenio. Er konstruierte in Venedig ein hölzernes Theater als universales Gedächtnissystem, in dem die neoplatonische Verbindung von Astralkorrespondenz und Memoria-Technik auf der Basis eines vitruvianischen Entwurfs realisiert wird. Um einen Begriff davon zu bekommen, wie es aussah, muß man sich ein Amphitheater als eine Mischung aus Bibliothek, Bilderatlas und Zettelkasten vorstellen. Die Reihen und Ränge der ansteigenden Stufen waren nach einem System unterteilt, in dem die sieben Planeten auf die sieben Stufen des Seins projiziert wurden, die ihrerseits an den sieben Tagen der Schöpfung geschaffen worden waren, und das Dach auf den sieben Säulen der Weisheit aus den Sprüchen Salomonis ruhte. Das Gebäude war ein Borges-artiges Inventarium der Welt. Es funktionierte wie eine komplexe Kreuztabelle; schaut man z.B. unter "Saturn" nach, erhält man durch die Projektion auf die Stufen des Seins eine Serie: Auf der ersten Stufe sehen wir Cybele als Symbol des mit Saturn verbundenen Elements der Erde. Auf der nächsten Stufe ist das Element mit anderen Elementen gemischt. Dann werden die natürlichen Vorgänge und Veränderungen der Erde gezeigt. Es folgen die Künste, die sich auf die Erde beziehen, wie Geometrie, Geologie und Architektur. Die Stufe darüber enthält eine Darstellung des mit der Erde verbundenen Temperaments, der Melancholie, die durch einen einsamen Spatz symbolisiert wird, während Herkules und Antäus die mit der Erde verbundenen Mühen darstellen. Die vorletzte Stufe zeigt die mit Saturn und der Erde verbundene Dimension der Zeit, bei der Wolf, Löwe und Hund Vergangenheit, Gegenwart und Zukunft bezeichnen. Und schließlich zeigt die letzte Stufe das saturnische Schicksal, symbolisiert durch den Esel, der Lasten trägt, und die Büchse der Pandora. Auf allen Stufen gibt es Türen und Bilder mit Aufschriften, unter denen Schubladen mit Zettelkästen angebracht sind. Das Ganze ist ein Arsenal des Wissens, ein Schatzhaus der Weisheit, eine Anatomie der Welt und eine Bibliothek von Babel. Dabei stellt die Serie des Saturn das selbstreferentielle Modell im Modell dar, weil der Saturn die Zeit und die Erinnerung repräsentiert.

Das Welttheater Shakespeares bietet uns die Dramatisierung dieses Erinnerungssystems. Sein Zeitgenosse Robert Fludd – ein Kabbalist, Rosencreutzer und neuplatonischer Magus – hat uns den Plan eines Memoria-Systems hinterlassen, das wie ein Theater gebaut ist. Da nach Fludds Theorie die "ars memoriae" sich nur realer und nicht imaginärer Gebäude bedienen darf, spricht nach den Forschungen von Frances Yates viel dafür, daß es sich bei diesem Gebäude um das Globe Theater handelt. Auf der Titelseite von Fludds *Utriusque cosmi ... historia*, die den Plan zum Memoriasystem enthält, sehen wir die Silhouette eines Kopfes, dessen Inneres ein Auge enthält. Es ist "the mind's eye", das im *Hamlet* zitiert wird, und der Kopf ist "this distracted globe where memory holds a seat". In der Erinnerung sieht man nicht mit dem körperlichen Auge, sondern dem Auge des Geistes. Das Theater ist der Ort, an dem die Figuren zum Leben erweckt werden, die man nur mit dem geistigen Auge sieht. Die Tragödie *Hamlet* ist ein Memento Mori mit dem Spiel im Spiel als selbstreferentiellem Erinnerungssystem.

Die dadurch erzielte Tiefe wirkt bis heute nach. Wir erinnern uns der vormodernen Gesellschaft vor allem um Shakespeares willen. Er ist bis heute auf unserem Theater lebendig, prägt unsere Mythen und unsere Erzählungen und hält unser kulturelles Gedächtnis besetzt. Damit hält er die Erinnerung an eine andere Gesellschaft lebendig, die uns davor bewahrt, zum Gefangenen der eigenen Gegenwart zu werden. Zu dieser Gesellschaft gehört auch die ars memoriae, die in Shakespeare dramatisiert wird. Wenn man sich an sie erinnert, wird die Erinnerung selbstreferentiell und landet in einem Paradox: dem kulturellen Gedächtnis wird zugemutet, sich daran zu erinnern, daß es selbst einmal anders war. Dieses Problem der Selbstverschiedenheit wird in einem dritten Gründungsmythos der ars memoriae aufgegriffen. Ihn wollen wir erst am Ende des zweiten Bandes erzählen, wenn wir an eine moderne Wiederbelebung der Memoriasysteme der Renaissance in der Kulturgeschichte anknüpfen.

der Figur des Mnemonikers [illegible] ein Thea-
ter gebaut ist. Da nach Fludd, Theatre die Schauplätze [illegible] auch
mit reale und nicht imaginäre Gebäude [illegible]
nach den Forschungen von Frances Yates vielfach, daß es sich
bei [illegible] um das Globe Theater handelte. Auf der
[illegible]
[illegible] die Silhouette [illegible]
[illegible] Es [illegible]
[illegible] und der [illegible]
[illegible] der Erinnerung [illegible] man nicht
[illegible] vor dem Auge des Geistes. Das
Theater ist der Raum, [illegible] zum Leben erweckt wer-
den, die man nur mit dem geistigen Auge sieht. [illegible]
[illegible] ist ein Moment [illegible] Spiel [illegible] Spiel als Selbst-
[illegible] Erinnerung [illegible].

[illegible] Wir erinnern
[illegible] Shakespeares
[illegible] Theaterbedingungen [illegible]
[illegible] und [illegible] unser kulturelles
[illegible] hat er die Erinnerung an [illegible]
[illegible] lebendig [illegible] zum [illegible]
[illegible] Gedächtnis [illegible]
[illegible]
[illegible] wird die Erinnerung [illegible]
[illegible] einem [illegible] Grade [illegible] Gedächtnis
wird [illegible] sich [illegible] Erinnerung [illegible]
[illegible] dieses Problem der [illegible] wird in
[illegible] Erinnerungsmythos der [illegible]
[illegible] Bandes [illegible], wenn
[illegible]
[illegible] in der Kultur [illegible].

Namenregister